하루에 하나씩!
매일매일 토익

Michael A. Putlack,
Stephen Poirier,
Tony Covello,
다락원 토익 연구소 공저

다락원

지은이 Michael A. Putlack, Stephen Poirier, Tony Covello,
다락원 토익 연구소

펴낸이 정규도
펴낸곳 (주)다락원

초판 1쇄 발행 2018년 5월 10일
초판 3쇄 발행 2021년 11월 2일

편집 홍인표, 조상익
디자인 박나래, 박선영

다락원 경기도 파주시 문발로 211
내용 문의 (02)736-2031 내선 550~551
구입 문의 (02)736-2031 내선 250~252
Fax (02)732-2037
출판 등록 1977년 9월 16일 제406-2008-000007호

Copyright © 2018 Michael A. Putlack

저자 및 출판사의 허락 없이 이 책의 일부 또는 전부를 무단 복제·
전재·발췌할 수 없습니다. 구입 후 철회는 회사 내규에 부합하는
경우에 가능하므로 구입 문의처에 문의하시기 바랍니다. 분실·파
손 등에 따른 소비자 피해에 대해서는 공정거래위원회에서 고시한
소비자 분쟁 해결 기준에 따라 보상 가능합니다. 잘못된 책은 바꿔
드립니다.

값 **14,500**원
(본책+MP3 파일 무료 다운로드+DVBOOK 1년 무료 쿠폰)

ISBN 978-89-277-0957-2 13740

http://www.darakwon.co.kr
다락원 홈페이지를 방문하시면 상세한 출판 정보와 함께 MP3 자료 등의
다양한 어학 정보를 얻으실 수 있습니다.

Preface

토익은 영어 능력 평가의 기준으로서 전 세계적으로 가장 인정받고 있는 공인 영어 시험들 중 하나입니다. 직장이나 학교와 같은 단체에서 영어 능력을 검증 받아야 하는 사람이라면 누구나 반드시 요구되는 토익 점수를 획득해야 하는 것이 현실이기도 합니다.

기본적인 영어 실력을 갖춘 학습자라면 유형 분석 및 실전 대비를 통해 비교적 단기간에 원하는 점수를 획득할 수 있는 시험이 토익입니다. 반대로 영어 능력을 갖추고 있다 하더라도 실전 감각을 유지하지 못한다면 실제 시험에서 원하는 점수를 얻지 못하는 경우가 많습니다. 따라서 토익 시험을 여러 번 보았거나 기본서를 학습을 통해 어느 정도 실력을 갖춘 학습자들이라면 실전 모의고사를 통해 실전 감각을 유지해야 합니다.

하지만 이러한 학습자들의 경우 매일 몇 시간씩 시간을 내어 학습한다는 것이 쉽지 않을 뿐만 아니라 비효율적이라고 생각될 것입니다. 이러한 학습자들을 위해 〈매일매일 토익〉은 약 1/5 분량인 약 40문항의 실전 문제를 매일 풀어볼 수 있도록 하였습니다. 총 15회분의 미니 테스트로 구성되어 있어서, 학습자들이 짧은 시간 동안 부담 없이 모든 파트의 문제를 풀어볼 수 있습니다. 또한 DVBOOK 서비스를 통해 온라인 및 모바일 학습이 가능해서 인터넷 사용이 가능한 환경이라면 어디에서나 학습할 수 있습니다.

〈매일매일 토익〉을 통해 모든 독자들이 효과적인 학습을 할 수 있기를 기대하며, 원하는 점수를 획득하는 데 도움이 되기를 진심으로 바랍니다.

Michael A. Putlack

Table of Contents

About This Book

About the TOEIC

Day 1 — p.011

Day 2 — p.033

Day 3 — p.055

Day 4 — p.077

Day 5 — p.099

Day 6 — p.121

Day 7 — p.143

Day 8 — p.165

Day 9 — p.187

Day 10 — p.209

Day 11 — p.231

Day 12 — p.253

Day 13 — p.275

Day 14 — p.297

Day 15 — p.319

About This Book

본 교재에는 회차별로 실제 토익 시험의 약 1/5 분량인 40문항 내외의 문제가 수록되어 있어서 약 30분 동안 모든 파트의 실전 문제를 풀어볼 수 있습니다.

Listening Test

Part 1, 2, 3, 4의 문제들이 약 20문항 수록되어 있습니다. 신경향이 반영된 모든 실전 유형의 문제들이 회차별로 적절히 배분되어 있습니다.

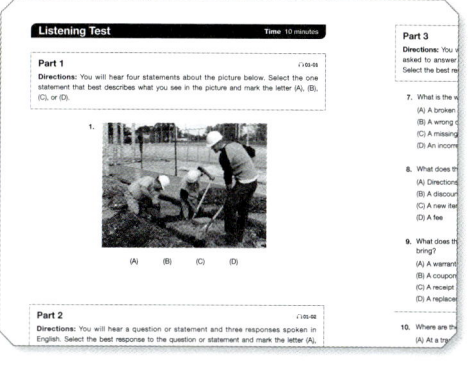

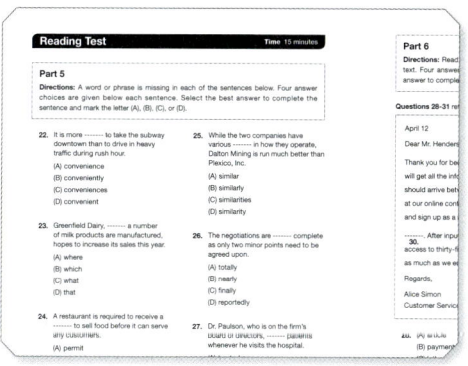

Reading Test

Part 5, 6, 7의 문제들이 약 20문항 수록되어 있습니다. 제한시간이 표시되어 있습니다. 시간이 부족하게 느껴지겠지만 실전에 대비하기 위해 가능한 한 제한시간 내에 풀도록 합니다.

정답 및 해설

회차별로 해당 테스트에 대한 정답 및 해설이 수록되어 있습니다. 모든 문제마다 스크립트, 해석, 어휘, 그리고 해설이 제공되어 있어서, 문제를 푼 다음 틀린 문제를 바로 학습할 수 있습니다.

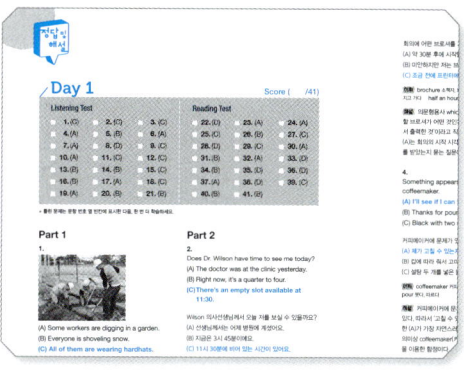

About the TOEIC

토익(TOEIC)이란?

TOEIC은 Test of English for International Communication의 약자로서, 영어를 모국어로 사용하지 않는 사람이 국제 환경에서 생활을 하거나 업무를 수행할 때 필요한 실용 영어 능력을 평가하는 시험이다. 현재 한국과 일본은 물론 전 세계 약 60개 국가에서 연간 4백만 명 이상의 수험생들이 토익에 응시하고 있으며, 수험 결과는 채용 및 승진, 해외 파견 근무자 선발 등 다양한 목적으로 활용되고 있다.

시험의 구성

구성	PART	내용		문항수	시간	배점
Listening Comprehension	1	사진 묘사		6	45분	495점
	2	질의 응답		25		
	3	짧은 대화		39		
	4	짧은 담화		30		
Reading Comprehension	5	단문 공란 채우기		30	75분	495점
	6	장문 공란 채우기		16		
	7	독해	단일 지문	29		
			복수 지문	25		
TOTAL				200	120분	990점

출제 분야

토익의 목적은 일상 생활과 업무 수행에 필요한 영어 능력을 평가하는 것이기 때문에 출제 범위도 이를 벗어나지 않는다. 비즈니스와 관련된 주제를 다루는 경우라도 전문적인 지식을 요구하지는 않으며, 아울러 특정 국가나 문화에 대한 이해도 요구하지 않는다. 구체적인 출제 범위는 아래와 같다.

일반적인 비즈니스 (General Business)	계약, 협상, 마케팅, 영업, 기획, 콘퍼런스 관련
사무 (Office)	회의, 편지, 회람, 전화, 팩스 및 이메일, 사무 기기 및 사무 가구 관련
인사 (Personnel)	구직, 채용, 승진, 퇴직, 급여, 포상 관련
재무 (Finance and Budgeting)	투자, 세금, 회계, 은행 업무 관련
생산 (Manufacturing)	제조, 플랜트 운영, 품질 관리 관련
개발 (Corporate Development)	연구 조사, 실험, 신제품 개발 관련
구매 (Purchasing)	쇼핑, 주문, 선적, 결제 관련
외식 (Dining Out)	오찬, 만찬, 회식, 리셉션 관련
건강 (Health)	병원, 진찰, 의료 보험 관련
여행 (Travel)	교통 수단, 숙박 시설, 터미널 및 공항에서의 안내 사항, 예약 및 취소 관련
엔터테인먼트 (Entertainment)	영화, 연극, 음악, 미술, 전시 관련
주택 / 법인 재산 (Housing / Corporate Property)	건설, 부동산 매매 및 임대, 전기 및 가스 서비스 관련

토익 응시 방법

토익 시험 접수는 한국 TOEIC 위원회 웹사이트(www.toeic.co.kr)에서 할 수 있다. 접수 일정 및 연간 시험 일정 등의 정보 또한 이곳에서 확인할 수 있다.

토익 시험 당일 일정

오전 시험의 경우 시험 당일 9시 20분까지, 오후 시험의 경우 2시 20분까지 고사장에 입실해야 한다.

	시간	진행
오전	9:30 – 9:45	**입실, 오리엔테이션** 답안지에 이름, 수험번호 등을 표시하고, 직업이나 응시회수 등을 묻는 설문에 응한다.
오후	2:30 – 2:45	
오전	9:45 – 9:50	**휴식 시간** 5분간의 휴식 시간에 가능한 미리 화장실에 다녀오도록 한다.
오후	2:45 – 2:50	
오전	9:50	**최종 입실 마감** 50분부터 출입을 통제하므로 늦어도 45분까지는 고사장에 도착하도록 한다.
오후	2:50	
오전	9:50 – 10:05	**신분증 검사** L/C 시험 시작 전에 감독관이 신분증을 검사하고 답안지에 확인 서명을 한다. R/C 때는 시험 중에 감독관이 돌아다니며 다시 한 번 신분증을 검사하고 확인 서명을 한다.
오후	2:50 – 3:05	
오전	10:05 – 10:10	**파본 검사** 받은 문제지가 파본이 아닌지 확인한 후 문제지에 수험 번호를 적고 답안지에 문제지 번호를 적습니다. 파본이 확인되더라도 시험이 시작되면 문제지를 교체해 주지 않으므로 이때 문제지를 빨리, 제대로 확인하는 것이 중요합니다.
오후	3:05 – 3:10	
오전	10:10 – 10:55	**L/C 문제 풀이 (45분)** Part 1 – 6문제 (1번~ 6번) Part 2 – 25문제 (7번 ~ 31번)　　　※총 100문제 Part 3 – 39문제 (32번 ~ 70번) Part 4 – 30문제 (71번 ~ 100번)
오후	3:10 – 3:55	
오전	10:55 – 12:10	**R/C 문제 풀이 (75분)** Part 5 – 30문제 (101번 ~ 130번) Part 6 – 16문제 (131번 ~ 146번)　　　※총 100문제 Part 7 – 54문제 (147번 ~ 200번)
오후	3:55 – 5:10	

DVBOOK 1년 무료 쿠폰 이용 방법

DVBOOK을 활용하여 온라인 및 모바일 학습을 할 수 있습니다. 교재에 첨부된 쿠폰 번호를 입력하여 1년간 무료로 학습하세요.

1 홈페이지

❶ www.divii.org 사이트에서 로그인해 주세요. 회원이 아닐 경우 회원으로 가입해 주세요.

❷ 로그인한 다음 검색창에 '매일매일 토익'을 입력해 주세요.

❸ 교재를 선택하신 후 하단의 '구매하기' 버튼을 클릭하세요.

❹ 교재에 첨부된 쿠폰 번호를 입력한 다음 DVBOOK을 이용하세요.

2 애플리케이션

❶ '구글플레이'나 '애플 앱스토어'에서 '디비 스쿨' 앱을 다운로드하여 설치한 다음 회원 가입해 주세요.

❷ 로그인한 다음 검색창에 '매일매일 토익'을 입력해 주세요.

❸ 교재를 선택하신 후 하단의 '구매하기' 버튼을 클릭하세요.

❹ 교재에 첨부된 쿠폰 번호를 입력한 다음 DVBOOK을 이용하세요.

DAY 1

Listening Test

Time 10 minutes

Part 1

🎧 01-01

Directions: You will hear four statements about the picture below. Select the one statement that best describes what you see in the picture and mark the letter (A), (B), (C), or (D).

1.

    (A)   (B)   (C)   (D)

Part 2

🎧 01-02

Directions: You will hear a question or statement and three responses spoken in English. Select the best response to the question or statement and mark the letter (A), (B), or (C).

2. Mark your answer on your answer sheet.   (A) (B) (C)

3. Mark your answer on your answer sheet.   (A) (B) (C)

4. Mark your answer on your answer sheet.   (A) (B) (C)

5. Mark your answer on your answer sheet.   (A) (B) (C)

6. Mark your answer on your answer sheet.   (A) (B) (C)

Part 3

🎧 01-03

Directions: You will hear some conversations between two or more people. You will be asked to answer three questions about what the speakers say in each conversation. Select the best response to each question and mark the letter (A), (B), (C), or (D).

7. What is the woman calling about?
   (A) A broken item
   (B) A wrong delivery
   (C) A missing part
   (D) An incorrect charge

8. What does the woman ask about?
   (A) Directions
   (B) A discount
   (C) A new item
   (D) A fee

9. What does the man tell the woman to bring?
   (A) A warranty
   (B) A coupon
   (C) A receipt
   (D) A replacement part

10. Where are the speakers?
    (A) At a trade show
    (B) At a sporting event
    (C) In a theater
    (D) In a shopping center

11. What does the man ask the women for?
    (A) Their name badges
    (B) A receipt
    (C) A reservation form
    (D) Some picture ID

12. What does the man tell the women to do?
    (A) Fill out some forms
    (B) Show some identification
    (C) Speak with another person
    (D) Run the booth for a while

13. What is wrong with the camera?
    (A) It takes poor pictures.
    (B) The lens is scratched.
    (C) The tripod is broken.
    (D) The battery does not work.

14. What does the man mean when he says, "I'd prefer the latter option"?
    (A) He is unhappy with the camera's quality.
    (B) He does not want his money back.
    (C) He is ready to file a complaint.
    (D) He forgot to bring his receipt.

15. What does the woman say she will do?
    (A) Speak with her manager
    (B) Process a refund
    (C) Get the man another camera
    (D) Try to repair the camera

GO ON TO THE NEXT PAGE

Part 4

🎧 01-04

Directions: You will hear some talks given by a single speaker. You will be asked to answer three questions about what the speaker says in each talk. Select the best response to each question and mark the letter (A), (B), (C), or (D).

16. Where most likely does the listener work?
    (A) At a paint store
    (B) At a home interior store
    (C) At a construction company
    (D) At a stationery store

17. What color does the man prefer?
    (A) Light blue
    (B) Black
    (C) Brown
    (D) Ivory

18. How will the man make the payment?
    (A) By check
    (B) By credit card
    (C) By money transfer
    (D) In person

Store Directory

First Floor	Electronics
Second Floor	Clothing
Third Floor	Cosmetics and Toys
Fourth Floor	Footwear

19. Why is the store having a sale?
    (A) The next day is a holiday.
    (B) It is the store's anniversary.
    (C) It is a special spring sale.
    (D) The store is having its grand opening.

20. Look at the graphic. Which floor has items on sale?
    (A) The first floor
    (B) The second floor
    (C) The third floor
    (D) The fourth floor

21. How can listeners learn about the membership program?
    (A) By visiting a Web site
    (B) By speaking to an employee
    (C) By reading a pamphlet
    (D) By visiting the customer service counter

This is the end of the Listening test.

Reading Test

Time 15 minutes

Part 5

Directions: A word or phrase is missing in each of the sentences below. Four answer choices are given below each sentence. Select the best answer to complete the sentence and mark the letter (A), (B), (C), or (D).

22. It is more ------- to take the subway downtown than to drive in heavy traffic during rush hour.
    (A) convenience
    (B) conveniently
    (C) conveniences
    (D) convenient

23. Greenfield Dairy, ------- a number of milk products are manufactured, hopes to increase its sales this year.
    (A) where
    (B) which
    (C) what
    (D) that

24. A restaurant is required to receive a ------- to sell food before it can serve any customers.
    (A) permit
    (B) subsidy
    (C) menu
    (D) documentation

25. While the two companies have various ------- in how they operate, Dalton Mining is run much better than Plexico, Inc.
    (A) similar
    (B) similarly
    (C) similarities
    (D) similarity

26. The negotiations are ------- complete as only two minor points need to be agreed upon.
    (A) totally
    (B) nearly
    (C) finally
    (D) reportedly

27. Dr. Paulson, who is on the firm's board of directors, ------- patients whenever he visits the hospital.
    (A) treated
    (B) treat
    (C) treats
    (D) are treating

GO ON TO THE NEXT PAGE

Part 6

Directions: Read the text below. A word, phrase, or sentence is missing in parts of the text. Four answer choices for each question are given below the text. Select the best answer to complete the text and mark the letter (A), (B), (C), or (D).

Questions 28-31 refer to the following letter.

April 12

Dear Mr. Henderson,

Thank you for becoming a subscriber to *Green Thumb* magazine. We are positive you will get all the information you require regarding your gardening needs. Your first -------
28.
should arrive between April 25 and May 1. But please be aware that you can also look at our online content while you wait for your magazine -------. Simply go to our Web site
29.
and sign up as a member.

-------. After inputting it, complete the required personal information, and you will have
30.
access to thirty-five years of gardening -------. We hope you enjoy reading our magazine
31.
as much as we enjoy writing it.

Regards,

Alice Simon
Customer Service Representative

---

28. (A) article
    (B) payment
    (C) letter
    (D) issue

29. (A) arriving
    (B) will arrive
    (C) to arrive
    (D) has arrived

30. (A) You need to include the code found at the bottom of this letter.
    (B) Don't forget to submit your payment by the end of the month.
    (C) You will get access to all kinds of special deals as a member.
    (D) This month's issue features articles on several interesting topics.

31. (A) experts
    (B) expertise
    (C) experienced
    (D) expert

Part 7

Directions: In this part you will read a selection of texts. The text or set of texts is followed by several questions. Select the best answer for each question and mark the letter (A), (B), (C), or (D).

Questions 32-33 refer to the following e-mail.

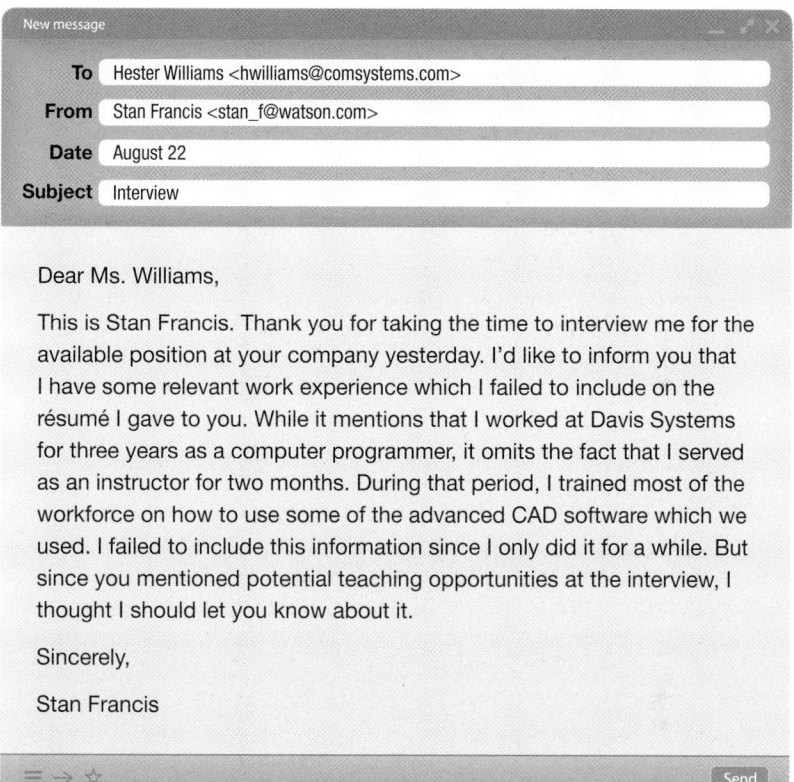

32. What type of position is Mr. Francis most likely applying for?

    (A) Computer programmer
    (B) Software designer
    (C) School teacher
    (D) Upper management

33. What did Mr. Francis NOT put on his résumé?

    (A) His dates of employment
    (B) The software he used
    (C) His expected salary
    (D) His relevant work experience

GO ON TO THE NEXT PAGE

Questions 34-36 refer to the following announcement.

Winter Working Hours

The winter holiday period is always the busiest time of the year. We will therefore be altering the hours of operation here at Sanderson Department Store from December 10 to January 10. Our usual hours of 10:00 A.M. to 8:00 P.M. will be changed to 9:00 A.M. to 10:00 P.M. every day of the week. Employees working during these three extra hours will receive overtime payment even if they fail to work forty hours a week. A shuttle bus will be available for those workers who require transportation to Mallard Station before and after their shifts. It will be at the station approximately every 15 minutes from 8:30 A.M. to 10:15 P.M. and will provide free rides for workers and shoppers. Any individuals unable to work during the new hours of operation should speak about this matter with your direct supervisor at once.

34. What is being announced?
    (A) Pay raises for employees
    (B) Extended working hours
    (C) A change in the overtime policy
    (D) A special discount period

35. What is NOT mentioned about Sanderson Department Store?
    (A) It pays its employees higher wages at times.
    (B) It expects to be busy during the holiday period.
    (C) It provides a complimentary service for its workers.
    (D) It is hiring some temporary employees in December.

36. What is suggested about Sanderson Department Store?
    (A) It is closed on Sundays and national holidays.
    (B) It changes its hours of operation on a regular basis.
    (C) Some of its employees have recently resigned.
    (D) Many of its employees take public transportation.

GO ON TO THE NEXT PAGE

Questions 37-41 refer to the following advertisement, review, and letter.

Come to the Washington Deli

The Washington Deli is located at 908 Second Avenue in the heart of downtown. We make all kinds of sandwiches. Choose from six-inch and footlong buns. You'll get heaping amounts of meat, cheese, and other toppings. Try our homemade lasagna, ziti, seafood pasta, and more. Order your meal to go or stay and enjoy it on the premises. We provide free delivery for orders of $15 or more. Visit our Web site at www.washingtondeli.com to place your order. Our hours are from 10 A.M. to 8 P.M. from Monday to Friday and from 11 A.M. to 7 P.M. on Saturdays. We're closed on Sundays.

The Washington Deli
by staff writer Carl Moon

Lexington (April 12) – I don't normally visit delis, but several readers had written letters requesting that I review the Washington Deli, so I decided to see what they were so excited about. Unfortunately, my first venture there happened to be on the one day of the week it was closed, so I had to return the following day.

The interior was clean, and the ingredients were all on display for customers to see. To me, that shows the confidence the owner has in the food he provides. I ordered a small pastrami and salami on rye, a large turkey melt on wheat, and some eggplant lasagna. The meat was fresh, the vegetables were crisp, and the bread, which is made there, was tasty. The prices were a bit more than I had expected. The deli near my home, for instance, has prices around 20% lower than the Washington Deli. Nevertheless, the quality of the food more than made up for it. I was also disappointed by the lack of roast beef since that's my favorite cold cut. Still, I highly recommend the Washington Deli.

April 14

To the Editor,

I was pleased to read a review of the Washington Deli in the *Lexington Star* yesterday. As the owner, I'm always happy to read positive comments about my establishment. However, I take issue with one of the comments made by Mr. Moon. The Washington Deli has more than 60 types of meats for sale. I'm not sure why Mr. Moon wrote that one was unavailable as that most certainly was not the case. I invite him to return to my store, and I will personally make him a sandwich to show him what he missed.

Regards,

David Jackson
Owner, Washington Deli

37. In the advertisement, the word "premises" in line 5 is closest in meaning to
    (A) grounds
    (B) theories
    (C) tables
    (D) meals

38. According to the advertisement, what is NOT true about the Washington Deli?
    (A) It gives diners large amounts of food.
    (B) It is in the downtown area.
    (C) It takes order on its Web site.
    (D) It delivers all orders for free.

39. When did Mr. Moon visit the Washington Deli for the first time?
    (A) On Friday
    (B) On Saturday
    (C) On Sunday
    (D) On Monday

40. What did Mr. Moon dislike about the Washington Deli?
    (A) The atmosphere
    (B) The prices
    (C) The service
    (D) The food

41. What type of sandwich does Mr. Jackson most likely offer to make?
    (A) A turkey sandwich
    (B) A roast beef sandwich
    (C) A salami sandwich
    (D) A pastrami sandwich

This is the end of the Reading test.

Day 1

Score (/41)

Listening Test
- 1. (C)
- 2. (C)
- 3. (C)
- 4. (A)
- 5. (B)
- 6. (A)
- 7. (A)
- 8. (D)
- 9. (C)
- 10. (A)
- 11. (C)
- 12. (C)
- 13. (B)
- 14. (B)
- 15. (C)
- 16. (B)
- 17. (A)
- 18. (C)
- 19. (A)
- 20. (B)
- 21. (B)

Reading Test
- 22. (D)
- 23. (A)
- 24. (A)
- 25. (C)
- 26. (B)
- 27. (C)
- 28. (D)
- 29. (C)
- 30. (A)
- 31. (B)
- 32. (A)
- 33. (D)
- 34. (B)
- 35. (D)
- 36. (D)
- 37. (A)
- 38. (D)
- 39. (C)
- 40. (B)
- 41. (B)

* 틀린 문제는 문항 번호 옆 빈칸에 표시한 다음, 한 번 더 학습하세요.

Part 1

1.

(A) Some workers are digging in a garden.
(B) Everyone is shoveling snow.
(C) All of them are wearing hardhats.
(D) They are putting dirt into wheelbarrows.

(A) 몇몇 인부들이 정원에서 땅을 파고 있다.
(B) 모든 사람이 삽으로 눈을 치우고 있다.
(C) 그들 모두 안전모를 쓰고 있다.
(D) 그들은 흙더미를 손수레에 쌓고 있다.

어휘 dig 파다   shovel 삽; 삽질을 하다   hardhat 안전모
dirt 흙, 먼지   wheelbarrow 외바퀴 손수레

해설 야외에서 작업 중인 인부들의 모습을 볼 수 있다. '정원(garden)'에서 작업을 하고 있다고 한 (A)와 '눈을 치우고 있다(shoveling snow)'고 묘사한 (B)는 올바른 진술이 아니다. 또한 사진에서 '손수레(wheelbarrow)'는 보이지 않으므로 (D)도 잘못된 설명이다. 정답은 '모두 안전모를 쓰고 있다'고 설명한 (C)이다.

Part 2

2.
Does Dr. Wilson have time to see me today?
(A) The doctor was at the clinic yesterday.
(B) Right now, it's a quarter to four.
(C) There's an empty slot available at 11:30.

Wilson 의사선생님께서 오늘 저를 보실 수 있을까요?
(A) 선생님께서는 어제 병원에 계셨어요.
(B) 지금은 3시 45분이에요.
(C) 11시 30분에 비어 있는 시간이 있어요.

어휘 clinic 진료소, 병원   empty 비어 있는   slot 구멍, 자리   available 이용 가능한, 만날 수 있는

해설 일반의문문을 이용하여 오늘 진료가 가능한지 묻고 있으므로 '가능하다' 혹은 '가능하지 않다'는 식의 답변이 이어져야 한다. 보기 중에서는 '11시 30분에 자리가 있다'며 간접적으로 오늘 진료가 가능하다는 의미를 내비친 (C)가 정답이다.

3.
Which brochures should we bring to the meeting?
(A) It's starting in about half an hour.
(B) Sorry, but I never received a brochure.
(C) The ones we just got from the printer.

회의에 어떤 브로셔를 가지고 가야 하나요?
(A) 약 30분 후에 시작할 거예요.
(B) 미안하지만 저는 브로셔를 받은 적이 없어요.
(C) 조금 전에 프린터에서 뽑은 것들이요.

어휘 brochure 소책자, 브로셔 bring A to B A를 B에 가지고 가다 half an hour 30분

해설 의문형용사 which를 이용하여 회의에 가져가야 할 브로셔가 어떤 것인지 묻고 있다. 정답은 '프린트에서 출력한 것'이라고 직접적으로 대상을 밝힌 (C)이다. (A)는 회의의 시작 시각을 묻는 질문에, (B)는 브로셔를 받았는지 묻는 질문에 이어질 수 있는 답변이다.

4.
Something appears wrong with the coffeemaker.
(A) I'll see if I can fix it.
(B) Thanks for pouring me a cup.
(C) Black with two sugars, please.

커피메이커에 문제가 있는 것 같아요.
(A) 제가 고칠 수 있는지 볼게요.
(B) 컵에 따라 줘서 고마워요.
(C) 설탕 두 개를 넣은 블랙으로요.

어휘 coffeemaker 커피메이커 fix 고치다, 수리하다 pour 붓다, 따르다

해설 커피메이커에 문제가 있다는 정보를 전달하고 있다. 따라서 '고칠 수 있을지 확인해 보겠다'는 답변을 한 (A)가 가장 자연스러운 정답이다. (B)와 (C)는 모두 의미상 coffeemaker(커피메이커)와 연관되는 단어들을 이용한 함정이다.

5.
Who's planning to attend the ceremony?
(A) On the fourteenth of March.
(B) Everyone in the office.
(C) Probably an hour or two.

누가 행사에 참석할 예정인가요?
(A) 3월 14일이에요.
(B) 사무실 내의 모든 사람들이요.
(C) 아마도 한 두 시간이요.

어휘 plan to ~할 계획이다 ceremony 의식

해설 의문사 who로 시작되는 질문이므로 대답에는 구체적인 사람이 언급되어야 한다. 보기 중에서는 사무실 내의 모든 사람을 언급하고 있는 (B)가 정답이다.

6.
The cruise ship will be docking in an hour.
(A) It'll be nice to set foot on land.
(B) The sheep are still in the field.
(C) I left the rowboat at the dock.

유람선은 한 시간 후에 부두에 도착할 거예요.
(A) 육지에 발을 디디게 된다니 좋군요.
(B) 양들은 아직 들판에 있어요.
(C) 저는 배를 부두에 댔어요.

어휘 cruise ship 유람선 dock 부두; (배를) 부두에 대다 set foot on land 육지에 발을 디디다, 상륙하다 sheep 양 rowboat (노가 있는) 보트

해설 한 시간 후 배가 부두에 도착한다는 사실에 일종의 기대감을 나타내고 있는 (A)가 정답이다. (B)는 ship(선박)과 발음이 비슷한 sheep(양)으로, (C)는 dock(부두; 배를 부두에 대다)을 중복 사용하여 오답을 유도하고 있는 함정이다.

Part 3
[7-9]

W Hello. I'm calling about a blender I purchased from your online store three weeks ago. It suddenly stopped running, but I'm not sure why.

M If you live near one of our stores, you can take it to the repair center. Every store has one.

W Okay, I guess I can do that. Do you know how much it's going to cost? I don't want to pay too much to have it fixed.

M Because you bought it online, it should be fully covered by our warranty. And if it can't be fixed, you'll be given a replacement item for free. Just remember to print a copy of the receipt and to take it with you.

W 여보세요. 3주 전 온라인 매장에서 구매한 블렌더 때문에 전화를 드렸어요. 갑자기 작동이 멈췄는데, 왜 그런지 모르겠어요.

M 저희 매장과 가까운 곳에 사시는 경우라면 수리 센터로 가지고 가시면 됩니다. 모든 매장에 수리 센터가 있습니다.

W 그렇군요, 그러면 될 것 같네요. 비용이 얼마나 들지 아시나요? 수리하는데 너무 많은 비용이 드는 것은 원치 않거든요.

M 온라인으로 구입을 하셨기 때문에 보증 기간이 적용될 거예요. 그리고 수리가 될 수 없는 경우에는 무료로 교환을 받으실 수 있을 거예요. 잊지 마시고 영수증을 출력해서 가지고 가세요.

어휘 blender 블렌더, 믹서   fully 완전히   warranty 보증   replacement 대체, 교체

7.
여자는 무엇 때문에 전화를 하는가?
(A) 고장 난 제품
(B) 배송 실수
(C) 누락된 부품
(D) 부당한 청구

해설 대화의 첫 문장에서 여자는 자신이 블렌더를 구입했는데 블렌더가 '갑자기 작동되지 않는다(suddenly stopped running)'고 말한다. 따라서 전화를 한 이유는 (A)의 '고장 난 제품' 때문이다.

고득점 TIP
Part 3과 Part 4에서는 대화나 담화에서 언급된 내용을 다른 말로 바꾸어 표현하여(paraphrasing) 정답으로 제시한다. 이 문제에서도 'It suddenly stopped running'을 'A broken item'으로 표현하고 있다.

8.
여자는 무엇에 대해 묻는가?
(A) 길
(B) 할인
(C) 신제품
(D) 비용

해설 대화 중반부의 'Do you know how much it's going to cost?'를 놓치지 않고 들었다면 여자가 물은 것은 수리비임을 쉽게 알 수 있다. 정답은 (D)이다.

9.
남자는 여자에게 무엇을 가져오라고 말하는가?
(A) 보증서
(B) 쿠폰
(C) 영수증
(D) 교환 부품

해설 대화의 마지막 부분에서 남자는 여자에게 '영수증(a copy of the receipt)'을 가져올 것을 당부하고 있다. 따라서 (C)가 정답이다. 남자는 '보증이 적용될 것(it should be fully covered by our warranty)'이라고 말했을 뿐, 보증서를 가져오라는 말은 하지 않았으므로 (A)는 오답이다.

[10-12]

W1 Excuse me. We reserved a booth here at the trade show, and we need to set everything up. However, we aren't sure where to go.

M Did you remember to bring your reservation form?

W2 Yes, I've got it right here.

M Okay . . . It looks like you're in section D. You need to go straight ahead about fifty meters and then turn to the left. You should see a giant sign with the letter D. Go there and speak with the person manning the booth.

W1 What about name badges?

M They should already be prepared for you at the booth. Come back here if you have any problems.

W1 실례합니다. 저희는 이곳 무역 박람회의 부스를 하나 예약했는데, 이제 설치를 해야 해요. 하지만 어디로 가야 할지 잘 모르겠어요.

M 신청서 양식을 잊지 않고 가지고 오셨나요?

W2 네, 여기에 있어요.

M 좋아요… D섹션에 있는 것으로 보이는군요. 50미터 정도 직진하셔서 좌회전하세요. D라는 글자가 적힌 커다란 간판이 보일 거예요. 그곳으로 가서 부스 담당자와 이야기하세요.

W1 명찰은요?

M 이미 부스에 준비되어 있을 거예요. 문제가 생기면 여기로 다시 오세요.

어휘 reserve 예약하다   booth 부스   trade show 무역 박람회   set up 설치하다, 준비하다   giant 거대한   man 담당하다   name badge 명찰

10.
화자들은 어디에 있는가?
(A) 무역 박람회장
(B) 스포츠 경기장

(C) 극장
(D) 쇼핑 센터

해설 대화의 시작 부분에서 여자1은 '무역 박람회의 부스(a booth here at the trade show)'를 설치하기 위해 이곳에 왔다고 했다. 따라서 화자들이 있는 곳은 (A)의 '무역 박람회장'이다.

11.
남자는 여자들에게 무엇을 요청하는가?
(A) 명찰
(B) 영수증
(C) 예약 신청서
(D) 사진이 들어 있는 신분증

해설 부스의 위치에 대해 묻는 여자의 질문에 남자는 'Did you remember to bring your reservation form?'이라고 말하면서 (C)의 '예약 신청서'를 요구하고 있다.

12.
남자는 여자들에게 무엇을 하라고 말하는가?
(A) 양식을 작성한다
(B) 신분증을 보여 준다
(C) 다른 사람과 이야기한다
(D) 잠시 동안 부스를 운영한다

해설 대화 중후반부의 'Go there and speak with the person manning the booth.'라는 문장에서 남자는 여자들에게 '부스 담당자와 이야기하라'는 말을 전하고 있다. 따라서 정답은 부스 담당자를 another person이라고 바꾸어 쓴 (C)이다.

[13-15]

M Good afternoon. I purchased this camera here last night, but I'm afraid I need to return it.

W What's the matter? Is it broken?

M I haven't tried using it yet, so I'm not sure how well it works. But as you can see, there's a big scratch on the lens. I noticed it when I removed it from the box.

W I'm sorry about that. I can either process a return for you or exchange it for another camera.

M I'd prefer the latter option. I'm attending a friend's wedding tomorrow and would love to take some quality pictures.

W Okay, let me go to the storeroom to find a replacement. I'll be back in a couple of minutes.

M 안녕하세요. 어젯밤에 이곳에서 이 카메라를 구입했는데, 반품해야 할 것 같아요.

W 무엇이 문제인가요? 고장이 났나요?

M 아직 사용해 보지 않아서 작동이 어떻게 되는지는 모르겠어요. 하지만 보시다시피 렌즈에 큰 흠집이 있어요. 상자에서 꺼냈을 때 발견을 했죠.

W 그 점에 대해서는 죄송합니다. 환불을 해 드릴 수도 있고, 아니면 다른 카메라로 교환을 해 드릴 수도 있어요.

M 두 번째 방법이 나을 것 같네요. 내일 친구의 결혼식에 참석할 예정이라 멋진 사진을 찍고 싶거든요.

W 네, 제가 창고에 가서 교환 제품이 있는지 찾아 볼게요. 잠시 후에 돌아 오겠습니다.

어휘 scratch 흠집, 스크래치 notice 주목하다, 알아차리다 either A or B A와 B 중 하나 latter 후자의 wedding 결혼, 결혼식 storeroom 저장실, 창고

13.
카메라에 어떤 문제가 있는가?
(A) 사진이 잘 찍히지 않는다.
(B) 렌즈에 흠집이 있다.
(C) 삼각대가 고장 났다.
(D) 배터리가 작동하지 않는다.

해설 남자는 카메라를 반품하고 싶다고 하면서 '렌즈에 흠집이 있다(there's a big scratch on lens)'고 그 이유를 설명한다. 따라서 카메라의 문제는 (B)이다.

14.
남자가 "I'd prefer the latter option"이라고 말할 때 그는 무엇을 의미하는가?
(A) 그는 카메라의 품질에 만족하지 않는다.
(B) 그는 돈을 돌려받고 싶어 하지 않는다.
(C) 그는 불만을 제기할 준비가 되어 있다.
(D) 그는 영수증을 가져와야 한다는 점을 잊었다.

> **해설** latter는 '후자의'라는 뜻으로, 여자가 제시한 두 가지 해결 방안인 환불과 교환 중에서 교환을 의미한다. 즉, 주어진 문장을 통해 남자는 환불이 아니라 교환을 택하겠다는 의지를 나타내고 있으므로 그가 의미한 바는 (B)로 볼 수 있다. 참고로 '전자의'라는 의미는 former로 나타낸다.
>
> **어휘** file a complaint 불만을 제기하다

15.
여자는 자신이 무엇을 하겠다고 말하는가?
(A) 매니저와 이야기한다
(B) 환불 절차를 밟는다
(C) 남자에게 다른 카메라를 가져다 준다
(D) 카메라를 수리한다

> **해설** 카메라를 교환하고 싶다는 남자의 말에 '여자는 교환 제품을 찾아보겠다(let me go to the storeroom to find a replacement)'고 말하면서 남자에게 잠시 기다려 달라고 부탁한다. 따라서 여자가 하게 될 일은 (C)의 '카메라를 가지고 오는 것'이다.

Part 4

[16-18]

> M Hello, Mr. Thompson. This is Victor Wendell calling. Yesterday, I talked with one of your employees about purchasing some wallpaper for my home. I said I wanted to acquire ten rolls of the ivory-colored wallpaper manufactured by Whitten. However, I've changed my mind. Instead, I'd like the same number of rolls but in light blue. I spoke with my wife today, and she thinks that color would look much better in our home. I hope you don't have any problems making the change. I believe the light blue is a bit more expensive, so please let me know how much I owe, and I'll transfer the money to your account at once.
>
> M 안녕하세요, Thompson 씨. 저는 Victor Wendell입니다. 저는 어제 저희 집에서 쓸 벽지 구입에 관해 귀사의 직원 중 한 명과 이야기를 나누었습니다. Whitten에서 제조한 아이보리색 벽지를 10롤 사고 싶다고 말했습니다. 하지만 마음이 바뀌었습니다. 대신 수량은 같지만 밝은 파란색 벽지를 사고 싶습니다. 오늘 아내와 이야기를 했는데, 아내는 그 색이 저희 집에 훨씬 더 잘 어울릴 것 같다고 생각하더군요. 주문을 변경하는 데 문제가 없기를 바랍니다. 밝은 파란색이 약간 더 비싼 것으로 알고 있기 때문에 얼마를 더 결제해야 하는지 알려 주시면 즉시 계좌로 송금해드리겠습니다.

> **어휘** wallpaper 벽지 owe 빚지다 transfer 옮기다, 이동하다; 송금하다 account 계좌

16.
청자는 어디에서 일을 하는 것 같은가?
(A) 페인트 가게
(B) 인테리어 매장
(C) 건설회사
(D) 사무용품점

> **해설** 화자는 집에서 사용할 벽지 주문을 변경하고 싶어하므로 청자가 일하는 곳은 (B)의 '인테리어 매장'일 것이다.

17.
남자는 어떤 색상을 선호하는가?
(A) 밝은 파란색
(B) 검정색
(C) 갈색
(D) 아이보리색

> **해설** 남자는 원래 아이보리색 벽지를 주문했지만 밝은 파란색 벽지로 주문을 변경하고자 한다. 따라서 남자가 선호하는 색상은 (A)이다.

18.
남자는 어떻게 결제할 것인가?
(A) 수표로
(B) 신용카드로
(C) 계좌 이체로
(D) 직접

> **해설** 담화의 마지막 부분에서 화자는 차액을 알려 주면 '즉시 돈을 송금하겠다(I'll transfer the money to your account at once)'고 했으므로 결제 수단은 (C)가 될 것이다.

[19-21]

W May I have your attention, please? As there is a holiday tomorrow, we've decided to have a special sale throughout the entire day today. Each hour, a different department will have items in it reduced by thirty percent. From now until noon, women's shirts, blouses, skirts, and dresses are on sale. There are no restrictions on the number of items you can purchase. In addition, please ask our cashiers about our new membership program. They can help you sign up for it while you are making a purchase. It will give you an extra ten percent off every item you buy.

W 주목해 주시겠습니까? 내일이 휴일이기 때문에 오늘 하루 특별 세일을 실시하기로 했습니다. 매 시간마다 서로 다른 매장에서 30% 할인된 제품들을 선보일 것입니다. 지금부터 12시까지는 여성용 셔츠, 블라우스, 스커트, 그리고 드레스가 세일을 합니다. 구매하실 수 있는 제품 수량에는 제한이 없습니다. 할인 판매됩니다. 또한 계산원에게 새로운 멤버쉽 프로그램에 대해 물어봐 주십시오. 구입을 하시는 동안 계산원들이 등록에 도움을 드릴 수 있을 것입니다. 등록하시면 구입하는 제품마다 10%의 할인 혜택을 받게 되실 것입니다.

어휘 attention 주의, 주목   restriction 제한   cashier 계산원   extra 추가의, 별도의

19.
상점은 왜 세일을 하는가?
(A) 그 다음 날이 휴일이다.
(B) 매장의 창립 기념일이다.
(C) 봄 특별 세일이다.
(D) 상점이 새로 오픈을 했다.

해설 담화 초반부에서 여자는 '다음 날이 휴일이라 (there is a holiday tomorrow)' 세일을 실시할 것이라고 말한다. 따라서 세일을 하는 이유는 (A)이다.

20.
도표를 보아라. 몇 층 제품들이 세일 중인가?
(A) 1층
(B) 2층
(C) 3층
(D) 4층

해설 현재 세일 중인 품목은 '여성용 셔츠, 블라우스, 스커트, 드레스(women's shirts, blouses, skirts, and dresses)'이다. 도표에서 이러한 상품들을 포함하는 카테고리는 2층의 '의류(Clothing)'이므로 (B)가 정답이다.

21.
청자들은 멤버쉽 프로그램에 대해 어떻게 알 수 있는가?
(A) 웹사이트를 방문함으로써
(B) 직원에게 이야기함으로써
(C) 팜플렛을 읽음으로써
(D) 고객 서비스 센터를 방문함으로써

해설 화자는 'In addition, please ask our cashiers about our new membership program.'이라고 말하면서 멤버쉽 프로그램을 소개하고 있다. 이를 통해 고객들은 점원에게 문의를 함으로써 그에 관한 정보를 얻을 수 있다는 점을 알 수 있으므로 정답은 (B)가 된다.

Part 5

22.
혼잡 시간대의 복잡한 교통 상황에서는 운전하는 것보다 지하철을 타는 것이 더 편리하다.
(A) 편리
(B) 편리하게
(C) 편의시설
(D) 편리한

어휘 downtown 시내로   heavy traffic 도로 혼잡   rush hour 혼잡 시간대   convenience 편리함   conveniences 편의시설

해설 빈칸 앞에 비교급을 의미하는 부사인 more가 있으므로 형용사나 부사 중에서 정답을 고르면 된다. 그런데 문장의 동사가 be동사인 is인 것으로 보아 빈칸에는 보어가 와야 하므로 부사는 정답이 될 수 없다. 따라서 정답은 형용사인 (D)의 convenient이다.

23.
Greenfield 유제품은, 다수의 유제품이 제조되는 곳인데, 올해 매출의 증가를 기대한다.
(A) ~하는
(B) ~하는
(C) ~하는 것
(D) ~하는

어휘 dairy 유제품 회사   manufacture 제조하다   increase 증가하다

해설 빈칸이 포함된 절은 관계사절로서 바로 앞의 Greenfield Dairy를 수식하는 역할을 한다. 빈칸 뒤의 절은 문장 성분을 모두 갖추고 있으므로 관계대명사인 (B)와 (D)는 정답이 될 수 없으며, what은 수식의 역할을 하는 문장을 이끌 수 없으므로 (C)도 정답이 될 수 없다. 정답은 관계부사인 (A)의 where이다.

24.
식당은 손님들에게 서비스를 제공하기 전에 음식을 판매하기 위한 허가증을 받아야 한다.
(A) 허가증
(B) 보조금
(C) 메뉴
(D) 서류

어휘 customer 고객   permit 허가증   subsidy 보조금

해설 식당에서 손님들에게 음식을 판매하기 전에 받아야 할 것은 '허가증(permit)'일 것이므로 정답은 (A)이다.

25.
두 회사의 경영 방식에 여러 가지 유사한 것들이 있기는 하지만, Dalton 광업이 Plexico 사보다 훨씬 더 운영이 잘 된다.
(A) 유사한
(B) 유사하게
(C) 유사한 것들
(D) 유사함

어휘 operate 가동하다; 경영되다   run 운영하다   similar 유사한   similarly 유사하게   similarity 유사함

해설 빈칸은 동사인 have의 목적어 자리이므로 명사인 (C)의 similarities와 (D)의 similarity 중에서 정답을 골라야 한다. 그런데 빈칸 앞에 '다양한'이라는 의미의 형용사인 various가 있으므로 복수형인 similarities가 정답이 된다.

26.
협상은 두 가지의 사소한 사항들에 대한 의견 일치가 필요한 상황으로서 거의 완료되어 간다.
(A) 완전히
(B) 거의
(C) 마침내
(D) 소문에 의하면

어휘 negotiation 협상   complete 완료된   minor 중요하지 않은, 작은   reportedly 소문에 의하면

해설 부사 어휘 문제이다. as 뒤를 보면 '두 가지의 사소한 사항들에 대한 의견 일치가 필요한 상태'라는 내용이므로 협상이 '거의' 마무리되고 있다고 볼 수 있다. 따라서 정답은 (B)의 nearly이다.

27.
Paulson 박사는, 그 회사의 이사회에 소속되어 있는데, 병원에 방문할 때마다 환자들을 치료한다.
(A) 치료했다
(B) 치료하다
(C) 치료한다
(D) 치료하는 중이다

어휘 board of directors 이사회   treat 치료하다

해설 동사의 시제를 묻는 문제이다. 빈칸 뒤에 whenever가 있으므로 반복적인 행위를 나타내는 현재 시제가 와야 한다. 그런데 주어가 3인칭 단수이므로 정답은 (C)이다.

Part 6
[28-31]

4월 12일

친애하는 Henderson 씨께,

Green Thumb 잡지의 구독자가 되어 주셔서 감사합니다. 우리는 귀하가 원예에 필요한 모든 정보를 얻게 될 것이라고 확신합니다. 귀하의 1호 잡지는 4월 25일에서 5월 1일 사이에 도착할 것입니다. 하지만 잡지가 도착하기를 기다리시는 동안 귀하는 저희의 온라인 컨텐츠 또한 보실 수 있다는 사실을 알고 계시면 좋을 것 같습니다. 저희 웹사이트에 방문하여 회원 가입만 해 주세요. **귀하는 이 편지 하단에 있는 코드를 입력하셔야 합니다.** 그것을 입력한 다음, 필수 개인 정보를 기입하시면, 35년에 걸친 원예 전문 지식을 이용하실 수 있습니다. 저희가 즐겁게 집필했던 것만큼 잡지를 즐겁게 읽어 주시기를 바랍니다.

Alice Simon 드림
고객 서비스 상담원

어휘 subscriber 구독자   positive 확신하는; 분명한   gardening 원예   issue (잡지의) 호   aware 알고 있는   include 포함시키다   input 입력하다   complete 기입하다,

작성하다　required 필수의　as much as ~만큼

28.
(A) 기사
(B) 지불
(C) 편지
(D) 호

해설 잡지의 구독에 대해 감사한다는 내용에 이어지는 문장이므로, 잡지를 일컫는 단어인 호(issue)가 빈칸에 들어가는 것이 가장 적절하다. 정답은 (D)이다.

29.
(A) 도착하는 것
(B) 도착할 것이다
(C) 도착하는 것
(D) 도착했다

해설 빈칸 앞의 for your magazine은 의미상의 주어인데, 'for + 목적격'을 의미상의 주어로 취하는 준동사는 to부정사이므로 정답은 (C)이다. 참고로 동명사의 의미상 주어는 소유격을 취한다.

30.
(A) 귀하는 이 편지 하단에 있는 코드를 입력하셔야 합니다.
(B) 이달 말까지 금액을 지불하는 것을 잊지 마세요.
(C) 귀하는 회원으로서 모든 종류의 특가 상품을 이용하게 될 것입니다.
(D) 이번 달 잡지는 여러 가지 흥미로운 주제의 기사들을 특별히 포함하고 있습니다.

어휘 get access to ~에 접속하다　special deal 특가 상품　feature 특별히 포함하다

해설 빈칸 뒤에 '그것을 입력하고 난 다음에(After inputting it)'라는 내용이 있으므로 보기 중에서 이와 관련된 내용이 있는 것을 찾아야 한다. (A)의 include 가 '입력하다'라는 뜻을 가지고 있는데, 해당 문장은 '코드를 입력하라'는 내용이다. 이는 또한 '회원에 가입하라'는 빈칸 앞 문장의 내용과도 자연스럽게 연결되므로 정답은 (A)이다.

31.
(A) 전문가들
(B) 전문 지식
(C) 능숙한
(D) 전문가

어휘 expert 전문가　expertise 전문 지식　experienced 능숙한, 숙련된

해설 빈칸은 명사가 와야 하는 자리이며, 빈칸이 포함된 부분은 '35년에 걸친 _____을 이용할 수 있다'는 내용이다. 보기 중에서 의미상 가장 자연스러운 것은 '전문 지식'이라는 뜻인 (B)의 expertise이다.

Part 7

[32-33]

수신 Hester Williams 〈hwilliams@comsystems.com〉
발신 Stan Francis 〈stan_f@watson.com〉
날짜 8월 22일
제목 면접

Williams 씨께,

저는 Stan Francis입니다. 어제 귀사의 공석을 위한 면접을 볼 시간을 내 주셔서 감사합니다. 제출했던 이력서에 누락된 몇 가지 관련 업무 경력들을 알려 드리고 싶습니다. 이력서에는 제가 Davis Systems에서 3년 동안 컴퓨터 프로그래머로 근무했다고 되어 있지만, 2개월 동안 강사로 근무했다는 사실이 누락되어 있습니다. 그 기간 동안, 저는 대부분의 직원들에게 우리가 사용했던 몇 가지 CAD 소프트웨어의 사용법을 가르쳤습니다. 잠시 동안만 그 일을 했던 것이어서 이 정보를 포함시키지 못했습니다. 하지만 귀하가 면접 때 가르칠 기회가 있을 수도 있다고 말씀하셔서, 이를 알려 드려야겠다고 생각했습니다.

Stan Francis 드림

어휘 relevant 관련 있는　omit 누락시키다　instructor 강사　workforce 노동자

32.
Francis 씨는 어떤 직책에 지원한 것 같은가?
(A) 컴퓨터 프로그래머
(B) 소프트웨어 설계사
(C) 학교 교사
(D) 고위 경영진

해설 Francis 씨는 연관된 업무 경력에 대해 말하면서 자신이 컴퓨터 프로그래머였다는(I worked at Davis Systems for three years as a computer programmer) 정보를 전달하고 있다. 그러므로 그가 지원한 직책은 컴퓨터 프로그래머일 것이다. 정답은 (A)이다.

33.
Francis 씨가 이력서에 쓰지 않은 것은 무엇인가?
(A) 근무 일자
(B) 사용했던 소프트웨어
(C) 희망 급여
(D) 관련된 업무 경력

해설 Francis 씨는 이력서에 포함시키지 못한 관련된 업무 경력이 있다고(I have some relevant work experience which I failed to include on the résumé) 했다. 따라서 정답은 (D)이다.

[34-36]

동절기 근무 시간

겨울 휴가 기간은 항상 연중 가장 바쁜 시기입니다. 그러므로 저희는 12월 10일부터 1월 10일까지 Sanderson 백화점의 영업 시간을 변경할 것입니다. 오전 10시부터 오후 8시까지인 정규 영업 시간이 일주일 내내 오전 9시부터 오후 10시로 변경될 것입니다. 이 추가 시간 동안 근무하는 직원들은 1주일에 40시간을 근무하지 않게 된다 해도 초과근무 수당을 받게 될 것입니다. 교대 근무 시간 전과 후에 Mallard 역까지 교통 수단이 필요한 직원들은 셔틀버스를 이용할 수 있을 것입니다. 셔틀버스는 오전 8시 30분부터 밤 10시 15분까지 약 15분마다 역에 있을 것이며, 직원들과 쇼핑객들에게 무료 수송을 제공할 것입니다. 새로운 근무 시간 동안 일할 수 없는 직원은 자신의 직속 상사에게 즉시 이 문제에 대해 논의해야 합니다.

어휘 operation 영업   overtime payment 초과근무 수당   shift 교대 근무 시간   approximately 대략

34.
안내되고 있는 것은 무엇인가?
(A) 직원들의 급여 인상
(B) 연장된 근무 시간
(C) 초과근무 정책의 변경
(D) 특별 할인 기간

해설 지문의 전체적인 내용은 바쁜 기간 동안 근무 시간이 연장된다는 사실과 이와 관련된 정보들에 대한 것이므로 정답은 (B)이다.

35.
Sanderson 백화점에 대해 언급되지 않은 것은 무엇인가?
(A) 때때로 직원들에게 더 많은 급여를 지급한다.
(B) 휴가 기간에는 바쁠 것으로 예상된다.
(C) 직원들에게 무료 서비스를 제공한다.
(D) 12월에 임시 직원들을 채용하고 있다.

해설 추가 시간에 근무하는 직원에게 초과근무 수당이 지급된다고(Employees working during these three extra hours will receive overtime payment) 하였으므로 (A)는 언급된 내용이며, 겨울 휴가 기간은 연중 가장 바쁜 시기라고(The winter holiday period is always the busiest time of the year.) 했으므로 (B)도 언급되었다. 그리고 무료 셔틀버스를 제공하고 있으므로(provide free rides for workers) (C) 역시 언급된 내용이다. 12월에 임시직원을 채용하고 있다는 내용은 없으므로 정답은 (D)이다.

36.
Sanderson 백화점에 대해 암시된 것은 무엇인가?
(A) 일요일과 국경일에는 영업을 하지 않는다.
(B) 정기적으로 영업 시간을 변경한다.
(C) 최근에 몇몇 직원들이 퇴사했다.
(D) 많은 직원들이 대중 교통을 이용한다.

해설 추가적인 근무 시간 전과 후에 Mallard 역까지 셔틀버스를 운행하고 있고, 역에서 15분 간격으로 Mallard 역을 이용하고 있다는 사실을 유추할 수 있다. 그러므로 정답은 (D)이다.

[37-41]

Washington 식품점으로 오십시오

Washington 식품점은 시내 중심가의 2번가 908번지에 위치해 있습니다. 저희는 모든 종류의 샌드위치를 만듭니다. 6인치 빵과 풋롱 사이즈의 빵 중에서 선택하십시오. 푸짐한 양의 고기, 치즈, 그리고 기타 토핑들을 넣으실 수 있습니다. 저희가 직접 만든 라자냐, 지티, 해산물 파스타, 그리고 기타 음식들도 맛보십시오. 포장 주문을 하시거나 식당에서 드실 수도 있습니다. 15달러 이상 주문하시면 무료로 배달을 해 드립니다. 저희 웹사이트인 www.washingtondeli.com을 방문하셔서 주문하십시오. 영업 시간은 월요일부터 금요일까지는 오전 10시부터 오후 8시까지, 토요일은 오전 11시부터 오후 7시까지입니다. 일요일에는 영업을 하지 않습니다.

어휘 footlong 발 크기의   bun (샌드위치 등의) 빵   heaping 수북한   homemade 집에서 만든   lasagna 라자냐   ziti 지티 (파스타의 일종)   premises 부지, 구내

Washington 식품점
Carl Moon 선임 기자

렉싱턴 (4월 12일) – 기자는 평소에 식품점에 잘 가지 않지만 몇몇 독자들이 Washington 식품점에 관한 리뷰를 요구하는 편지를 작성했기 때문에 그분들이 무엇 때문에 그처럼 열광하는지 알아보기로 했다. 안타깝게도 처음 그곳에 방문한 날은 문을 열지 않는 날이어서 그 다음 날에 다시 가야만 했다.

내부는 깨끗했고 재료는 손님들이 볼 수 있도록 모두 진열되어 있었다. 기자에게, 이러한 점은 제공되는 음식에 대한 주인의 자신감을 나타내는 것이었다. 기자는 작은 사이즈의 파스트라미와 살라미를 넣은 호밀빵 샌드위치, 큰 사이즈의 칠면조 샌드위치, 그리고 가지 라자냐를 주문했다. 고기는 신선했고 채소는 아삭아삭했으며 빵은, 그곳에서 만든 것인데, 맛이 뛰어났다. 가격은 예상했던 것보다 약간 더 비쌌다. 예컨대 기자의 집 근처에 있는 식품점의 경우 Washington 식품점보다 가격이 20% 정도 더 저렴하다. 그럼에도 불구하고, 그곳 음식의 질은 그러한 점을 상쇄하고도 남는다. 또한 기자는 구운 쇠고기 콜드컷을 가장 좋아하는데 이것이 없어서 아쉬웠다. 하지만 Washington 식품점은 강력하게 추천할만하다.

어휘 venture 모험적인 시도   interior 내부, 인테리어   ingredient 재료   confidence 자신감   pastrami 파스트라미   salami 살라미   rye 호밀   eggplant 가지   make up for ~을 보상하다   cold cut 편육, 콜드컷

4월 14일

편집자님께,

저는 어제 *Lexington Star*에 실린 Washington 식품점 리뷰를 읽고 기분이 좋았습니다. 주인으로서, 저는 제 매장에 관한 긍정적인 이야기를 읽는 것이 항상 기쁩니다. 하지만 Moon 기자님께서 언급하신 점 중 하나에 대해서는 이의를 제기하고자 합니다. Washington 식품점은 60여종 이상의 육류를 보유하고 있습니다. 저는, 절대 그럴 리가 없는데, 왜 Moon 기자님께서 하나가 없다고 글을 쓰셨는지 모르겠습니다. 저는 그분께 저희 매장으로 다시 방문하시도록 초대하는 바이며, 제가 직접 샌드위치를 만들어서 드시지 못했던 것을 보여 드리고자 합니다.

David Jackson 드림
Washington 식품점 주인

어휘 establishment 기관, 사업장   take issue with ~에 이의를 제기하다   be not the case 실제로는 그렇지 않다   personally 개인적으로, 직접

37.
광고에서, 다섯 번째 줄의 단어 "premises"와 그 의미가 가장 유사한 것은 무엇인가?
(A) 구내
(B) 이론
(C) 식탁
(D) 식사

해설 premises는 '부지', '구역'이라는 의미인데, (A)의 grounds가 '구내'라는 의미이다. 따라서 정답은 (A)이다.

38.
광고에 따르면, Washington 식품점에 대해 맞지 않는 것은 무엇인가?
(A) 많은 양의 음식을 제공한다.
(B) 시내에 있다.
(C) 웹사이트에서 주문을 받는다.
(D) 모든 주문에 대해 무료로 배달한다.

해설 15달러 이상의 주문에 대해서만 무료 배달을 제공한다고(We provide free delivery for orders of $15 or more.) 하였으므로 (D)는 지문의 내용과 일치하지 않는다. 나머지 정보는 모두 지문에 언급되어 있다.

39.
Moon 씨는 Washington 식당에 언제 처음으로 방문했는가?
(A) 금요일에
(B) 토요일에
(C) 일요일에
(D) 월요일에

해설 두 번째 지문에 따르면, Moon 씨가 Washington 식당에 처음 방문했던 날은 쉬는 날(my first venture there happened to be on the one day of the week it was closed)이었다. 그런데 첫 번째 지문에서 이 식당은 일요일마다 휴무라고(We're closed on Sundays) 하였으므로 정답은 (C)이다.

40.
Moon 씨가 Washington 식당에 대해 만족하지 않는 것은 무엇인가?
(A) 분위기
(B) 가격
(C) 서비스
(D) 음식

해설 두 번째 지문 두 번째 문단의 중반부에서, Moon 씨는 가격이 생각보다 높았다고(The prices were a bit more than I had expected.) 밝히고 있으므로 정답은 (B)이다.

41.
Jackson 씨는 어떤 종류의 샌드위치를 만들겠다고 제안하는가?
(A) 칠면조 샌드위치
(B) 구운 쇠고기 샌드위치
(C) 살라미 샌드위치
(D) 파스트라미 샌드위치

해설 두 번째 지문에서 Moon 씨는 구운 쇠고기가 없어서 실망했다고(I was also disappointed by the lack of roast beef) 했다. 그런데 세 번째 지문에서 Jackson 씨는 자신의 식당에서는 모든 종류의 샌드위치를 판매하고 있으며, 그를 다시 초대하여 그가 맛볼 수 없었다고 한 샌드위치를 직접 만들어 주겠다고(I will personally make him a sandwich to show him what he missed) 말했다. 따라서 정답은 (B)이다.

빈칸에 알맞은 어휘나 뜻을 쓰세요.

	어휘	뜻		어휘	뜻
1	wheelbarrow		10		이사회
2	warranty		11		구독자
3		대체, 교체	12	omit	
4		계좌	13		교대 근무 시간
5	restriction		14	heaping	
6		편리함	15	premises	
7	subsidy		16	venture	
8		협상	17	ingredient	
9	reportedly		18		보상하다

정답 1. 손수레 2. 보증 3. replacement 4. account 5. 제한 6. convenience 7. 보조금 8. negotiation 9. 소문에 의하면 10. board of directors 11. subscriber 12. 누락시키다, 빼다 13. shift 14. 수북한 15. 부지, 구내 16. 모험적인 시도 17. 재료 18. make up for

DAY 2

Listening Test

Time 09 minutes

Part 1

🎧 02-01

Directions: You will hear four statements about the picture below. Select the one statement that best describes what you see in the picture and mark the letter (A), (B), (C), or (D).

1.

(A)   (B)   (C)   (D)

Part 2

🎧 02-02

Directions: You will hear a question or statement and three responses spoken in English. Select the best response to the question or statement and mark the letter (A), (B), or (C).

2. Mark your answer on your answer sheet.   (A)   (B)   (C)

3. Mark your answer on your answer sheet.   (A)   (B)   (C)

4. Mark your answer on your answer sheet.   (A)   (B)   (C)

5. Mark your answer on your answer sheet.   (A)   (B)   (C)

6. Mark your answer on your answer sheet.   (A)   (B)   (C)

Part 3

🎧 02-03

Directions: You will hear some conversations between two or more people. You will be asked to answer three questions about what the speakers say in each conversation. Select the best response to each question and mark the letter (A), (B), (C), or (D).

7. Who most likely is the man?
   (A) A carpenter
   (B) A deliveryman
   (C) A customer
   (D) A security guard

8. What is the problem?
   (A) Not enough items were brought.
   (B) The color of the items is wrong.
   (C) There is a scratch on an item.
   (D) Several items are out of stock.

9. What does the woman mean when she says, "Well, I suppose it's better than nothing"?
   (A) She will request an apology.
   (B) She appreciates the man's assistance.
   (C) She will pay the higher price.
   (D) She is willing to accept the items.

Westfield Community Center Computer Class Schedule

Class 1	Monday, 8:00 A.M. – 10:00 A.M.
Class 2	Thursday, 11:00 A.M. – 1:00 P.M.
Class 3	Friday, 3:00 P.M. – 5:00 P.M.
Class 4	Saturday, 10:00 A.M. – 12:00 P.M.

10. What are the speakers mainly discussing?
    (A) An upcoming seminar
    (B) Mr. Wilkinson's retirement party
    (C) The local community center
    (D) An open job position

11. What qualification does the woman say she has?
    (A) Experience supervising others
    (B) The ability to work well on a team
    (C) Skill at making budgets
    (D) Knowledge of a foreign language

12. Look at the graphic. Which class will the woman most likely take?
    (A) Class 1
    (B) Class 2
    (C) Class 3
    (D) Class 4

GO ON TO THE NEXT PAGE

Part 4

🎧 02-04

Directions: You will hear some talks given by a single speaker. You will be asked to answer three questions about what the speaker says in each talk. Select the best response to each question and mark the letter (A), (B), (C), or (D).

13. Where will the listeners go this weekend?
    (A) To a trade show
    (B) To a workshop
    (C) To a conference
    (D) To a seminar

14. What does the speaker say the listeners will do?
    (A) Work overtime
    (B) Write reports
    (C) Get more training
    (D) Oversee an orientation program

15. What project does the speaker assign Jeff?
    (A) Making posters
    (B) Doing demonstrations
    (C) Acquiring brochures
    (D) Selecting products

16. Who most likely is the speaker?
    (A) A shop owner
    (B) A computer programmer
    (C) An architect
    (D) A designer

17. What does the speaker mean when he says, "The Standish is going to change that"?
    (A) The product has just gone on sale.
    (B) 3D printing will become more popular.
    (C) A price is going to decline soon.
    (D) Several new materials are now available.

18. What will the speaker most likely do next?
    (A) Give a product demonstration
    (B) Play a video
    (C) Hand out some free samples
    (D) Answer questions

This is the end of the Listening test.

Reading Test

Time 16 minutes

Part 5

Directions: A word or phrase is missing in each of the sentences below. Four answer choices are given below each sentence. Select the best answer to complete the sentence and mark the letter (A), (B), (C), or (D).

19. Laurel Shipping transports ------- to ports all around both North and South America.
    (A) product
    (B) produces
    (C) products
    (D) productive

20. Mr. Vanderbilt ------- his inspection of the factory for the day and will resume work tomorrow.
    (A) completing
    (B) has completed
    (C) will be completed
    (D) is completed

21. There are ------- fifteen orders which need to be filled and sent out by the end of the day.
    (A) approximate
    (B) approximation
    (C) approximately
    (D) approximates

22. Most employees become ------- for full benefits as soon as they have been working for half a year.
    (A) eligible
    (B) eligibly
    (C) eligibility
    (D) eligibleness

23. All individuals who worked ------- on the project were recognized by Ms. Parcells.
    (A) hard
    (B) quite
    (C) soon
    (D) fairly

24. The train is not scheduled to depart ------- seven due to some mechanical difficulties.
    (A) for
    (B) until
    (C) from
    (D) on

GO ON TO THE NEXT PAGE

Part 6

Directions: Read the text below. A word, phrase, or sentence is missing in parts of the text. Four answer choices for each question are given below the text. Select the best answer to complete the text and mark the letter (A), (B), (C), or (D).

Questions 25-28 refer to the following article.

New Company Launched

Two days ago, interior designer Lauren Sylvester established a new company. Ms. Sylvester had worked at Denton Design for the past decade. -------. The name of her company is Sylvester Interior, and it will focus on improving the appearances of small and mid-sized companies. Ms. Sylvester's team of employees ------- in designing areas which are meant to put people at ease.

Ms. Sylvester commented, "I expect my company's services to be in high -------. By making sure customers feel more comfortable, business establishments can ------- that their sales will improve."

25. (A) She still keeps in close contact with her employer.
    (B) That was when she became the head of the company.
    (C) Then, she decided to take a couple of years off.
    (D) However, she decided to set out on her own recently.

26. (A) specialize
    (B) specializing
    (C) are specialized
    (D) specializes

27. (A) growth
    (B) demand
    (C) salary
    (D) expansion

28. (A) guarantee
    (B) prove
    (C) request
    (D) arrange

Part 7

Directions: In this part you will read a selection of texts. The text or set of texts is followed by several questions. Select the best answer for each question and mark the letter (A), (B), (C), or (D).

Questions 29-31 refer to the following Web site.

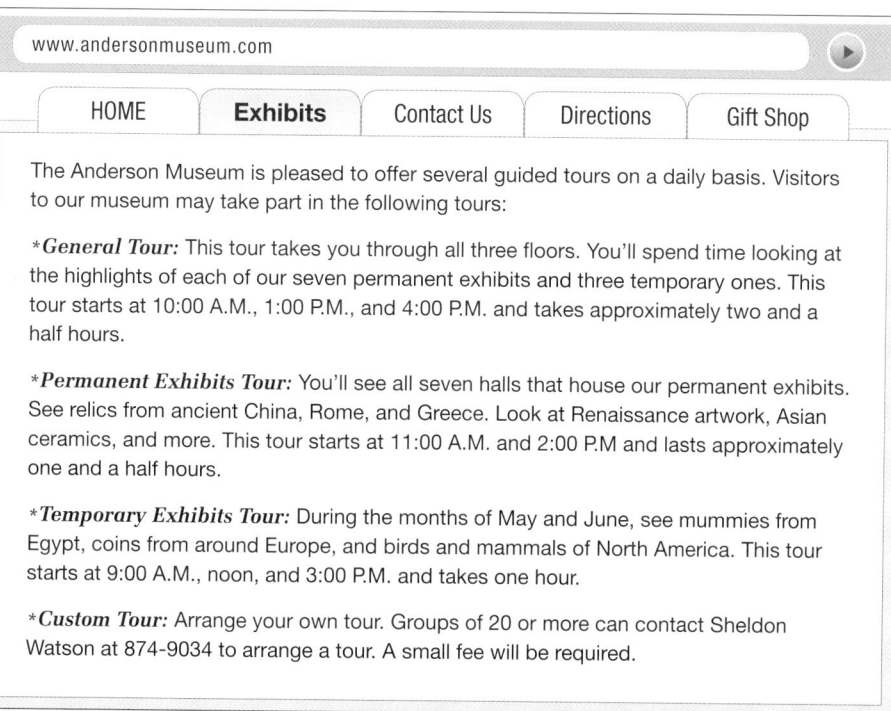

29. What is true about the Anderson Museum?

    (A) It has an offline gift shop.
    (B) It offers free guided tours on weekends.
    (C) It has an exhibit room displaying artifacts.
    (D) All of the halls are on the same floor.

30. What is indicated about the exhibit with coins?

    (A) It is at the museum for a short time.
    (B) It is located on the third floor.
    (C) It features coins from Asia.
    (D) It is next to the mummy exhibit.

31. What is mentioned about the custom tour?

    (A) It can be organized in one day.
    (B) All groups are eligible for it.
    (C) It can be done on any day.
    (D) It costs money to go on.

GO ON TO THE NEXT PAGE

Questions 32-34 refer to the following registration form.

Tidewater Theater
933 Madison Street
Indianapolis, IN 46229
(317) 235-8126

To become a member of the Supporters of Tidewater Theater, please complete the form in full and then mail it to us at the above address.

Name: *Sophia Makarov*
Address: *421 Western Avenue, Indianapolis, IN 46236*
Telephone Number: *(317) 731-8377*
E-Mail Address: *smakarov@thismail.com*

Type of Membership (See Below): ☐ Gold ☑ Silver ☐ Bronze ☐ Copper
Length of Membership: *1 year*
Payment Method: ☑ Check ☐ Credit Card ☐ Bank Transfer ☐ Money Order
Signature: *Sophia Makarov*

Date: *April 12*

Membership types confer the following benefits:

- **Copper:** 30% discount on all tickets; $100
- **Bronze:** 50% discount on all tickets; $200
- **Silver:** 50% discount on all tickets; 2 free tickets to the event of your choice; $350
- **Gold:** 50% discount on all tickets; 4 free tickets to the event of your choice; backstage access to 2 events of your choice; $500

32. What is indicated about Ms. Makarov?

(A) She is renewing her membership.
(B) She will get a two-year membership.
(C) She lives on the same street as the theater.
(D) She is paying with a check.

33. How much does Ms. Makarov owe for her membership?

(A) $100
(B) $200
(C) $350
(D) $500

34. What do Gold members NOT receive?

(A) Complimentary tickets
(B) Seats in the front row
(C) The ability to go backstage
(D) A discount on ticket purchases

GO ON TO THE NEXT PAGE

Questions 35-39 refer to the following information and article.

Garden in Spring
by David Morell

Garden in Spring is an oil on canvas work measuring 30 inches by 65 inches. It was painted in 1998 while Mr. Morell was at the Fleiss Academy of Art in Richmond. The painting is done in the Impressionist style and is considered a masterpiece of modern art. The use of bright colors is standard for the works of Mr. Morell. *Garden in Spring* is the fourth painting in a series of twelve that Mr. Morell painted of the garden at his country estate. The painting was sold to Virginia Heckbert, who kept it in her private estate until 2005. It then became the property of Titus Harper, who later sold it to the Oakland Museum of Modern Art. The work is periodically loaned out to exhibitions showing the work of Mr. Morell.

Local Art Exhibition a Success
by staff reporter Jessica Brown

Tucson (April 11) – The Clairmont Gallery in downtown Tucson just concluded an exhibition featuring the works of modern artists based in Arizona. The exhibition lasted for two weeks and attracted an average of 500 people each day. Gallery owner Winona Geary stated, "I'm extremely pleased with the number of people who came to visit the gallery. Several made purchases of the works on display, and now that the exhibition is over, we will be delivering their paintings to them." Among the most popular works at the exhibition were *Moonlight Walk*, *Garden in Spring*, and *Desert View*.

During the exhibition, several Tucson-based artists also gave talks about their works and provided painting lessons for individuals. One of them, Martina Wallace, visited several local elementary schools to provide personal instruction to students in some art classes. Mr. Geary mentioned that she hopes to have the same level of involvement in the future. "Doing so will help introduce people to art at an earlier age and might even convince some to become artists themselves," she commented.

35. What is NOT mentioned about *Garden in Spring*?
    (A) It has had a few different owners.
    (B) There are several other paintings similar to it.
    (C) It was sold for several million dollars.
    (D) It is a work of Impressionist art.

36. Who is the current owner of *Garden in Spring*?
    (A) Titus Harper
    (B) The Fleiss Academy of Art
    (C) The Oakland Museum of Modern Art
    (D) Virginia Heckbert

37. What is indicated about Mr. Morell?
    (A) He paints portraits.
    (B) He owns a gallery.
    (C) He works in Arizona.
    (D) He often exhibits his work.

38. According to Ms. Geary, what happened during the exhibition?
    (A) A record number of people visited the gallery.
    (B) Classes on painting were taught at the gallery.
    (C) Several critics wrote reviews of the paintings.
    (D) Some paintings being displayed were sold.

39. Who is Martina Wallace?
    (A) A gallery owner
    (B) An artist
    (C) An elementary school teacher
    (D) An art critic

This is the end of the Reading test.

Day 2

Score (/39)

Listening Test

- 1. (B)
- 2. (B)
- 3. (A)
- 4. (C)
- 5. (C)
- 6. (B)
- 7. (B)
- 8. (A)
- 9. (D)
- 10. (D)
- 11. (A)
- 12. (C)
- 13. (A)
- 14. (A)
- 15. (D)
- 16. (D)
- 17. (B)
- 18. (A)

Reading Test

- 19. (C)
- 20. (B)
- 21. (C)
- 22. (A)
- 23. (A)
- 24. (B)
- 25. (D)
- 26. (D)
- 27. (B)
- 28. (A)
- 29. (C)
- 30. (A)
- 31. (D)
- 32. (D)
- 33. (C)
- 34. (B)
- 35. (C)
- 36. (C)
- 37. (C)
- 38. (D)
- 39. (B)

＊ 틀린 문제는 문항 번호 옆 빈칸에 표시한 다음, 한 번 더 학습하세요.

Part 1

1.

(A) An employee is sitting at a desk.
(B) **One of the file cabinets is open.**
(C) The monitor has been turned on.
(D) The chair is turned away from the desk.

(A) 직원 한 명이 책상에 앉아 있다.
(B) **서랍 중 하나가 열려 있다.**
(C) 모니터가 켜져 있다.
(D) 책상이 의자를 등지고 있다.

어휘 file cabinet 서류 캐비닛   turn on ~을 켜다   turn away ~을 돌리다; ~을 거절하다

해설 사진에서 사람의 모습은 찾아볼 수 없고 모니터는 꺼져 있으므로 (A)와 (C)는 잘못된 설명이다. 정답은 오른쪽 서랍이 열려 있는 모습을 적절히 묘사한 (B)이다. 의자가 책상 반대 방향으로 놓여 있다고 설명한 (D)는 사진 속 상황과 반대되는 진술이다.

Part 2

2.
Traffic on the highway is worse than normal.
(A) I'm really pleased to hear that.
(B) **I guess our arrival will be delayed.**
(C) We just filled the car up with gas.

고속도로의 교통 상황이 평소보다 좋지 않네요.
(A) 그런 이야기를 들으니 정말 기쁘군요.
(B) **도착 시간이 늦어질 것 같아요.**
(C) 우리는 조금 전에 기름을 채웠어요.

어휘 traffic 교통, 교통량   highway 고속도로   delay 미루다, 연기하다   fill up with gas (차에) 기름을 채우다, 주유하다

해설 교통 상황이 좋지 않다는 우려에 대한 가장 자연스러운 답변을 찾도록 한다. 정답은 교통 체증의 결과로 도착 시간이 늦어질 것이라고 답변한 (B)이다.

3.
Has Shawn repaired the copier on the second floor?
(A) **I just saw him working on it.**
(B) 20 color copies, please.
(C) No, I'm going to the third floor.

Shawn이 2층에 있는 복사기를 수리했나요?
(A) 조금 전에 그가 작업하는 것을 보았어요.
(B) 컬러 복사로 20장요.
(C) 아니요, 저는 3층으로 가고 있어요.

어휘 repair 수리하다　copier 복사기

해설 Shawn이라는 사람이 복사기를 수리했는지의 여부를 묻고 있다. 따라서 '조금 전에 수리하는 것을 보았다'고 말함으로써 우회적인 방식으로 긍정적인 답변을 한 (A)가 정답이다.

> **고득점 TIP**
> 질문에 대해 직접적인 답변이 아닌 우회적인 답변이 정답으로 제시되는 경우가 많다.

4.
Where are you going during the upcoming holiday?
(A) I've already visited Hawaii.
(B) We've got the next five days off.
(C) Most likely to my in-laws' home.

다가 오는 휴일에 어디로 갈 건가요?
(A) 저는 이미 하와이에 가보았어요.
(B) 우리는 앞으로 5일간 쉴 거예요.
(C) 아마도 처가에 가게 될 거예요.

어휘 upcoming 다가 오는, 곧 있을　in-laws' home 처가, 시댁

해설 의문사 where에 착안하면 정답에는 상대방이 갈 장소가 언급되어 있어야 한다. 보기 중 장소에 대해 이야기하고 있는 답변은 (A)와 (C)인데, (A)는 과거에 방문했던 곳을 말하고 있으므로 정답은 (C)이다.

5.
I went ahead and ordered lunch for everyone.
(A) May I take your order, please?
(B) Probably in the cafeteria at noon.
(C) I appreciate your handling that.

제가 미리 모든 사람들의 점심을 주문해 두었어요.
(A) 주문을 하시겠습니까?
(B) 아마도 정오에 구내 식당에서요.
(C) 그렇게 해줘서 고마워요.

어휘 go ahead 앞서다　probably 아마도　cafeteria 구내 식당　handle 다루다, 처리하다

해설 보기 중 점심을 미리 주문해 두었다는 말에 자연스러운 답변이 될 수 있는 것은 고맙다는 뜻을 전하고 있는 (C)뿐이다. (A)는 식당 종업원이 손님에게 할 수 있는 말이며, (B)는 식사를 할 장소나 시간을 묻는 말에 대한 답변이다.

> **고득점 TIP**
> 평서문 유형은 Part 2에서 가장 어려운 유형에 속하므로 반복적인 듣기 학습을 통해 내용을 확실히 이해하도록 해야 한다. 항상 그런 것은 아니지만, 평서문 유형에서는 이 문제에서와 같이 감사의 표현이 정답이 되는 경우가 많다는 것이 한 가지 팁이다.

6.
Why is the vending machine out of order?
(A) It sells candy and other snacks.
(B) A coin got stuck in the slot.
(C) You can pay for drinks with a card.

자판기가 왜 고장이 났죠?
(A) 그것은 사탕과 기타 간식 거리들을 팔아요.
(B) 투입구에 동전 하나가 끼었어요.
(C) 카드로 음료수 값을 계산할 수 있어요.

어휘 vending machine 자동판매기　out of order 고장이 난　snack 간식, 스낵　get stuck 달라붙다　slot 구멍, 슬롯

해설 의문사 why를 이용하여 자판기의 고장 이유를 묻고 있다. 보기 중에서 자판기 고장의 원인이 될 수 있는 내용을 언급하고 있는 것은 (B)뿐이다.

Part 3

[7-9]

> M　Good afternoon. I'm here from Thompson Office Supplies. I've got the desks your company ordered and need to know where to put them.
>
> W　I'm so glad to see you. I've got several new employees who have been waiting for their own workspaces. Let me show you where to put all ten of the desks.
>
> M　Ten? According to the invoice I've got here, you only ordered seven. Um, should I return this shipment, or do you want it?

W Well, I suppose it's better than nothing. Let's take care of these desks, and then I can call the company to figure out what happened to the order.

M 안녕하세요. Thompson 사무용품점에서 왔습니다. 귀사에서 주문한 책상을 가지고 왔는데 어디에 두어야 하는지 알아야 해서요.

W 잘 오셨어요. 자기 자리를 기다리고 있는 신입 직원들이 몇 명 있거든요. 10개의 책상을 전부 어디에 두어야 하는지 알려 드릴게요.

M 10개요? 여기 제가 가지고 있는 청구서에는 7개만 주문하신 것으로 되어 있는데요. 음, 가지고 온 것들을 다시 가져갈까요, 아니면 받으시겠어요?

W 어, 아무것도 없는 것보다야 있는 것이 낫겠죠. 이 책상들을 정리한 다음에 제가 회사에 전화를 해서 주문에 어떤 문제가 있었는지 알아볼 수 있을 거예요.

어휘 workspace 작업 공간   according to ~에 의하면   invoice 송장, 청구서   shipment 선적, 선적물   better than nothing 없는 것보다는 나은   figure out ~을 알아내다

7.
남자는 누구인 것 같은가?
(A) 목수
(B) 배달 직원
(C) 고객
(D) 경비원

해설 대화의 전반적인 내용을 통해 남자는 여자가 주문한 책상을 가지고 온 배송 직원임을 알 수 있다. 따라서 정답은 (B)이다.

8.
무엇이 문제인가?
(A) 불충분한 수량의 상품이 배송되었다.
(B) 상품의 색상이 잘못되었다.
(C) 제품에 하자가 있다.
(D) 몇몇 제품들은 재고가 없다.

해설 여자가 10개의 책상을 주문했다는 점을 암시하자 남자는 'According to the invoice I've got here, you only ordered seven.'이라고 답하면서 자신이 가져온 책상 수가 7개임을 밝히고 있다. 따라서 문제가 되는 것은 주문 수량과 관련된 것이므로 (A)가 정답이다.

9.
여자가 "Well, I suppose it's better than nothing"이라고 말할 때 그녀는 무엇을 의미하는가?
(A) 그녀는 사과를 요구할 것이다.
(B) 그녀는 남자의 도움에 고마워한다.
(C) 그녀는 더 높은 금액을 지불할 것이다.
(D) 그녀는 상품을 기꺼이 받을 것이다.

해설 it's better than nothing은 '없는 것보다는 있는 것이 낫다'는 의미로, 주어진 문장은 개수가 잘못된 배송품을 받을 것인지, 받지 않을 것인지에 대한 답으로 사용되었다. 즉 주어진 문장을 통해 여자가 의도한 바는 개수가 잘못되었더라도 인수하겠다는 것이므로 정답은 (D)가 된다.

[10-12]

M Did you hear Mr. Wilkinson intends to retire six months from now?

W I had no idea. Do you know who will take his place?

M According to my boss, the company hopes to promote someone from within. You know, you should apply for the position.

W I'd love to. I have the managerial experience, but I don't know much about computers. I'd have to learn more to qualify for his job.

M The local community center is offering computer classes this autumn. Why don't you sign up for one?

W I'd love to, but I'm so busy from Saturday to Thursday. I suppose I could take a class on Friday if one is offered then.

M Wilkinson 씨께서 6개월 후에 은퇴하려고 하신다는 말을 들었나요?

W 저는 몰랐어요. 누가 그분의 자리를 대신할 것인지 알고 있나요?

M 제 상사에 따르면 회사에서는 내부 승진을 원한다고 하더군요. 알다시피, 당신이 그 자리에 지원해야 해요.

W 저도 그러고 싶어요. 제가 관리직 경력이 있기는 하지만 컴퓨터에 대해서는 그다지 많이 알지 못하죠. 자리에 맞는 자격을 갖추기 위해서는 더 많이 배워야 할 거예요.

M 지역 커뮤니티 센터에서 이번 가을에 컴퓨터 강좌가 마련될 거예요. 강좌에 등록하는 것이 어때요?

W 그렇게 하고 싶지만 토요일부터 목요일까지는 바빠서요. 금요일에 마련되는 강좌가 있으면 금요일 수업은 들을 수 있을 것 같군요.

어휘 intend to ~하려고 의도하다   retire 은퇴하다   promote 승진시키다   managerial 경영의, 관리의   sign up for ~에 등록하다

10.
화자들은 주로 무엇을 논의하고 있는가?
(A) 곧 있을 세미나
(B) Wilkinson 씨의 은퇴 기념 파티
(C) 지역 커뮤니티 센터
(D) 공석

해설 대화 초반부의 내용을 통해 Wilkinson 씨의 은퇴에 따른 공석을 누가 채울 것인지가 대화의 주제임을 알 수 있다. 정답은 (D)이다.

11.
여자는 자신에게 어떤 자격이 있다고 말하는가?
(A) 다른 직원들을 관리해본 경험
(B) 팀을 이뤄 업무하는 능력
(C) 예산을 세우는 능력
(D) 외국어에 대한 지식

해설 여자는 자신의 강점으로 '관리직 경험(managerial experience)'을, 자신의 단점으로 '컴퓨터 관련 지식의 부족(don't know much about computers)'을 언급하고 있다. 따라서 그녀가 갖추고 있는 자질은 (A)이다.

12.
도표를 보아라. 여자는 어느 반에 들어갈 것 같은가?
(A) 1반
(B) 2반
(C) 3반
(D) 4반

해설 대화의 마지막 부분에서 여자는 '금요일에 마련되는 강좌가 있으면 들을 수 있을 것(I could take a class on Friday if one is offered then)'이라고 한다. 그러므로 도표에서 금요일에 실시되는 수업을 찾아보면 (C)의 Class 3가 정답이다.

고득점 TIP
도표가 주어지는 시각자료 문제의 경우에는 보기에 주어진 내용 옆에 있는 정보에 집중해야 한다. 이 문제의 경우에도 도표에서 'Class 1~4'가 보기로 제시되어 있으므로, 도표 우측의 정보들에 집중하며 대화를 들으면 정답을 쉽게 찾을 수 있다.

Part 4

[13-15]

M We've been granted a booth for the upcoming trade show in Sacramento on Saturday since another company pulled out last night. We've got three days to prepare, so we'll be working overtime. We need to get as many brochures as we can from the main office. Lisa and Peter, I want you to do that. Jeff, you have to figure out which of our products to bring so that we can do some demonstrations. Focus on our newest and bestselling items. Ming, you and I will work on designing some posters for the event. The designs must be done by today so that we can send them to the printer for a rush order.

M 어젯밤 다른 회사가 자리를 비우게 되어 토요일에 있을 새크라멘토 무역 박람회에서 우리가 부스를 얻게 되었어요. 준비할 수 있는 기간이 3일이기 때문에 우리는 초과 근무를 하게 될 거예요. 브로셔는 본사로부터 최대한 얻을 수 있는 만큼 가지고 와야 해요. Lisa, 그리고 Peter, 당신들이 그 일을 해 주었으면 해요. Jeff, 당신은 우리 제품 중에서 시연용으로 어떤 것을 가져가야 할지 알아봐 주세요. 최신 제품과 제일 잘 팔리는 제품을 중심으로요. Ming, 당신과 저는 행사에 쓸 포스터를 디자인하게 될 거예요. 인쇄소에 긴급 주문용으로 보낼 수 있도록 디자인은 오늘 중에 완성되어야 해요.

어휘 grand 주다, 수여하다   pull out 빠져나가다   work overtime 초과 근무를 하다, 야근하다   so that ~ can ~하기 위하여   rush order 긴급 주문

13.
청자들은 이번 주말에 어디에 갈 것인가?
(A) 무역 박람회
(B) 워크숍
(C) 콘퍼런스
(D) 세미나

해설 담화 초반부에 화자는 '곧 있을 새크라멘토의 무역 박람회(upcoming trade show in Sacramento)'에서 자리를 얻게 되었다는 소식을 전한 후 이를 위해 필요한 업무들을 지시하고 있다. 따라서 화자들이 가게 될 곳은 (A)이다.

14.
화자는 청자들이 무엇을 하게 될 것이라고 말하는가?
(A) 초과 근무
(B) 보고서 작성
(C) 추가 교육
(D) 오리엔테이션 프로그램 검토

해설 'We've got three days to prepare, so we'll be working overtime.'에서 청자들은 박람회 준비를 위한 초과 근무를 하게 될 것임을 알 수 있다. 따라서 (A)가 정답이다.

15.
화자는 Jeff에게 어떤 업무를 배정하는가?
(A) 포스터 제작
(B) 제품 시연
(C) 브로셔 입수
(D) 제품 선정

해설 Jeff라는 이름이 거론되고 있는 부분, 즉 'Jeff, you have to figure out which of our products to bring so that we can do some demonstrations.'에 정답의 단서가 있다. 그가 하게 될 일은 시연용 제품을 선정하는 것이므로 정답은 (D)이다. 참고로 (A)는 Ming과 화자가 할 일이고 (C)는 Lisa와 Peter가 할 일이다.

[16-18]

M Thank you for that introduction, Ms. Meyers. My name is David Winter, and I'm here to talk about a product my team invented which will revolutionize the way we make things. I'm referring to the Standish 3D Printer made by TWW, Inc. While 3D printing has not yet caught the attention of the general public, we believe the Standish is going to change that. It's capable of printing with a wide variety of materials, including plastic, metal, and textiles, and it's also much more affordable than any other comparable printer on the market. Now, I have a couple of printers here with me. Let me show you what they can do.

M 소개해 주셔서 감사합니다. Meyers 씨. 제 이름은 David Winter이고 저는 저희 팀이 고안해 낸, 생산 방식을 혁신시킬, 한 제품에 대해 이야기를 하기 위해 이 자리에 섰습니다. 바로 TWW 주식회사가 만든 Standish 3D 프린터를 말씀 드리고 있는 것입니다. 3D 프린팅이 아직 일반 대중들의 관심을 끌고 있지는 못하지만, 저희는 Standish가 그러한 점을 변화시킬 것이라고 믿습니다. 이 프린터는 플라스틱, 금속, 직물을 포함한 다양한 재료로 프린팅을 할 수 있으며 시중에서 이와 비교될 수 있는 어떤 프린터보다도 가격이 합리적입니다. 자, 여기에 두 대의 프린터가 있습니다. 이들이 무엇을 할 수 있는지 보여 드리겠습니다.

어휘 invent 발명하다   revolutionize 혁명[혁신]을 일으키다   general public 일반 사람들, 대중   be capable of ~을 할 수 있다   a variety of 다양한   material 재료, 자료   affordable 감당할 수 있는, (가격이) 적정한   comparable 비교할 만한

16.
화자는 누구인 것 같은가?
(A) 상점 주인
(B) 컴퓨터 프로그래머
(C) 건축가
(D) 디자이너

해설 a product my team invented라는 표현을 통해 화자는 제품, 즉 프린터를 설계하거나 개발한 사람일 것이라고 추측할 수 있다. 보기 중 여기에 해당되는 직업은 (D)뿐이다.

17.
화자가 "The Standish is going to change that"이라고 말할 때 그는 무엇을 의미하는가?
(A) 제품은 얼마 전에 판매를 시작했다.
(B) 3D 프린팅의 인기는 더 높아질 것이다.
(C) 가격이 곧 내려갈 것이다.

(D) 몇몇 새로운 재료들을 현재 이용할 수 있다.

어휘 go on sale 판매되다　decline 줄어들다, 감소하다

해설 주어진 문장에서 that이 무엇이 의미하는지 파악해야 한다. 바로 앞 문장을 통해 that이 가리키는 것은 3D 프린팅이 일반 대중들에게 인기가 없다는 점임을 알 수 있으므로 주어진 문장의 의미는 결국 (B)로 볼 수 있다.

18.
화자는 이어서 무엇을 할 것 같은가?
(A) 제품을 시연한다
(B) 동영상을 재생한다
(C) 무료 샘플을 나누어 준다
(D) 질문에 답한다

어휘 product demonstration 제품 시연

해설 담화의 마지막 부분에서 화자는 '두 대의 프린터(a couple of printers here)'를 선보이며 'Let me show you what they can do.'라고 말한다. 이를 통해 화자는 프린터의 기능을 비교 설명할 것으로 예상할 수 있으므로 정답은 (A)이다.

Part 5

19.
Laurel Shipping은 남미와 북미 전역의 항구 도시에 제품들을 수송한다.
(A) 제품
(B) 생산한다
(C) 제품들
(D) 생산적인

어휘 transport 수송하다　port 항구　product 제품
productive 생산적인

해설 빈칸에는 동사 transports의 목적어가 와야 하므로 명사를 정답으로 골라야 한다. 보기에서 명사는 (A)와 (C)인데, product는 셀 수 있는 명사이며 빈칸 앞에는 관사가 없으므로 복수형인 (C)가 정답이 된다.

20.
Vanderbilt 씨는 당일의 공장 점검을 완료했고 내일 작업을 계속 할 것이다.
(A) 완료하는
(B) 완료했다
(C) 완료될 것이다.
(D) 완료된다

어휘 inspection 점검　resume 계속하다

해설 Vanderbilt 씨가 점검을 완료했다는 내용이므로 완료형인 (B)의 has completed가 정답이다. (A)는 동사가 아니고, (C)와 (D)는 수동형이므로 정답이 될 수 없다.

21.
오늘까지 이행하여 배달되어야 하는 주문이 대략 열다섯 건 있다.
(A) 거의 정확한
(B) 근사치
(C) 대략
(D) 근사치를 계산하다

어휘 fill (주문을) 이행하다　send out 발송하다, 배달하다　approximate 거의 정확한; 근사치를 계산하다
approximation 근사치　approximately 대략

해설 주어진 문장은 빈칸이 없어도 문장 성분을 모두 갖추고 있으므로 빈칸에는 형용사인 (A)나 부사인 (C)가 와야 한다. 그런데 빈칸은 명사를 수식하거나 보어의 자리가 아니므로 형용사인 (A)는 정답이 될 수 없다. 정답은 부사인 (C) approximately이다.

22.
대부분의 직원들은 6개월 동안 근무하게 되면 모든 복리 후생을 받을 자격이 된다.
(A) 자격이 있는
(B) 적임으로
(C) 자격
(D) 바람직함

어휘 benefit 복리 후생　eligible 자격이 있는　eligibility 적임, 적격　eligibleness 바람직함, 적격임

해설 '~의 자격이 되다'라는 의미인 'be (become) eligible for'를 알고 있다면 쉽게 풀 수 있는 문제이다. 빈칸은 become의 보어 자리이므로 부사인 (B)는 정답에서 제외된다. 또한 주어인 employees가 자격(eligibility)이나 바람직함(eligibleness)이 되는 것은 의미상 부자연스러우므로 (C)와 (D) 역시 오답이다.

23.
그 프로젝트의 일을 열심히 한 모든 사람들이 Parcells 씨에게 인정을 받았다.
(A) 열심히
(B) 꽤
(C) 곧
(D) 상당히

어휘 individual 개인 recognize 인정하다 hard 열심히 quite 꽤 fairly 상당히

해설 '일을 _____하게 한 모든 사람들이 인정을 받았다'는 내용의 문장이므로, 빈칸에는 '열심히'라는 뜻의 부사 hard가 오는 것이 가장 적절하다.

24.
열차는 몇 가지 기계적인 문제들로 인해 7시까지 출발하지 않을 예정이다.

(A) ~ 동안
(B) ~까지
(C) ~부터
(D) ~에

어휘 be scheduled to ~할 예정이다 depart 출발하다 mechanical 기계적인

해설 '기계적인 문제(mechanical difficulties)' 때문에 열차가 '7시까지' 출발하지 못한다는 내용이 되어야 문장이 자연스러워지므로 정답은 (B)의 until이다. for는 '~ 동안'이라는 의미로 시간의 길이를 표현하는 어구 앞에 사용되며, from은 '~부터'라는 의미이다. 그리고 on은 날짜, 요일, 특정한 날 앞에 사용된다.

Part 6
[25-28]

신생 기업 출범

이틀 전, 인테리어 디자이너인 Lauren Sylvester가 신생 기업 설립했다. Sylvester 씨는 지난 10년 동안 Denton 디자인에서 근무했다. **하지만, 그녀는 최근에 자신의 회사를 시작하기로 결정했다.** 그녀의 회사 명은 Sylvester 인테리어이고, 이는 중소 규모 회사의 외형을 개선하는 데 주력할 것이다. Sylvester 씨의 회사 직원들의 팀은 사람들을 편안하게 하는 것을 추구하는 디자인 분야를 전문으로 한다. Sylvester 씨는 "우리 회사의 서비스에 대한 수요가 많을 것으로 기대합니다. 고객들을 보다 편안하게 함으로써, 사업소들은 자신들의 판매가 향상될 것이라고 확신할 수 있습니다."라고 말했다.

어휘 launch 개시하다, 착수하다 establish 설립하다 set out on ~에 착수하다 recently 최근에 improve 향상시키다, 개선하다 appearance 모습 be meant to ~하도록 의도되다; ~될 수 있다; ~하기로 되어 있다 put ~ at ease ~을 편안하게 해 주다 be in high demand 수요가 많다

25.
(A) 그녀는 그녀의 직원과 여전히 친밀하게 연락하고 있다.
(B) 이는 그녀가 회사의 사장이 되었을 때였다.
(C) 그리고 나서, 그녀는 2년 동안 쉬기로 결정했다.
(D) 하지만, 그녀는 최근에 자신의 회사를 시작하기로 결정했다.

해설 제목과 첫 번째 문장에서 알 수 있는 것처럼 지문은 신생 기업의 설립에 관한 내용이며, 빈칸 앞 문장에서 언급된 Sylvester 씨는 회사의 창업자이다. 그러므로 빈칸에는 '자신의 회사를 시작하기로 결정했다'는 내용의 (D)가 오는 것이 문맥상 자연스럽다. (A)는 이어지는 내용과 관련이 없고, (B)와 (C)는 글의 흐름상 자연스럽지 않다.

26.
(A) 전문으로 하다
(B) 전문으로 하는
(C) 전문화되어 있다
(D) 전문으로 하다

해설 빈칸은 문장의 동사 자리이므로 (B)는 정답에서 제외되며, 문장의 주어가 3인칭 단수인 'team'이므로 복수 명사와 어울리는 (A)와 (C) 또한 정답이 될 수 없다. 정답은 (D)인데, specialize는 자동사로서 '~을 전문으로 하다'라고 표현할 때 수동형인 'be specialized in'이 아닌 'specialize in'과 같이 능동형을 취한다.

27.
(A) 성장
(B) 수요
(C) 급여
(D) 확장

해설 다음 문장에서 '판매가 증가할 것이다(their sales will improve)'라는 내용이 이어지는 것으로 보아, 빈칸에는 '수요'를 의미하는 demand가 오는 것이 적절하다. be in high demand는 자주 사용되는 표현으로서 '수요가 많다'라는 뜻이다.

28.
(A) 확신하다
(B) 증명하다
(C) 요청하다
(D) 준비하다

해설 빈칸 앞의 내용이 '고객들을 편안하게 함으로써'이므로, 사업소들은 판매가 향상될 것임을 '확신한다(guarantee)'는 내용이 되어야 자연스럽다. 정답은 (A)이다.

Part 7
[29-31]

www.andersonmuseum.com

| 홈 | 전시 | 연락처 | 위치 안내 | 기프트샵 |

Anderson 박물관은 매일 안내자가 인솔하는 수차례의 관람을 제공하게 되어 기쁩니다. 저희 박물관에 방문하시는 분들은 아래의 관람에 참여할 수 있습니다:

* **일반 관람:** 본 관람을 통해 3층 전체를 견학하게 됩니다. 일곱 곳의 상설 전시관과 세 곳의 단기 전시관의 중요한 전시품들을 관람하며 시간을 보내게 됩니다. 관람은 오전 10시, 오후 1시, 그리고 오후 4시에 시작하며 걸리는 대략 두 시간 반이 소요됩니다.

* **상설 전시품 관람:** 여러분은 상설 전시품들이 소장된 일곱 곳의 홀을 모두 관람하게 됩니다. 고대 중국, 로마, 그리고 그리스의 유물을 관람하세요. 르네상스 미술품, 아시아 도자기, 그 밖의 것들도 관람하세요. 본 관람은 오전 11시와 오후 2시에 시작하여 대략 한 시간 반 정도 계속됩니다.

* **단기 전시품 관람:** 5월과 6월에는, 이집트 미라, 유럽의 동전, 그리고 북미 지역의 조류와 포유류를 관람하세요. 관람은 오전 9시와 오후 3시에 시작하며 1시간이 소요됩니다.

* **맞춤형 관람:** 여러분의 관람을 직접 구성하세요. 20명 이상의 단체는 Sheldon Watson에게 874-9034로 전화하여 관람을 구성하세요. 약간의 비용이 청구됩니다.

어휘 be pleased to ~해서 기쁘다   guided tour 안내자가 인솔하는 관람   on a daily basis 매일   permanent exhibit 상설 전시   temporary exhibit 단기 전시   house 보관하다, 소장하다   relic 유물   ceramics 도자기   mammal 포유 동물

29.
Anderson 박물관에 대하여 맞는 것은 무엇인가?
(A) 오프라인 선물 가게가 있다.
(B) 주말에 무료 가이드 투어를 제공한다.
(C) 유물을 전시하는 전시관이 있다.
(D) 모든 전시관이 같은 층에 있다.

해설 상설 전시품 관람(Permanent Exhibits Tour)에서 르네상스 미술품, 아시아 도자기 등을 관람할 수 있다고 설명되어 있으므로 정답은 (C)이다. (A), (B), (D)는 모두 지문의 내용과 다르다.

30.
동전 전시품에 대해 명시된 것은 무엇인가?
(A) 짧은 기간 동안 박물관에 있을 것이다.
(B) 3층에 위치하고 있다.
(C) 아시아의 동전을 특징으로 한다.
(D) 미라 전시관 옆에 있다.

해설 동전 전시품은 단기 전시품 관람(Temporary Exhibits Tour) 항목에 포함되어 있으므로, 이는 단기간 동안 전시된다는 것을 알 수 있다. 정답은 (A)이다.

31.
맞춤형 관람에 대해 언급된 것은 무엇인가?
(A) 1일 이내로 구성될 수 있다.
(B) 모든 단체가 할 수 있다.
(C) 어느 날이든 진행될 수 있다.
(D) 진행하는 데 비용이 발생한다.

해설 마지막 문장은 약간의 요금이 청구될 것이라는 (A small fee will be required.) 의미이므로 정답은 (D)이다.

[32-34]

Tidewater 극장
Madison 로 933번지
인디내아폴리스, 인디애나 46229
(317) 235-8126

Tidewater 극장의 후원자가 되시려면, 서식을 작성하신 다음 위 주소로 보내 주세요.

이름: Sophia Makarov

주소: Western 가 421번지, 인디애나폴리스, 인디애나 46236

전화번호: (317) 731-8377

이메일 주소: smakarov@thismail.com

멤버십 종류 (아래를 봐 주세요):
☐ Gold   ■ Silver   ☐ Bronze   ☐ Copper

멤버십 기간: 1년

지불 방법:
■ 현금   ☐ 신용카드   ☐ 계좌이체   ☐ 우편환

서명: Sophia Makarov

날짜: 4월 12일

멤버십의 종류에 따라 다음과 같은 혜택이 주어집니다:
Copper: 모든 티켓에 대해 30% 할인; 100달러
Bronze: 모든 티켓에 대해 50% 할인; 200달러
Silver: 모든 티켓에 대해 50% 할인; 선택하신 행사의 무료 티켓 2매 증정; 350달러
Gold: 모든 티켓에 대해 50% 할인; 선택하신 행사의 무료 티켓 4매 증정; 선택하신 두 건의 행사에 대해 무대 뒤 방문 기회 2회 제공; 500달러

어휘 complete a form 서식을 작성하다   confer (자격을) 부여하다

32.
Makarov 씨에 대해 명시된 것은 무엇인가?
(A) 멤버십을 갱신한다.
(B) 2년 간의 멤버십에 등록할 것이다.
(C) 극장이 있는 곳과 같은 거리에 거주하고 있다.
(D) 현금으로 비용을 지불한다.

해설 지불 방법(Payment Method) 란에서 현금 (check)에 표시되어 있으므로 정답은 (D)이다.

33.
Makarov 씨는 멤버십 가입비로 얼마를 지불하는가?
(A) 100달러
(B) 200달러
(C) 350달러
(D) 500달러

해설 Makarov 씨는 Silver 회원에 가입하고 있는데, 도표 아래의 정보에 따르면 Silver 회원의 가입비는 350달러이다. 정답은 (C)이다.

34.
Gold 회원들이 받을 수 없는 것은 무엇인가?
(A) 무료 티켓
(B) 앞줄의 좌석
(C) 무대 뒤에 방문할 수 있는 기회
(D) 티켓 구매 할인

해설 Gold 회원들은 무료 티켓 4장, 무대 뒤에 방문할 기회, 그리고 모든 티켓에 50%의 할인을 받는다. 앞줄의 좌석을 배정받는다는 내용은 없으므로 정답은 (B)이다.

[35-39]

봄의 정원
David Morell 작

*봄의 정원*은 30인치×65인치 크기로, 캔버스에 유화 물감으로 그린 작품이다. 이는 Morell 씨가 리치몬드의 Fleiss 미술 아카데미에 다니고 있었던 1998년에 제작되었다. 이 회화 작품은 인상주의 스타일로 그려졌고 현대 미술의 걸작으로 여겨진다. 밝은 색을 사용하는 것은 Morell 씨 작품의 특징이다. *봄의 정원*은 Morell 씨가 자신의 시골 땅에 있는 정원을 그린 12개의 시리즈 중 네 번째 작품이다. 이 작품은 Virginia Heckbert에게 팔렸는데, 그녀는 2005년까지 이를 자신의 주택에 보관하고 있었다. 그 후 이 그림은 Titus Harper의 소유가 되었고, 이후에는 오클랜드 현대미술관에 팔렸다. 이 작품은 주기적으로 Morell 씨의 작품을 전시하는 전시회에 임대되고 있다.

어휘 oil on canvas work 캔버스에 유화로 그린 그림   masterpiece 걸작   standard 표준, 기준   estate 사유지, 토지   property 재산   periodically 정기적으로, 주기적으로   loan 대여하다, 대출하다

지역 미술 전시회가 성공을 거두다
Jessica Brown 선임 기자

투손 (4월 11일) – 투손 시내의 Clairmont 미술관은 얼마 전 애리조나에 기반을 둔 현대 미술가들의 작품을 선보이는 전시회를 마쳤다. 전시회는 2주 동안 계속되었으며 하루 평균 500명의 관람객들을 끌어 모았다. 미술관 관장인 Winona Geary는 "미술관을 찾아 준 사람들의 수를 보니 매우 기분이 좋습니다. 일부 관람객들께서는 전시 중인 작품을 구입하시기도 했는데, 전시가 끝났기 때문에 저희는 작품을 배송해 드릴 예정입니다." 전시회에서 가장 인기가 많았던 작품으로는 *밤길 걷기*, *봄의 정원*, 그리고 *사막 풍경* 등을 들 수 있다.

또한 전시회 기간 동안 투손에 기반을 둔 몇몇 화가들은 자신의 작품에 대한 강연을 하기도 했으며 개인들을 위한 회화 수업도 진행했다. 그중 한 명인 Martina Wallace는 인근의 몇몇 초등학교를 방문해서 미술 수업 시간에 학생들에게 개인 지도를 하기도 했다. Geary 씨는 향후에도 비슷한 수준의 참여가 이루어지기를 바란다고 말했다. 그녀는 "그렇게 하면 사람들이 보다 어린 나이에 미술을 접하게 될 수 있고 심지어 화가가 되겠다는 결심을 할 수도 있습니다."라고 언급했다.

어휘 feature 특징; 특징으로 삼다   base 기반하다
attract 유인하다, 끌다   provide 제공하다   personal instruction 개인 교습   involvement 개입, 관여
convince 확신시키다   comment 논평하다

35.
*봄의 정원*에 대해 언급되지 않은 것은 무엇인가?
(A) 몇몇의 서로 다른 소유자가 있었다.
(B) 이와 유사한 몇몇 작품들이 있다.
(C) 수백 만 달러에 판매되었다.
(D) 인상주의 작품이다.

어휘 owner 소유자, 주인   similar 비슷한, 유사한   Impressionist 인상파 화가

해설 *봄의 정원*은 인상주의 작품으로서 정원을 주제로 한 12개 시리즈 중 하나이며 소유자가 여러 번 변경되었으므로 (A), (B), (D)는 모두 언급된 내용이다. 이 그림이 판매되었다는 내용은 있지만 가격에 대한 정보는 없으므로 정답은 (C)이다.

36.
*봄의 정원*의 현재 소유자는 누구인가?
(A) Titus Harper
(B) Fleiss 미술 아카데미
(C) 오클랜드 현대미술관
(D) Virginia Heckbert

해설 지문에 따르면 *봄의 정원*의 소유자는 Virginia Heckbert, Titus Harper, 오클랜드 현대미술관의 순서로 변경되었다. 따라서 정답은 (C)이다.

37.
Morell 씨에 대해 명시된 것은 무엇인가?
(A) 초상화를 그린다.
(B) 화랑을 소유하고 있다.
(C) 애리조나에서 작업한다.
(D) 자신의 작품을 자주 전시한다.

어휘 portrait 초상화   gallery 화랑, 미술관

해설 정보 연계 문제이다. 두 번째 지문에서 언급된 전시회는 애리조나에 기반을 둔 현대 미술가들의 작품을 전시하는(featuring the works of modern artists based in Arizona) 것인데, 여기에서 *봄의 정원*이 전시되었다. 첫 번째 지문에서 알 수 있듯이 *봄의 정원*의 작가는 Morell이므로 정답은 (C)이다.

38.
Geary 씨에 따르면, 전시회 도중에 어떤 일이 일어났는가?
(A) 기록적인 수의 사람들이 미술관에 방문했다.
(B) 미술관에서 회화 수업이 있었다.
(C) 몇몇 비평가들이 그림에 대한 논평을 썼다.
(D) 전시된 그림들 중 몇 점이 판매되었다.

어휘 critic 비평가, 평론가   review 후기, 비평

해설 Geary 씨의 발언 중 'Several made purchases of the works on display'라는 부분에서 전시된 그림들 몇 점이 판매되었다는 것을 알 수 있다. 정답은 (D)이다.

39.
Martina Wallace는 누구인가?
(A) 미술관 소유주
(B) 화가
(C) 초등학교 교사
(D) 미술 비평가

어휘 elementary school 초등학교

해설 두 번째 지문 두 번째 문단의 초반부에서 투손에 기반을 둔 화가들이 회화 수업을 진행한다는 내용이 있다. 이어서 Martina Wallace가 미술 수업을 진행했다는 문장이 있으므로 그녀는 화가일 것이다. 정답은 (B)이다.

빈칸에 알맞은 어휘나 뜻을 쓰세요.

	어휘	뜻		어휘	뜻
1	turn on		14	set out on	
2	turn away		15	be meant to	
3		주유하다	16	put ~ at ease	
4		자동판매기	17		수요가 많다
5		고장 난	18		매일
6		달라붙다	19		보관하다
7	invoice		20	relic	
8	better than nothing		21		서식을 작성하다
9	figure out		22	confer	
10	managerial		23	masterpiece	
11	resume		24	feature	
12	eligible		25	involvement	
13		개시하다	26		확신시키다

정답 1. 켜다 2. ~을 돌리다; ~을 거절하다 3. fill up with gas 4. vending machine 5. out of order 6. get stuck 7. 송장, 청구서 8. 없는 것보다는 나은 9. ~을 알아내다 10. 경영의, 관리의 11. 계속하다 12. 자격이 있는 13. launch 14. ~에 착수하다 15. ~하도록 의도되다 16. ~을 편안하게 해 주다 17. be in high demand 18. on a daily basis 19. house 20. 야물 21. complete a form 22. (자격을) 부여하다 23. 결작 24. 특징; 특징으로 삼다 25. 개입, 관여 26. convince

DAY 3

Listening Test

Time 10 minutes

Part 1

🎧 03-01

Directions: You will hear four statements about the picture below. Select the one statement that best describes what you see in the picture and mark the letter (A), (B), (C), or (D).

1.

(A)   (B)   (C)   (D)

Part 2

🎧 03-02

Directions: You will hear a question or statement and three responses spoken in English. Select the best response to the question or statement and mark the letter (A), (B), or (C).

2. Mark your answer on your answer sheet.   (A)   (B)   (C)

3. Mark your answer on your answer sheet.   (A)   (B)   (C)

4. Mark your answer on your answer sheet.   (A)   (B)   (C)

5. Mark your answer on your answer sheet.   (A)   (B)   (C)

6. Mark your answer on your answer sheet.   (A)   (B)   (C)

Part 3

🎧 03-03

Directions: You will hear some conversations between two or more people. You will be asked to answer three questions about what the speakers say in each conversation. Select the best response to each question and mark the letter (A), (B), (C), or (D).

7. What are the speakers mainly discussing?
   (A) A person who will be hired soon
   (B) A newspaper article that was published
   (C) A potential writer for a newsletter
   (D) A position that has been filled

8. Who is Mary Wallace?
   (A) A new worker
   (B) An intern
   (C) A reporter
   (D) A customer

9. What will the speakers most likely do at 2:00?
   (A) Go on a tour together
   (B) Meet in the woman's office
   (C) Interview a job candidate
   (D) Submit a report they wrote

10. What are the speakers mainly discussing?
    (A) The man's new job
    (B) The woman's plans for the afternoon
    (C) The work conditions
    (D) The status of their coworkers

11. What does the man say about his colleagues?
    (A) They take him out to lunch a lot.
    (B) They are constantly busy.
    (C) They gave him a new project.
    (D) They have been helping him.

12. What does the man imply when he says, "Let me go back to my desk and grab my wallet"?
    (A) He accepts the woman's offer.
    (B) He has a lot of work to do.
    (C) He will be about five minutes late.
    (D) He has not met the woman's coworkers.

13. Where does the conversation probably take place?
    (A) At a subway station
    (B) At an airport
    (C) At a train station
    (D) At a bus terminal

14. Why are the men going to Spartanburg?
    (A) To have a meeting
    (B) To conduct an interview
    (C) To attend a seminar
    (D) To watch a product demonstration

15. What does the woman suggest the men do?
    (A) Change their tickets
    (B) Take a taxi
    (C) Get a refund
    (D) Ride on the commuter train

GO ON TO THE NEXT PAGE

Part 4

🎧 03-04

Directions: You will hear some talks given by a single speaker. You will be asked to answer three questions about what the speaker says in each talk. Select the best response to each question and mark the letter (A), (B), (C), or (D).

16. What industry do the listeners most likely work in?
    (A) Advertising
    (B) Manufacturing
    (C) Logistics
    (D) Sales

17. What does the speaker want to do with the listeners?
    (A) Go to a resort
    (B) Do some training
    (C) Visit a new client
    (D) Watch a video

18. What does the speaker ask the listeners to do by 6:00?
    (A) Provide him with a date
    (B) Submit a work proposal
    (C) Sign their names on a paper
    (D) Confirm they will attend a picnic

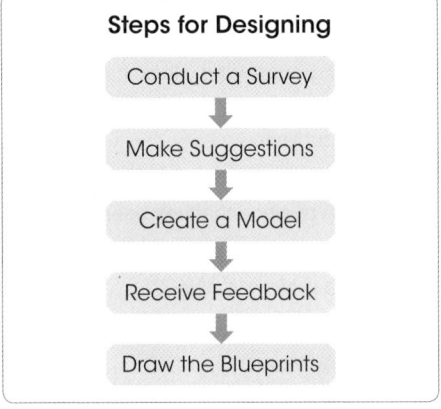

19. What type of structure will the listeners work on?
    (A) An apartment complex
    (B) A bridge
    (C) An office tower
    (D) A sports facility

20. Look at the graphic. Which step is new?
    (A) Conduct a Survey
    (B) Make Suggestions
    (C) Create a Model
    (D) Receive Feedback

21. When must the bid be turned in?
    (A) In one month
    (B) In two months
    (C) In four months
    (D) In six months

This is the end of the Listening test.

Reading Test

Time 15 minutes

Part 5

Directions: A word or phrase is missing in each of the sentences below. Four answer choices are given below each sentence. Select the best answer to complete the sentence and mark the letter (A), (B), (C), or (D).

22. When Ms. Simons requested a ------- date of departure, the manager was unable to do that for her.

    (A) firm
    (B) trial
    (C) varied
    (D) prepared

23. The charity auction was able to raise more than half a million dollars, a ------- large amount of money.

    (A) surprisingly
    (B) haltingly
    (C) currently
    (D) distantly

24. The opening of the canal should enable ships to travel more quickly, which will decrease shipping -------.

    (A) sales
    (B) costs
    (C) lanes
    (D) periods

25. Last night, Mr. Patterson decided that ------- company ought to expand to several cities in Eastern Europe.

    (A) he
    (B) him
    (C) his
    (D) himself

26. Only people who live ------- the city limits are permitted to vote in the upcoming election.

    (A) about
    (B) because of
    (C) during
    (D) within

27. Funds will be spent to ------- the new line of products being manufactured by Delmont, Inc.

    (A) relate
    (B) promote
    (C) inquire
    (D) multiply

GO ON TO THE NEXT PAGE

59

Part 6

Directions: Read the text below. A word, phrase, or sentence is missing in parts of the text. Four answer choices for each question are given below the text. Select the best answer to complete the text and mark the letter (A), (B), (C), or (D).

Questions 28-31 refer to the following e-mail.

To: All Employees
From: Sandra Solo
Subject: News
Date: December 27

To all employees,

The year is nearly over, and thanks to you and your hard work, we had our most successful year ever. As a result, we're set to ------- another store in the first month of the new year.
28.

The store will be located in Huntsville near the business district. I'm aware that several of you live there. We're going to need plenty of ------- workers at that store, so you can
29.
feel free to apply for positions there. -------. The deadline for this is the end of the week.
30.
Once I know who wants to move, I'll make my decisions based ------- the positions we
31.
need to fill.

Best,

Sandra

28. (A) transfer
    (B) open
    (C) locate
    (D) close

29. (A) qualify
    (B) qualification
    (C) qualified
    (D) qualifying

30. (A) Just inform your supervisor of your interest in moving.
    (B) The interview process has actually already begun.
    (C) We'll decide who can transfer in a couple of weeks.
    (D) The store will sell products similar to the ones we have.

31. (A) with
    (B) upon
    (C) over
    (D) at

Part 7

Directions: In this part you will read a selection of texts. The text or set of texts is followed by several questions. Select the best answer for each question and mark the letter (A), (B), (C), or (D).

Questions 32-33 refer to the following text message chain.

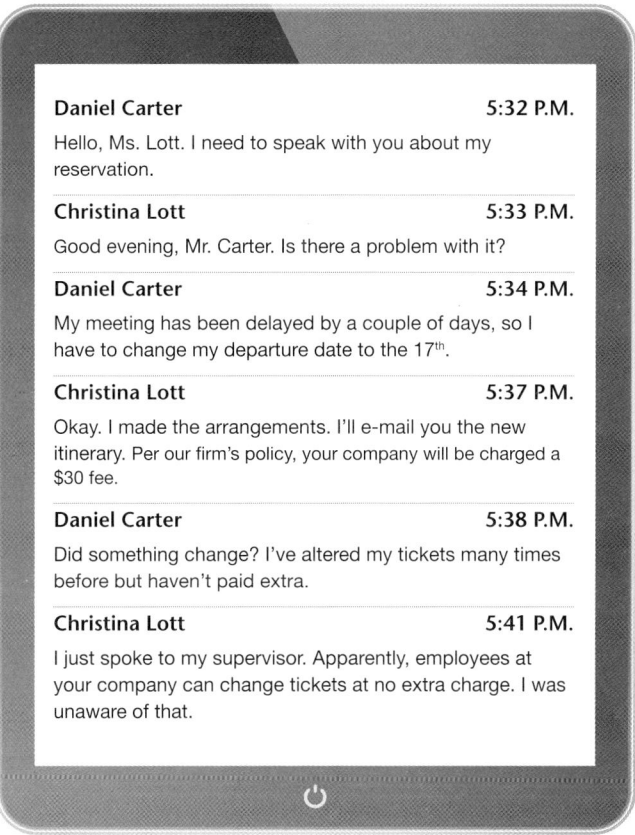

32. Why does Mr. Carter want to change his travel plans?

(A) A price is too high.
(B) He wants to travel at night.
(C) He is too sick to travel.
(D) A meeting was postponed.

33. At 5:38 P.M., why does Mr. Carter write, "Did something change?"

(A) To express his surprise
(B) To request a refund
(C) To apologize for a mistake
(D) To cancel his request

Questions 34-36 refer to the following instructions.

Many people are intimidated by the thought of wallpapering the rooms in their homes, but the process is relatively straightforward.

First, it is important to use a paint roller to spread paste over the entire area that will be wallpapered. Should the paste start drying at any point in the process, simply wipe the wall with a damp sponge to remoisten it.

Start in a corner and apply the first sheet of wallpaper, making sure that approximately 5 centimeters overlap at the ceiling and on the floor. When you align the sheet, use a paper smoother to smooth the entire sheet. Start from the ceiling and work your way down. Then, trim the excess wallpaper from the ceiling and the floor by using a knife. Continue applying wallpaper until you are finished. Be sure that each sheet lines up perfectly with the others if your wallpaper has any designs on it.

If you get air bubbles during the process, use the paper smoother to remove them. Start at the center of the paper and move outward toward the edges.

34. What is indicated about wallpapering a room?

(A) It can be expensive.

(B) It is something many people hope to avoid doing.

(C) It should be done by a professional.

(D) It can take a long time.

35. According to the instructions, why should a person use a sponge?

(A) To get the back of the paper wet

(B) To clean up any paste on the floor

(C) To make it easier to cut the wallpaper

(D) To keep the glue from getting dry

36. Which tool is NOT needed in the wallpapering process?

(A) Scissors

(B) A knife

(C) A paper smoother

(D) A paint roller

GO ON TO THE NEXT PAGE

Questions 37-41 refer to the following notice, article, and e-mail.

Construction at Roberts Park

From January 10 to March 25, Roberts Park will be closed for some construction work which is set to take place there. A number of facilities will be renovated. Among them are the tennis courts near the main parking lot, the indoor basketball court in Jackson Hall, and the swimming pool near Roberts Pond. In addition, bicycle paths will be built throughout the park, and a 2.5-kilometer jogging track will be constructed. Picnic tables will be added to the eastern side of Roberts Pond while a skateboarding area will be built near the small parking lot. No visitors will be allowed in the park during the entire duration of the construction period.

Roberts Park Set to Reopen
by Trudy Nichols

ROCKWELL – This Saturday, March 20, Roberts Park will have its grand reopening. After undergoing construction for more than two months, the park is now better than ever. The popular park, located across from Gervais Apartments in the Weston neighborhood, was in need of renovating on account of the old age of its facilities. Now that they have been improved and some new features added, the park is set to become even more popular than before.

"I'm looking forward to the park reopening," said Mayor Janet Thompson. "This is the largest park in the city, and it definitely deserves upgrading." Mayor Thompson will be on hand for the reopening ceremony. She'll be accompanied by other local dignitaries, including philanthropist Jack Ward. "Jack Ward stood by the park when it looked as if it wasn't going to get renovated due to a lack of funding. Thanks to his generosity, our dream has become reality."

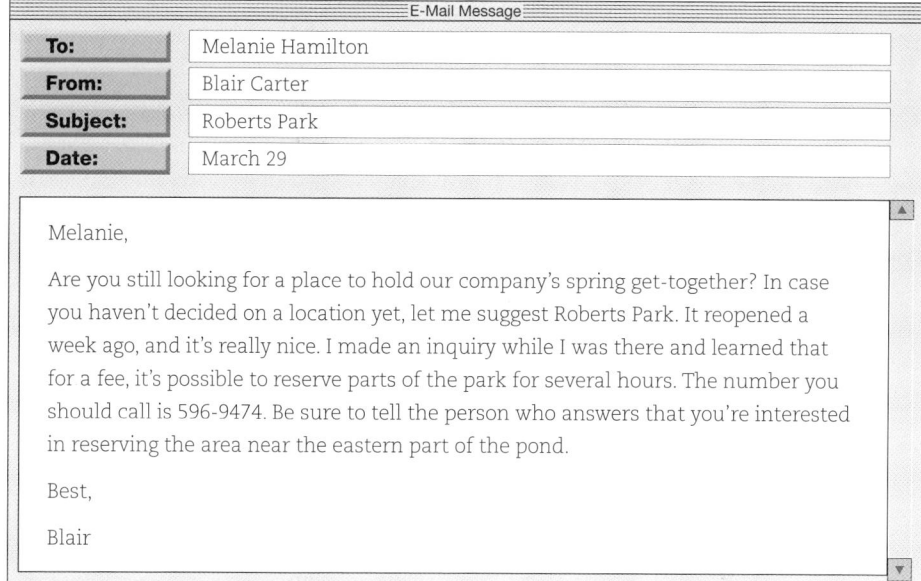

37. According to the notice, which part of the park was renovated?
    (A) The bicycle paths
    (B) The skateboarding area
    (C) The basketball court
    (D) The parking lot

38. What is true about the construction period?
    (A) Some sections of the park remained open.
    (B) The weather was extremely cold.
    (C) Visitors could not enter the park.
    (D) Two different companies did work at the park.

39. What is indicated about Roberts Park?
    (A) It charges admission to visitors.
    (B) It is reopening earlier than scheduled.
    (C) It is exclusively for Gervais Apartment residents.
    (D) It has been expanded in size.

40. What is suggested about Mr. Ward?
    (A) He is friends with Mayor Thompson.
    (B) He lives across from the park.
    (C) He helped found the park.
    (D) He donated money for the park.

41. Which park facility is Ms. Hamilton interested in?
    (A) The picnic tables
    (B) The bicycle paths
    (C) The swimming pool
    (D) The tennis courts

This is the end of the Reading test.

Day 3

Score (/41)

Listening Test

1. (D)	2. (C)	3. (A)
4. (C)	5. (A)	6. (B)
7. (C)	8. (A)	9. (B)
10. (A)	11. (D)	12. (A)
13. (D)	14. (A)	15. (B)
16. (A)	17. (C)	18. (A)
19. (D)	20. (B)	21. (D)

Reading Test

22. (A)	23. (A)	24. (B)
25. (C)	26. (D)	27. (B)
28. (B)	29. (C)	30. (A)
31. (B)	32. (D)	33. (A)
34. (B)	35. (D)	36. (A)
37. (C)	38. (C)	39. (B)
40. (D)	41. (A)	

*틀린 문제는 문항 번호 옆 빈칸에 표시한 다음, 한 번 더 학습하세요.

Part 1

1.

(A) Bicycles are being ridden down the street.
(B) Baskets of fruit are beside the bicycles.
(C) The washing machine is on the last cycle.
(D) Several bikes are parked by the house.

(A) 도로를 따라 자전거들이 운행되고 있다.
(B) 자전거 뒤쪽에 과일 바구니들이 있다.
(C) 세탁기가 마지막 코스를 밟고 있다.
(D) 몇 대의 자전거가 주택 옆에 주차되어 있다.

어휘 ride (탈 것에) 타다 basket 바구니 washing machine 세탁기 cycle 자전거; 순환, 주기 park 주차하다

해설 세 대의 자전거가 건물 벽에 기대어 있으므로 이를 적절히 묘사한 (D)가 정답이다. 자전거가 움직이고 있다고 한 (A)와 바구니의 종류 및 위치를 잘못 설명한 (B)는 오답이다. (C)의 cycle은 '자전거'가 아니라 '주기' 혹은 '순환'이라는 뜻으로 사용되었다.

Part 2

2.
Are bus cards sold in this area?
(A) It's $2.50 for a ride downtown.
(B) The number 11 bus, I believe.
(C) That convenience store has them.

이 근방에서 버스 카드를 파나요?
(A) 시내까지 가는 데 2.50달러예요.
(B) 11번 버스로 알고 있어요.
(C) 저기 편의점에 있어요.

어휘 bus card 버스 카드 downtown 시내로 convenience store 편의점

해설 근처에서 버스 카드가 판매되고 있는지 묻고 있다. (A)는 버스 요금을 물어보는 경우에, (B)는 버스 노선과 관련된 질문을 한 경우에 이어질 수 있는 답변들이다. 따라서 정답은 판매 위치를 알려 준 (C)이다.

3.
How should we get around in Dallas?
(A) I'd be more comfortable driving.
(B) Yes, the city has a bus system.
(C) We'll be staying at the Rasmussen Hotel.

댈러스에서는 어떻게 돌아다닐 건가요?
(A) 차를 가지고 다니면 보다 편리할 거예요.
(B) 네, 그 도시는 버스 시스템을 갖추고 있어요.
(C) 우리는 Rasmussen 호텔에 숙박할 거예요.

어휘 get around 돌아다니다   comfortable 편안한

해설 의문사 how를 이용하여 이동할 방법에 대해 묻고 있다. 따라서 '운전을 하는 것이 좋겠다'는 의견을 밝힌 (A)가 정답으로서 가장 적절하다. 의문사로 시작되는 질문에 yes로 답한 (B)는 오답이며, (C)는 숙소를 묻는 질문에 어울리는 답변이다.

4.

I recall meeting Ms. Hardaway in Denver last month.
(A) We're going to the trade show there.
(B) No, she didn't call you this afternoon.
(C) She said the same thing about you.

지난 달에 덴버에서 Hardaway 씨를 만났던 것이 기억나요.
(A) 우리는 그곳의 무역 박람회에 갈 거예요.
(B) 아니요, 그녀는 오늘 오후 당신에게 전화하지 않았어요.
(C) 그녀도 당신에 대해 같은 말을 하더군요.

어휘 recall 회상하다, 기억하다   trade show 무역 박람회

해설 Hardaway라는 사람이 기억난다고 했으므로 보기 중 이와 가장 자연스럽게 연결될 수 있는 반응은 '그녀도 같은 말을 했다'고 말한 (C)이다. (A)는 방문 목적을 묻는 질문에, (B)는 부재중 전화의 여부를 묻는 질문에 이어질 수 있는 답변이다.

5.

What's the procedure for reporting an accident?
(A) I need to consult the handbook.
(B) We took him to the hospital.
(C) No, I think he did it on purpose.

사고를 보고하는 절차가 어떻게 되나요?
(A) 안내서를 찾아봐야 할 것 같아요.
(B) 우리는 그를 병원에 데려다 주었어요.
(C) 아니요, 저는 그가 고의로 했다고 생각해요.

어휘 procedure 절차   report 보고하다   consult 상의하다   handbook 안내서   take A to B A를 B로 데려가다   on purpose 고의로

해설 의문사 what을 이용하여 보고 절차가 어떻게 되는지 묻고 있다. 이에 대해 '(잘 모르니) 책자를 찾아봐야겠다'고 답한 (A)가 가장 자연스러운 답변이다.

고득점 TIP
이처럼 우회적인 방식으로 '잘 모르겠다'라는 의미의 대답이 정답으로 제시되는 경우가 많으므로, 이러한 대답이 들릴 경우 주의를 기울여야 한다.

6.

There's road construction up ahead.
(A) We're driving down Orange Avenue.
(B) We'd better find a detour.
(C) That building will be done soon.

앞쪽에서 도로 공사가 진행 중이에요.
(A) 우리는 Orange 가로 가고 있어요.
(B) 우회 도로를 찾는 것이 좋겠군요.
(C) 저 건물은 곧 완성될 거예요.

어휘 road construction 도로 공사   had better ~하는 편이 낫다   detour 우회로

해설 도로 공사가 진행 중이라는 말을 듣고 다른 길을 찾아야겠다고 답한 (B)가 가장 자연스러운 답변이다.

Part 3

[7-9]

M Julie, I heard you're looking for people to work on the company newsletter. Is that correct?

W Yes, it is, Steve. We still have a couple of positions left to fill. Are you interested in helping us out?

M I wish I could, but I've got too much work to do these days. However, I just spoke with Mary Wallace, who's the newest employee here. She showed some interest in doing that. She used to write for her college newspaper.

W We'd love to have her. Why don't you bring her to my office at 2:00 so that you can introduce her to me?

M Julie, 당신이 사보 일을 할 사람을 찾고 있다고 들었어요. 맞나요?

W 네, 그래요, Steve. 아직도 두 자리가 공석으로 남아 있어요. 저희를 도와 주려는 건가요?

M 그랬으면 좋겠지만, 저는 요즘 할 일이 너무 많아서요. 하지만 제가 이곳에 가장 최근에 들어온 직원인 Mary Wallace와 이야기를 나누어 보았어요. 그녀가 그 일에 관심을 가지고 있더군요. 학보에 글을 쓰는 일을 했었어요.

W 그녀가 있으면 좋을 것 같네요. 2시에 제 사무실로 그녀를 데리고 와서 제게 소개를 시켜 주는 것이 어떨까요?

어휘 company newsletter 사보 used to ~하곤 했다 college newspaper 학보 introduce 소개하다

7.
화자들은 주로 무엇을 논의하고 있는가?
(A) 곧 채용될 사람
(B) 발표된 뉴스 기사
(C) 앞으로 사보에 글을 쓸 사람
(D) 채워진 자리

해설 대화 첫 부분에서 화자들의 논의 주제가 people to work on the company newsletter(사보 일을 할 사람)임을 알 수 있다. 보기 중 이에 해당되는 대상은 (C)이다.

8.
Mary Wallace는 누구인가?
(A) 새로 온 직원
(B) 인턴사원
(C) 기자
(D) 고객

해설 구체적인 이름으로 묻고 있으므로 해당 이름이 거론된 부분을 잘 들어야 한다. Mary Wallace라는 이름은 남자의 말 중 'However, I just spoke with Mary Wallace, who's the newest employee here.'에서 들을 수 있는데, 이를 통해 그녀는 신입 직원임을 알 수 있다. 따라서 (A)가 정답이다.

9.
화자들은 2시에 무엇을 할 것 같은가?
(A) 함께 여행을 간다
(B) 여자의 사무실에서 만난다
(C) 입사지원자들을 면접한다

(D) 그들이 작성한 보고서를 제출한다

해설 'at 2:00'가 문제의 핵심어구이므로 대화에서 '2시'가 언급된 부분에 주의한다. 남자의 추천에 여자는 'Why don't you bring her to my office at 2:00 so that you can introduce her to me?'라고 말하며 추천한 사람을 2시에 사무실로 데리고 와서 소개시켜 달라고 한다. 따라서 화자들이 2시에 하게 될 일은 (B)이다.

[10-12]

W How are you enjoying your first week of work here, Dave?

M It's a bit overwhelming at times, but I'm sure I'll figure out what I'm supposed to be doing soon.

W Have your colleagues been helpful?

M Definitely. Margaret Walter and Bruce Chen have gone out of their way to provide me with assistance.

W Yeah, they did the same for me when I started. By the way, if you're not busy now, how about going to lunch? Several people in my department are going out to a place down the street now.

M Let me go back to my desk and grab my wallet.

W 이곳 직장에서의 첫 일주일을 잘 보내고 있나요, Dave?

M 가끔 감당하기 힘들 때도 있지만, 제가 곧 하게 될 업무를 잘 파악하게 될 것이라고 확신해요.

W 동료 직원들이 도움을 주고 있나요?

M 물론이죠. Margaret Walter와 Bruce Chen이 만사를 제쳐 두고 제게 도움을 주고 있어요.

W 그래요, 제가 일을 시작했을 때도 저한테 똑같이 해 주었죠. 그건 그렇고, 지금 바쁘지 않으면 점심 식사를 하러 가는 것이 어때요? 지금 저희 부서의 몇 사람이 길 아래에 있는 식당으로 식사를 하러 갈 거예요.

M 제 자리로 가서 지갑을 갖고 올게요.

어휘 overwhelming 압도적인 at times 때때로 colleague 동료 go out of one's way 일부러 ~하다, 굳이 ~하다 assistance 도움, 원조 grab 집다 wallet 지갑

10.
화자들은 주로 무엇을 논의하고 있는가?
(A) 남자의 새 직장
(B) 여자의 오후 계획
(C) 업무 환경
(D) 직원들의 상태

해설 여자가 신입 사원으로 보이는 남자에게 직장 생활이 어떤지 묻고 있다. 따라서 대화의 주제는 (A)로 볼 수 있다.

11.
남자는 자신의 동료들에 대해 무엇을 말하는가?
(A) 그들은 그를 데리고 자주 점심을 먹으러 간다.
(B) 그들은 항상 바쁘다.
(C) 그들이 그에게 새로운 프로젝트를 주었다.
(D) 그들은 그를 돕고 있다.

해설 여자가 동료들이 도움이 주는지 묻자 남자는 'Definitely.'라고 대답하며 '만사 제쳐 두고 돕고 있다 (have gone out of their way to provide me with assistance)'고 말한다. 따라서 동료에 대해 그가 언급한 내용은 (D)이다.

12.
남자가 "Let me go back to my desk and grab my wallet"이라고 말할 때 그는 무엇을 암시하는가?
(A) 여자의 제안을 받아들인다.
(B) 할 일이 많다.
(C) 5분 정도 늦을 것이다.
(D) 여자의 동료들을 만난 적이 없다.

해설 주어진 문장은 "지갑을 가지고 돌아오겠다"는 의미로, 같이 식사하러 가자는 여자에 제안에 수락의 의미를 전달하고 있다. 따라서 (A)가 정답이다.

[13-15]

M1 Dave, take a look at this. The bus we're taking isn't going to Spartanburg.

M2 That's weird. I guess the route changed. It looks like it's only traveling to Albany.

M1 We need to be in Spartanburg to meet Mr. Daniels before one. How can we do that?

M2 I'm not sure, but we can't be late for the meeting. Why don't we ask someone at the information booth?

M1 Excuse me. Once we arrive in Albany, what's the fastest way to get to Spartanburg?

W If you need to get there quickly, take a taxi. It's a twenty-minute ride. Otherwise, take the number ten bus across from the station. You'll get there in forty minutes.

M1 Dave, 이것 좀 봐요. 우리가 탈 버스는 스파턴버그에 가지 않는군요.

M2 이상하네요. 노선이 변경된 것 같아요. 올버니까지만 가는 것 같군요.

M1 Daniels 씨를 만나려면 1시 전까지 스파턴버그로 가야 해요. 어떻게 하면 그럴 수 있을까요?

M2 잘 모르겠지만 회의에 늦어서는 안 되죠. 안내 데스크에 물어보는 것이 어때요?

M1 실례합니다. 올버니에 도착한 후 스파턴버그까지 가는 가장 빠른 길이 어떻게 되나요?

W 그곳에 빨리 도착해야 하는 경우라면 택시를 타세요. 20분 걸릴 거예요. 그게 아니라면 정류장 건너편에서 10번 버스를 타세요. 40분 후에 도착하게 될 거예요.

어휘 take a look at ~을 보다   weird 이상한   route 경로   information booth 안내소

13.
대화는 어디에서 이루어지고 있는 것 같은가?
(A) 지하철역
(B) 공항
(C) 기차역
(D) 버스 터미널

해설 대화의 시작 부분 중 'The bus we're taking isn't going to Spartanburg.'라는 남자의 말을 놓치지 않고 들었다면 정답을 쉽게 찾을 수 있다. 두 남자는 버스 노선을 살펴본 후 안내 데스크로 가서 목적지까지 갈 수 있는 방법을 묻고 있으므로 대화가 이루어지고 있는 장소는 (D)이다.

14.
남자들은 왜 스파턴버그로 가야 하는가?
(A) 회의를 하기 위해
(B) 면접을 진행하기 위해
(C) 세미나에 참석하기 위해
(D) 제품 시연을 보기 위해

해설 남자1의 말 중 'We need to be in Spartanburg to meet Mr. Daniels before one.'과 남자2의 말 중 'I'm not sure, but we can't be late for the meeting.'에 정답의 단서가 있다. 즉 그들이 스파턴버그에 가야 하는 이유는 Daniels라는 사람과 만나 회의를 하기 위함이므로 정답은 (A)이다.

15.
여자는 남자들에게 무엇을 할 것을 제안하는가?
(A) 표를 교환한다
(B) 택시를 탄다
(C) 환불한다
(D) 통근 열차를 탄다

어휘 commuter train 통근 열차

해설 대화의 마지막 부분에서 여자는 '택시를 탈 것 (take a taxi)'과 '10번 버스를 탈 것(take the number ten bus)'을 제안하고 있다. 따라서 정답은 두 가지 방안 중 전자를 언급하고 있는 (B)이다.

Part 4
[16-18]

> M Let me be the first to congratulate everybody for winning the account with Samson Industry. We'll be responsible for creating all its advertisements. That includes ones for print media, radio, and television. We're expecting this to turn into a long-term project, but we need to do an outstanding job on the first ads we produce to make that happen. We need to learn as much about Samson as we can before we start working. I'd therefore like us to go on a tour of the company. I'll e-mail you some possible dates we can visit there. Get back to me by 6:00 this evening to let me know which one works the best for you.
>
> M 먼저 Samson Industry와의 계약을 성사시킨 모든 분께 축하를 드리고 싶습니다. 우리는 그곳의 모든 광고를 책임지게 될 것입니다. 여기에는 인쇄 매체, 라디오, 그리고 텔레비전 광고가 포함됩니다. 이번 일이 장기 프로젝트가 될 것으로 기대하지만, 그렇게 되기 위해서는 우리가 만드는 첫 번째 광고가 두각을 나타내야 할 것입니다. 우리는 일을 시작하기에 앞서 Samson에 대해 가능한 한 많이 알아야 합니다. 그러므로 저는 우리가 그 회사를 견학하면 좋을 것 같습니다. 방문이 가능한 날짜를 이메일로 여러분들께 알려 드리겠습니다. 오늘 저녁 6시까지 제게 답신을 해 주셔서 어떤 날을 가장 선호하는지 알려 주시기 바랍니다.

어휘 congratulate 축하하다 win an account with ~와 계약을 체결하다 be responsible for ~을 책임지다 print media 인쇄 매체 turn into ~으로 변하다 outstanding 뛰어난

16.
청자들은 어떤 분야에서 일하는 것 같은가?
(A) 광고
(B) 제조
(C) 택배
(D) 판매

해설 계약 성사로 인해 화자의 회사는 '광고를 제작하는 일(creating all its advertisements)'을 하게 될 것이라는 점을 알 수 있다. 또한 '첫 번째 광고(the first ads we produce)'가 중요하다는 내용을 통해서도 청자들은 광고업체 직원들일 것이라고 추측할 수 있으므로 정답은 (A)의 '광고'이다.

17.
화자는 청자들과 함께 무엇을 하고 싶어 하는가?
(A) 리조트에 간다
(B) 교육을 받는다
(C) 새로운 의뢰업체를 방문한다
(D) 비디오를 시청한다

해설 화자는 광고를 제작하기 위해 해당 업체에 대해 잘 알아야 한다고 지적한 후 'I'd therefore like us to go on a tour of the company.'라고 말한다. 이를 통해 화자가 원하는 바는 광고를 의뢰한 업체를 견학하는 일이라는 점을 알 수 있으므로 (C)가 정답이다.

18.
화자는 청자들에게 6시까지 무엇을 하라고 요청하는가?
(A) 자신에게 날짜를 알려 준다
(B) 업무 제안서를 제출한다
(C) 서류에 서명을 한다
(D) 야유회에 참석할 것이라는 점을 확인시켜 준다

해설 담화의 마지막 부분에서 화자는 청자들에게 견학이 가능한 날짜를 알려 주겠다고 한 후 'Get back to me by 6:00 this evening to let me know which one works the best for you.'라고 말한다. 이를 통해 청자들이 6시까지 해야 할 일은 (A)임을 알 수 있다.

[19-21]

W I'd like everyone to know that Mr. Thomas intends to submit a bid for the new stadium the city wants to build. It's going to be highly competitive since at least five other firms will be doing the same thing. As you can see from this flowchart, we'll be doing things a bit differently than normal. Notice that we've added a new step. It's between "Conduct a Survey" and "Create a Model." We believe this step will help us design the type of stadium that the people of Camden really desire. We've only got six months before the bids must be submitted, so we'll be working plenty of overtime. Any questions?

W Thomas 씨께서 시에서 추진 중인 새 경기장 공사에 응찰하실 것이라는 점을 모든 분께 알려 드리고자 합니다. 최소한 5개의 업체가 참여할 것이기 때문에 경쟁이 치열할 것으로 예상됩니다. 이 플로차트에서 보실 수 있듯이 우리는 평소와 약간 다른 방식으로 일을 하게 될 것입니다. 새로운 단계가 추가되었다는 점에 주목해 주십시오. 이는 "설문 조사 실시"와 "모형 제작" 단계 사이에 있습니다. 우리는 이 단계가 캠든 주민들이 정말로 원하는 경기장을 설계하는 데 도움을 줄 것으로 생각합니다. 응찰이 시작되기 전까지는 단 6개월밖에 남지 않았으므로 우리는 많은 양의 초과 근무를 하게 될 것입니다. 질문이 있으신가요?

어휘 submit a bid 응찰하다   competitive 경쟁의, 경쟁적인   firm 회사   flowchart 플로차트, 순서도   desire 바라다, 원하다

19.
청자들은 어떤 건축물에 대한 작업을 하게 될 것인가?
(A) 아파트 단지
(B) 교각
(C) 사무용 건물
(D) 스포츠 시설

해설 담화의 첫 문장에서 응찰하려는 공사의 대상이 '시에서 지으려는 새 경기장(the new stadium the city wants to build)'임을 알 수 있으며 이후 내용을 통해서는 화자들은 경기장 건설에 관한 설계 작업을 할 것임을 짐작할 수 있다. 따라서 정답은 (D)이다.

20.
도표를 보아라. 새로운 단계는 어느 것인가?
(A) 설문 조사 실시
(B) 제안
(C) 모형 제작
(D) 피드백 수집

해설 화자는 새로운 단계가 추가되어야 한다고 한 후 'It's between "Conduct a Survey" and "Create a Model."'이라고 말한다. 즉 새로운 단계는 '설문 조사 실시'와 '모형 제작' 사이에 들어 있는 단계이므로 도표를 통해 이를 확인해 보면 새로운 단계는 (B)의 '제안'임을 알 수 있다.

21.
응찰은 언제까지 이루어져야 하는가?
(A) 1개월 내
(B) 2개월 내
(C) 4개월 내
(D) 6개월 내

해설 담화의 마지막 문제에서 '응찰 기간이 6개월 밖에 남지 않았다(we've only got six months before the bids must be submitted)'고 했으므로 응찰 기간은 (D)의 '6개월 이내'이다.

Part 5

22.
Simons 씨가 확정된 출발일자를 요청했을 때, 관리자는 그녀에게 알려줄 수 없었다.
(A) 확정적인
(B) 시험적인
(C) 다양한
(D) 준비된

어휘 request 요청하다   departure 출발   firm 확정적인   trial 시험적인   varied 다양한   prepared 준비된

해설 빈칸 뒤의 date와 어울리는 형용사를 고르는 어휘 문제이다. trial date는 '공판기일'이라는 뜻이므로 문장의 내용과 어울리지 않으며, varied date와

prepared date 역시 의미상 자연스럽지 않다. 정답은 '확정된 날짜'라는 의미를 만드는 (A)의 firm이다.

23.
자선 경매에서 50만 달러가 넘는 금액을 모금할 수 있었는데, 이는 대단히 많은 액수이다.

(A) 대단히
(B) 머뭇거리며
(C) 현재
(D) 떨어져서

어휘 charity auction 자선 경매   raise 모금하다
surprisingly 놀랄 만큼, 대단히   haltingly 머뭇거리며
currently 현재, 지금   distantly 떨어져서, 멀리

해설 적절한 의미의 부사를 고르는 문제이다. 보기들 중 '_____하게 많은 돈이다'의 빈칸에 들어가기에 자연스러운 것은 '대단히'라는 의미의 surprisingly뿐이므로 정답은 (A)이다.

24.
운하의 개통으로 인해 선박이 더 빨리 이동할 수 있게 될 것인데, 이는 해상 운송 비용을 감소시킬 것이다.

(A) 판매
(B) 비용
(C) 길
(D) 기간

어휘 canal 운하   lane 길

해설 운하의 개통으로 인해 배가 더 빨리 이동하게 될 것이어서, 해상 운송 비용(costs)이 감소될 것이라는 내용이 되는 것이 가장 자연스럽다. 정답은 (B)이다. (D)의 period는 '기간'을 의미하므로 운행 시간(time)과는 의미의 차이가 있다.

25.
어젯밤, Patterson 씨는 그의 회사를 동유럽의 여러 도시로 확장하기로 결정했다.

(A) 그는
(B) 그를
(C) 그의
(D) 그 자신

어휘 decide 결정하다   ought to ~해야 하다   expand 확장시키다

해설 문장의 구조를 분석하면 정답을 찾을 수 있다. 빈칸은 명사절인 that절의 주어인 company를 수식하는 역할을 하고 있으므로 빈칸에는 소유격이 와야 된다. 따라서 정답은 (C)이다.

26.
시 경계 내에 거주하는 사람들만 곧 있을 선거에서 투표할 수 있다.

(A) ~에 대하여
(B) ~ 때문에
(C) ~ 동안
(D) ~ 이내에

어휘 limit 경계   permit 허가하다   vote 투표하다
upcoming 곧 있을, 다가오는   election 선거

해설 빈칸 뒤에 장소를 의미하는 'city limit(시 경계)'가 있으므로 '(장소, 범위) 이내에'를 의미하는 전치사인 within이 오는 것이 가장 자연스럽다. 정답은 (D)이다.

27.
자금은 Delmont 사에서 생산된 제품 라인을 홍보하는 데 사용될 것이다.

(A) 관련시키다
(B) 홍보하다
(C) 묻다
(D) 증가시키다

어휘 fund 자금   spend 사용하다   line of products 제품군, 제품 라인 (종류가 같지만 모양, 가격 등이 서로 다른 제품들)   relate 관련시키다   promote 홍보하다   inquire 묻다   multiply 증가시키다

해설 '자금이 제품 라인을 _____하기 위해 사용될 것'이라는 내용의 문장이다. '제품 라인을 홍보하기 (promote) 위해서'라는 뜻이 되어야 자연스러우므로 정답은 (B)이다. (A)의 relate는 'relate A to B'와 같이 'A를 B와 관련시키다'라는 의미로 사용되며, (C)의 inquire는 '묻다', (D)의 multiply는 '증가시키다'라는 뜻이므로 모두 의미상 적절하지 않다.

Part 6

[28-31]

수신 전 직원
발신 Sandra Solo
제목 뉴스
날짜 12월 27일

직원 여러분,

올해도 거의 막바지에 이르렀는데, 여러분들의 노고에 감사하며, 우리는 성공적인 한 해를 보냈습니다. 그 결과, 우리는 내년 1월에 다른 점포를 열기로 예정되어 있습니다.

점포는 상업 지역 인근의 헌츠빌에 위치하게 될 것입니다. 저는 여러분들 중 몇몇이 그곳에 살고 있다는 것을 알고 있습니다. 우리는 그 점포에 자격을 갖춘 직원들을 많이 필요하게 될 것이어서, 여러분은 그곳의 직책에 마음 놓고 지원해도 괜찮습니다. **여러분의 관리자에게 전근에 관심이 있다고 알리기만 하면 됩니다.** 지원 마감 기한은 이번 주말까지입니다. 전근을 원하는 직원을 알게 되면, 우리가 충원하고자 하는 직책을 근거로 하여 결정을 내릴 것입니다.

Sandra 드림

어휘 be set to ~하기로 예정되어 있다 business district 상업 지역 supervisor 감독자, 관리자

28.
(A) 이전하다
(B) 개업하다
(C) 위치시키다
(D) 폐업하다

해설 바로 앞 문장에서 '성공적인 한 해를 보냈다'고 하였고, 해당 문장은 As a result로 시작하고 있으므로 이에 대한 결과를 언급하고 있다. 따라서 다른 점포를 개업하기로(open) 예정되어 있다는 내용이 되는 것이 자연스러우므로 정답은 (B)이다.

29.
(A) 자격을 얻다
(B) 자격
(C) 적임의
(D) 자격을 주는

해설 빈칸은 명사 workers를 수식하는 역할을 하므로 형용사인 (C) qualified와 (D) qualifying 중에서 정답을 골라야 한다. qualified는 '자격을 갖춘', '적임의'라는 뜻이고, qualifying은 '자격을 주는', '한정하는'이라는 뜻인데, 의미상 qualified가 정답이 된다.

30.
(A) 여러분의 관리자에게 전근에 관심이 있다고 알리기만 하면 됩니다.
(B) 면접 절차는 사실상 이미 시작되었습니다.
(C) 우리는 전근하게 될 직원을 2주 후에 결정할 것입니다.
(D) 점포는 우리가 보유하고 있는 것과 유사한 제품을 판매하게 될 것입니다.

해설 빈칸 앞에는 '전근 신청을 하라'는 내용이 있고, 빈칸 뒤에는 '전근 신청 기한'이 언급되어 있다. 보기들 중에서 전근 신청과 관련된 것은 '전근 신청 방법'에 대해 설명하고 있는 (A)이다.

31.
(A) ~와 함께
(B) ~에
(C) ~ 위에
(D) ~에

해설 based upon은 '~을 기초로', '~을 근거로'라는 의미의 숙어로, 문맥상 upon이 오는 것이 자연스럽다. 정답은 (B)이다.

Part 7

[32-33]

Daniel Carter	오후 5시 32분

안녕하세요, Lott 씨. 예약에 대해 이야기를 나눴으면 해요.

Christina Lott	오후 5시 33분

안녕하세요, Carter 씨. 예약에 무슨 문제가 있나요?

Daniel Carter	오후 5시 34분

제 회의가 이틀 뒤로 연기되어서, 출발 일자를 17일로 변경해야 해요.

Christina Lott	오후 5시 37분

네, 준비해 둘게요. 새 일정표를 이메일로 보낼게요. 저희 회사의 정책에 따라서, 귀사에 30달러의 비용이 청구될 거예요.

Daniel Carter	오후 5시 38분

변경된 것이 있나요? 예전에도 여러 번 티켓을 변경했지만 추가로 비용을 지불한 적은 없는데요.

Christina Lott	오후 5시 41분

제 상사에게 얘기해 볼게요. 아마도, 귀사의 직원들은 추가 비용 없이 티켓을 변경하나 봐요. 제가 그것을 몰랐어요.

어휘 reservation 예약 departure 출발 arrangement 준비 itinerary 여행 일정표 per ~에 대하여, ~에 따라서

32.
Carter 씨는 왜 이동 계획을 변경하려 하는가?
(A) 가격이 너무 높다.
(B) 밤에 이동하기를 원한다.
(C) 너무 아파서 이동할 수 없다.
(D) 회의가 연기되었다.

해설 Carter 씨는 예약을 변경하는 이유로 회의가 이틀 연기되었다고(meeting has been delayed by a couple of days) 말했다. 따라서 정답은 (D)이다.

33.
오후 5시 38분에, Carter 씨는 왜 "변경된 것이 있나요?"라고 작성하는가?
(A) 놀라움을 표현하기 위해서
(B) 환불을 요청하기 위해서
(C) 실수에 대해 사과하기 위해서
(D) 그의 요청을 취소하기 위해서

해설 Carter 씨는 예약 변경에 대해 추가 비용이 청구된다는 내용을 보고 인용된 문장을 작성한 다음 예전에 변경을 했을 때 추가 비용은 없었다고 말하고 있다. 따라서 인용된 문장은 놀라움의 표현임으로 볼 수 있다. 정답은 (A)이다.

[34-36]

많은 사람들은 집에 있는 방에 벽지를 바를 생각에 겁을 먹지만, 그 과정은 비교적 간단합니다.

먼저, 페인트 롤러를 사용해서 벽지를 붙일 곳 전체에 풀을 넓게 바르는 것이 중요합니다. 이 과정에서 어떤 곳의 풀이 마르기 시작한다면, 이곳을 다시 적시기 위해서 축축한 스펀지로 벽을 문질러 주세요.

구석에서부터 시작하여 벽지의 첫 장을 붙이는데, 천장과 바닥에 약 5센티미터 정도 겹치도록 하세요. 벽지를 일직선에 맞출 때, 전체적인 벽지를 매끈하게 하기 위해 종이 누르개를 사용하세요. 천장에서부터 시작해서 아래쪽으로 작업을 하세요. 그러고 나서, 천장과 바닥에 삐져나온 벽지를 칼로 손질하세요. 마무리 될 때까지 벽지를 계속 바르세요. 벽지에 디자인이 있을 경우에는 각각의 벽지를 다른 것들과 확실하게 일렬로 맞추세요.

이 과정에 기포가 발생할 경우, 종이 누르개를 사용하여 제거하세요. 벽의 중간부터 시작하여 가장자리를 향해 바깥쪽으로 움직이세요.

어휘 intimidate 겁을 주다   wallpaper 벽지를 바르다   relatively 비교적   straightforward 간단한, 쉬운   paste 풀   damp 축축한   remoisten 다시 적시다   apply 바르다   overlap 겹치게 하다   align 일직선에 맞추다; 정렬시키다   trim 다듬다, 손질하다

34.
방에 벽지를 바르는 것에 대해 명시된 것은 무엇인가?
(A) 비용이 많이 들 수 있다.
(B) 많은 사람들이 피하고 싶어 하는 일이다.

(C) 전문적으로 작업되어야 한다.
(D) 오랜 시간이 걸리지 않는다.

해설 첫 번째 문장인 'Many people are intimidated by the thought of wallpapering the rooms in their homes, but the process is relatively straightforward.'에서 사람들은 벽지를 바르는 것을 부담스럽게 생각한다는 것을 알 수 있으므로 정답은 (B)이다.

35.
설명서에 따르면, 왜 스펀지를 사용해야 하는가?
(A) 종이를 다시 적시기 위해서
(B) 바닥에 있는 풀을 닦기 위해서
(C) 벽지를 더 쉽게 자를 수 있도록 하기 위해서
(D) 풀이 마르지 않도록 하기 위해서

해설 스펀지가 언급된 부분은 두 번째 문단의 마지막 문장 'Should the paste start drying at any point in the process, simply wipe the wall with a damp sponge to remoisten it'인데, 풀이 마르기 시작할 경우 이를 다시 적시기 위해서 스펀지를 사용해야 한다는 것을 알 수 있다. 따라서 정답은 (D)이다.

36.
도배하는 과정에서 필요하지 않은 도구는 무엇인가?
(A) 가위
(B) 칼
(C) 종이 누르개
(D) 페인트 롤러

해설 'First, it is important to use a paint roller to spread paste'에서 페인트 롤러가 언급되었고, 'When you align the sheet, use a paper smoother to smooth the entire sheet.'에서 종이 누르개가, 마지막으로 'Then, trim the excess wallpaper from the ceiling and the floor by using a knife.'에서 칼이 언급되었다. 가위는 언급되어 있지 않으므로 정답은 (A)이다.

[37-41]

Roberts 공원 공사

1월 10일부터 3월 25일까지 Roberts 공원이 그곳에서 진행될 공사로 인해 폐쇄될 예정입니다. 많은 시설들이 수리될 것입니다. 여기에는 메인 주차장 근처의 테니스장, Jackson 홀의 실내 농구장, 그리고 Roberts 연못 근처의 수영장이 포함됩니다. 또한 공

원을 가로지르는 자전거 전용 도로가 만들어질 것이며 2.5킬로미터의 조깅 트랙도 건설될 예정입니다. Roberts 연못 동쪽에는 야외 테이블이 추가될 것이고 작은 주차장 근처에는 스케이트보드를 탈 수 있는 공간이 마련될 것입니다. 공사가 진행되는 기간에는 누구도 공원에 입장할 수 없습니다.

어휘 renovate 보수하다, 수리하다   bicycle path 자전거 전용 도로   add 더하다, 추가하다   duration 지속, 지속 기간

Roberts 공원의 재개장
Trudy Nichols

록웰 – 이번 주 토요일인 3월 20일에 Roberts 공원이 재개장될 예정이다. 2개월 이상의 공사가 진행된 후, 공원은 그 어느 때보다 좋아졌다. Weston 지역의 Gervais 아파트 맞은편에 위치한 이 인기 많았던 공원은 시설이 낙후되어 보수가 시급한 상태였다. 보수 작업이 이루어지고 새로운 시설이 추가됨에 따라 공원은 이전보다 더 많은 인기를 누리게 될 것이다.

Janet Thompson 시장은 "공원의 재개장을 고대하고 있습니다."라고 하며 "이곳은 시내에서 가장 큰 공원이고 분명 개선시킬 가치가 있습니다."라고 말했다. Thompson 시장은 재개장 기념식에 참석할 예정이다. 그녀는 자선사업가인 Jack Ward를 포함하여 지역 내 유명 인사들과 동행할 것이다. "자금이 부족해서 공원이 보수되지 못할 것 같았을 때 Jack Ward가 공원을 지켜 주었습니다. 그의 너그러운 마음 덕분에 우리의 꿈이 실현된 것입니다."

어휘 undergo 겪다   in need of ~을 필요로 하는   on account of ~ 때문에   feature 특징, 특성   deserve ~할 만하다   on hand 참석한   accompany 동행하다, 동반하다   dignitaries 고위 인사   philanthropist 박애주의자, 자선사업가   stand by ~을 지키다   generosity 너그러움, 관대함   reality 현실

수신 Melanie Hamilton
발신 Blair Carter
제목 Roberts 공원
날짜 3월 29일

Melanie에게,

회사의 봄 야유회를 개최할 장소를 아직 찾고 있는 중인가요? 장소를 아직 결정하지 못했다면 Roberts 공원을 추천할게요. 일주일 전에 다시 개장했는데 정말로 좋더군요. 그곳에 갔을 때 문의해 보았더니 비용을 지불하면 몇 시간 동안 공원의 일부 구역을 예약하는 것이 가능하다는 사실을 알게 되었어요. 전화를 하려면 전화번호는 596-9474예요. 전화를 받는 사람

에게 당신이 연못의 동쪽 구역을 예약하고 싶어 한다는 점을 꼭 이야기하세요.

Blair로부터

어휘 hold 개최하다, 열다   get-together 모임, 회합   in case ~하는 경우에   fee 요금

37.
공지에 따르면, 공원의 어느 지역이 수리되었는가?
(A) 자전거 도로
(B) 스케이트보드 지역
(C) 농구 코트
(D) 주차장

해설 첫 번째 지문에 따르면 수리된 구역은 테니스 코트, 농구 코트, 그리고 수영장이다.(Among them are the tennis courts near the main parking lot, the indoor basketball court in Jackson Hall, and the swimming pool near Roberts Pond.) 따라서 정답은 (C)이다.

38.
공사 기간에 대해 맞는 것은 무엇인가?
(A) 공원의 몇몇 구역은 개방된 상태였다.
(B) 날씨가 매우 추웠다.
(C) 방문객들은 공원에 입장할 수 없었다.
(D) 두 개의 회사가 공원에서 작업을 했다.

해설 첫 번째 지문의 마지막 문장에서 공사 기간 동안 출입이 금지되었다는(No visitors will be allowed in the park during the entire duration of the construction period.) 사실을 알 수 있으므로 정답은 (C)이다. 나머지 보기들은 언급되지 않은 내용들이다.

39.
Roberts 공원에 대해 명시된 것은 무엇인가?
(A) 방문객들에게 입장료를 받는다.
(B) 예정보다 일찍 재개장했다.
(C) Gervais 아파트 거주자들만을 위한 것이다.
(D) 규모가 확장되었다.

해설 첫 번째 지문에 따르면 예정되었던 공사 기간은 1월 10일부터 3월 25일까지였으나(From January 10 to March 25), 두 번째 지문에 Roberts 공원이 3월 20일에 재개장했다는(This Saturday, March 20, Roberts Park will have its grand reopening.) 내용이 있으므로, 공원은 예정보다 일찍 재개장했음을 알 수 있다. 정답은 (B)이다.

40.
Ward 씨에 대해 암시되고 있는 것은 무엇인가?
(A) Thompson 시장의 친구이다.
(B) 공원 건너편에 살고 있다.
(C) 공원 설립에 도움을 주었다.
(D) **공원에 돈을 기부했다.**

해설 두 번째 지문의 마지막 부분을 보면 자금이 부족해서 공원 수리가 어려운 상황에서 Jack Ward가 도움을 주었다는(Jack Ward stood by the park when it looked as if it wasn't going to get renovated due to a lack of funding.) 내용이 언급되어 있다. 즉, 그가 금전적인 도움을 주었다고 볼 수 있으므로 정답은 (D)이다.

41.
Hamilton 씨는 공원의 어떤 시설에 관심이 있는가?
(A) **야외 테이블**
(B) 자전거 도로
(C) 수영장
(D) 테니스 코트

해설 세 번째 지문의 마지막에 연못의 동쪽 구역을 예약하고 싶어 한다고(you're interested in reserving the area near the eastern part of the pond) 말할 것을 조언하고 있다. 그런데 첫 번째 지문에서 연못 근처에 있는 시설은 야외 테이블이므로(Picnic tables will be added to the eastern side of Roberts Pond) 정답은 (A)이다.

빈칸에 알맞은 어휘나 뜻을 쓰세요.

	어휘	뜻		어휘	뜻
1		편의점	9	haltingly	
2	procedure		10	itinerary	
3	on purpose		11		겁을 주다
4	overwhelming		12	straightforward	
5		일부러 하다	13	damp	
6		~와 계약 체결하다	14	on hand	
7		~을 책임지다	15	dignitaries	
8	turn into		16		자선사업가

정답 1. convenience store 2. 절차 3. 고의로 4. 압도적인 5. go out of one's way 6. win an account with 7. be responsible for 8. ~으로 변하다 9. 머뭇거리며 10. 여행 일정표 11. intimidate 12. 간단한, 쉬운 13. 축축한 14. 참석한 15. 고위 인사 16. philanthropist

Listening Test

Time 09 minutes

Part 1

🎧 04-01

Directions: You will hear four statements about the picture below. Select the one statement that best describes what you see in the picture and mark the letter (A), (B), (C), or (D).

1.

(A)   (B)   (C)   (D)

Part 2

🎧 04-02

Directions: You will hear a question or statement and three responses spoken in English. Select the best response to the question or statement and mark the letter (A), (B), or (C).

2. Mark your answer on your answer sheet.   (A)   (B)   (C)

3. Mark your answer on your answer sheet.   (A)   (B)   (C)

4. Mark your answer on your answer sheet.   (A)   (B)   (C)

5. Mark your answer on your answer sheet.   (A)   (B)   (C)

6. Mark your answer on your answer sheet.   (A)   (B)   (C)

Part 3

🎧 04-03

Directions: You will hear some conversations between two or more people. You will be asked to answer three questions about what the speakers say in each conversation. Select the best response to each question and mark the letter (A), (B), (C), or (D).

7. Where does the conversation probably take place?
   (A) At a post office
   (B) In a doctor's office
   (C) At a pharmacy
   (D) In a clothing store

8. What does the man need to do?
   (A) Step on a scale to weigh himself
   (B) Pay for a service in advance
   (C) Give the woman two forms of identification
   (D) Provide detailed information on some items

9. What does the woman give the man?
   (A) A document
   (B) A price chart
   (C) A box
   (D) A permission slip

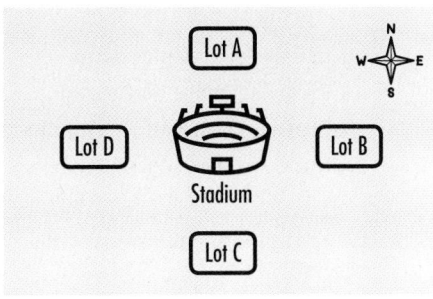

10. When will the speaker watch the game?
    (A) Tonight
    (B) Tomorrow
    (C) This weekend
    (D) Next week

11. Look at the graphic. Which parking lot should the woman use?
    (A) Lot A
    (B) Lot B
    (C) Lot C
    (D) Lot D

12. What does the man say about the tickets?
    (A) They are provided by the company.
    (B) They are located in a good spot.
    (C) They were reserved ahead of time.
    (D) They were difficult to purchase.

GO ON TO THE NEXT PAGE

Part 4

04-04

Directions: You will hear some talks given by a single speaker. You will be asked to answer three questions about what the speaker says in each talk. Select the best response to each question and mark the letter (A), (B), (C), or (D).

13. What is the purpose of the message?
    (A) To make an order for parts
    (B) To request that a bill be sent
    (C) To ask about some missing items
    (D) To inquire about an automobile

14. Why does the speaker mention his clients?
    (A) To note they have complained to him
    (B) To state that he has too many
    (C) To say they are waiting for him
    (D) To indicate that they made large orders

15. What does the speaker request?
    (A) A return call
    (B) An invoice
    (C) A text message
    (D) A discount

16. Where does the talk take place?
    (A) In a boardroom
    (B) At a trade show
    (C) At a community center
    (D) In a conference room

17. What problem does the speaker mention?
    (A) Most new products do not succeed.
    (B) Making money off ideas is hard.
    (C) Some people cannot get funding.
    (D) Marketing is expensive for companies.

18. What does the speaker mean when she says, "We've got lots to discuss"?
    (A) The event will last all day long.
    (B) The listeners will have a debate next.
    (C) She wants to begin the program.
    (D) There is little time remaining.

This is the end of the Listening test.

Reading Test

Time 18 minutes

Part 5

Directions: A word or phrase is missing in each of the sentences below. Four answer choices are given below each sentence. Select the best answer to complete the sentence and mark the letter (A), (B), (C), or (D).

19. Employees are constantly ------- to be courteous to customers no matter how impolite they may be.

    (A) instructing
    (B) to instruct
    (C) instructed
    (D) been instructed

20. The recently ------- software has helped employees be more efficient as they do their jobs.

    (A) purchasing
    (B) purchased
    (C) purchases
    (D) purchasable

21. Only someone with an executive position at Hardaway Textiles is allowed to make decisions regarding -------.

    (A) expending
    (B) expended
    (C) expendable
    (D) expenditures

22. ------- being approved by a supervisor, all contracts must be submitted before the deadline.

    (A) In addition to
    (B) With regard to
    (C) In as much as
    (D) As for

23. When the temperature in the building gets too cold, the heat turns on -------.

    (A) automation
    (B) automatic
    (C) automated
    (D) automatically

24. Security at the firm is stressed since many of its documents are of a ------- nature.

    (A) confidential
    (B) mundane
    (C) prior
    (D) printed

GO ON TO THE NEXT PAGE

Part 6

Directions: Read the text below. A word, phrase, or sentence is missing in parts of the text. Four answer choices for each question are given below the text. Select the best answer to complete the text and mark the letter (A), (B), (C), or (D).

Questions 25-28 refer to the following e-mail.

To: Sandra Walls
From: Craig Lewis
Date: February 21
Subject: New Policy

Sandra,

HR decided to implement a new policy. From now on, ------- having a single container
25.
for all recyclable materials, we need four separate bins in each location. The bins should be for metal, glass, plastic, and paper. Instead of labeling each bin, I suggest making them different colors. -------. Your name was ------- mentioned by HR as the person
26. **27.**
to run the program. Why don't you figure how much the bins will cost and give me an estimate? I'll talk to Accounting to find out how much has been ------- for this.
28.
Regards,

Craig

25. (A) in spite of
(B) with regard to
(C) in addition
(D) rather than

26. (A) This will help reduce confusion.
(B) Employees don't have time to recycle.
(C) They should arrive by tomorrow.
(D) Thanks for all the assistance you provided.

27. (A) specifics
(B) specifically
(C) specification
(D) specified

28. (A) budgeted
(B) spent
(C) cost
(D) transferred

Part 7

Directions: In this part you will read a selection of texts. The text or set of texts is followed by several questions. Select the best answer for each question and mark the letter (A), (B), (C), or (D).

Questions 29-31 refer to the following letter.

February 11

Dear Ms. Lassiter,

We were sorry to hear you suffered a skiing accident and were injured while you were in Switzerland. —[1]—. We hope you make a full recover as soon as possible.

We regret to inform you that your claim for reimbursement of your medical expenses due to the accident has been denied. You have a Silver Premium package, which only covers you for accidents incurred in your home country of Canada. —[2]—.

In addition, your plan specifically states that we do not provide coverage for injuries suffered doing dangerous activities. Skiing and snowboarding are specifically listed in your policy as activities that are not covered. —[3]—. Please see page 19 of your healthcare manual for a complete list of activities we do not cover.

If you wish to have full coverage for future trips abroad, we suggest upgrading to our Gold Star Premium package. This will require an additional cost of $70 per month. —[4]—. Should you have any questions regarding this letter, call our customer support hotline at 903-922-8376.

Sincerely,

Lauren Patterson
Dietrich, Inc.

29. What most likely is Dietrich, Inc.?
(A) A travel agency
(B) An insurance provider
(C) A resort hotel
(D) A sporting goods manufacturer

30. What does Ms. Patterson recommend doing?
(A) Speaking with someone in person
(B) Getting a better package
(C) Reading a manual in full
(D) Paying a bill every month

31. In which of the positions marked [1], [2], [3], and [4] does the following sentence best belong?

"It is not valid for incidents that occur abroad."

(A) [1]
(B) [2]
(C) [3]
(D) [4]

GO ON TO THE NEXT PAGE

Questions 32-35 refer to the following online chat discussion.

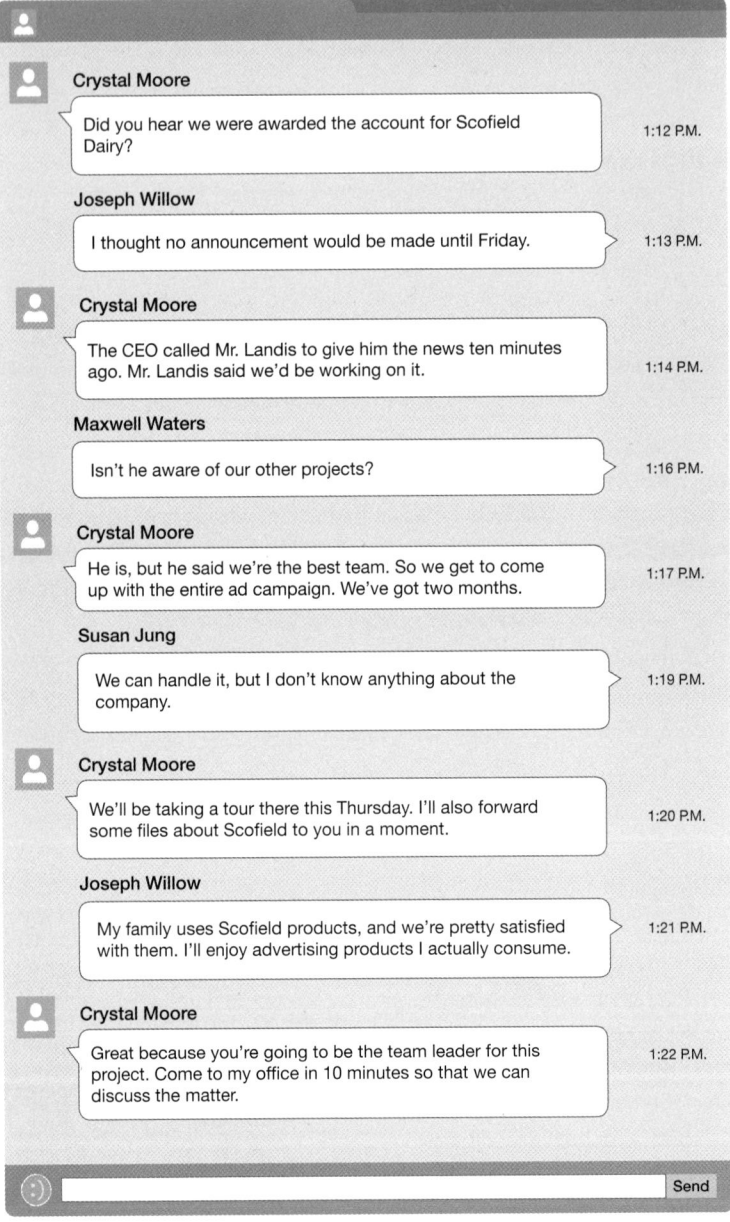

Crystal Moore — 1:12 P.M.
Did you hear we were awarded the account for Scofield Dairy?

Joseph Willow — 1:13 P.M.
I thought no announcement would be made until Friday.

Crystal Moore — 1:14 P.M.
The CEO called Mr. Landis to give him the news ten minutes ago. Mr. Landis said we'd be working on it.

Maxwell Waters — 1:16 P.M.
Isn't he aware of our other projects?

Crystal Moore — 1:17 P.M.
He is, but he said we're the best team. So we get to come up with the entire ad campaign. We've got two months.

Susan Jung — 1:19 P.M.
We can handle it, but I don't know anything about the company.

Crystal Moore — 1:20 P.M.
We'll be taking a tour there this Thursday. I'll also forward some files about Scofield to you in a moment.

Joseph Willow — 1:21 P.M.
My family uses Scofield products, and we're pretty satisfied with them. I'll enjoy advertising products I actually consume.

Crystal Moore — 1:22 P.M.
Great because you're going to be the team leader for this project. Come to my office in 10 minutes so that we can discuss the matter.

32. What are they mainly discussing?
    (A) A deadline
    (B) An upcoming tour
    (C) A new assignment
    (D) A data package

33. Where do the writers most likely work?
    (A) At a supermarket
    (B) At an advertising agency
    (C) At a dairy farm
    (D) At a travel agency

34. At 1:16 P.M., what does Mr. Waters imply when he writes, "Isn't he aware of our other projects?"
    (A) He has a lot of work to do.
    (B) He knows little about Scofield Dairy.
    (C) He has not spoken with Mr. Landis.
    (D) He is pleased with the result.

35. What will Mr. Willow most likely do next?
    (A) E-mail Ms. Moore
    (B) Read a computer file
    (C) Go on a tour
    (D) Attend a meeting

GO ON TO THE NEXT PAGE

Questions 36-40 refer to the following advertisement and invoice.

Have your next meal at the
Dayton Roadhouse
At 43 Stanton Boulevard

We serve:
The thickest, juiciest steaks
The creamiest mashed potatoes
The freshest, crispiest garden salads
And much, much more

Have your next party or business gathering
In one of our private rooms
Or contact us ahead of time
We can also cater your next event

**In July, all entrées will be discounted
Get 25% off all steaks
Get 20% off all chicken and pork meals**

Call 383-2013 to make a reservation
We're open every day of the year except Christmas and New Year's Day
From 11:00 A.M. to 10:30 P.M.

Thank you for dining at **Dayton Roadhouse.**
We hope you enjoyed your meal.

- **Server Name:** Linda Daniels   **Server ID Number:** 43

Item	Quantity	Discount	Price
Sirloin Steak Dinner	1	N/A	$24.00
Shrimp Cocktail	1	N/A	$8.00
Roasted Chicken	2	20%	$32.00
Chocolate Cake Slice	3	N/A	$15.00
Coffee	4	N/A	$12.00
		Subtotal	**$101.00**
		Tax	$5.05
		Tip	$20.00
		Total	**$126.05**

Your bill has been paid for with the credit card ending in 8574.
Please inquire about our regular customer membership.
Thank you and please come again soon.

36. What is indicated about Dayton Roadhouse?
    (A) It is located downtown.
    (B) It hosts special events.
    (C) It is open 365 days a year.
    (D) It closes early on weekends.

37. In the advertisement, the word "cater" in line 12 is closest in meaning to
    (A) suggest
    (B) order
    (C) determine
    (D) provide

38. Why should a person call Dayton Roadhouse?
    (A) To book a table
    (B) To order ahead
    (C) To ask for directions
    (D) To apply for a position

39. What mistake was made on the invoice?
    (A) The steak was not given a discounted.
    (B) The discount on the chicken was too high.
    (C) The cake should have been complimentary.
    (D) The coffee was supposed to come with the meal.

40. How was the meal paid for?
    (A) By traveler's check
    (B) By credit card
    (C) With a check
    (D) With cash

This is the end of the Reading test.

Day 4

Score (　　/40)

Listening Test

1. (C)	2. (C)	3. (B)
4. (A)	5. (A)	6. (A)
7. (A)	8. (D)	9. (A)
10. (C)	11. (B)	12. (A)
13. (C)	14. (C)	15. (A)
16. (C)	17. (B)	18. (C)

Reading Test

19. (C)	20. (B)	21. (D)
22. (A)	23. (D)	24. (A)
25. (D)	26. (A)	27. (B)
28. (A)	29. (B)	30. (B)
31. (B)	32. (C)	33. (B)
34. (A)	35. (D)	36. (B)
37. (D)	38. (A)	39. (A)
40. (B)		

* 틀린 문제는 문항 번호 옆 빈칸에 표시한 다음, 한 번 더 학습하세요.

Part 1

1.

(A) She is working at her computer.
(B) She is picking up the box.
(C) She is holding a potted plant.
(D) She is typing on the keyboard.

(A) 그녀는 컴퓨터로 작업을 하고 있다.
(B) 그녀는 상자를 들고 있다.
(C) 그녀는 화분에 담긴 식물을 들고 있다.
(D) 그녀는 키보드로 타이핑을 하고 있다.

어휘 pick up 들다, 잡아 올리다　hold 잡다, 쥐다
potted plant 화분에 든 식물　type 타이핑하다

해설 사진 속에 컴퓨터와 키보드가 보이기는 하지만 여자가 이를 이용해 작업을 하고 있는 것은 아니므로 (A)와 (D)는 정답이 아니다. '상자'를 들고 있는 것이 아니라 상자 속 '화분'을 들고 있는 것이기 때문에 정답은 (B)가 아니라 (C)이다.

고득점 TIP

전형적인 1인 사진 문제에서는 보기가 모두 사람의 동작을 나타내는 경우가 많다. 이 때에는 보기를 듣기 전에 사진 속 인물의 동작을 유심히 살피면서 이를 가장 정확히 묘사한 보기를 정답으로 고르도록 하자.

Part 2

2.
Who needs to register for the conference?
(A) The fee has increased this year.
(B) It's being held in Las Vegas.
(C) Everyone except for Beth.

누가 컨퍼런스에 등록을 해야 하죠?
(A) 올해는 회비가 올랐어요.
(B) 라스베이거스에서 열릴 거예요.
(C) Beth를 제외한 전원이요.

어휘 register for ~에 등록하다, 참가 신청을 하다　fee 수수료, 요금

해설 의문사 who를 놓치지 않고 들었다면 정답은 'Beth를 제외한 모든 사람'이라고 답한 (C)임을 쉽게 알 수 있다.

88

3.

Someone needs to proofread the file before we print it.
(A) No, I haven't read the file yet.
(B) Jenny's the best in the office at that.
(C) Okay. I'll sign the contract now.

파일을 출력하기 전에 누군가가 교정을 보아야 해요.
(A) 아니요, 저는 아직 파일을 읽어보지 못했어요.
(B) 사무실 내에서는 Jenny가 그 부분에서 최고에요.
(C) 좋아요. 제가 지금 계약서에 서명할게요.

어휘 proofread 교정을 보다   sign a contract 계약서에 서명하다, 계약을 체결하다

해설 문제의 someone에 주목하면 정답을 쉽게 찾을 수 있다. 정답은 Jenny라는 사람이 적임자라는 사실을 직접적으로 밝힌 (B)이다.

4.

Can someone turn up the heat in this room?
(A) We're not permitted to do that.
(B) Room temperature is 20 degrees Celsius.
(C) Yes, there's plenty of room here.

누가 이 방 온도를 올려 줄 수 있나요?
(A) 저희에게 그럴 권한은 없어요.
(B) 방 온도는 섭씨 20도예요.
(C) 네, 여기에 공간이 많아요.

어휘 room 방; 공간   turn up ~을 켜다   permit 허락하다, 허가하다   degree 도   plenty of 많은

해설 조동사 can을 이용하여 상대방에게 온도를 올려 달라는 요청을 하고 있다. 따라서 온도 조절이 불가능하기 때문에 그럴 수 없다는 부정적인 의미를 전한 (A)가 가장 자연스러운 답변이다. (B)와 (C)는 모두 room을 중복 사용함으로써 오답을 유도하고 있는 함정이다.

5.

These boxes are too heavy to carry.
(A) I'll call for a forklift then.
(B) About 100 kilograms each.
(C) Then let me pick it up.

이 상자들은 너무 무거워서 옮길 수가 없군요.
(A) 그러면 제가 지게차를 부를게요.
(B) 각각 100킬로그램 정도예요.
(C) 그러면 제가 들게요.

어휘 too ~ to 너무 ~해서 ~할 수 없다   call for ~을 부르다, ~을 요청하다   forklift 지게차

해설 「too ~ to」 구문을 알고 있어야 정답을 찾을 수 있다. 정답은 '(무거워서 들 수 없으니) 지게차를 부르겠다'고 답한 (A)이다. (C)의 경우, 단수 형태인 it을 사용하고 있기 때문에 이는 정답이 될 수 없다.

6.

How often does the inspector examine the machinery?
(A) Once every quarter, I think.
(B) Both of the plant's assembly lines.
(C) He's coming later this afternoon.

조사관이 얼마나 자주 기계장치를 점검하나요?
(A) 분기마다 하는 것으로 알고 있어요.
(B) 공장의 조립 라인 둘 다요.
(C) 그는 오늘 오후 늦게 올 거예요.

어휘 inspector 조사관   examine 검사하다   quarter 4분의 1, 사분기   assembly line 조립 라인

해설 how often을 이용하여 점검의 빈도 혹은 횟수를 묻고 있다. 이에 대해 직접적으로 '분기에 한 번'이라고 답변한 (A)가 정답이다. (B)는 점검 대상을 물었을 때 이어질 수 있는 답변이고, (C)는 조사관의 방문 일정을 물었을 때 나올 수 있는 답변이다.

Part 3

[7-9]

> M Pardon me, but I wonder how quickly you can send this box to Paris. It contains some product samples which must arrive for a demonstration by Thursday.
>
> W That's two days from now. We provide an overnight express service to foreign countries. However, the minimum price is $200, and if your box is heavy, it will cost even more.
>
> M Price is no object. These items absolutely must get there. What do I have to do to get this service?
>
> W Put the box on the scale, please, and then fill out this form. Be sure to list the complete contents of the items in the box as well as their value.

M	죄송하지만 이 상자를 얼마나 빨리 파리까지 보낼 수 있는지 궁금해요. 안에는 제품 시연회를 위해 목요일까지는 꼭 도착해야 하는 제품 샘플이 들어 있어요.
W	지금부터 이틀 후예요. 저희는 해외 국가에 대해 익일 특급 서비스를 제공하고 있어요. 하지만 최저 가격이 200달러이고 상자가 무거운 경우에는 비용이 더 들 거예요.
M	가격은 상관없어요. 이 제품들은 반드시 그곳에 도착해야만 해요. 어떻게 하면 그 서비스를 이용할 수 있나요?
W	상자를 저울 위에 올려놔 주시고, 그 다음에는 이 양식을 작성해 주세요. 상자에 담긴 물건들의 목록과 가격을 빠짐없이 적어 주셔야 해요.

어휘 contain 담다, 포함하다 demonstration 시위, 시연 overnight 밤사이에 minimum 최소의 no objective 아무래도 좋은 absolutely 절대적으로 scale 저울 value 가치, 가격

7.
대화가 어디에서 이루어지고 있는 것 같은가?
(A) 우체국에서
(B) 병원에서
(C) 약국에서
(D) 의류 매장에서

해설 남자는 빠른 시간 내에 소포를 해외로 보내고 싶어 하고 여자는 그에 대한 방법과 비용을 알려 주고 있다. 보기 중 이러한 대화가 이루어질 수 있는 장소는 (A)의 '우체국'뿐이다.

8.
남자는 무엇을 해야 하는가?
(A) 체중계에 올라 자신의 몸무게를 잰다
(B) 서비스 비용을 미리 계산한다
(C) 여자에게 두 가지 형태의 신분증을 제시한다
(D) 제품에 대한 상세한 정보를 알려 준다

해설 대화의 마지막 부분에 정답의 단서가 있다. 여자는 특급 서비스를 이용하기 위해서는 '소포의 무게를 잴 것'과 '내용물의 목록과 가격을 기록할 것'을 요구하고 있다. 따라서 남자가 해야 할 일은 이 중 후자를 가리키고 있는 (D)이다.

9.
여자는 남자에게 무엇을 주는가?
(A) 문서
(B) 가격표
(C) 상자
(D) 허가서

해설 대화의 마지막 부분에서 남자는 여자에게 소포의 무게를 잰 후 '양식을 작성해 달라(then fill out this form)'고 요청한다. 따라서 여자가 남자에게 건네 준 것은 (A)의 '문서'이다.

[10-12]

M	You're going to the game this weekend, right? Everyone from the office will be attending it.
W	Yes, I'm planning to drive there. Where do we intend to meet?
M	We're meeting at the gate on the eastern side of the stadium, so try to park in the lot closest to it. That will save you some time walking.
W	Thanks for letting me know. Oh, who do I need to pay for my ticket?
M	Don't worry about it. The company is sponsoring this trip, so you only need to pay for any concessions or souvenirs that you buy.
W	Wow, I had no idea. I'm really looking forward to going.

M	이번 주말에 경기에 갈 거죠, 그렇죠? 사무실의 모든 사람들이 참석할 예정이에요.
W	네, 저도 차를 가지고 갈 계획이에요. 어디에서 만나기로 했나요?
M	경기장 동문에서 만나기로 했으니까 거기에서 가까운 주차장에 주차를 하세요. 그러면 걷는 시간을 아낄 수 있을 거예요.
W	알려 줘서 고마워요. 오, 누구에게 티켓 값을 지불해야 하나요?
M	그 점은 걱정하지 마세요. 이번 행사는 회사에서 지원하는 것이라서 본인이 구입하는 간식이나 기념품 값만 지불하면 돼요.
W	와, 제가 몰랐군요. 정말로 가고 싶어요.

어휘 save 아끼다, 절약하다 sponsor 후원하다 concession 구내 매점 souvenir 기념품 look forward to ~을 고대하다

10.
화자는 언제 경기를 관람할 것인가?
(A) 오늘 밤
(B) 내일
(C) 이번 주말
(D) 다음 주

해설 대화 시작 부분의 남자의 말 'You're going to the game this weekend, right?'를 놓치지 않고 들어야 정답을 찾을 수 있다. 이번 주말에 경기를 관람하게 될 예정이므로 정답은 (C)이다.

11.
도표를 보아라. 여자는 어떤 주차장을 이용할 것인가?
(A) A주차장
(B) B주차장
(C) C주차장
(D) D주차장

해설 만날 장소를 묻는 질문에 남자는 '경기장 동문에서(at the gate on the eastern side of the stadium)' 모이기로 했다고 말한 후, '그곳과 가까운 곳에 주차를 하라(try to park in the lot closest to it)'고 조언한다. 지도에서 동쪽에 있는 주차장은 (B)의 'B주차장'이다.

12.
남자는 티켓에 대해 무엇을 말하는가?
(A) 회사에 의해 제공된다.
(B) 좋은 자리에 있다.
(C) 예정보다 빨리 예매되었다.
(D) 구입하기가 힘들었다.

해설 여기기 티켓 값을 지불해야 하는지 묻자 남자는 걱정하지 말라고 하면서 '회사가 이번 행사를 지원할 것(the company is sponsoring this trip)'이라고 알려 준다. 이를 통해 티켓 비용은 회사가 부담할 것임을 알 수 있으므로 (A)가 정답이다.

Part 4

[13-15]

M Hello. My name is Dayton Grimes, and I'm calling from Auto Express. Three days ago, I made an online order of several auto parts. They were supposed to be delivered by last night since I paid $50 for express delivery, but they haven't arrived yet. I contacted the delivery company you normally use, and the person there told me he doesn't have anything to deliver to me today. I've got several clients waiting to get their vehicles fixed, but I can't do that until those parts arrive. Please call me back at 654-2928 at once to let me know when I can expect everything to arrive.

M 안녕하세요. 제 이름은 Dayton Grimes이고 Auto Express에서 전화를 드리고 있습니다. 3일 전, 저는 온라인으로 몇 개의 자동차 부품을 주문했습니다. 특급 배송료로 50달러를 지불했기 때문에 어젯밤에 배송이 이루어질 것으로 예상했지만 아직 도착하지 않고 있습니다. 귀사가 이용 중인 택배 회사에 연락을 했더니 그곳 담당자는 오늘 저에게 배송할 것이 없다고 말하더군요. 자동차 수리를 기다리고 있는 고객들이 몇 명 있는데, 그 부품들이 도착하지 않으면 저는 수리를 할 수가 없습니다. 지금 바로 654-2928로 제게 전화를 주셔서 모든 물건이 언제 도착할 것으로 생각하면 되는지 알려 주시기 바랍니다.

어휘 part 부분, 부품 express delivery 특급 배송 normally 정상적으로, 보통 at once 즉시, 당장

13.
메시지의 목적은 무엇인가?
(A) 부품을 주문하기 위해
(B) 청구서 발송을 요청하기 위해
(C) 오지 않고 있는 제품들에 대해 문의하기 위해
(D) 자동차에 관해 질문하기 위해

해설 담화 초반부에서 화자는 온라인으로 물건을 주문했는데 '아직 도착하지 않고 있다(they haven't arrived yet)'고 문제를 제기한다. 따라서 메시지를 남긴 목적은 (C)로 볼 수 있다.

14.
화자는 왜 자신의 고객을 언급하는가?
(A) 그들이 자신에게 항의했다는 점을 말하기 위해
(B) 고객이 너무 많다는 점을 말하기 위해
(C) 그들이 자신을 기다리고 있다고 말하기 위해
(D) 그들이 대량 주문을 했다는 점을 말하기 위해

해설 clients(고객)에 대한 언급은 'I've got several clients waiting to get their vehicles fixed, but I can't do that until those parts arrive.'에서 찾을 수

있다. 여기서 화자는 자동차 수리를 기다리고 있는 고객들이 있는데 부품이 오지 않아 본인이 곤란한 상황임을 밝히면서 빨리 부품을 보내 달라는 재촉을 하고 있다. 따라서 정답은 (C)이다.

15.
화자는 무엇을 요청하는가?
(A) 답신 전화
(B) 청구서
(C) 문자 메시지
(D) 할인

해설 담화 마지막 문장에서 화자는 '즉시 답신 전화를 줄 것(call me back at 654-2928 at once)'을 요구하고 있다. 따라서 (A)가 정답이다.

💡 **고득점 TIP**
전화메시지에서 요청 및 요구사항은 담화의 마지막 부분에서 언급되는 경우가 많다.

[16-18]

W Thank you for attending today's workshop at the Culberson Community Center. I'm Rosemary Jacobs, and I'll be your instructor today. As many of you are aware, once you have a new idea, it's often difficult to monetize it. As a result, many of the best products never make it to the market. Well, today, I'm going to show you how you can make money off the ideas you come up with. I'll guide you through the entire process of getting funding, establishing a business, manufacturing your product, and then marketing and selling it. We've got lots to discuss. And we've only got two hours, so why don't we get started?

W 금일 Culberson 커뮤니티 센터의 워크숍에 참석해 주셔서 감사합니다. 저는 Rosemary Jacobs로, 오늘 강연의 강사입니다. 많은 분들께서 알고 계시듯이, 새로운 아이디어가 생기는 경우라도 상품화시키는 일은 종종 어렵습니다. 그 결과, 많은 수의 우수한 제품들이 시장으로 나오지 못합니다. 음, 오늘, 저는 머리 속에 떠오르는 아이디어로 어떻게 돈을 벌 수 있는지를 여러분께 알려 드릴 것입니다. 자금 마련, 사업체 설립, 제품 생산, 그리고 마케팅 및 판매에 이르기까지 전 과정을 안내해 드릴 것입니다. 논의해야 할 사항이 많습니다. 하지만 단 2시간만 주어져 있으므로 바로 시작해 볼까요?

어휘 monetize 화폐를 주조하다; 현금화하다   come up with (아이디어 등을) 떠올리다   entire 전체의   establish 설립하다   manufacture 제조하다, 제작하다

16.
담화는 어디에서 이루어지는가?
(A) 중역 회의실
(B) 무역 박람회장
(C) 커뮤니티 센터
(D) 회의실

어휘 boardroom 중역 회의실

해설 화자는 담화의 첫 문장에서 'Thank you for attending today's workshop at the Culberson Community Center.'라고 말하며 Culberson 커뮤니티 센터의 워크숍에 참석한 사람들에게 감사의 뜻을 전하고 있다. 이를 통해 담화가 이루어지는 곳은 (C)임을 알 수 있다.

17.
화자는 어떤 문제점을 언급하는가?
(A) 대부분의 신제품들이 성공하지 못한다.
(B) 아이디어로 돈을 버는 일은 어렵다.
(C) 몇몇 사람들은 자금을 마련할 수가 없다.
(D) 회사에게 마케팅은 비용이 많이 드는 일이다.

해설 화자는 '새로운 아이디어가 생겨도 이를 상품화하기는 어렵다(once you have a new idea, it's often difficult to monetize it)'고 하면서 이를 해결할 수 있는 방법을 알려 주겠다고 말한다. 따라서 화자가 언급한 문제는 difficult를 hard로 바꾸어 쓴 (B)이다.

18.
화자가 "We've got lots to discuss"라고 말할 때 그녀는 무엇을 의미하는가?
(A) 행사는 하루 종일 계속될 것이다.
(B) 청자들은 이다음에 토론을 할 것이다.
(C) 그녀는 강연이 시작되기를 바란다.
(D) 남아 있는 시간이 거의 없다.

해설 주어진 문장은 '논의할 것이 많다'는 뜻으로, 화자는 이어서 '시간이 없으니 바로 강연을 시작하겠다'는 뜻을 전하고 있다. 따라서 '논의할 것이 많다'는 점

은 바로 강연을 시작해야 하는 이유로서 언급되고 있으므로 화자가 의미한 바는 (C)로 볼 수 있다. 참고로 (C)에서 the program은 '강연'을 의미한다.

Part 5

19.
직원들은 고객들이 아무리 무례하게 굴더라도 공손히 대하도록 계속해서 지시 받는다.
(A) 지시하는
(B) 지시하는 것
(C) 지시받은
(D) 지시받았다

어휘 constantly 계속해서　courteous 공손한　no matter how 어떻게 생각해도　impolite 무례한

해설 be instructed to는 '~하도록 지시 받다'라는 의미인데, constantly 앞에 be동사가 있으므로 정답은 (C)의 instructed이다.

20.
최근에 구매된 소프트웨어는 직원들이 더 능률적으로 일하는 데 도움이 된다.
(A) 구매하는
(B) 구매된
(C) 구매한다
(D) 구매할 수 있는

어휘 recently 최근에　efficient 능률적인　purchase 구매하다

해설 빈칸에는 명사인 software를 수식하는 형용사가 와야 하므로 (C)는 정답에서 제외된다. (A)의 purchasing은 능동의 의미를 갖고 있으므로 사물인 software를 수식할 수 없다. 주어진 문장을 보면 소프트웨어가 직원들의 능률 향상에 도움이 되고 있다는 내용이므로, 소프트웨어가 이미 '구매된(purchased)' 상태임을 알 수 있다. 정답은 (B)이다.

21.
Hardaway 섬유의 관리직에 있는 사람들만이 지출과 관련된 결정을 내리는 것이 허용된다.
(A) 지출하는 것
(B) 지출했다
(C) 소모품의
(D) 지출

어휘 executive 관리의, 경영의　textile 섬유; 섬유 산업　be allowed to ~하는 것이 허용되다　make a decision 결정하다　regarding ~에 관하여　expend 지출하다　expendable 소모품의　expenditure 지출; 비용, 경비

해설 빈칸은 전치사인 regarding의 목적어 역할을 하는 명사가 와야 하는 자리이므로 정답은 명사인 (D)의 expenditures이다. 목적어 자리에는 동명사가 올 수도 있지만, 동명사인 (A)의 expending이 정답이 되려면 목적어 역할을 하는 명사가 수반되어야 한다.

> **고득점 TIP**
>
> regarding은 분사처럼 보이지만 이는 전치사이다. 이와 같은 종류의 전치사로는 concerning(~에 관하여), considering(~을 고려하면), excluding(~을 제외하고), following(~한 이후에), including(~을 포함해서) 등이 있다.

22.
관리자로부터 승인을 받는 것에 더하여, 모든 계약서는 기한이 되기 전에 제출되어야만 한다.
(A) ~에 더하여
(B) ~에 관해
(C) ~이므로
(D) ~에 대해 말하자면

어휘 approve 승인하다　supervisor 관리자　contract 계약서　submit 제출하다　deadline 기한　in addition to ~에 더하여　with regard to ~에 관해　in as much as ~이므로　as for ~에 대해 말하자면

해설 빈칸이 포함된 구는 '관리자로부터 승인을 받다'라는 의미이며, 콤마 뒤의 절은 '모든 계약서가 기한 내에 제출되어야 한다'는 내용이다. 보기의 전치사구들 중에서 이 두 가지 내용을 연결할 수 있는 것은 '~에 더하여'라는 의미인 in addition to뿐이므로 정답은 (A)이다.

23.
건물 내의 기온이 너무 차가워질 경우, 난방기가 자동적으로 켜진다.
(A) 자동화
(B) 자동의
(C) 자동화된
(D) 자동적으로

어휘 temperature 온도　heat 난방기　turn on 켜다, 켜지다　automation 자동화　automatic 자동의

해설 'turn on'이 '켜다'라는 의미일 경우에는 목적어를 필요로 하지만, 이 문장의 경우 'turn on'이 '켜지다'라는 의미로서 목적어를 필요로 하지 않는다. 즉, 빈칸은 목적어 자리가 아니기 때문에 빈칸에는 명사가 아닌 부사가 와야 한다. 정답은 부사인 (D)의 automatically이다.

24.
그 기업의 많은 문서들이 기밀성을 띄고 있기 때문에 기업의 보안이 강조되었다.

(A) 기밀의
(B) 일상적인
(C) 이전의
(D) 인쇄된

어휘 security 보안   stress 강조하다   document 서류, 문서   nature 성질, 특성   confidential 기밀의   mundane 일상적인   prior 이전의; 우선하는   printed 인쇄된

해설 적절한 형용사를 고르는 문제이다. '기업의 보안이 강조되었다(Security at the firm is stressed)'는 내용으로 미루어볼 때, 문서가 '기밀의(confidential)' 성격을 띄고 있다고 보는 것이 타당하므로 정답은 (A)이다.

Part 6

[25-28]

수신 Sandra Walls
발신 Craig Lewis
날짜 2월 21일
제목 새로운 정책

Sandra,

인사부에서는 새로운 정책을 시행하기로 결정했습니다. 이제부터, 모든 재활용품을 위한 용기를 하나만 사용하는 대신에, 각각의 장소에 별도의 쓰레기통 네 개가 필요합니다. 금속, 유리, 플라스틱, 그리고 종이용 쓰레기통이 있어야 합니다. 각 쓰레기통에 라벨을 붙이는 대신에, 그것들의 색상을 서로 다르게 할 것을 제안합니다. **이는 혼동을 줄이는 데 도움이 될 것입니다.** 이 프로그램을 진행할 사람으로 당신의 이름이 인사부에서 특별히 언급되었습니다. 쓰레기통의 비용을 계산하여 저에게 견적서를 주시겠어요? 제가 회계부서에 그것을 위한 예산으로 얼마가 책정되었는지 알아보라고 말하겠습니다.

Craig 드림

어휘 policy 정책   implement 시행하다   label 라벨을 붙이다   figure 계산하다   estimate 추정하다

25.
(A) ~에도 불구하고
(B) ~에 관해서는
(C) ~에 덧붙여
(D) ~ 대신에

어휘 in spite of ~에도 불구하고   with regard to ~에 관해서는   in addition ~에 덧붙여   rather than ~ 대신에, ~보다는

해설 빈칸이 포함된 부분은 '모든 재활용품을 위해 하나의 용기를 사용한다'는 것이고, 그 뒤의 내용은 '각각의 장소에 별도의 쓰레기통 네 개를 사용한다'는 것이다. 두 내용은 서로 상반되는 내용이므로, '~ 대신에'라는 뜻의 (D) rather than이 정답이 된다.

26.
(A) 이는 혼동을 줄이는 데 도움이 될 것입니다.
(B) 직원들은 재활용을 할 시간이 없습니다.
(C) 그것들은 내일 도착해야 합니다.
(D) 당신이 제공한 모든 도움에 감사합니다.

해설 빈칸 앞에는 '각각의 쓰레기통의 색을 서로 다르게 하자'는 내용의 문장이 있다. 의미상 이어지기에 가장 적절한 것은 '이것이 혼동을 줄이는 데 도움이 될 것'이라는 내용의 (A)이다. 나머지 보기들은 흐름상 부자연스러운 내용의 문장들이다.

27.
(A) 세부 사항
(B) 특별히
(C) 사양
(D) 명시된

해설 빈칸은 was와 mentioned 사이에 위치하여 동사를 수식하는 역할을 하므로, 빈칸에는 부사가 와야 한다. 보기들 중에서 부사는 (B)의 specially뿐이므로 정답은 (B)이다.

28.
(A) 예산이 책정된
(B) 소비된
(C) 비용이 든
(D) 송금된

해설 빈칸 앞에 has been이 있는 것으로 보아 이미 결정된 액수를 묻고 있다는 것을 알 수 있다. 아직 쓰레기통을 구매하기 전이므로 '예산이 책정된'이라는 뜻의 (A) budgeted가 오는 것이 가장 적절하다. 나머지는 모두 쓰레기통을 구매한 상황에서 사용될 수 있는 것들이다.

Part 7

[29-31]

2월 11일

Lassiter 씨께,

스위스에서 스키 사고를 당해 부상을 입으셨다는 소식을 들어서 유감입니다. 최대한 빨리 완전히 회복되시기를 바랍니다.

귀하의 사고로 인한 의료비 상환 청구가 거절되었음을 알려 드리게 되어 유감입니다. 귀하는 실버 프리미엄 패키지에 가입되어 있는데, 이는 귀하의 고국인 캐나다에서 발생한 사고만을 보장합니다. 해외에서 발생한 사건에 대해서는 유효하지 않습니다.

또한, 귀하의 보험 설계는 위험한 활동으로 인한 부상에 대한 보장을 제공하지 않는 것을 특별히 명시하고 있습니다. 귀하의 보험 증권에 스키와 스노보드는 보장되지 않는 위험한 활동으로서 특별히 언급되어 있습니다. 저희가 보장하지 않는 활동의 전체 목록을 보시려면 보험 설명서 19페이지를 확인해 주세요.

향후 해외여행에 대한 완전한 보장을 원하시면, 골드 스타 프리미엄 패키지로 등급을 상향하실 것을 추천합니다. 추가 비용은 매달 70달러가 될 것입니다. 이 편지와 관련된 문의 사항이 있을 경우, 고객 지원 상담 전화인 903-922-8376으로 전화해 주세요.

Lauren Patterson 드림
Dietrich 사

어휘 claim 청구 reimbursement 상환 cover 보장하다 incur 발생시키다 state 명시하다 policy 보험 증권 healthcare 의료보험 hotline 상담 전화

29.
Dietrich 사는 무슨 회사인 것 같은가?
(A) 여행사
(B) 보험사
(C) 관광호텔
(D) 스포츠 용품 제조업체

해설 두 번째 문단을 보면 의료비에 대한 보험금 지급 청구가 거절되었다는(your claim for reimbursement of your medical expenses due to the accident has been denied) 내용이 있다. 따라서 Dietrich 사는 보험사임을 알 수 있으므로 정답은 (B)이다.

30.
Patterson 씨는 무엇을 할 것을 추천하는가?
(A) 직접 상담할 것
(B) 더 좋은 패키지에 가입할 것
(C) 설명서를 빠짐없이 읽을 것
(D) 매달 청구 금액을 지불할 것

해설 마지막 문단에서 Patterson 씨는 다른 패키지로 업그레이드할 것을(If you wish to have full coverage for future trips abroad, we suggest upgrading to our Gold Star Premium package.) 제안하고 있으므로 정답은 (B)이다.

31.
[1], [2], [3], 그리고 [4]로 표시된 위치 중에서 다음 문장이 들어가기에 가장 알맞은 곳은 어디인가?
"이는 해외에서 발생한 사건에 대해서는 유효하지 않습니다."
(A) [1]
(B) [2]
(C) [3]
(D) [4]

해설 주어진 문장은 '이는 해외에서 발생한 사건에 대해서는 유효하지 않다'는 내용인데, 이와 동일한 내용은 [2] 바로 앞 문장의 'which only covers you for accidents incurred in your home country of Canada'라는 부분이다. 정답은 (B)이다.

[32-35]

Crystal Moore   오후 1시 12분
Scofield Dairy의 업무가 우리에게 할당되었다는 소식을 들었나요?

Joseph Willow   오후 1시 13분
금요일까지는 아무런 발표가 없었던 것 같아요.

Crystal Moore   오후 1시 14분
사장님이 10분 전에 Landis 씨에게 전화해서 소식을 알려 줬어요. Landis 씨는 우리가 그 일을 하게 될 거라고 말했어요.

Maxwell Waters	오후 1시 16분

그가 우리의 다른 프로젝트들도 알고 있나요?

Crystal Moore	오후 1시 17분

알고 있지만, 그는 우리가 최고의 팀이라고 말했어요. 그래서 우리가 전체적인 광고 캠페인을 만들어 내야 해요. 2개월 남았어요.

Susan Jung	오후 1시 19분

우리는 그것을 처리할 수는 있겠지만, 저는 그 회사에 대해 아는 것이 없어요.

Crystal Moore	오후 1시 20분

우리는 이번 주 목요일에 그곳을 탐방할 거예요. 당신에게 Scofield에 대한 몇 가지 파일을 바로 보낼게요.

Joseph Willow	오후 1시 21분

우리 가족은 Scofield의 제품을 사용하는데, 상당히 만족하고 있어요. 제가 실제로 사용하는 제품을 즐겁게 광고할 것 같네요.

Crystal Moore	오후 1시 22분

당신이 이 프로젝트의 리더여서 잘 됐어요. 이 문제에 대해 논의하기 위해서 10분 뒤에 제 사무실로 와 주세요.

어휘 account 위탁 받은 업무　come up with 찾아내다, 내놓다　take a tour 둘러보다; 여행가다

32.
무엇이 주로 논의되고 있는가?
(A) 기한
(B) 곧 있을 탐방
(C) 새로운 업무
(D) 자료집

해설 온라인 채팅의 내용이 Scofield Dairy의 광고 업무 할당에 대한 것이므로 정답은 (C)이다. 나머지 보기들도 언급되기는 했지만 모두 지엽적인 내용이다.

고득점 TIP
온라인 채팅 지문에서 대화의 주제는 초반부에 제시되는 경우가 많다. 이 문제와 같이 주제를 묻는 문제가 출제되지 않더라도 온라인 채팅 지문이 주어질 경우 첫 번째 대화에 집중해야 전체적인 내용을 파악하는 데 도움이 된다.

33.
작성자들은 어디에서 근무할 것 같은가?
(A) 슈퍼마켓
(B) 광고 대행사
(C) 낙농장
(D) 여행사

해설 채팅 중반부에서 Moore 씨가 'we get to come up with the entire ad campaign'이라고 작성한 것으로 보아, 이들은 광고 대행사에서 근무하고 있음을 알 수 있다. 정답은 (B)이다.

34.
오후 1시 16분에, Waters 씨가 "그가 우리의 다른 프로젝트들도 알고 있나요?"라고 작성할 때 그가 암시하는 것은 무엇인가?
(A) 해야 할 일이 많이 있다.
(B) Scofield Dairy에 대해 거의 아는 것이 없다.
(C) Landis 씨와 이야기를 나누지 않았다.
(D) 결과에 만족하고 있다.

해설 주어진 문장의 바로 앞 내용은 작성자들의 팀에서 새로운 업무를 담당하게 되었다는 것인데, 이에 대해 '다른 업무가 있다는 것을 사장님이 알고 있는지'라고 되묻고 있다. 따라서 Waters 씨는 이미 담당하고 있는 업무들이 있다는 것을 알 수 있다. 정답은 (A)이다.

35.
Willow 씨는 이어서 무엇을 할 것 같은가?
(A) Moore 씨에게 이메일을 보낸다
(B) 컴퓨터 파일을 읽는다
(C) 탐방을 간다
(D) 회의에 참석한다

해설 마지막 부분에서 Moore 씨는 Willow 씨에게 10분 뒤에 자신의 사무실로 와서 논의하자고(Come to my office in 10 minutes so that we can discuss the matter.) 말하였다. 따라서 정답은 (D)이다.

[36-40]

다음 식사는 이곳에서 하십시오
Dayton Roadhouse
Stanton 로 43번지에 위치해 있습니다

메뉴는 다음과 같습니다:
가장 두껍고 육즙이 많은 스테이크
가장 부드러운 으깬 감자
가장 신선하고 아삭아삭한 가든 샐러드
그리고 그 밖에 더욱 더 많은 메뉴들이 있습니다

다음 번 파티나 비즈니스 모임은
사생활이 보장되는 룸에서 하십시오

혹은 미리 연락을 주시면
귀하의 행사를 위해 음식을 제공해 드릴 수도 있습니다

**7월에는 모든 주요 요리가 할인됩니다
스테이크류는 25% 할인됩니다
치킨류 및 돼지고기류는 모두 20% 할인됩니다**

383-2013으로 전화해서 예약하세요
크리스마스와 1월 1일을 제외하고 연중 무휴입니다
영업 시간은 오전 11시부터 오후 10시 30분까지입니다

어휘 meal 식사 juicy 즙이 많은 creamy 거품이 많은, 부드러운 mashed 으깬 crispy 바삭바삭한 private 사적인 ahead of time 미리 cater 음식을 제공하다 entrée 주요 요리, 앙트레

Dayton Roadhouse를 찾아 주셔서 감사합니다.
즐거운 식사가 되셨기를 바랍니다.

담당 웨이터: Linda Daniels
담당 웨이터 번호: 43

메뉴	수량	할인	가격
등심 스테이크 디너	1	N/A	24.00달러
새우 칵테일	1	N/A	8.00달러
치킨 로스트	2	20%	32.00달러
초콜릿 조각 케이크	3	N/A	15.00달러
커피	4	N/A	12.00달러
		계	101.00달러
		세금	5.05달러
		봉사료	20.00달러
		합계	126.05달러

귀하께서는 8574로 끝나는 신용 카드로 결제하셨습니다.
회원 가입에 관해서는 문의를 주십시오.
감사를 드리며 곧 다시 뵙기를 바랍니다.

어휘 dine 정찬을 하다, 저녁을 먹다 sirloin 등심 N/A 해당 사항 없음 inquire 묻다, 문의하다 regular customer 단골 고객 membership 회원 자격

36.
Dayton Roadhouse에 대해 명시된 것은 무엇인가?
(A) 시내에 위치해 있다.
(B) 특별 행사를 연다.
(C) 일년 내내 영업한다.
(D) 주말에는 일찍 문을 닫는다.

해설 광고문에 따르면 Dayton Roadhouse에서 다음에 파티나 비즈니스 모임을 하라고(Have your next party or business gathering in one of our private rooms) 내용이 있다. 즉, 이곳에서 행사가 열릴 수 있다는 의미이므로 정답은 (B)이다.

37.
광고문에서, 12번째 줄의 단어 "cater"와 그 의미가 가장 유사한 것은?
(A) 제안하다
(B) 주문하다
(C) 결정하다
(D) 제공하다

해설 cater는 '음식을 제공하다'라는 의미이다. 보기에서 '제공하다'라는 의미의 동사는 provide이므로 정답은 (D)이다.

38.
왜 Dayton Roadhouse에 전화해야 하는가?
(A) 테이블을 예약하기 위해서
(B) 미리 주문하기 위해서
(C) 위치를 문의하기 위해서
(D) 취업에 지원하기 위해서

해설 첫 번째 지문의 마지막 문단에서 예약하기 위해 전화해 달라고(Call 383-2013 to make a reservation) 하였으므로 정답은 (A)이다.

39.
청구서에 있었던 착오는 무엇인가?
(A) 스테이크가 할인되지 않았다.
(B) 치킨이 너무 많이 할인되었다.
(C) 케이크가 무료로 제공되었다.
(D) 커피가 음식과 함께 제공되어야 했다.

해설 정보 연계 문제이다. 광고 지문에서는 스테이크를 25% 할인해 준다고 했는데 청구서를 보면 스테이크에 할인이 적용되지 않았다. 정답은 (A)이다.

40.
식사는 어떻게 지불되었는가?
(A) 여행자수표로
(B) 신용카드로
(C) 수표로
(D) 현금으로

해설 두 번째 지문의 아래쪽에 신용카드로 결제했다는(Your bill has been paid for with the credit card ending in 8574.) 내용의 문장이 있다. 따라서 정답은 (B)이다.

빈칸에 알맞은 어휘나 뜻을 쓰세요.

	어휘	뜻		어휘	뜻
1	proofread		12	executive	
2	turn up		13	regarding	
3	call for		14		소모품의
4		지게차	15	confidential	
5	no objective		16	mundane	
6		기념품	17	implement	
7	be supposed to		18	in spite of	
8	monetize		19	reimbursement	
9	come up with		20	incur	
10		설립하다	21		미리
11		공손한	22		단골 고객

정답 1. 교정을 보다 2. ~을 커다 3. ~을 부르다; ~을 요청하다 4. forklift 5. 아무래도 좋은 6. souvenir 7. ~하기로 되어 있다 8. 화폐를 주조하다; 현금화하다 9. (아이디어 등을) 떠올리다 10. establish 11. courteous 12. 관리의; 경영진 13. ~에 관하여 14. expendable 15. 기밀의 16. 일상적인 17. 시행하다 18. ~에도 불구하고 19. 상환 20. 발생시키다 21. ahead of time 22. regular customer

DAY 5

Listening Test

Time **10 minutes**

Part 1

🎧 05-01

Directions: You will hear four statements about the picture below. Select the one statement that best describes what you see in the picture and mark the letter (A), (B), (C), or (D).

1.

(A)   (B)   (C)   (D)

Part 2

🎧 05-02

Directions: You will hear a question or statement and three responses spoken in English. Select the best response to the question or statement and mark the letter (A), (B), or (C).

2. Mark your answer on your answer sheet.   (A)   (B)   (C)

3. Mark your answer on your answer sheet.   (A)   (B)   (C)

4. Mark your answer on your answer sheet.   (A)   (B)   (C)

5. Mark your answer on your answer sheet.   (A)   (B)   (C)

6. Mark your answer on your answer sheet.   (A)   (B)   (C)

Part 3

Directions: You will hear some conversations between two or more people. You will be asked to answer three questions about what the speakers say in each conversation. Select the best response to each question and mark the letter (A), (B), (C), or (D).

7. What will happen on Thursday?
   (A) A contract will be signed.
   (B) Some software will be installed.
   (C) An orientation will be held.
   (D) A technician will be interviewed.

8. What does the man say about Kenmore Technology?
   (A) It charges too much for its services.
   (B) It is a relatively new company.
   (C) It is based in Mexico City.
   (D) Its products are hard to use.

9. Why will the man miss the training session?
   (A) He will be going on a business trip.
   (B) He will be taking a tour of a factory.
   (C) He will be taking some time off work.
   (D) He will be interviewing job candidates.

10. Where does the conversation take place?
    (A) At a museum
    (B) At a palace
    (C) At an art gallery
    (D) At a monument

11. What will happen in two hours?
    (A) The establishment will close.
    (B) A new tour will begin.
    (C) A movie will be shown.
    (D) An exhibit will be displayed.

12. What does the woman tell the man to do?
    (A) Come back another time
    (B) Pay for a ticket
    (C) Speak with Grace
    (D) Go to the highest floor

13. Who most likely is the man?
    (A) A real estate agent
    (B) An engineer
    (C) A construction worker
    (D) An interior designer

14. What do both women like about the place?
    (A) The affordable price
    (B) The nice view
    (C) The prestigious location
    (D) The advanced facilities

15. What does the man mean when he says, "I doubt it"?
    (A) A delivery will not be made.
    (B) An item is out of stock.
    (C) A contract cannot be signed.
    (D) A price will not be lowered.

GO ON TO THE NEXT PAGE

Part 4

🎧 05-04

Directions: You will hear some talks given by a single speaker. You will be asked to answer three questions about what the speaker says in each talk. Select the best response to each question and mark the letter (A), (B), (C), or (D).

16. What does the speaker's company make?
    (A) Medical equipment
    (B) Automobiles
    (C) Musical instruments
    (D) Computer software

17. How long is the waiting list?
    (A) One month
    (B) Three months
    (C) Six months
    (D) One year

18. What will probably happen next?
    (A) The listeners will make comments.
    (B) A new worker will be introduced.
    (C) Work projects will be given out.
    (D) The meeting will come to an end.

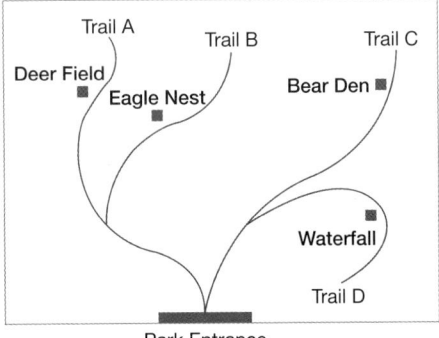

19. What does the speaker say about the park?
    (A) It has reopened for the summer.
    (B) There are many flowers blooming in it.
    (C) It has started charging admission.
    (D) There was a forest fire in it last year.

20. What does the speaker request the listeners do?
    (A) Stay on the trail at all times
    (B) Not take pictures with flashes
    (C) Not feed the animals
    (D) Speak in low voices

21. Look at the graphic. Which path will the listeners most likely avoid?
    (A) Trail A
    (B) Trail B
    (C) Trail C
    (D) Trail D

This is the end of the Listening test.

Reading Test

Time 15 minutes

Part 5

Directions: A word or phrase is missing in each of the sentences below. Four answer choices are given below each sentence. Select the best answer to complete the sentence and mark the letter (A), (B), (C), or (D).

22. According to the survey, the main ------- of the product manufactured by Juris, Inc. is its low price.
    (A) appeal
    (B) appeals
    (C) appealing
    (D) appealed

23. Ms. Martin's office is located ------- the employee lounge and the small conference room.
    (A) in front
    (B) next
    (C) between
    (D) through

24. Despite the heavy snowfall, Mr. Ramsey ------- that it is safe to drive to the facility to inspect it.
    (A) remains
    (B) requests
    (C) questions
    (D) insists

25. Tolls on the road are going to be collected soon, ------- which time traffic should decrease.
    (A) on
    (B) with
    (C) for
    (D) at

26. Mr. Jenkins told the intern what to do, but he was unable to follow precise -------.
    (A) projections
    (B) responses
    (C) varieties
    (D) instructions

27. Mycroft International only hires the ------- best applicants for its open positions.
    (A) most
    (B) far
    (C) very
    (D) all

GO ON TO THE NEXT PAGE

Part 6

Directions: Read the text below. A word, phrase, or sentence is missing in parts of the text. Four answer choices for each question are given below the text. Select the best answer to complete the text and mark the letter (A), (B), (C), or (D).

Questions 28-31 refer to the following memo.

To: All Managers
From: Frank Grissom
Date: October 4

It's that time of the year to do company surveys. Starting next Monday, employees will be able to complete surveys ------- their opinions and experiences here at Maxwell
28.
Motors. As always, employees ------- anonymity in their responses.
29.
They only need to input their employee number to make sure they do not complete more than one survey. Their responses will be ------- sent to Dyson Consulting, where they
30.
will be transformed into usable data. After that, they will be mailed to us.

-------. They have from Monday to Friday to complete them. Their responses are
31.
essential since they let us improve working conditions here.

28. (A) regarding
    (B) as opposed to
    (C) approving
    (D) as a result of

29. (A) guarantee
    (B) are guaranteed
    (C) have guaranteed
    (D) are guaranteeing

30. (A) automatic
    (B) automated
    (C) automatically
    (D) automating

31. (A) Information about promotions will be provided soon.
    (B) Please let your workers know about the surveys.
    (C) Some managers received poor evaluations this year.
    (D) The results will be on my desk by tomorrow morning.

Part 7

Directions: In this part you will read a selection of texts. The text or set of texts is followed by several questions. Select the best answer for each question and mark the letter (A), (B), (C), or (D).

Questions 32-33 refer to the following advertisement.

Employees Wanted

If you're a high school or college student looking for some part-time employment, you should pay a visit to Washburn Stadium, the home of the minor league team the Washburn Braves. The Braves have home games on various days of the week all throughout the summer, and a wide variety of jobs are available at their games. We need ticket vendors, ticket collectors, ushers, and snack and beverage vendors. The starting pay is $10 an hour, and you'll also make tips if you sell any kinds of refreshments. As an added bonus, you'll get the opportunity to spend time outdoors and can see living sporting events. For more information, call 847-9393 and let us know your availability. No experience is necessary. We just want hardworking people with positive attitudes.

32. What is NOT indicated about the jobs being offered?

    (A) There are several types of positions available.
    (B) Employees can earn tips at some jobs.
    (C) Individuals must work every day during summer.
    (D) The positions involve working outside.

33. According to the advertisement, what is a requirement for employment?

    (A) Prior sales experience
    (B) A college degree
    (C) A desire to work hard
    (D) The ability to stand for several hours

GO ON TO THE NEXT PAGE

Questions 34-36 refer to the following memo.

To: Customer Service Department
From: Sal Gordano
Date: July 27
Re: Complaints

It has come to my attention that we have received numerous complaints recently concerning some of our maintenance workers. This is especially true for those individuals tasked to work on heating and air-conditioning units.

Customers have lodged a variety of complaints. The primary one is that workers are arriving much later than they were scheduled to and neither say they are sorry nor explain what took them so long. Other customers have mentioned that maintenance personnel have arrived out of uniform, making them unsure whether or not the individuals were actually our representatives. We have also been told that the repair work itself has been so substandard that customers were obliged to call again within a day or two to report the same problem that caused them to call us initially.

Actions such as these cannot be tolerated. Employees must be punctual for all appointments and always be in uniform. In addition, we will be holding retraining sessions for everyone in the department. The schedule for these classes will be posted no later than July 29.

34. Which complaint about workers is NOT mentioned in the memo?

(A) Failing to apologize
(B) Wearing improper clothing
(C) Arriving late for work
(D) Forgetting to bring tools

35. What is indicated about some customers?

(A) They have had to make multiple calls for repairs.
(B) They have been overcharged for repair work.
(C) They have had their appointments canceled.
(D) They have returned many items for refunds.

36. How will the problems be solved?

(A) By requiring all work to be videotaped
(B) By confirming employees are wearing their uniforms
(C) By teaching employees what to do
(D) By having inspectors check all work done

Questions 37-41 refer to the following announcement, e-mail, and article.

Expect Delays at Delmont Station

Platforms 2 and 3 at Delmont Station are being repaired after suffering damage in last week's minor collision at the station. Until the repairs are completed, the remaining three platforms will handle all incoming and outgoing trains. As a result, trains are expected to be delayed due to the overuse of the other platforms. In addition, Exit 1 (Coventry Street), Exit 5 (Templeton Building), Exit 6 (Bradford Lane), and Exit 10 (Rosemont Park) are closed. Engineers noticed structural damage at each place, so they must be repaired at once. The work is being done by Templeton Construction and is expected to take three weeks.

E-Mail Message

To: Roger Ernst
From: Fred Cole
Subject: Delmont Station Work
Date: October 12

Mr. Ernst,

My crew has been working overtime to finish the repairs on the two platforms at Delmont Station. It's looking like Platform 2 will reopen in three days on October 15. However, we've discovered some more cracks in Platform 3. I think we need to have some engineers visit to make sure there are no other problems that were missed the first time the platforms were inspected. I'm going to halt work on Platform 3 and focus on Platform 2 for the remainder of the day. I'd appreciate knowing when you can send some inspectors.

Regards,

Fred

Platform 3 Reopens at Delmont Station
by Cindy Trudeau

Montgomery (November 3) – A minor setback in the rebuilding of Platform 3 was overcome, and it was finally repaired, approximately two weeks later than was initially anticipated. The first train pulled into the station at Platform 3 at 5:30 yesterday evening, and several others arrived later. According to Douglas Croft, who manages the entire station, no problems were reported.

All but one of the exits at Delmont Station have reopened as well. Only the exit leading to the Templeton Building remains closed, but project leader Rajiv Kirshner commented that it should be repaired by the weekend.

37. Why were the platforms in need of repairs?
    (A) They were harmed by a fire.
    (B) They were becoming too old.
    (C) They were damaged in an accident.
    (D) They were made with poor materials.

38. What is true about Mr. Cole?
    (A) He is the project leader.
    (B) He provides regular updates to Mr. Ernst.
    (C) He works for Templeton Construction.
    (D) He is an employee of Mr. Croft's.

39. Why did Mr. Cole stop working on Platform 3?
    (A) Some new problems were identified.
    (B) He lacked enough workers.
    (C) There was no money in the budget.
    (D) He was told to work only on Platform 2.

40. When did Platform 3 reopen?
    (A) On October 15
    (B) On October 16
    (C) On November 2
    (D) On November 3

41. According to the article, which exit has NOT yet been opened?
    (A) Exit 1
    (B) Exit 5
    (C) Exit 6
    (D) Exit 10

This is the end of the Reading test.

Day 5

Score (/41)

Listening Test

1. (C)	2. (C)	3. (C)
4. (B)	5. (B)	6. (C)
7. (B)	8. (D)	9. (A)
10. (C)	11. (A)	12. (D)
13. (A)	14. (B)	15. (D)
16. (C)	17. (C)	18. (A)
19. (B)	20. (D)	21. (C)

Reading Test

22. (A)	23. (C)	24. (D)
25. (D)	26. (D)	27. (C)
28. (A)	29. (B)	30. (C)
31. (B)	32. (C)	33. (C)
34. (D)	35. (A)	36. (C)
37. (C)	38. (C)	39. (A)
40. (C)	41. (B)	

＊ 틀린 문제는 문항 번호 옆 빈칸에 표시한 다음, 한 번 더 학습하세요.

Part 1

1.

(A) Someone is swimming in the river.
(B) The man is riding his bicycle.
(C) A person is seated on the bench.
(D) He is reading something at the beach.

(A) 어떤 사람이 강에서 수영하고 있다.
(B) 남자는 자전거를 타고 있다.
(C) 어떤 사람이 벤치에 앉아 있다.
(D) 그는 해변가에서 무언가를 읽고 있다.

어휘 seat 앉히다   bench 벤치   beach 해안가, 해변

해설 한 남자가 벤치에 앉아 있는 모습을 설명한 (C)가 정답이다. (A)와 (B)는 사진 속에서 볼 수 있는 river(강)와 bicycle(자전거)을 이용한 함정이다. (D)는 bench(벤치, 긴 의자)와 발음이 비슷한 beach(해변)를 이용하여 오답을 유도하고 있다.

Part 2

2.
My tooth has been hurting for a few days.
(A) I need to brush my teeth.
(B) He hopes to be a dentist.
(C) You might have a cavity.

며칠 동안 이빨이 아팠어요.
(A) 저는 이빨을 닦아야 해요.
(B) 그는 치과 의사가 되고 싶어 해요.
(C) 충치가 있을 수도 있겠네요.

어휘 hurt 다치게 하다, 아프게 하다   dentist 치과 의사
cavity 구멍, 충치

해설 이빨이 아프다고 했으므로 그 이유를 추측한 (C)가 가장 자연스러운 답변이다. (A)는 자신의 이를 닦아야 한다는 내용으로이므로 답변으로 적절하지 않으며, (B)는 tooth에서 연상될 수 있는 dentist(치과 의사)를 이용한 함정이다.

3.
What changes did you make to the document?
(A) It's more than ten pages long.
(B) I read it a couple of times.
(C) Just a few words here and there.

문서에서 어떤 부분을 수정했나요?
(A) 분량이 10페이지 이상이에요.
(B) 저는 두어 번 읽었어요.
(C) 여기저기에서 몇 단어만요.

어휘 document 문서, 서류   a couple of 두어 개의   a few 몇몇의   here and there 여기저기

해설 문서에 '어떤 변화(what changes)'를 만들었는지 묻고 있다. (A)는 문서의 길이를 물었을 때, (B)는 문서의 검토 여부나 읽은 횟수에 대해 물었을 때 이어질 수 있는 답변이다. 따라서 정답은 몇몇 단어를 고쳤다고 대답한 (C)이다.

4.
Did you recharge the battery in your phone?
(A) I'll charge it to my account.
(B) About ten minutes ago.
(C) No, I don't know his number.

전화기의 배터리를 충전했나요?
(A) 계산은 제가 할게요.
(B) 약 10분 전에요.
(C) 아니요, 저는 그의 번호를 몰라요.

어휘 recharge 충전하다   battery 배터리   charge ~ to one's account (비용을) ~ 앞으로 달아 두다

해설 전화기의 배터리의 충전 여부를 묻고 있으므로 '10분 전에 했다'는 답변을 한 (B)가 정답이다. (A)는 recharge(충전하다)와 발음이 비슷한 charge(비용을 청구하다)로, (C)는 phone(전화기)에서 연상할 수 있는 number(숫자, 전화 번호)를 이용한 함정이다.

5.
When will Daryll return to the office?
(A) He's at the Denver branch now.
(B) He's out until tomorrow morning.
(C) He's been here for the past five years.

Daryll은 언제 사무실로 돌아올 건가요?
(A) 그는 지금 덴버 지사에 있어요.
(B) 내일 오전까지 외부에 있을 거예요.
(C) 그는 지난 5년 동안 이곳에 있었어요.

어휘 return 돌아오다

해설 의문사 when을 이용해 Daryll이란 사람이 언제 돌아올지 묻고 있다. 따라서 '내일 오전 이후에 올 것이다'고 돌아올 시점을 밝힌 (B)가 가장 자연스러운 답변이다.

고득점 TIP

5번 문제를 보면 '언제 돌아올 것인지'를 묻는 질문에 대해 정확한 때를 언급하지 않고 '내일 오전까지 외부에 있을 것'이라고 답하고 있다. 이와 같이 Part 2의 난이도가 어려워지는 추세이므로 요령에 의존하지 않아야 한다.

6.
The store on Baker Street has lower prices.
(A) No, we don't shop there.
(B) I'll lower the blinds then.
(C) Thanks for the tip.

Baker 가에 있는 가게가 가격이 더 싸요.
(A) 아니요, 우리는 그곳에서 쇼핑하지 않아요.
(B) 그러면 제가 블라인드를 칠게요.
(C) 알려 줘서 고마워요.

어휘 shop 물건을 사다, 쇼핑하다   blind 블라인드   tip 조언, 유용한 정보

해설 특정 가게의 가격이 더 낮다는 정보를 알려 주고 있으므로 그에 대한 고마움을 표시한 (C)가 정답이다. (A)는 store(가게, 매장)에서 연상될 수 있는 shop(쇼핑하다)으로, (B)는 형용사 lower(더 낮은)와 형태가 같은 동사 lower(낮추다)를 이용하여 혼동을 유발하고 있다.

Part 3

[7-9]

W   I've got some news for you. We concluded a deal with Konmore Technology to utilize its design software. Some technicians will arrive on Thursday to install it on the computers.

M   That's interesting news. But how easy is the software to use? I've worked with Kenmore's programs in the past, and they're not exactly user friendly.

W   We're aware of that, so as part of the deal, Kenmore will be training everyone on how to use the program. There will be an all-day session this Friday.

M   I'm scheduled to fly to Mexico City to meet a client then, so I'll have to learn to use the program another time.

W 당신을 위한 소식이 있어요. Kenmore Technology의 디자인 소프트웨어를 사용하기 위해 그곳과 계약을 체결했어요. 몇몇 기술진들이 목요일에 도착해서 컴퓨터에 설치를 해 줄 거예요.

M 흥미로운 소식이군요. 하지만 그 소프트웨어가 사용하기에 쉬운 편인가요? 저는 예전에 Kenmore의 소프트웨어를 사용해서 일했던 적이 있는데, 그다지 사용자 친화적은 아니더군요.

W 그 점은 알고 있기 때문에, 계약 사항의 일부로서, Kenmore가 전 직원을 대상으로 프로그램의 사용법에 대해 교육을 할 거예요. 이번 주 금요일에 하루 종일 교육이 진행될 예정이죠.

M 저는 일정상 그때 고객을 만나러 멕시코시티에 가야 해서 프로그램 사용법은 다음 번에 배워야겠네요.

어휘 conclude a deal with ~와 계약을 체결하다 utilize 활용하다 technician 기술자 install 설치하다 user-friendly 사용자 친화적인 be scheduled to ~할 예정이다

7.
목요일에 어떤 일이 일어날 것인가?
(A) 계약이 체결될 것이다.
(B) 소프트웨어가 설치될 것이다.
(C) 오리엔테이션이 실시될 것이다.
(D) 기술자가 면접을 볼 것이다.

해설 문제의 핵심어구인 on Thursday가 들리는 부분을 특히 집중해서 들어야 한다. 대화 초반부에서 여자는 'Some technicians will arrive on Thursday to install it on the computers.'라고 말하면서 목요일에 디자인 프로그램이 설치될 것이라는 점을 알리고 있다. 따라서 목요일에 이루어질 일은 (B)이다.

8.
남자는 Kenmore Technology에 대해 무엇을 말하는가?
(A) 서비스 비용을 너무 높게 책정한다.
(B) 비교적 새로 생긴 회사이다.
(C) 멕시코시티에 기반을 두고 있다.
(D) 그곳 제품은 사용하기가 힘들다.

해설 남자는 자신이 Kenmore Technology의 프로그램을 이용해 본 적이 있다고 말한 후, '그것은 사용자 중심적이 아니다(they're not exactly user friendly)'라고 한다. 즉 해당 프로그램이 사용하기에 쉽지 않다는 점을 지적하고 있으므로 (D)가 정답이다.

9.
남자는 왜 교육을 받지 못하게 될 것인가?
(A) 그는 출장을 갈 것이다.
(B) 그는 공장을 시찰할 것이다.
(C) 그는 휴가를 떠날 것이다.
(D) 그는 입사지원자들을 면접할 것이다.

해설 남자의 마지막 말 'I'm scheduled to fly to Mexico City to meet a client then, so I'll have to learn to use the program another time.'에서 남자는 멕시코시티로 가야 해서 교육에 불참할 것이라는 점을 알 수 있다. 따라서 불참 사유는 (A)가 된다.

[10-12]

M Excuse me, but I'd like to take a tour of the art gallery. Are any tours starting soon?

W You just missed one. It began five minutes ago.

M When does the next one begin?

W Unfortunately, it's the last one of the day. We'll be closing around two hours from now.

M In that case, is it possible for me to join the tour even though I've missed the first few minutes?

W I don't believe Grace will have a problem with that. She doesn't usually mind getting latecomers. She always starts on the top floor, so head up there, and you'll find the group.

M I really appreciate your help. Thank you.

M 실례지만 미술관 투어를 하고 싶은데요. 곧 시작하는 투어가 있나요?

W 방금 놓치셨어요. 5분 전에 시작을 했거든요.

M 다음 투어는 몇 시에 시작하나요?

W 안타깝지만 그것이 오늘 마지막 투어예요. 지금부터 약 2시간 후에는 문을 닫을 예정이고요.

M 그러면 제가 시작 부분을 몇 분 놓쳤더라도 투어에 참여하는 것이 가능할까요?

W 그것이 Grace에게 문제가 될 것 같지는 않네요. 보통은 새로 사람이 들어오는 것을 마다하지 않거든요. 항상 맨 위층부터 시작을 하기 때문에 그리로 올라가시면 투어 그룹을 찾으실 수 있을 거예요.

M 도와 주셔서 정말 고마워요. 감사합니다.

어휘 art gallery 미술관   mind 꺼리다   latecomer 신입, 신참자; 지각자

10.
대화는 어디에서 이루어지는가?
(A) 박물관
(B) 궁
(C) 미술관
(D) 기념관

해설 대화 시작 부분의 남자의 말 'Excuse me, but I'd like to take a tour of the art gallery.'를 놓치지 않고 들었다면 화자들이 있는 곳은 (C)의 '미술관'임을 알 수 있다.

11.
2시간 후에 어떤 일이 일어날 것인가?
(A) 미술관이 문을 닫을 것이다.
(B) 새로운 투어가 시작될 것이다.
(C) 영화가 상영될 것이다.
(D) 전시가 이루어질 것이다.

해설 다음 투어가 언제냐는 남자의 질문에 여자는 마지막 투어가 이미 시작되었다고 밝히면서 'We'll be closing around two hours from now.'라고 말한다. 따라서 2시간 후에 일어날 일은 미술관의 폐장이며 정답은 (A)이다.

12.
여자는 남자에게 무엇을 하라고 말하는가?
(A) 다음에 다시 온다
(B) 티켓 값을 지불한다
(C) Grace와 이야기한다
(D) 가장 높은 층으로 간다

해설 대화 후반부 중 여자의 말 'She always starts on the top floor, so head up there, and you'll find the group.'에서 정답의 단서를 찾을 수 있다. 여자는 가이드로 생각되는 Grace가 투어를 시작하는 장소를 알려 주면서 남자에게 그곳으로 가 보라고 조언한다. 따라서 정답은 (D)이다.

[13-15]

M   So how do you like this place? It's in one of the most exclusive neighborhoods in the city.

W1 I absolutely love the view and think our clients will be impressed when they visit us.

W2 I agree about the view. There's plenty of space in this office, and the facilities are better than I had expected.

W1 It's just that the price you're asking is a bit more than we had expected to pay. Is the owner willing to negotiate a bit?

M   I doubt it. But I'll give him a call and find out what he thinks. Do you have a particular amount in mind?

W2 We'd be comfortable paying around $3,000 a month.

M   그러면 여기는 어떠신가요? 시내에서 가장 고급스러운 곳 중 하나죠.

W1 전망이 정말로 마음에 들고 고객이 방문했을 때 깊은 인상을 받을 것으로 생각되는군요.

W2 전망에 대해서는 저도 동감이에요. 이곳 사무실은 공간이 넓고 제가 예상했던 것보다 시설이 좋네요.

W1 다만 요구하신 금액이 우리가 예상했던 지불 금액보다 약간 더 높을 뿐이죠. 주인이 어느 정도는 협상을 하려고 할까요?

M   그럴 것 같지는 같아요. 하지만 제가 전화를 해서 그분이 어떻게 생각하는지 알아볼게요. 특별히 염두에 두고 계신 가격이 있나요?

W2 월 3,000달러 정도면 좋을 것 같아요.

어휘 exclusive 독점적인, 배타적인; 고급의   absolutely 절대적으로, 매우   plenty of 많은   facility 시설   it's just that 다만 ~일 뿐이다   be willing to 기꺼이 ~하다   negotiate 협상하다   particular 특정한   comfortable 편안한

13.
남자는 누구인 것 같은가?
(A) 부동산 중개인
(B) 엔지니어
(C) 공사장 인부
(D) 인테리어 디자이너

해설 대화 초반부에서 남자는 여자들에게 사무 공간을 소개하고 중반부 이후에는 임대료 조정이 가능한지 알아보겠다고 말한다. 이러한 업무는 (A)의 '부동산 중개인'의 일이다.

14.
두 여자 모두는 장소에 대해 어떤 점을 마음에 들어 하는가?
(A) 저렴한 가격
(B) 멋진 전망
(C) 높이 평가되는 위치
(D) 고급 시설

어휘 affordable 감당할 수 있는; 저렴한 prestigious 명성이 있는 advanced 발전된; 고급의

해설 여자1이 '전망이 좋다(I absolutely love the view)'고 하자 여자2가 'I agree about the view.'라고 말하면서 동감을 표현한다. 따라서 두 사람이 모두 마음에 들어 하는 점은 (B)의 '멋진 전망'이다. (C)는 남자가 언급한 장점이고 (D)는 여자2가 선호한 사항이다.

15.
남자가 "I doubt it"이라고 말할 때 그는 무엇을 의미하는가?
(A) 배달이 되지 않을 것이다.
(B) 재고가 없다.
(C) 계약이 성사될 수 없다.
(D) 가격은 낮아지지 않을 것이다.

해설 doubt은 '의심하다'라는 뜻으로, 남자는 주어진 문장을 통해 가격 조정이 가능한지 묻는 질문에 회의적인 반응을 보이고 있다. 즉 가격 조정이 힘들 것이라는 뉘앙스를 나타내고 있기 때문에 그가 의미한 바는 (D)로 보아야 한다. 강한 부정의 의미를 나타내는 것은 아니므로 (C)를 정답으로 골라서는 안 된다.

Part 4

[16-18]

> M The next item on the agenda concerns our project completion time. While our customers are pleased with the musical instruments we make for them, they're not happy with the amount of time they have to wait. We've been telling some potential customers that they might have to wait up to six months to get a custom-made instrument. Several have decided not to wait that long. Instead, they're making deals with our competitors. We need to devise a way to work faster without sacrificing quality. That might involve hiring some new artisans. However, I'm willing to listen to any suggestions you might have.

M 다음 안건은 프로젝트 완료 시간과 관련이 있습니다. 고객들은 우리가 제작하는 악기에 대해서는 만족하지만, 기다려야 하는 시간에 대해서는 만족하지 못하고 있습니다. 우리는 잠재적 고객들에게 주문 제작 악기를 받기 위해서는 최대 6개월을 기다려야 한다고 말하고 있습니다. 일부는 그처럼 오래 기다리지는 않겠다는 결정을 내렸습니다. 대신, 그들은 우리의 경쟁업체와 거래하고 있습니다. 우리는 품질을 저하시키지 않고서도 더 빨리 작업할 수 있는 방법을 고안해 낼 필요가 있습니다. 새로운 장인들을 고용하는 것도 방법이 될 수 있습니다. 하지만 저는 여러분들께서 제안하시는 사항에 기꺼이 귀를 기울일 것입니다.

어휘 concern 관련이 있다 completion 완성, 완료 musical instrument 악기 potential 잠재적인 custom-made 주문 제작의 competitor 경쟁자, 경쟁업체 devise 고안하다 sacrifice 희생시키다 involve 관련되다 artisan 장인

16.
화자의 회사는 무엇을 만드는가?
(A) 의료 기기
(B) 자동차
(C) 악기
(D) 컴퓨터 소프트웨어

해설 담화 초반부의 '고객들은 우리가 만드는 악기에 대해 만족하고 있다(customers are pleased with the musical instruments we make for them)'는 내용을 통해 화자들은 악기를 만드는 회사의 직원임을 알 수 있다. 따라서 (C)가 정답이다.

17.
대기 기간은 얼마 동안인가?
(A) 1개월
(B) 3개월
(C) 6개월
(D) 12개월

해설 'We've been telling some potential customers that they might have to wait up to six months to get a custom-made instrument.'라는 문장을 통해 대기 기간은 최대 6개월임을 알 수 있으므로 정답은 (C)이다.

18.
이어서 어떤 일이 일어날 것인가?
(A) 청자들이 견해를 밝힌다.
(B) 새로 들어온 직원이 소개된다.
(C) 업무가 분배된다.
(D) 회의가 끝난다.

해설 마지막 문장인 'However, I'm willing to listen to any suggestions you might have.'에서 정답의 단서를 찾을 수 있다. 화자는 청자들의 의견을 듣고자 하므로 담화 이후에는 청자들이 자신의 의견을 제시하게 될 것이다. 따라서 정답은 (A)이다.

[19-21]

M Welcome to Brady State Park. I'm Ranger Morrison, and I'll be leading you through the park today. You've come at the right time since so many flowers bloom here in spring. I'm sure you'll enjoy the scenery a great deal. As we walk, please be quiet so that you don't disturb the numerous animals living here. We'll definitely see some rabbits, squirrels, and birds, and if we're lucky, we'll see a deer or two. I'd like you to know that we just learned that a mother bear gave birth to two cubs. They're extremely protective, so for your own safety, we'll be staying away from that area of the park.

M Brady 주립 공원에 오신 것을 환영합니다. 저는 Ranger Morrison으로, 제가 오늘 여러분들을 이끌고 공원을 둘러볼 것입니다. 봄에는 이곳에 매우 많은 꽃이 피기 때문에 여러분들께서는 적기에 오신 것입니다. 경치를 한껏 즐기실 수 있을 것으로 저는 믿습니다. 도보로 이동하실 때에는 이곳에 서식하는 많은 동물들에게 방해가 되지 않도록 조용히 해 주십시오. 우리는 틀림없이 토끼, 다람쥐, 그리고 새들을 보게 될 것이며, 운이 좋을 경우에는, 한두 마리의 사슴도 보게 될 것입니다. 얼마 전에 어미 곰이 두 마리의 새끼 곰을 낳았다는 사실을 알려 드리고 싶군요. 곰은 보호 본능이 매우 강해서, 여러분들의 안전을 위해, 우리는 공원 내 해당 지역으로부터 멀리 떨어져 있을 것입니다.

어휘 bloom 꽃이 피다   disturb 방해하다   numerous 많은   give birth to ~을 낳다   cub 새끼 곰   protective 보호의, 보호용의   safety 안전

19.
화자는 공원에 대해 무엇을 말하는가?
(A) 여름을 맞이하여 재개장했다.
(B) 공원 내에 꽃이 많이 폈다.
(C) 입장료를 받기 시작했다.
(D) 작년에 그곳에서 산불이 일어났다.

어휘 reopen 재개장하다   blooming 활짝 핀   admission 입장료

해설 남자는 청자들에게 적기에 왔다고 말하면서 그 이유로 '봄에는 이곳에서 많은 꽃이 핀다(so many flowers bloom here in spring)'는 점을 언급한다. 따라서 정답은 (B)이다.

20.
화자는 청자들에게 무엇을 요청하는가?
(A) 항상 정해진 산길로만 다닌다
(B) 사진을 찍을 때 플래시를 터뜨리지 않는다
(C) 동물들에게 먹이를 주지 않는다
(D) 낮은 목소리로 이야기한다

어휘 trail 경로   at all times 항상   take a picture 사진을 촬영하다   feed 먹이를 주다

해설 담화 중반부의 'As we walk, please be quiet so that you don't disturb the numerous animals living here.'에 정답의 단서가 있다. 화자는 동물들에게 방해가 되지 않도록 조용히 할 것을 당부하고 있으므로 화자가 요청한 사항은 (D)이다.

21.
도표를 보아라. 청자들은 어떤 길을 피해서 갈 것인가?
(A) A코스
(B) B코스
(C) C코스
(D) D코스

해설 담화의 후반부에서 화자는 '어미 곰이 새끼를 낳았다(mother bear gave birth to two cubs)'는 사실을 알리면서 곰이 예민한 상태이니 '그쪽 길로는 가지 않을 것이다(we'll be staying away from that area of the park)'라고 말한다. 따라서 Bear Den(곰이 사는 동굴)이 있는 (C)의 'C코스'에는 가지 않을 것임을 알 수 있다.

Part 5

22.
설문 조사에 따르면, Juris 주식회사에서 제조한 제품의 가장 큰 매력은 낮은 가격이다.
(A) 매력
(B) 호소한다
(C) 호소하는
(D) 호소했다

어휘 survey 설문   manufacture 제조하다   appeal 매력

해설 빈칸은 주어가 들어갈 자리이며, 빈칸 뒤에 전치사 of가 있으므로 동명사인 (C)와 동사인 (D)는 정답에서 제외된다. 문장의 내용상 appeal은 '매력'이라는 의미인데, 이는 셀 수 없는 명사이므로 복수형인 (B) 또한 정답이 될 수 없다. 정답은 (A)이다. 참고로 appeal이 '항소', '호소'의 의미인 경우에는 셀 수 있는 명사이다.

23.
Martin 씨의 사무실은 직원 휴게실과 소규모 회의실 사이에 있다.
(A) 앞쪽에
(B) 옆에
(C) 사이에
(D) ~을 통해

어휘 lounge 휴게실; 라운지   conference room 회의실

해설 Martin 씨의 사무실이 직원 휴게실과 소규모 회의실 '사이에(between)' 있다는 내용이 되어야 자연스러우므로 정답은 (C)이다. (A)는 in front of, (B)는 next to와 같이 전치사를 수반해야 하며, (D)는 의미상 정답이 될 수 없다.

24.
폭설에도 불구하고, Ramsey 씨는 시설을 점검하기 위해서 그곳으로 운전해서 가는 것이 안전하다고 주장한다.
(A) 여전히 ~이다
(B) 요청하다
(C) 의문을 갖다
(D) 주장한다

어휘 despite ~에도 불구하고   snowfall 강설   facility 시설   inspect 점검하다   remain 여전히 ~이다   request 요청하다   insist 주장하다, 고집하다

해설 빈칸이 포함된 부분은 'Ramsey 씨는 운전하기에 안전하다고 _____한다'라는 내용인데, 보기들 중에서 의미상 정답으로 고려해볼 수 있는 것은 (C)의 questions와 (D)의 insists이다. 그런데 'Despite the heavy snowfall (폭설에도 불구하고)'라는 내용이 있으므로, '의문을 갖다'라는 뜻의 (C)는 부자연스럽다. 정답은 (D)이다.

25.
도로의 통행료가 머지않아 징수될 예정인데, 그때 교통량이 감소할 것이다.
(A) ~에
(B) ~와 함께
(C) ~을 위해
(D) ~에

어휘 collect tolls 통행료를 징수하다   traffic 교통량

해설 at which time은 then과 같이 '그때'라는 의미로서 관계대명사의 계속적 용법에서 사용된다. 정답은 (D)이다.

26.
Jenkins 씨는 인턴 사원에게 해야 할 일을 알려 주었지만, 그는 정확한 지시를 따르지 못했다.
(A) 예상
(B) 대답
(C) 다양성
(D) 지시

어휘 intern 인턴 사원   precise 정확한

해설 Jenkins 씨가 인턴 사원에게 해야 할 일을 설명해 주었다는 내용이 있으므로, 빈칸에는 '지시'를 의미하는 (D)의 instructions가 오는 것이 자연스럽다.

27.
Mycroft International은 최고의 지원자들만 공석에 고용한다.
(A) 가장
(B) 훨씬
(C) 정말로
(D) 완전히

어휘 hire 고용하다   applicant 지원자   open position 공석

해설 빈칸 뒤에 최상급이 있으므로 최상급을 강조할 수 있는 부사를 고르는 문제이다. 최상급을 앞에서 강조할 수 있는 부사로는 by far, much, the very 등이 있는데, 빈칸 앞에 the가 있으므로 정답은 (C)이다.

Part 6

[28-31]

> 수신: 전 관리자
> 발신: Frank Grissom
> 날짜: 10월 4일
>
> 올해의 회사 설문을 해야 하는 시기가 되었습니다. 다음 주 월요일부터, 직원들은 자신들의 의견과 Maxwell 자동차에서의 경험에 대한 설문을 작성할 수 있을 것입니다. 늘 그렇듯이, 직원들은 익명으로 응답하는 것을 보장받습니다.
>
> 하나 이상의 설문을 작성하지 않도록 하기 위해서 직원들은 사원번호를 입력하기만 하면 됩니다. 그들의 응답은 자동적으로 Dyson 컨설팅에 보내질 것이며, 이곳에서 사용 가능한 데이터로 변환될 것입니다. 그 후에, 그것들은 우리에게 우편으로 발송될 것입니다.
>
> **당신의 직원들에게 설문에 대해 알려주시기 바랍니다.** 그들은 월요일부터 금요일까지 설문을 작성해야 합니다. 그들의 응답이 회사의 근무 환경을 개선시킬 것이므로 그것들은 매우 중요합니다.

어휘 survey 설문   as always 늘 그렇듯이, 언제나처럼   anonymity 익명   response 응답   input 입력하다   make sure 확실히 하다   essential 극히 중요한

28.
(A) ~에 관하여
(B) ~와 대조적으로
(C) 찬성하는
(D) ~의 결과로서

어휘 regarding ~에 관하여   as opposed to ~와 대조적으로   approving 찬성하는   as a result ~의 결과로서   transform 변형시키다   usable 사용 가능한

해설 보기들 중에서는 문맥상 '~에 관한'이라는 의미의 전치사 regarding이 빈칸에 오는 것이 자연스럽다. 정답은 (A)이다.

29.
(A) 보장한다
(B) 보장받는다
(C) 보장받았다
(D) 보장하고 있다

해설 직원들은 익명으로 설문을 작성하는 것을 '보장받는다'는 수동의 의미가 되어야 하므로 정답은 (B)인 'are guaranteed'이다.

30.
(A) 자동의
(B) 자동화된
(C) 자동적으로
(D) 자동화하는

해설 빈칸이 포함된 문장은 빈칸이 없어도 문장 성분을 모두 갖추고 있기 때문에 부사를 정답으로 골라야 한다. 따라서 정답은 (C)의 automatically이다.

31.
(A) 승진에 대한 정보가 곧 제공될 것입니다.
(B) 당신의 직원들에게 설문에 대해 알려주시기 바랍니다.
(C) 몇몇 관리자들은 올해 좋지 않은 평가를 받았습니다.
(D) 결과는 내일 아침까지 제 책상에 있을 것입니다.

해설 빈칸 뒤의 문장에 They와 them이 있으므로, 보기에서 이 대명사들이 지칭하는 단어를 포함하고 있는 것을 골라야 한다. 이들을 포함하고 있는 (B)와 (C) 중에서, 지문의 주제인 설문 작성과 관련이 있는 (B)가 정답이 된다.

Part 7

[32-33]

> **직원 구함**
>
> 여러분이 시간제 근무를 알아 보고 있는 고등학생이나 대학생이라면, 마이너리그 팀 Washburn Braves의 홈구장인 Washburn 스타디움에 방문하세요. Braves는 여름 내내 1주일에 며칠 정도 홈 경기를 치르는데, 경기 때 할 수 있는 매우 다양한 일들이 있습니다. 티켓 판매인, 티켓 징수인, 좌석 안내인, 그리고 간식과 음료 판매인이 필요합니다. 초임은 시급 10달러인데, 간단한 식사류를 판매할 경우 팁을 받을 수 있습니다. 부가적인 즐거움으로, 여러분은 야외에서 시간을 보내고 생생한 스포츠 경기를 볼 수 있는 기회를 얻게 될 것입니다. 더 많은 정보를 얻으시려면, 847-9393으로 전화하여 여러분이 근무할 수 있다는 사실을 알려 주세요. 경력은 요구되지 않습니다. 긍정적인 태도의 근면한 사람들을 원할 뿐입니다.

어휘 part-time 임시직, 시간제   pay a visit 방문하다   a wide variety of 매우 다양한   vendor 행상인, 판매인   usher 좌석 안내원   refreshment 가벼운 식사, 음료   opportunity 기회

32.
제안되고 있는 일에 대해 명시되지 않은 것은 무엇인가?
(A) 여러 가지 종류의 공석이 있다.
(B) 직원들은 몇몇 일을 하면서 팁을 받을 수 있다.
(C) 사람들은 여름 동안 매일 근무해야 한다.
(D) 일자리는 야외에서 근무하는 것을 포함한다.

해설 '여름 내내 1주일에 며칠 정도 홈경기가 있고, 그때 할 수 있는 다양한 일이 있다(The Braves have home games on various days of the week all throughout the summer, and a wide variety of jobs are available at their games.)'라는 내용이 있기는 하지만, 홈경기가 매일 있는 것은 아니므로 정답은 (C)이다.

33.
광고에 따르면, 직책에 요구되는 것은 무엇인가?
(A) 판매 경력
(B) 학사 학위
(C) 열심히 일하고자 하는 열의
(D) 몇 시간 동안 서 있을 수 있는 능력

해설 지문의 마지막 부분에서 '경력은 필요하지 않다(No experience is necessary.)'고 하였으므로 (A)는 정답이 아니며 '근면한 사람을 원한다(We just want hardworking people)'라는 내용이 있으므로 정답은 (C)이다. (B)와 (D)는 언급되어 있지 않다.

[34-36]

수신 고객 서비스 부서
발신 Sal Gordano
날짜 7월 27일
제목 불만 사항

알고 보니 최근에 우리의 몇몇 정비 직원들과 관련하여 상당히 많은 불만 사항이 접수되었다는 사실에 주목하게 되었습니다. 냉난방 부서에서 작업하는 업무를 배정받은 사람들이 특히 그렇더군요.

고객들은 다양한 불만을 제기했습니다. 가장 많은 불만은 그들이 예정보다 한참 늦게 도착하면서 사과도 하지 않고 늦은 이유를 설명하지도 않는다는 것입니다. 다른 고객들은 정비 직원들이 평상복을 입고 도착해서, 그들이 정말로 우리 직원인지 아닌지 알 수 없었다고 합니다. 또한 수리 작업 자체도 수준 이하여서 고객들은 하루 이틀 이내에 처음에 전화했던 것과 동일한 문제를 신고하기 위해 어쩔 수 없이 다시 전화해야 했다는 이야기를 들었습니다.

이러한 행동은 결코 용인될 수 없습니다. 직원들은 반드시 약속 시간을 지켜야 하며 항상 제복을 착용해야 합니다. 아울러, 우리는 그 부서의 모든 직원들을 대상으로 재교육을 실시할 것입니다. 교육 일정은 늦어도 7월 29일까지 게시될 것입니다.

어휘 maintenance 정비, 관리 task 업무를 맡기다 unit 부서 lodge 제기하다 personnel 직원들 out of uniform 평상복으로 substandard 수준 이하의 be obliged to ~하는 수 없이 ~하다 initially 처음에 tolerate 용인하다 punctual 시간을 지키는

34.
회람에 언급되지 않은 직원에 대한 불만 사항은 무엇인가?
(A) 사과하지 않는 것
(B) 부적절한 옷을 입는 것
(C) 작업하는 곳에 늦게 도착하는 것
(D) 도구를 가져오는 것을 잊는 것

해설 정비 직원들이 늦게 도착하면서 사과하지도 않고(workers are arriving much later than they were scheduled to and neither say they are sorry...) 제복을 입지도 않았다는(maintenance personnel have arrived out of uniform) 내용이 언급되어 있으므로 (A), (B), (C)는 정답이 될 수 없다. 도구를 가져오지 않았다는 내용은 없으므로 정답은 (D)이다.

35.
몇몇 고객들에 대해 명시된 것은 무엇인가?
(A) 수리해달라는 전화를 여러 번 해야 했다.
(B) 수리 작업에 대해 너무 많은 금액을 청구받았다.
(C) 약속이 취소되었다.
(D) 환불을 위해 많은 제품을 반송했다.

해설 두 번째 문단의 마지막 문장을 보면 수리 이후에도 동일한 문제가 발생하여 같은 문제로 인해 고객들이 다시 전화해야 하는 문제가 언급되어 있으므로 정답은 (A)이다. 나머지 보기의 내용들은 지문에 언급되어 있지 않다.

36.
문제는 어떻게 해결될 것인가?
(A) 모든 직원들의 영상 녹화를 요구함으로써
(B) 직원들이 제복을 착용하는 것을 확인함으로써
(C) 직원들이 해야 할 일을 교육함으로써
(D) 조사관들이 모든 작업을 점검하도록 함으로써

해설 마지막 문단에서 언급된 문제 해결 방안은 두 가지인데, 직원들에게 약속시간을 지키고 제복을 입으라는 지시를 내린 것과 직원들에 대한 재교육이다. 그러므로 정답은 (C)이다. (B)의 경우 제복 착용을 지시한 것이지 착용한 것을 확인한다는 내용은 없으므로 정답이 될 수 없다.

[37-41]

Delmont 역에서 연착이 예상됩니다

지난 주 역에서의 경미한 충돌 사고로 손상을 입은 Delmont 역의 2번 승강장과 3번 승강장이 수리되고 있습니다. 수리 작업이 끝날 때까지는 남아 있는 3개의 승강장에서 드나드는 열차의 승하차 문제가 처리될 것입니다. 그 결과, 다른 승강장이 과도하게 이용될 것이므로 열차들이 연착될 것으로 예상됩니다. 또한 1번 출구(Coventry 가), 5번 출구(Templeton 빌딩), 6번 출구(Bradford 로), 그리고 10번 출구(Rosemont 공원)는 폐쇄되었습니다. 각각의 장소에 구조적인 피해가 발생했다는 점을 기술진이 인지했기 때문에 즉시 수리가 이루어져야 합니다. 작업은 Templeton 건설에 의해 이루어지고 있으며 3주의 기간이 소요될 것으로 예상됩니다.

어휘 collision 충돌 overuse 과도한 사용, 남용 notice 주목하다, 알아차리다 structural 구조적인

수신 Roger Ernst
발신 Fred Cole
제목 Delmont 역 공사
날짜 10월 12일

Ernst 씨께,

저희 작업반원들은 Delmont 역의 승강장 두 곳에 대한 보수 공사를 마치기 위해 초과 근무를 하고 있습니다. 2번 승강장은 3일 후인 10월 15일에 다시 개방할 수 있을 것으로 보입니다. 하지만 3번 승강장에서 추가적인 균열이 발견되었습니다. 기술진을 불러서 처음 승강장을 조사했을 때 발견하지 못했던 문제가 없는지 확인해야 할 것으로 생각됩니다. 오늘 남은 시간 동안에는 3번 승강장에 대한 작업을 중단하고 2번 승강장에 집중할 것입니다. 조사단을 언제 보내 주실 수 있는지 알려 주시면 감사하겠습니다.

Fred 드림

어휘 crack 갈라짐, 크랙 inspect 조사하다 halt 중단하다, 멈추다 remainder 남아 있는 것 inspector 조사관

Delmont 역의 3번 승강장이 다시 개방된다
Cindy Trudeau

몽고메리 (11월 3일) – 3번 승강장의 수리 과정에서 생긴 사소한 차질이 극복되어 마침내 처음 예상했던 것보다 2주 정도 늦게 수리 작업이 완료되었다. 어제 저녁 5시 30분에 첫 열차가 3번 승강장에서 정차를 했으며 이후 몇 대의 다른 열차들도 도착했다. 역 전체를 관할하는 Douglas Croft에 따르면 어떤 문제점도 보고된 바 없었다.

Delmont 역의 출구 역시 한 곳을 제외하고 모두 다시 개방되었다. Templeton 건물로 이어지는 출구만이 아직 폐쇄된 상태인데, 공사 책임자인 Rajiv Kirshner는 주말 정도에 수리가 끝날 것이라고 언급했다.

어휘 setback 차질; 좌절 overcome 극복하다 approximately 대략 initially 초기에, 처음에 anticipate 예상하다 pull into ~에 도착하다

37.
승강장은 왜 수리되어야 했는가?
(A) 화재로 인해 손상을 입었다.
(B) 너무 오래되었다.
(C) 사고로 인해 손상을 입었다.
(D) 좋지 않은 자재로 만들어졌다.

해설 첫 번째 지문의 첫 문장에서 지난 주에 있었던 경미한 충돌 사고 이후에 수리되고 있다는(after suffering damage in last week's minor collision) 내용이 언급되었다. 따라서 정답은 (C)이다.

38.
Cole 씨에 대해 맞는 것은 무엇인가?
(A) 프로젝트의 진행자이다.
(B) Ernst 씨에게 정기적으로 보고한다.
(C) Templeton 건설을 위해 일한다.
(D) Croft씨의 직원이다.

해설 첫 번째 지문의 마지막 부분에서 역의 공사를 담당하고 있는 회사는 Templeton 건설이라고(The work is being done by Templeton Construction) 하였는데, 두 번째 지문에서 그의 작업반이 공사를 하고 있다고 하였으므로 그는 Templeton 건설을 위해 일하고 있음을 알 수 있다. 정답은 (C)이다. 참고로, 세 번째 지문의 마지막 문장에서 프로젝트의 책임자는 Rajiv Kirshner라고 명시되어 있으므로 (A)는 정답에서 제외된다.

39.
Cole 씨는 왜 3번 승강장의 작업을 중단했는가?
(A) 새로운 문제들이 확인되었다.
(B) 작업자가 충분하지 않았다.
(C) 예산이 부족했다.
(D) 2번 승강장에서만 작업하라고 들었다.

해설 두 번째 지문에서 Cole 씨는 3번 승강장에서 새로운 균열을 발견했다고(we've discovered some more cracks in Platform 3) 보고하며 해당 승강장에서의 작업을 중단했다. 그러므로 정답은 (A)이다.

40.
3번 승강장은 언제 재개방했는가?
(A) 10월 15일에
(B) 10월 16일에
(C) 11월 2일에
(D) 11월 3일에

해설 세 번째 지문에서 3번 플랫폼이 예정보다 2주 늦게 재개방되었다고(it was finally repaired, approximately two weeks later than was initially anticipated) 한 다음, 어제 저녁에 첫 열차가 승강장에 정차했다는(The first train pulled into the station at Platform 3 at 5:30 yesterday evening) 내용이 언급되어 있다. 기사 작성일이 11월 3일이므로 정답은 (C)이다.

41.
기사에 따르면, 아직 개방되지 않은 출구는 어느 것인가?
(A) 1번 출구
(B) 5번 출구
(C) 6번 출구
(D) 10번 출구

해설 세 번째 지문에서 Templeton 건물로 이어지는 출구만 아직 폐쇄된 상태라고(Only the exit leading to the Templeton Building remains closed) 하였는데, 첫 번째 지문에서 해당 출구는 5번 출구이므로 정답은 (B)이다.

빈칸에 알맞은 어휘나 뜻을 쓰세요.

	어휘	뜻		어휘	뜻
1	cavity		10	personnel	
2	latecomer		11	be obliged to	
3	exclusive		12		용인하다
4	affordable		13	punctual	
5	prestigious		14		충돌
6		익명	15	halt	
7		~와 대조적으로	16	setback	
8	vendor		17		예상하다
9	lodge		18	pull into	

정답: 1. 구멍, 충치 2. 신참, 신참자; 지각자 3. 독점적인, 배타적인; 그들만의 4. 감당할 수 있는 5. 명성이 있는 6. anonymity 7. as opposed to 8. 행상인, 판매원 9. 제기하다 10. 직업들 11. ~ु는 수 없이 ~하다 12. tolerate 13. 시간을 지키는 14. collision 15. 중단하다, 멈추다 16. 차질, 좌절 17. anticipate 18. ~에 도착하다

Listening Test

Time 09 minutes

Part 1

🎧 06-01

Directions: You will hear four statements about the picture below. Select the one statement that best describes what you see in the picture and mark the letter (A), (B), (C), or (D).

1.

(A)   (B)   (C)   (D)

Part 2

🎧 06-02

Directions: You will hear a question or statement and three responses spoken in English. Select the best response to the question or statement and mark the letter (A), (B), or (C).

2. Mark your answer on your answer sheet.   (A)   (B)   (C)

3. Mark your answer on your answer sheet.   (A)   (B)   (C)

4. Mark your answer on your answer sheet.   (A)   (B)   (C)

5. Mark your answer on your answer sheet.   (A)   (B)   (C)

6. Mark your answer on your answer sheet.   (A)   (B)   (C)

Part 3

🎧 06-03

Directions: You will hear some conversations between two or more people. You will be asked to answer three questions about what the speakers say in each conversation. Select the best response to each question and mark the letter (A), (B), (C), or (D).

7. Where does the man most likely work?
   (A) At a delivery company
   (B) At an automobile dealership
   (C) At a real estate agency
   (D) At a manufacturing firm

8. By when must the woman visit the man?
   (A) By 12:00 P.M.
   (B) By 4:00 P.M.
   (C) By 5:00 P.M.
   (D) By 10:00 P.M.

9. What will the woman do on the weekend?
   (A) Pay for an item
   (B) Conclude a deal
   (C) Go to another city
   (D) Meet some relatives

Restaurant Review

Food	★★★★★
Prices	★★★
Customer Service	★★★★
Atmosphere	★★

10. Who most likely is the man?
    (A) A server
    (B) A chef
    (C) The owner
    (D) A reporter

11. What does the man say about the reviewer?
    (A) He was unaware she visited.
    (B) She ordered everything on the menu.
    (C) He answered some questions she asked.
    (D) She wrote a long article about the place.

12. Look at the graphic. What will the speakers discuss at the meeting?
    (A) The food
    (B) The prices
    (C) The customer service
    (D) The atmosphere

GO ON TO THE NEXT PAGE

Part 4

🎧 06-04

Directions: You will hear some talks given by a single speaker. You will be asked to answer three questions about what the speaker says in each talk. Select the best response to each question and mark the letter (A), (B), (C), or (D).

13. What change does the speaker mention?

    (A) A new branch will be opened.
    (B) Workers will be laid off.
    (C) Bonuses will be paid to employees.
    (D) A new field will be entered.

14. Who is Stewart Cartwright?

    (A) A musician
    (B) An author
    (C) A teacher
    (D) A researcher

15. What will the next speaker talk about?

    (A) The company's revenues
    (B) The effects of a decision
    (C) A project she is working on
    (D) The company's past performance

16. What type of business does the speaker most likely work at?

    (A) A delivery firm
    (B) A consulting company
    (C) A clothing manufacturer
    (D) A construction company

17. What does the speaker imply when she says, "The contract signing is tomorrow morning"?

    (A) She will attend tomorrow's event.
    (B) The negotiations are still going on.
    (C) Some information must be sent quickly.
    (D) The company will make money this quarter.

18. How does the speaker suggest the listener contact her?

    (A) By phone
    (B) In person
    (C) By text message
    (D) By e-mail

This is the end of the Listening test.

Reading Test

Time 17 minutes

Part 5

Directions: A word or phrase is missing in each of the sentences below. Four answer choices are given below each sentence. Select the best answer to complete the sentence and mark the letter (A), (B), (C), or (D).

19. When the problem -------, there was nobody in the office who was able to solve it.
    (A) maintained
    (B) occurred
    (C) became
    (D) increased

20. Before Ms. Marston ------- for London, she hopes to complete the report she is writing.
    (A) departs
    (B) is departed
    (C) was departing
    (D) will depart

21. The expansion ------- has been given to Ms. Chandler, who has done this type of work before.
    (A) project
    (B) contract
    (C) promotion
    (D) result

22. Mr. Taylor, a renowned scientist, had an article published in a ------- journal the previous month.
    (A) subscribed
    (B) prestigious
    (C) descriptive
    (D) frequent

23. ------- of the accomplishments of her team, Ms. Maples gave everyone on it a day off from work.
    (A) Pride
    (B) Prided
    (C) Proud
    (D) Proudly

24. The efficiency of public ------- is one reason it is used so much in urban centers.
    (A) transported
    (B) transports
    (C) transportation
    (D) transporting

GO ON TO THE NEXT PAGE

125

Part 6

Directions: Read the text below. A word, phrase, or sentence is missing in parts of the text. Four answer choices for each question are given below the text. Select the best answer to complete the text and mark the letter (A), (B), (C), or (D).

Questions 25-28 refer to the following notice.

Parts of Valley Road Closed

Parts of Valley Road were affected by the tornado that hit the region last night. In addition to the trees and power lines that were knocked down, the road ------- suffered severe damage. Until road crews can remove the ------- and assess the damage, the part of Valley Road between Harris Street and McCallister Drive is closed. Only residential traffic is permitted there. Motorists are ------- to take detours to get to their destinations. As other roads in the city were affected worse than Valley Road, it is likely that the work will take up to a week to complete. -------.
25.
26.
27.
28.

25. (A) it
    (B) to it
    (C) itself
    (D) its

26. (A) wreck
    (B) pavement
    (C) debris
    (D) vehicles

27. (A) advised
    (B) warned
    (C) considered
    (D) approved

28. (A) No other places in the city suffered damage.
    (B) The road should be open again tomorrow night.
    (C) The recent pleasant weather has let the work get done quickly.
    (D) For more information, please visit the city's Web site.

Part 7

Directions: In this part you will read a selection of texts. The text or set of texts is followed by several questions. Select the best answer for each question and mark the letter (A), (B), (C), or (D).

Questions 29-31 refer to the following advertisement.

Never Lose Anything Again

The average person spends 2.5 days a year looking for lost items at home. That's 60 hours wasted each year. Over half of all people will be late for work at least once this year because of lost keys. People don't just lose their phones and keys but also misplace glasses, shoes, and other objects. Luckily, with the Finder, you'll never lose anything again. How does the Finder work? Just put a tiny Finder button on a key or other item and then download the Finder application on your smartphone. When you can't find that item, press the icon on the app indicating what you're looking for. You'll see exactly where it is. If you still have trouble finding it, press the "Light It Up" icon on the app, and the Finder button will start blinking and beeping. There's no way you can miss it. So don't worry about missing your favorite TV show because you can't find the remote control or not being able to call a friend because you can't remember where you put your phone. Use the Finder and know where everything is. Go to www.finder.com for more information.

29. What item is NOT mentioned as one the Finder can locate?
(A) A remote control
(B) A mobile phone
(C) Glasses
(D) A book

30. What is the Finder capable of doing?
(A) Creating a light that blinks
(B) Making some vibrations
(C) Attaching to an object with a magnet
(D) Sending a text message with its location

31. How can interested individuals learn more about the Finder?
(A) By downloading an app
(B) By calling a number
(C) By visiting a Web site
(D) By reading a brochure

GO ON TO THE NEXT PAGE

Questions 32-35 refer to the following online chat discussion.

Alice Locklear	11:30 A.M.

Mr. Feldman's retirement party is this afternoon. How is everything going?

Judith Lowe	11:31 A.M.

The bakery called to confirm delivery of the cake at 3:00.

Terry Robles	11:33 A.M.

The caterer is bringing the food at the same time. I'll make sure it's set up in the conference room on the second floor before the party starts.

Harrison West	11:34 A.M.

You mean the third floor. The board of directors is meeting in the conference room on the second floor at 4:00.

Alice Locklear	11:35 A.M.

Hold on a moment.

Alice Locklear	11:38 A.M.

Thanks, Harrison. Terry and Judith, make sure the items are brought to the conference room on the third floor, please. I'll send an e-mail to let everyone know where to go.

Judith Lowe	11:40 A.M.

What about setting up chairs and tables?

Alice Locklear	11:42 A.M.

There should already be plenty of chairs. How about contacting Maintenance to set up some tables there? Tell them it's a rush order.

Judith Lowe	11:50 A.M.

I spoke to Simon. He's sending four workers there after lunch.

32. Why did Ms. Locklear start the chat discussion?

(A) To confirm a location
(B) To inquire about preparations
(C) To organize a luncheon
(D) To announce her plans to retire

33. At 11:34 A.M., what does Mr. West mean when he writes, "You mean the third floor"?

(A) Mr. Robles made a mistake.
(B) His office is on the third floor.
(C) The auditorium is on the third floor.
(D) He will see Mr. Robles soon.

34. What will Ms. Locklear most likely do next?

(A) Call the bakery
(B) Contact some employees
(C) Speak with the board of directors
(D) Move some tables and chairs

35. What is suggested about Simon?

(A) He works in the Maintenance Department.
(B) He is going to retire from the company.
(C) He is setting up some chairs in a room.
(D) He ordered the cake and refreshments.

GO ON TO THE NEXT PAGE

Questions 36-40 refer to the following business card and e-mail.

Eric Rasmussen
Supervisor

www.paratech.com

483 Eastern Avenue
Tempe, AZ 85206
Tel: (802) 853-9472
Fax: (802) 890-3938
erassmussen@paratech.com

Paratech Providing programming solutions for small businesses around the world

---

New message

To: Rodney McDaniel
From: Eric Rasmussen
Date: May 12
Subject: Re: My Interview

Dear Mr. McDaniel,

I received your e-mail inquiring about the results of your second interview. I would like to apologize for not being able to respond to you for several days. I was out of the country doing work with several of our foreign clients, so I was unable to check my e-mail as often as I normally do.

I am pleased to hear that despite having offers from companies such as Dyne Tech, Sigma International, and Power, Inc., you have been waiting to hear from us. I would like you to know that the hiring committee considered you the top candidate for the position, so we would therefore like to extend an offer of employment to you.

Your starting salary will be $120,000 per year, and you will qualify for annual performance bonuses. Should you accept, you will be entered into our extensive employee benefits program, which includes comprehensive medical insurance, a pension plan, and stock options. We would like you to start no later than June 1. Make sure that your passport is not nearing its expiration date as you will be needing it during the summer months.

Let me know your response as soon as you can, please. I look forward to receiving a positive answer from you.

Sincerely,

Eric Rasmussen

36. What information is NOT on the business card?
    (A) Mr. Rasmussen's position
    (B) Mr. Rasmussen's e-mail address
    (C) Mr. Rasmussen's facsimile number
    (D) Mr. Rasmussen's department

37. What industry is Paratech most likely in?
    (A) The automobile industry
    (B) The computer industry
    (C) The manufacturing industry
    (D) The textile industry

38. What is indicated about Mr. McDaniel?
    (A) He has been offered a position at Paratech.
    (B) He wants to know the date of his second interview.
    (C) He is currently traveling on business.
    (D) He lives in the same city as Mr. Rasmussen.

39. In the e-mail, the word "extend" in paragraph 2, line 4, is closest in meaning to
    (A) reach
    (B) portray
    (C) make
    (D) approve

40. What does Mr. Rasmussen suggest about Mr. McDaniel?
    (A) He applied for a job at only one company.
    (B) He will be required to travel abroad.
    (C) He asked about stock options at his interview.
    (D) He is about to graduate from college.

This is the end of the Reading test.

Day 6

Score (/40)

Listening Test
- 1. (A)
- 2. (A)
- 3. (B)
- 4. (C)
- 5. (C)
- 6. (A)
- 7. (B)
- 8. (C)
- 9. (C)
- 10. (B)
- 11. (A)
- 12. (D)
- 13. (D)
- 14. (B)
- 15. (B)
- 16. (D)
- 17. (A)
- 18. (A)

Reading Test
- 19. (B)
- 20. (A)
- 21. (A)
- 22. (B)
- 23. (C)
- 24. (C)
- 25. (C)
- 26. (C)
- 27. (A)
- 28. (D)
- 29. (D)
- 30. (A)
- 31. (C)
- 32. (B)
- 33. (A)
- 34. (B)
- 35. (A)
- 36. (D)
- 37. (B)
- 38. (A)
- 39. (C)
- 40. (B)

* 틀린 문제는 문항 번호 옆 빈칸에 표시한 다음, 한 번 더 학습하세요.

Part 1

1.

(A) They are conducting a meeting.
(B) They are typing on their laptops.
(C) They are getting up from their seats.
(D) They are looking out the window.

(A) 그들은 회의를 하고 있다.
(B) 그들은 노트북 컴퓨터로 타이핑하고 있다.
(C) 그들은 자리에서 일어나고 있다.
(D) 그들은 창밖을 보고 있다.

어휘 conduct a meeting 회의를 하다   laptop 노트북 컴퓨터   look out the window 창밖을 보다

해설 정답은 '사람들이 회의를 하고 있다'고 사진 속 상황을 적절히 묘사한 (A)이다. 나머지 보기들은 사진에서 볼 수 있는 사물을 이용하여 사진과 전혀 관련이 없는 동작을 설명하고 있다.

Part 2

2.
Doesn't the subway stop at Western Station?
(A) Not anymore.
(B) No, this isn't the station.
(C) About five more minutes.

그 지하철은 Western 역에서 정차하지 않나요?
(A) 더 이상 하지 않아요.
(B) 아니요, 이곳은 역이 아니에요.
(C) 5분 정도 후에요.

어휘 subway 지하철   not anymore 더 이상 ~않다

해설 부정의문문을 이용해 지하철의 정차 여부를 묻고 있다. 정답은 직접적으로 부정의 의미를 나타낸 (A)이다. 참고로 (A)를 풀어 쓰면 'The subway does not stop at Western Station anymore.'가 된다.

고득점 TIP
부정 의문문의 경우 의문문에 포함되어 있는 not이 없다고 생각하고 내용에만 집중해야 헷갈리지 않고 정답을 고를 수 있다.

3.
Shouldn't you read the user's manual before installing the software?
(A) The software has a bug.
(B) I've already done that.
(C) Manual labor isn't easy.

소프트웨어를 설치하기 전에 사용자 매뉴얼을 읽어야 하지 않나요?
(A) 소프트웨어에 버그가 있어요.
(B) 이미 읽었어요.
(C) 육체 노동은 쉽지가 않아요.

어휘 manual 설명서, 매뉴얼; 육체노동의   install 설치하다   bug 벌레; (소프트웨어의) 버그   labor 노동

해설 사용자 매뉴얼을 읽어야 하지 않을지 묻고 있으므로 '이미 읽었다'고 답한 (B)가 가장 자연스러운 답변이다. (A)와 (C)는 각각 질문에서 사용된 software와 manual을 중복 사용하여 오답을 유도하고 있는 함정이다.

4.
Where is the fax machine located?
(A) That's all right. I just sent a fax.
(B) Simply press the send button.
(C) To the right of Cynthia's desk.

팩스 기기는 어디에 있나요?
(A) 괜찮아요. 제가 조금 전에 팩스를 보냈어요.
(B) 전송 버튼만 누르세요.
(C) Cynthia의 책상 오른편에요.

어휘 be located 위치하다   press 누르다

해설 의문사 where에 착안하면 정답은 직접적으로 팩스가 위치한 장소를 알리고 있는 (C)임을 알 수 있다. 나머지 보기들은 모두 fax machine(팩스 기기)에서 연상될 수 있는 표현들을 이용한 오답이다.

5.
Are we getting paid overtime for this work?
(A) Later tonight around eight.
(B) Stacking boxes in the warehouse.
(C) Not according to Mr. Taylor.

우리가 이번 일에 대한 초과 수당을 받게 되나요?
(A) 오늘 밤 8시 정도요.
(B) 창고에 상자를 쌓는 일이에요.
(C) Taylor 씨에 의하면 아니에요.

어휘 overtime 초과 근무, 야근   stack 쌓다   warehouse 창고   according to ~에 의하면

해설 초과 근무 수당을 받게 될 것인지 묻고 있는데, 정답은 not을 이용해 부정적인 답변을 하고 있는 (C)이다. 참고로 (C)를 완전한 문장으로 다시 쓰면 'We are not getting paid overtime for this work according to Mr. Taylor.'가 된다.

6.
When is the deadline for submitting a bid?
(A) Mr. Andrews can tell you that.
(B) I haven't been to an auction lately.
(C) He hasn't submitted one yet.

응찰 마감일은 언제인가요?
(A) 그 점은 Andrews 씨가 알려 줄 수 있을 거예요.
(B) 저는 최근에 경매장에 간 적이 없어요.
(C) 그는 아직 제출하지 않았어요.

어휘 deadline 마감 시간, 기한   submit a bid 응찰하다, 입찰에 응하다   auction 경매, 경매장   lately 최근에   submit 제출하다

해설 응찰 마감일을 묻고 있다. (B)는 bid로부터 연상할 수 있는 auction이라는 단어로, (C)는 질문의 submit를 중복 사용하여 오답을 유도하고 있는 함정이다. 정답은 '(나는 모르니) Andrews 씨에게 물어보라'는 식으로 답한 (A)이다.

Part 3

[7-9]

M Hello, Ms. Branch. This is David Woodruff calling from Eagle Motors. I'd like you to know that the vehicle you purchased from us will be shipped here by this Saturday. You can pick it up then.

W Wonderful. That's a bit earlier than I had expected. Thanks for letting me know.

M It's my pleasure. Do you know which part of the day you're most likely to come here? We'd like to have it ready for you then. We close at five on weekends.

W I'll arrive there before noon. I've got to be in Springfield for an appointment by four, and I'm planning to drive there in my new car.

M 안녕하세요, Branch 씨. 저는 Eagle Motors의 David Woodruff입니다. 귀하께서 구입하신 차량이 이번 주 토요일에 이곳으로 배송될 것이라는 사실을 알려 드리고자 합니다. 그때 찾아가시면 됩니다.

W 잘 되었군요. 제가 예상했던 것보다 약간 빠르네요. 알려 줘서 고마워요.

M 천만의 말씀입니다. 어느 시간대에 이곳으로 오실 수 있으신지 아시나요? 시간에 맞춰 준비를 해 드리고자 해서요. 저희가 주말에는 5시에 문을 닫습니다.

W 12시 전에는 도착할 거예요. 약속이 있어서 4시까지 스프링필드에 가야 하는데 새 차를 몰고 거기에 갈 생각이거든요.

어휘 ship 선적하다, 배송하다   appointment 약속

7.
남자는 어디에서 일하는 것 같은가?
(A) 택배 회사
(B) **자동차 대리점**
(C) 부동산 중개업소
(D) 제조 회사

해설 남자는 여자가 구입한 차량이 토요일에 올 것이라는 점을 알린 후 여자가 차를 찾으러 방문할 시간을 묻고 있다. 따라서 남자는 자동차 판매원이라는 점을 짐작할 수 있고, 남자의 직장은 (B)의 '자동차 대리점'일 것이다.

8.
여자는 언제까지 남자에게 방문해야 하는가?
(A) 오후 12시까지
(B) 오후 4시까지
(C) **오후 5시까지**
(D) 오후 10시까지

해설 남자는 여자가 주문한 차량이 '토요일에 배송될 것(will be shipped here by this Saturday)'이라고 말하고 이후 '주말에는 5시에 문을 닫는다(We close at five on weekends.)'고 알려 주고 있으므로 여자는 오후 5시까지 매장에 방문해야 한다. 정답은 (C)이다.

9.
여자는 주말에 무엇을 할 것인가?
(A) 가격을 지불한다
(B) 거래를 성사시킨다
(C) **다른 도시로 간다**
(D) 친척을 만난다

해설 여자의 마지막 말 'I've got to be in Springfield for an appointment by four, and I'm planning to drive there in my new car.'에 정답의 단서가 있다. 여자는 차를 몰고 스프링필드로 가게 될 것이므로 스프링필드를 another city로 바꾸어 쓴 (C)가 정답이다.

[10-12]

W Did you read the newspaper today? We got reviewed by the local food critic.

M I had no idea she even visited us. What did she write about us?

W She was rather impressed with the quality of the food you cook, so we got five stars for that. Here, take a look at the article.

M Wow, she really enjoyed it here. But look at this. We only got two stars in this category.

W Yeah, I'm a little disappointed by that, so we're having a meeting tomorrow to see how we can improve it.

M Still, she gave us four stars overall. This should help us attract more customers.

W 오늘 신문을 읽었나요? 우리가 지역 음식 비평가로부터 평가를 받았어요.

M 그녀가 식당을 방문했다는 것도 몰랐네요. 우리에 대해 어떻게 썼나요?

W 당신이 한 요리의 질에 대해 꽤 깊은 인상을 받아서 그 점에 대해서는 별 5개를 받았어요. 여기, 기사를 보세요.

M 와, 정말로 마음에 들었나 보군요. 하지만 이것 좀 보세요. 이 부분에서는 별 2개만을 받았네요.

W 네, 그 점은 약간 실망스러워서 우리가 어떻게 그 점을 개선시킬 수 있는지 알아보기 위해 내일 회의를 할 예정이에요.

M 하지만 전체적으로는 별 4개를 주었잖아요. 이러한 점은 더 많은 손님들을 끌어 모으는 데 도움이 될 거예요.

어휘 food critic 음식 비평가   article 기사   category 범주, 카테고리   be disappointed by ~에 의해 실망하다   overall 전체적으로   attract 유인하다

10.
남자는 누구인 것 같은가?
(A) 웨이터
(B) 주방장
(C) 주인
(D) 기자

해설 화자들이 local food critic(지역 음식 비평가)으로부터 평가를 받았다는 말을 통해 화자들이 일하는 곳은 식당임을 알 수 있다. 그리고 여자는 '남자가 한 요리의 질(the quality of the food you cook)'에 비평가가 감동을 받았다고 했으므로 식당에서 남자의 직책은 (B)의 '요리사'일 것이다.

11.
남자는 비평가에 대해 무엇을 말하는가?
(A) 그녀가 방문했다는 사실을 몰랐다.
(B) 그녀는 메뉴에 있는 모든 음식을 주문했다.
(C) 그녀가 문의했던 질문에 대답했다.
(D) 그녀는 식당에 대해 장문의 기사를 썼다.

해설 대화의 시작 부분에서 음식 비평가가 식당을 평가했다는 여자의 말을 듣고 남자는 'I had no idea she even visited us.'라고 말한다. 즉 남자는 비평가가 식당에 왔었다는 사실도 모르고 있었다고 했으므로 정답은 (A)이다.

12.
도표를 보아라. 화자들은 회의에서 무엇을 논의할 것인가?
(A) 음식
(B) 가격
(C) 고객 서비스
(D) 분위기

해설 화자들이 회의를 통해 개선시킬 분야는 별 2개를 받은 분야이다. 이를 도표에서 확인하면 (D)의 '분위기'가 회의의 주제가 될 것임을 알 수 있다.

Part 4

[13-15]

W As you all know, we at Robertson House focus on historical fiction and mystery novels. However, we've decided to branch out into a new genre. Starting next month, we'll be publishing young adult fiction. We just signed Stewart Cartwright, who is one of the top writers in that field. He's going to write a three-book series with us. If the book sells well, we anticipate that more writers will be signing with us. Right now, I'd like for Sara to say a few words about what she believes the impact of this decision will be for us in the next couple of years.

W 모두들 아시다시피 우리 Robertson House는 역사 소설과 미스터리 소설에 집중하고 있습니다. 하지만 우리는 새로운 장르로의 진출을 결정했습니다. 다음 달을 시작으로 우리는 청소년 소설을 출간할 것입니다. 얼마 전 Stewart Cartwright와 계약을 체결했는데, 그는 그 분야에서 가장 실력이 뛰어난 작가 중 한 명입니다. 그는 우리와 함께 3권짜리 시리즈를 쓸 것입니다. 책이 잘 팔리면 더 많은 작가들이 우리와 계약을 맺을 것이라고 예상합니다. 이제, 이러한 결정이 앞으로 2년간 우리에게 미칠 영향에 대해 Sara가 어떻게 생각하는지 그녀의 말을 잠시 듣고자 합니다.

어휘 focus on ~에 초점을 맞추다, 집중하다 branch out into ~으로 가지를 뻗다 genre 장르 young adult fiction 청소년 소설 anticipate 예상하다 impact 영향

13.
화자는 어떠한 변화를 언급하는가?
(A) 새로운 지점이 문을 열 것이다.
(B) 직원들이 해고될 것이다.
(C) 직원들에게 보너스가 지급될 것이다.
(D) 새로운 영역에 진입할 것이다.

어휘 lay off 해고하다

해설 담화 초반부에서 화자는 회사가 '새로운 장르로의 진출을 결정했다(we've decided to branch out into a new genre)'고 말하면서 청소년 소설 분야까지 사업을 확장할 것이라는 발표를 한다. 따라서 보기 중 언급된 사항은 (D)이다.

14.
Stewart Cartwright는 누구인가?
(A) 음악가
(B) 작가
(C) 교사
(D) 연구원

해설 화자는 Stewart Cartwright를 '해당 업계에서 가장 뛰어난 작가 중 한 명(who is one of the top writers in that field)'으로 소개하는데 문맥상 'that field'는 청소년 소설 분야임을 알 수 있다. 따라서 그는 (B)의 '작가'일 것이다.

15.
다음 차례의 화자는 무엇에 대해 이야기할 것인가?
(A) 회사의 수입
(B) 결정의 효과
(C) 그녀가 맡고 있는 프로젝트
(D) 회사의 예전 성과

해설 마지막 문장인 'Right now, I'd like for Sara to say a few words about what she believes the impact of this decision will be for us in the next couple of years.'에서 담화 이후에는 Sara라는 사람이 사업 확장이라는 결정의 효과에 대해 이야기할 것임을 알 수 있다. 정답은 (B)이다.

[16-18]

W Russ, our offer to Harper International was approved by the CEO, so we're going to be constructing the company's new warehouse down by the waterfront. Mr. Rogers needs to see a detailed budget so that we can sign a contract with Harper. The contract signing is tomorrow morning. You need to get me all the information you have within the next hour so that I can put a report together and forward it to Mr. Rogers. Remember that this needs to be as accurate as possible. If you have any questions, give me a call. I won't have time to check my e-mail.

W Russ, Harper International에 했던 제안이 대표 이사의 승인을 받아서 우리가 그 회사의 부둣가 창고를 새로 짓게 되었어요. Harper와 계약을 체결하기 위해서는 Rogers 씨께서 상세한 예상 비용을 확인하셔야 해요. 계약서 서명은 내일 오전이에요. 제가 보고서를 작성해서 Rogers 씨께 전달할 수 있도록 앞으로 한 시간 이내에 당신이 가지고 있는 모든 정보를 제게 알려 주세요. 이 일은 가능한 한 정확해야 한다는 점을 기억하세요. 질문이 있는 경우에는 제게 전화를 주세요. 이메일을 확인할 시간은 없을 것 같아요.

어휘 warehouse 창고 waterfront 물가, 부둣가 sign a contract 계약서에 서명하다, 계약을 체결하다 so that ~ can ~할 수 있도록 put together 조립하다, 만들다 forward 전달하다 accurate 정확한

16.
화자는 어떤 회사에서 근무하는 것 같은가?
(A) 택배 회사
(B) 컨설팅 회사
(C) 의류 제조업체
(D) 건설 회사

해설 담화 초반부의 we're going to be constructing the company's new warehouse down by the waterfront(우리가 그 회사의 부둣가 창고를 새로 지을 것이다)에서 화자의 회사를 짐작할 수 있다. 새 창고를 건설하는 일을 하는 회사는 '건설 회사'일 것이므로 정답은 (D)가 된다.

17.
화자가 "The contract signing is tomorrow morning"이라고 말할 때 그녀는 무엇을 암시하는가?
(A) 그녀는 내일 행사에 참석할 것이다.
(B) 협상이 아직 진행 중이다.
(C) 정보가 빨리 전달되어야 한다.
(D) 회사가 이번 분기에 돈을 벌 것이다.

해설 주어진 문장의 구체적인 의미는 그 다음 문장 중 you need to get me all the information you have within the next hour에서 찾을 수 있다. 즉 서명이 내일 이루어질 것이라는 말은 그만큼 급박한 상황이라 빨리 정보를 전달받아야 한다는 의미를 담고 있다. 따라서 주어진 문장을 통해 그녀가 암시하고 있는 바는 (C)로 볼 수 있다.

18.
화자는 청자에게 어떻게 연락하라고 제안하는가?
(A) 전화로
(B) 직접
(C) 문자 메시지로
(D) 이메일로

해설 마지막 부분에서 화자는 질문이 있으면 '전화를 달라(give me a call)'고 하고 이메일을 확인할 시간은 없을 것이라는 점을 알려 준다. 따라서 정답은 (A)이다.

Part 5

19.
문제가 발생했을 때, 사무실에 그것을 해결할 수 있는 사람은 아무도 없었다.
(A) 유지했다
(B) 발생했다
(C) ~이 됐다
(D) 증가했다

어휘 office 사무실   solve 해결하다   maintain 유지하다   occur 발생하다

해설 빈칸 뒤에 목적어나 보어가 없으므로 타동사인 (A)와 보어를 필요로 하는 (C)는 정답에서 제외된다. (D)의 increased는 주어가 'When the number of problems'일 경우에 사용될 수 있다. 정답은 '발생했다'라는 의미인 (B)의 occurred이다.

20.
Marston 씨가 런던으로 출발하기 전에, 그녀는 자신이 작성하고 있는 보고서를 완료하기를 바란다.
(A) 출발한다
(B) 출발되다
(C) 출발하는 중이었다
(D) 출발할 것이다

어휘 complete 완료하다   report 보고서

해설 빈칸에 포함된 절이 before로 시작되므로 이는 시간의 부사절이다. 시간의 부사절에서 미래의 내용을 나타낼 때 동사의 현재형이 사용되어야 하므로 정답은 (A)이다. (B)는 수동형이므로 정답이 될 수 없다.

21.
확장 계획은 Chandler 씨에게 주어졌는데, 그녀는 예전에 이러한 일을 했었다.
(A) 계획
(B) 계약
(C) 홍보
(D) 결과

어휘 expansion 확장

해설 expansion project는 '확장 계획', '확장 공사'라는 의미로 사용되며, 나머지 보기들은 expansion과 함께 사용되지 않는 명사들이다. 정답은 (A)이다.

22.
Taylor 씨는, 명성 있는 과학자인데, 지난달에 저명한 학술지에 논문을 게재했다.

(A) 구독된
(B) 명망 있는
(C) 묘사적인
(D) 빈번한

어휘 renowned 유명한, 명성 있는   article 기사; 논문   publish 게재하다, 싣다   journal 잡지, 학술지   subscribe 구독하다   prestigious 명망 있는, 일류의   descriptive 묘사적인, 설명적인   frequent 빈번한

해설 'Taylor 씨가 _____한 학술지에 논문을 게재했다'라는 의미의 문장인데, 보기들 중 빈칸에 들어가기에 적절한 의미의 형용사는 '명망 있는'이라는 뜻인 prestigious밖에 없다. 정답은 (B)이다.

23.
그녀의 팀의 성과를 자랑스러워하며, Maples 씨는 모두에게 1일간의 휴가를 주었다.
(A) 자랑스러움
(B) 자랑스러워했다
(C) 자랑스러워하는
(D) 자랑스럽게

어휘 accomplishment 성과, 업적   day off 쉬는 날, 휴일

해설 빈칸부터 콤마까지는 문장의 구성성분을 갖추고 있지 않고, 주어인 Ms. Maples를 수식하는 역할을 하고 있으므로 이는 분사구문 문장이다. 부사는 분사구문을 이끌 수 없으므로 (D)는 정답에서 제외된다. 분사구문에 주어 역할을 하는 명사가 오려면 이는 주절의 명사와 일치해야 하는데, (A)의 pride와 주어인 Ms. Maples가 일치하지 않으므로 (A) 역시 정답이 아니다. 그리고 의미상 Maples 씨가 자랑스러워하고 있다는 내용이므로 (B)를 과거분사로 본다 하더라도 이는 정답이 될 수 없다. 정답은 형용사인 (C)의 proud이다.

24.
대중교통의 효율성이 이것이 도심에서 많이 사용되는 한 가지 이유이다.
(A) 수송했다
(B) 수송한다
(C) 수송
(D) 운송

어휘 efficiency 효율성   public transportation 대중교통   urban center 도심지

해설 빈칸은 주어 자리이므로 명사가 와야 하는데, 대중교통 이라는 뜻의 용어는 'public transportation'이므로 정답은 (C)이다.

> **고득점 TIP**
> office supply(사무 용품), go bankrupt(파산하다) 등과 같이 영어에서 두 단어 이상 서로 어울려 사용되는 것을 연어(collocation)라고 한다. 이러한 연어는 관용적으로 사용되는 것이기 때문에 하나의 단어처럼 덩어리로 암기해 두어야 한다.

Part 6

[25-28]

Valley 로의 일부 구간 폐쇄

Valley 로의 일부 구간이 어젯밤 지역을 강타한 토네이도의 영향을 받았습니다. 쓰러진 나무와 송전선 이외에도, 도로 자체가 심각한 피해를 입었습니다. 도로 작업반이 잔해를 치우고 피해를 산정할 수 있을 때까지, Valley 로의 일부 구간인 Harris 가와 McCallister 드라이브 사이가 폐쇄됩니다. 출퇴근 차량들만 이곳을 통과할 수 있습니다. 운전자들이 목적지에 도착할 때 우회로를 택할 것을 권합니다. 시의 다른 도로들은 Valley 로보다 더 심하게 영향을 받았기 때문에, 작업을 완료하는 데 1주일 정도 걸릴 것입니다. **더 많은 정보를 구하려면, 시의 웹사이트에 방문해 주세요.**

어휘 affect 영향을 주다 region 지역 power line 송전선 knock down 쓰러뜨리다 severe 심각한 damage 손상, 피해 crew 작업반 assess 가늠하다; 평가하다 residential 거주하는 motorist 운전자 detour 우회로 destination 목적지

25.
(A) 그것은
(B) 그것에
(C) 그것 자체
(D) 그것의

해설 빈칸이 없더라도 문장의 구성 요소가 모두 갖춰져 있다. 따라서 빈칸에는 재귀대명사인 (C)의 itself만이 올 수 있다. itself는 의미를 강조하기 위해 사용된 재귀대명사이다.

26.
(A) 사고 자동차
(B) 인도
(C) 잔해
(D) 차량

어휘 wreck 사고 자동차 pavement 인도 debris 잔해

해설 remove의 목적어로 가장 어울리는 뜻의 명사를 고르면 된다. 바로 앞 문장에서 나무와 송전선이 쓰러지고 도로가 피해를 입었다는 내용이 있으므로, '잔해'라는 뜻의 debris가 오는 것이 적절하다. 정답은 (C)이다.

27.
(A) 권고된
(B) 경고된
(C) 고려된
(D) 승인된

해설 '운전자들은 목적지에 가기 위해 우회할 것을 _____ 받는다'는 문장에서 빈칸에 들어가기에 의미상 적절한 것은 '권고된'이라는 뜻의 (A)의 advised이다.

28.
(A) 시에서 피해를 입은 다른 지역은 없습니다.
(B) 도로는 내일 밤에 통행이 재개될 것입니다.
(C) 최근의 쾌적한 날씨 덕분에 작업이 빨리 마무리되었습니다.
(D) 더 많은 정보를 구하려면, 시의 웹사이트에 방문해 주세요.

해설 다른 도로들도 피해를 입었다는(As other roads in the city were affected worse than Valley Road) 내용이 있으므로 (A)는 정답이 될 수 없고, 작업을 마치는 데 1주일 정도 걸릴 것이라고(it is likely that the work will take up to a week to complete) 했으므로 (B)와 (C)도 이어질 수 없는 내용이다. 추가적인 정보를 얻을 수 있는 방법을 설명한 (D)가 정답이 된다.

Part 7

[29-31]

어떤 것도 다시는 분실하지 마세요

사람들은 평균적으로 집안에서 잃어버린 물건을 찾는 데 1년에 2.5일을 소비합니다. 해마다 60시간인 셈이죠. 올해만 해도 사람들의 절반 이상이 열쇠를 잃어버려서 지각할 것입니다. 사람들은 전화기나 열쇠만 잃어버리는 것이 아니라 안경, 신발, 그리고 다른 물건들을 놓아 둔 장소를 잊어버리곤 합니다. 다행스럽게도, Finder와 함께라면, 여러분은 다시는 어느 것도 분실하지 않을 것입니다. Finder는 어떻게 작동하는 걸까요? 열쇠나 다른 물건에 작은 'Finder 버튼'을 붙

인 다음 스마트폰에서 Finder 애플리케이션을 다운받기만 하면 됩니다. 물건을 찾을 수 없을 때, 앱에서 여러분이 찾는 물건을 나타내는 아이콘을 누르세요. 여러분은 그것이 있는 곳을 정확하게 알 수 있을 것입니다. 물건을 찾는 데 계속해서 문제가 있을 경우, 앱에 있는 "Light It Up" 아이콘을 누르면, 'Finder 버튼'이 반짝거리고 소리가 울리기 시작할 것입니다. 그것을 잃어버릴 수가 없습니다. 그러니 리모컨을 찾지 못해서 좋아하는 TV 프로그램을 놓치거나 전화기를 어디에 두었는지 기억하지 못해서 친구에게 전화하지 못하게 될 걱정은 하지 마세요. Finder를 사용하여 모든 것의 위치를 알고 계십시오. 더 많은 정보를 얻으시려면 www.finder.com으로 가세요.

어휘 misplace 둔 곳을 잊다   indicate 나타내다   look for 찾다   blink (불빛이) 깜빡이다

29.
Finder가 위치를 찾을 수 있는 물품으로 언급되지 않은 것은 무엇인가?
(A) 리모컨
(B) 휴대폰
(C) 안경
(D) 책

해설 지문의 초반의 'People don't just lose their phones and keys but also misplace glasses, shoes, and other objects.'라는 문장에서 전화기와 안경이 언급되어 있고, 후반에 있는 'you can't find the remote control'라는 부분에 리모컨이 언급되어 있다. 그러나 책은 언급되어 있지 않으므로 정답은 (D)이다.

30.
Finder는 무엇을 할 수 있는가?
(A) 빛이 깜빡이도록 한다
(B) 진동이 일어나도록 한다
(C) 자석으로 물건에 부착된다
(D) 그것의 위치를 문자메시지로 보낸다

어휘 beeping sound 삐 하는 소리

해설 지문의 후반부에서 물건을 잃어버렸을 경우 앱에서 아이콘을 누르면 'Finder 버튼'이 반짝거리고 소리가 울리기 시작할 것이라고(will start blinking and beeping) 했다. 그러므로 정답은 (A)이다.

31.
Finder에 대해 관심이 있는 사람들은 어떻게 더 배울 수 있는가?

(A) 앱을 다운로드함으로써
(B) 전화함으로써
(C) 웹사이트에 방문함으로써
(D) 브로셔를 읽음으로써

어휘 call a number 전화하다

해설 마지막 문장에서 더 많은 정보를 원할 경우 홈페이지에 방문하라고 안내하고 있으므로 정답은 (C)이다.

[32-35]

Alice Locklear 오전 11시 30분
Feldman 씨의 은퇴 기념 파티가 오늘 오후에 있어요. 어떻게 되어 가고 있나요?

Judith Lowe 오전 11시 31분
제과점에서 3시에 케이크를 배송한다고 확인 전화가 왔었어요.

Terry Robles 오전 11시 33분
출장 요리 업체도 같은 시간에 음식을 가져 올 거예요. 파티가 시작되기 전에 2층에 있는 회의실에 모든 준비를 마치도록 할게요.

Harrison West 오전 11시 34분
3층을 말하는 것이군요. 이사회가 4시에 2층 회의실에서 회의를 해요.

Alice Locklear 오전 11시 35분
잠시만요.

Alice Locklear 오전 11시 38분
고마워요, Harrison. Terry와 Judith는 3층의 강당에 물품들이 배달되도록 해주세요. 제가 모두에게 이메일을 보내서 어디로 와야 하는지 알릴게요.

Judith Lowe 오전 11시 40분
의자와 테이블 배치는 어떻게 하죠?

Alice Locklear 오전 11시 42분
거기에 이미 충분한 수의 의자가 있을 거예요. 관리부서에 연락해서 그곳에 테이블을 설치해달라고 하는 것이 어떨까요? 급한 부탁이라고 말해 주세요.

Judith Lowe 오전 11시 50분
Simon에게 말했어요. 그가 점심식사 후에 네 명의 작업자들을 보낼 거예요.

어휘 retirement 은퇴, 퇴임   caterer 출장 요리 업체   set up 준비하다   conference room 회의실   auditorium 강당

32.
Locklear 씨는 왜 채팅을 시작했는가?
(A) 장소를 확인하려고
(B) 준비에 대해 알아 보려고
(C) 오찬을 준비하려고
(D) 그녀의 은퇴 계획을 발표하려고

해설 Locklear 씨는 첫 번째 대화에서 오후에 있을 은퇴 기념 파티가 잘 준비되고 있는지를 묻고 있으므로 정답은 (B)이다. 행사 장소 변경에 대한 내용이 주로 언급되기는 하지만, 이는 채팅을 시작한 이유가 아니라 행사 준비에 대해 알아 보다가 알게 된 사항이다.

33.
오전 11시 34분에 West 씨가 "3층을 말하는 것이군요"라고 작성할 때 그가 의미하는 것은 무엇인가?
(A) Robles 씨는 실수를 했다.
(B) 그의 사무실은 3층에 있다.
(C) 강당은 3층에 있다.
(D) 그는 곧 Robles 씨를 만날 것이다.

해설 Robles 씨는 2층 회의실에서 파티 준비를 하겠다고 말했는데, West 씨에 다르면 2층 회의실에서는 이사회 회의가 있다. 즉, 인용된 문장은 Robles 씨가 2층 회의실이 사용될 예정임을 모르고 있었다는 의미이므로 정답은 (A)이다.

> **고득점 TIP**
> 의도 파악 문제의 경우 인용된 문장 앞뒤의 내용을 살펴 보면 정답의 단서를 찾을 수 있다.

34.
Locklear 씨는 이어서 무엇을 할 것 같은가?
(A) 제과점에 전화한다
(B) 몇몇 직원들에게 연락한다
(C) 이사회와 이야기한다
(D) 몇몇 테이블과 의자를 옮긴다

해설 Locklear 씨는 모두에게 어디로 가야 하는지 이메일로 알려 줄 것이라고(I'll send an e-mail to let everyone know where to go.) 했다. 따라서 정답은 (B)이다.

35.
Simon에 대해 무엇이 암시되고 있는가?
(A) 그는 관리부서에서 근무한다.
(B) 그는 회사에서 퇴직할 것이다.
(C) 그는 장소에 몇몇 의자를 설치하고 있다.
(D) 그는 케이크와 다과를 주문했다.

해설 테이블 설치와 관련해서 관리부서 (Maintenance)에 연락하라는 내용에 이어서, Lowe 씨는 Simon과 이야기했다(I spoke to Simon.)고 말하였다. 따라서 Simon은 관리부서에 근무한다는 사실을 유추할 수 있다. 정답은 (A)이다.

[36-40]

Eric Rasmussen 부장	Eastern 가 483번지 템피, 애리조나 85206 Tel: (802) 853-9472
www.paratech.com	Fax: (802) 890-3938 erassmussen@paratech.com
Paratech 전 세계 소규모 사업체들을 위한 프로그래밍 솔루션 제공	

수신: Rodney McDaniel
발신: Eric Rasmussen
날짜: 5월 12일
제목: Re: 면접

친애하는 McDaniel 씨께,

저는 2차 면접의 결과를 문의하는 귀하의 이메일을 받았습니다. 며칠 동안 답장을 드릴 수 없었던 점에 대해 사과를 드리고 싶습니다. 해외 고객들과 관련된 업무를 진행하느라 국내에 없었기 때문에 평소처럼 이메일을 자주 확인할 수 없었습니다.

Dyne Tech, Sigma International, 그리고 Power 주식회사와 같은 회사로부터 입사 제안을 받으셨음에도 불구하고 저희의 연락을 기다려 주셨다는 말을 듣고 기뻤습니다. 저는 채용 위원회가 귀하를 그 자리에 가장 적합한 후보로 생각했다는 점과 따라서 저희는 귀하께 입사 제의를 드리고자 한다는 점을 알려 드립니다.

초봉은 120,000달러가 될 것이며 연간 실적에 따른 보너스를 받을 수 있는 자격이 부여될 것입니다. 수락하시는 경우, 광범위한 직원 복지 프로그램의 적용도 받게 되실 것인데, 여기에는 종합적인 의료 보험, 연금 보험, 그리고 스톡 옵션이 포함됩니다. 늦어도 6월 1일부터는 귀하께서 업무를 시작하셨으면 합니다. 여름에는 여권이 필요할 테니 귀하의 여권 기한 일자가 많이 남아 있는지도 확인해 주십시오.

가능한 빨리 답장을 주시기 바랍니다. 귀하로부터 긍정적인 답변을 받게 되기를 기대하겠습니다.

Eric Rasmussen 드림

어휘 inquire 묻다, 문의하다   normally 평상시에, 평소   hiring committee 채용 위원회   candidate 후보   extend 확장하다, 확대하다   qualify 자격을 갖추다   employee benefits program 직원 복지 혜택   insurance 보험   pension plan 연금   stock option 스톡 옵션   passport 여권   expiration 소멸   positive 긍정적인

36.
명함에 있는 정보가 아닌 것은 무엇인가?
(A) Rasmussen 씨의 직책
(B) Rasmussen 씨의 이메일 주소
(C) Rasmussen 씨의 팩스 번호
(D) Rasmussen 씨의 부서

어휘 position 직책   department 부서

해설 명함에는 Rasmussen 씨의 직책(supervisor), 이메일 주소(erassmussen@paratech.com), 그리고 팩스 번호가(802-890-398) 있지만, 그가 소속된 부서에 대한 정보는 없다. 정답은 (D)이다.

37.
Paratech는 어떤 업계에 속해 있을 것 같은가?
(A) 자동차업계
(B) 컴퓨터업계
(C) 제조업계
(D) 섬유업계

어휘 automobile 자동차   textile 직물, 옷감

해설 명함의 마지막 부분에 Paratech는 전 세계 소규모 사업체들을 위한 프로그래밍 솔루션 제공한다는(Paratech Providing programming solutions for small businesses around the world) 정보가 있으므로 정답은 (R)이다.

38.
McDaniel 씨에 대해 명시된 것은 무엇인가?
(A) Paratech에서의 일자리를 제안 받았다.
(B) 두 번째 면접일자를 알고 싶어 한다.
(C) 현재 출장 중이다.
(D) Rasmussen 씨와 같은 도시에 살고 있다.

어휘 interview 면접

해설 두 번째 지문인 이메일은 McDaniel 씨의 면접 결과를 통보하는 내용인데, 두 번째 문단의 마지막 문장을 보면 Rasmussen씨는 McDaniel 씨에게 입사 제안을(we would therefore like to extend an offer of employment to you) 하고 있다. 명함을 통해서 Rasmussen 씨는 Paratech의 부장임을 알 수 있으므로 정답은 (A)이다.

39.
이메일에서, 두 번째 문단 네 번째 줄의 단어 "extend"와 그 의미가 가장 비슷한 것은?
(A) ~에 이르다
(B) 묘사하다
(C) 만들다
(D) 승인하다

어휘 reach ~에 이르다   portray 묘사하다

해설 'extend an offer'는 '제안하다'라는 의미인데, 보기들 중 extend를 대신할 수 있는 동사는 (C)의 make뿐이다.

40.
Rasmussen 씨가 McDaniel 씨에 대해 암시하고 있는 것은 무엇인가?
(A) 그는 한 회사에만 지원했다.
(B) 그는 해외 출장을 가야 할 것이다.
(C) 그는 면접 때 스톡옵션에 대해 물어 보았다.
(D) 그는 대학에서 졸업할 예정이다.

어휘 apply for ~에 지원하다   abroad 해외로   stock option 스톡옵션, 주식매입선택권

해설 이메일의 세 번째 문단 마지막 문장인 'Make sure that your passport is not nearing its expiration date as you will be needing it during the summer months.'에서 여름에 여권이 필요할 것이라고 한 것으로 보아, McDaniel 씨는 해외 출장을 가야 할 것임을 알 수 있다. 정답은 (B)이다.

빈칸에 알맞은 어휘나 뜻을 쓰세요.

	어휘	뜻		어휘	뜻
1		쌓다	11	accomplishment	
2		창고	12		송전선
3	according to		13		쓰러뜨리다
4	submit a bid		14	assess	
5	branch out into		15	detour	
6	put together		16	wreck	
7		정확한	17		잔해
8	renowned		18	misplace	
9	prestigious		19		후보자
10		빈번한	20		자격을 갖추다

정답 1. stack 2. warehouse 3. ~에 의하면 4. 응찰하다, 입찰에 응하다 5. ~으로 가지를 뻗다 6. 조립하다, 만들다 7. accurate 8. 유명한, 명성 있는 9. 명망 있는, 일류의 10. fluent 11. 성과, 업적 12. power line 13. knock down 14. 가늠하다; 평가하다 15. 우회로; 우회하다 16. 사고 자동차 17. debris 18. 둔 곳을 잊다 19. candidate 20. qualify

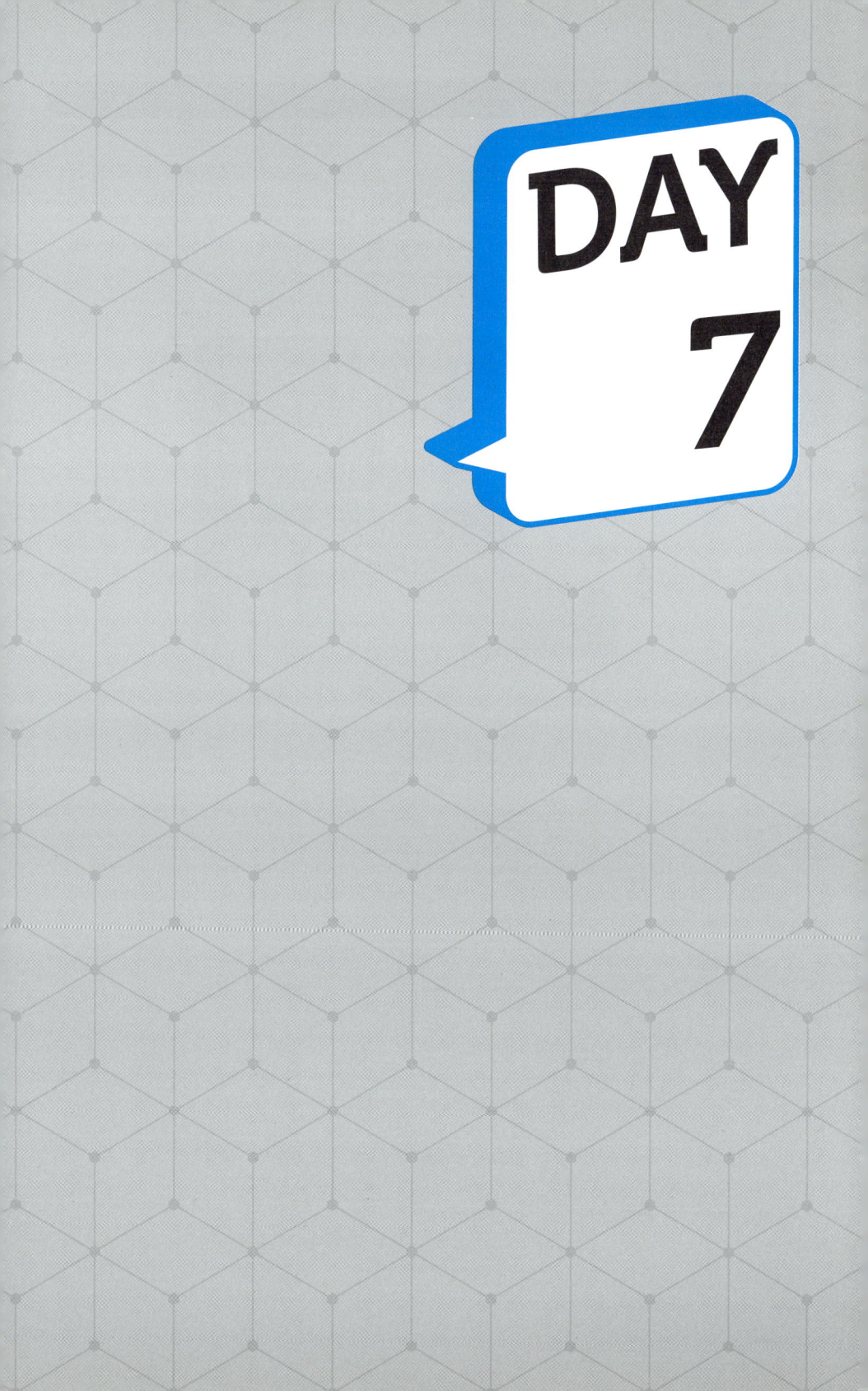

Listening Test

Time 10 minutes

Part 1

🎧 07-01

Directions: You will hear four statements about the picture below. Select the one statement that best describes what you see in the picture and mark the letter (A), (B), (C), or (D).

1.

(A)   (B)   (C)   (D)

Part 2

🎧 07-02

Directions: You will hear a question or statement and three responses spoken in English. Select the best response to the question or statement and mark the letter (A), (B), or (C).

2. Mark your answer on your answer sheet.   (A)   (B)   (C)

3. Mark your answer on your answer sheet.   (A)   (B)   (C)

4. Mark your answer on your answer sheet.   (A)   (B)   (C)

5. Mark your answer on your answer sheet.   (A)   (B)   (C)

6. Mark your answer on your answer sheet.   (A)   (B)   (C)

Part 3

🎧 07-03

Directions: You will hear some conversations between two or more people. You will be asked to answer three questions about what the speakers say in each conversation. Select the best response to each question and mark the letter (A), (B), (C), or (D).

7. What are the speakers mainly discussing?
   (A) Rehabilitating after an operation
   (B) Attending a health club
   (C) Losing weight
   (D) Playing organized sports

8. Why does the man qualify for a discount?
   (A) Because of his residence
   (B) Because of his membership
   (C) Because of his age
   (D) Because of his workplace

9. What does the woman mean when she says, "I was in the same situation when I started"?
   (A) She knew little about exercising.
   (B) She paid little for her membership.
   (C) She worked out exclusively with a trainer.
   (D) She was confused about where to go.

10. What is Terry's problem?
    (A) His conference has been postponed.
    (B) Some equipment is broken.
    (C) He lost his notes for his speech.
    (D) He cannot find his projector.

11. What does Terry say about the room on the fifth floor?
    (A) It is currently occupied.
    (B) It lacks important equipment.
    (C) It is available tomorrow.
    (D) It is being renovated.

12. What will the woman most likely do next?
    (A) Speak with a repairman
    (B) Visit another floor
    (C) Make a reservation
    (D) Give a presentation

13. What is the woman's problem?
    (A) She lost several clients.
    (B) She cannot fill a position.
    (C) She needs to complete a report.
    (D) She made a mistake on an application.

14. What is suggested about the speakers?
    (A) They are in the textile industry.
    (B) They have been colleagues for years.
    (C) They work in Memphis.
    (D) They often travel for work.

15. What does the woman request the man do?
    (A) Provide her contact information to a client
    (B) Apply for a transfer to her department
    (C) Negotiate a contract with a buyer
    (D) Call her in her office later in the day

GO ON TO THE NEXT PAGE

Part 4

🎧 07-04

Directions: You will hear some talks given by a single speaker. You will be asked to answer three questions about what the speaker says in each talk. Select the best response to each question and mark the letter (A), (B), (C), or (D).

16. What does the speaker say about the Bradford Theater?

    (A) It was recently renovated.
    (B) It had its first show last night.
    (C) It was just built.
    (D) It was damaged by a fire.

17. What type of performance will be held tomorrow?

    (A) A musical
    (B) A play
    (C) A concert
    (D) An opera

18. What will listeners hear next?

    (A) The weather forecast
    (B) A commercial
    (C) Some music
    (D) A news report

Gregory's Special Menu
Enjoy 20% Off

Thursday	All Chicken Dinners
Friday	All Fish Dinners
Saturday	All Pork Dinners
Sunday	All Beef Dinners

19. Who most likely is the speaker?

    (A) A chef
    (B) A greeter
    (C) A waitress
    (D) The owner

20. Look at the graphic. What day is it?

    (A) Thursday
    (B) Friday
    (C) Saturday
    (D) Sunday

21. What does the speaker say about the special meals?

    (A) They both taste very good.
    (B) They use imported food.
    (C) They are available at half off.
    (D) They are no longer available.

This is the end of the Listening test.

Reading Test

Time 15 minutes

Part 5

Directions: A word or phrase is missing in each of the sentences below. Four answer choices are given below each sentence. Select the best answer to complete the sentence.

22. The money spent ------- the facilities was considered to be a prudent investment.

    (A) upgrading
    (B) upgrades
    (C) upgraded
    (D) to be upgraded

23. ------- some members of the sales staff received bonuses, others were not rewarded on account of their substandard performances.

    (A) For
    (B) While
    (C) With
    (D) Yet

24. The active ------- of local residents in the spring festival is being encouraged by its organizers.

    (A) participate
    (B) participants
    (C) participation
    (D) participated

25. ------- nobody in the office had any experience when it came to using the accounting software.

    (A) Virtual
    (B) Virtually
    (C) Virtue
    (D) Virtues

26. Attendance at the city's ------- spring festival has steadily risen for the past decade.

    (A) critical
    (B) sponsored
    (C) active
    (D) annual

27. The restructuring of the company has resulted ------- improved production from the majority of employees.

    (A) with
    (B) at
    (C) by
    (D) in

GO ON TO THE NEXT PAGE

Part 6

Directions: Read the text below. A word, phrase, or sentence is missing in parts of the text. Four answer choices for each question are given below the text. Select the best answer to complete the text and mark the letter (A), (B), (C), or (D).

Questions 28-31 refer to the following announcement.

New Gaming Convention Announced

The first annual Richmond Gaming Convention will take place from July 30 to August 3. The event, which is being ------- by Carlyle Computers, will be in the Richmond Convention Center.
 28.

The convention will feature game demonstrations, mock gaming sessions, and roundtable discussions about games. Famed game designer Walter Bell has been selected to give the keynote speech. -------. There will also be several game makers
 29.
looking for new talent to -------. Tickets for the convention can ------- by going to
 30.   **31.**
www.rcc.org. A single-day pass costs $20 while you can purchase a five-day pass for $60.

28. (A) purchased
    (B) sponsored
    (C) shown
    (D) sold

29. (A) These events will take place every day of the conference.
    (B) His talk was well received by the audience.
    (C) Mr. Bell spoke at last year's convention as well.
    (D) He will discuss his newest release, Phantom Submarine.

30. (A) hire
    (B) approach
    (C) invest
    (D) approve

31. (A) acquire
    (B) acquired
    (C) be acquired
    (D) have been acquired

Part 7

Directions: In this part you will read a selection of texts. The text or set of texts is followed by several questions. Select the best answer for each question and mark the letter (A), (B), (C), or (D).

Questions 32-33 refer to the following text message chain.

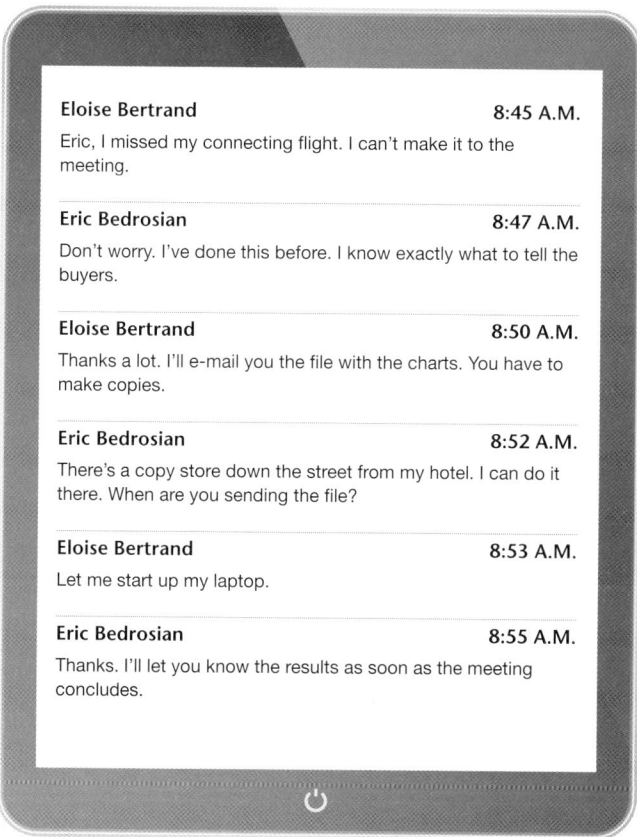

Eloise Bertrand — 8:45 A.M.
Eric, I missed my connecting flight. I can't make it to the meeting.

Eric Bedrosian — 8:47 A.M.
Don't worry. I've done this before. I know exactly what to tell the buyers.

Eloise Bertrand — 8:50 A.M.
Thanks a lot. I'll e-mail you the file with the charts. You have to make copies.

Eric Bedrosian — 8:52 A.M.
There's a copy store down the street from my hotel. I can do it there. When are you sending the file?

Eloise Bertrand — 8:53 A.M.
Let me start up my laptop.

Eric Bedrosian — 8:55 A.M.
Thanks. I'll let you know the results as soon as the meeting concludes.

32. What is suggested about Mr. Bedrosian?

(A) He will pick up Ms. Bertrand at the airport.
(B) He and Ms. Bertrand are coworkers.
(C) He is meeting some buyers at a hotel.
(D) He is currently out of the country.

33. At 8:53 A.M., what does Ms. Bertrand imply when she writes, "Let me start up my laptop"?

(A) She is working on the plane.
(B) Her Internet access is poor.
(C) She will send the file soon.
(D) Her laptop just turned off.

GO ON TO THE NEXT PAGE

Questions 34-36 refer to the following Web site.

In 2006, Greg Black got tired of working at his office job in Stanton and decided to pursue his true interest: food. He resigned from his position and opened the first Burgers N Dogs franchise in downtown Charlotte. Greg wanted to combine two aspects of the food industry that he felt would create a successful restaurant. First, he wanted to use the factory-style operation common at fast-food restaurants. Second, he wanted to use only fresh, local, and high-quality ingredients to make superior food at bargain rates.

Greg's goal was realized in 2009 when Burgers N Dogs won the first of five consecutive annual Best Affordable Restaurant Awards. In 2011, a second Burgers N Dogs opened in Savannah while a third restaurant opened in Columbus the following year. Today, Burgers N Dogs, with its main office in Durham, is one of the fastest-growing franchise restaurants in the entire Southeast.

34. What is the purpose of the passage?
    (A) To give the history of a restaurant
    (B) To explain how to open a franchise
    (C) To describe the food a restaurant sells
    (D) To give a biography of Mr. Black

35. Why did Mr. Black open his first restaurant?
    (A) He was fired from his job.
    (B) He was offered a chance to run a franchise.
    (C) He was interested in food.
    (D) He had very much experience in the food industry.

36. According to the passage, what is NOT true about Burgers N Dogs?
    (A) It is an award-winning establishment.
    (B) It uses food made in the local area.
    (C) It is a fast-food restaurant chain.
    (D) It has three restaurants in Columbus.

GO ON TO THE NEXT PAGE

Questions 37-41 refer to the following schedule and e-mails.

Snyder Manufacturing Computer Training Schedule

Date	Time	Location	Department	Instructor
Monday, June 2	9 – 11 A.M.	Room 123	Personnel	Peter Welch
Tuesday, June 3	1 – 3 P.M.	Room 123	Accounting	Andrew Turner
Wednesday, June 4	2 – 4 P.M.	Room 508	Sales	Andrew Turner
Thursday, June 5	1 – 3 P.M.	Room 508	Shipping	Peter Welch

Individuals with work conflicts should discuss them with their department heads. A makeup date for individuals who do not attend any sessions will be scheduled for the last week of June.

E-Mail Message

To: Tina Yang
From: Chris Morris
Subject: Computer Training
Date: May 27

Ms. Yang,

I just saw the schedule for the computer training posted on the bulletin board. Unfortunately, I'm supposed to meet a client in Columbus during the afternoon on Wednesday, so I won't be able to attend the course. Would it be possible for me to take it on another day? I would cancel the meeting, but I've been trying to get an appointment with Mr. Mercer at the Rayford Group for two months, and he finally agreed to see me. I would hate to ask him to reschedule.

Please let me know what you think.

Regards,

Chris

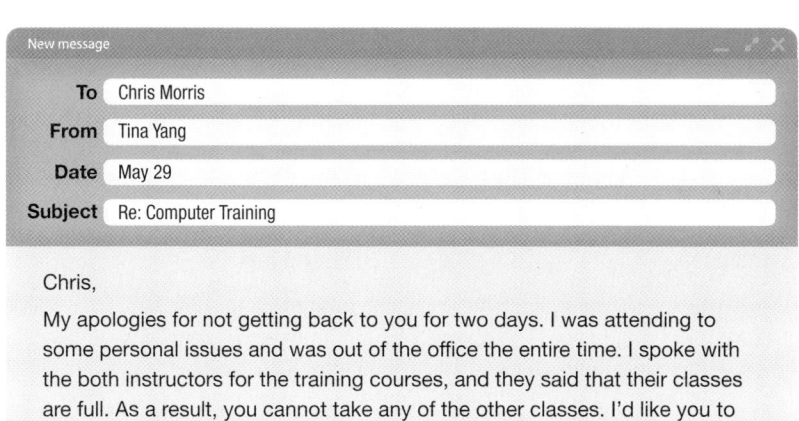

Chris,

My apologies for not getting back to you for two days. I was attending to some personal issues and was out of the office the entire time. I spoke with the both instructors for the training courses, and they said that their classes are full. As a result, you cannot take any of the other classes. I'd like you to attend the makeup session that we'll be holding. This means you'll have to reschedule the vacation you had planned, but since you have advance notice of this, I believe you shouldn't experience any difficulties.

Regards,
Tina

37. Which department will NOT receive any training?
   (A) The Marketing Department
   (B) The Accounting Department
   (C) The Shipping Department
   (D) The Personnel Department

38. What is indicated about Ms. Yang?
   (A) She is the head of the Sales Department.
   (B) She will lead one of the training sessions.
   (C) She often takes business trips abroad.
   (D) She has been absent from work for a week.

39. Who is Mr. Mercer?
   (A) The CEO of the Rayford Group
   (B) A client of Mr. Morris's
   (C) A computer instructor
   (D) An employee in the Shipping Department

40. Why did Ms. Yang apologize to Mr. Morris?
   (A) She could not get him an instructor position.
   (B) She forgot to assign him a new time.
   (C) She was unable to accept his request.
   (D) She did not respond to his e-mail.

41. What is suggested about Mr. Morris?
   (A) He plans to go on vacation at the end of June.
   (B) He believes he does not need the training session.
   (C) He will do the computer training by himself.
   (D) He agreed to a contract with his client.

This is the end of the Reading test.

Day 7

Score (　　/41)

Listening Test

☐ 1. (D)	☐ 2. (B)	☐ 3. (C)
☐ 4. (B)	☐ 5. (B)	☐ 6. (B)
☐ 7. (B)	☐ 8. (D)	☐ 9. (A)
☐ 10. (B)	☐ 11. (A)	☐ 12. (A)
☐ 13. (B)	☐ 14. (C)	☐ 15. (A)
☐ 16. (C)	☐ 17. (C)	☐ 18. (B)
☐ 19. (C)	☐ 20. (B)	☐ 21. (A)

Reading Test

☐ 22. (A)	☐ 23. (B)	☐ 24. (C)
☐ 25. (B)	☐ 26. (D)	☐ 27. (D)
☐ 28. (B)	☐ 29. (D)	☐ 30. (A)
☐ 31. (C)	☐ 32. (B)	☐ 33. (C)
☐ 34. (A)	☐ 35. (C)	☐ 36. (D)
☐ 37. (A)	☐ 38. (A)	☐ 39. (B)
☐ 40. (D)	☐ 41. (A)	

* 틀린 문제는 문항 번호 옆 빈칸에 표시한 다음, 한 번 더 학습하세요.

Part 1

1.

(A) The woman is paying for some clothes.
(B) The woman is trying on an outfit.
(C) The woman is making a purchase with cash.
(D) The woman is entering the establishment.

(A) 여자가 옷값을 지불하고 있다.
(B) 여자가 옷을 입어 보고 있다.
(C) 여자가 현금으로 구매를 하고 있다.
(D) 여자가 매장에 들어가고 있다.

어휘 pay for ~에 대한 값을 치르다　try on ~을 입어 보다
outfit 옷　make a purchase 구매하다　establishment 시설, 기관; 점포

해설 여자가 의류 매장에 들어가고 있는 모습을 볼 수 있다. 따라서 정답은 (D)이다. 주로 매장 내에서 이루어질 수 있는 행동을 묘사하고 있는 나머지 보기들은 모두 정답이 될 수 없다.

Part 2

2.
Would you like to accompany us to the deli?
(A) We don't work at a company.
(B) Let me grab my purse from my desk.
(C) I'm eating a chicken sandwich now.

우리와 함께 식품점에 갈래요?
(A) 우리는 회사에서 일하지 않아요.
(B) 책상에서 지갑을 가져 올게요.
(C) 저는 지금 치킨 샌드위치를 먹고 있어요.

어휘 accompany 동반하다, 동행하다　deli 식품점, 델리

해설 조동사 would를 이용해 상대방에게 식품점에 같이 가자는 제안을 하고 있다. 정답은 '지갑을 가져 오겠다'며 간접적으로 수락의 의미를 나타낸 (B) 이다. (A)는 accompany(동반하다)와 발음이 유사한 company(회사)로, (C)는 deli(식품점)에서 연상할 수 있는 chicken sandwich(치킨 샌드위치)를 이용한 함정이다.

3.
Didn't you arrange for us to have a vehicle?
(A) I drive a minivan to work.
(B) We took the train there.
(C) Gina said she'd do that.

154

우리가 쓸 차량을 준비해 두지 않았나요?
(A) 저는 미니밴을 몰고 출근해요.
(B) 우리는 그곳까지 기차를 타고 갔어요.
(C) Gina가 본인이 하겠다고 말했어요.

어휘 arrange for ~을 마련하다, 준비하다　vehicle 차량
minivan 미니밴

해설 부정의문문을 이용해 차량 준비가 되어 있는지 묻고 있다. (A)는 출근 방법을 묻는 질문에, (B)는 이동 수단을 묻는 질문에 적합한 답변들이다. 정답은 제3자가 준비해 두었을 것이라고 말하면서 간접적으로 준비가 되어 있다고 대답한 (C)이다.

4.
Couldn't we postpone the meeting by an hour?
(A) I haven't checked the agenda.
(B) Mr. White needs to give us permission.
(C) Sometime around 3:30, I think.

회의를 한 시간 정도 늦출 수 없을까요?
(A) 저는 의제를 확인하지 못했어요.
(B) White 씨께서 승인을 하셔야 해요.
(C) 약 3시 30분일 거예요.

어휘 postpone 연기하다　agenda 의제, 안건
permission 허가

해설 couldn't를 이용해 회의를 연기할 수 있는 가능성을 묻고 있으므로 조건부로 허락이 있어야 가능하다고 답변한 (B)가 정답이다. (A)는 회의를 취소하려는 이유를 묻는 질문에, (C)는 회의의 시작 시각을 묻는 질문에 이어질 수 있는 답변이다.

5.
What caused the electricity to go out?
(A) I'll turn everything off then.
(B) Probably the thunderstorm.
(C) Actually, this runs on batteries.

무엇 때문에 전기가 나갔나요?
(A) 그러면 제가 전부 끌게요.
(B) 아마도 천둥 때문이겠죠.
(C) 사실 이것은 배터리로 작동돼요.

어휘 cause ~의 원인이 되다, 일으키다　electricity 전기
go out (전기 등이) 나가다, 정전되다　thunderstorm 천둥

해설 정전이 된 이유를 묻고 있으므로 그 이유를 천둥이라고 밝힌 (B)가 정답이다.

고득점 TIP

what으로 시작하는 의문문이라도 cause나 make 등의 동사가 이어지면, 이러한 종류의 질문은 이유나 원인을 묻는 의문문임을 기억하자.

6.
How often does the number 36 bus come?
(A) Straight down Fifth Avenue.
(B) Three times an hour.
(C) The route is an hour long.

36번 버스는 얼마나 자주 오나요?
(A) 곧장 5번가로요.
(B) 한 시간에 세 번이요.
(C) 그 경로는 한 시간 길이에요.

어휘 straight 곧장, 똑바로　route 경로, 길

해설 how often을 이용해 버스가 얼마나 자주 오는지 묻고 있다. 정답은 '한 시간에 세 번'이라고 횟수를 밝힌 (B)이다. 참고로 how often으로 시작되는 질문에는 times, per, every 등의 단어가 종종 답변에 등장한다.

Part 3

[7-9]

M　Linda, you work out at a gym, don't you? I've been considering exercising before heading to the office, but I'm not sure where I should go.

W　I have a membership at Redondo Gym. It's located right down the street. The facilities are modern, and you'll get a discount on your membership since you work here.

M　I wasn't aware of that. How are the trainers? I've never worked out at a gym, so I don't have any idea about what to do.

W　I was in the same situation when I started. But in only five months, the trainers helped me figure out the best exercises to get in shape.

M   Linda, 체육관에서 운동을 하죠, 그렇지 않나요? 저도 출근을 하기 전에 운동하는 것을 생각 중인데, 어디로 가야 할지 잘 모르겠어요.

W   저는 Redondo 체육관의 회원이에요. 길 아래쪽에 위치해 있죠. 시설이 현대적이고, 당신이 여기에 근무하기 때문에 회원 가입할 때 할인을 받게 될 거예요.

M   그 점은 제가 몰랐군요. 트레이너들은 어때요? 제가 체육관에서 운동을 해 본 적이 없어서 무엇을 해야 하는지 전혀 모르거든요.

W   저도 시작했을 때 똑같은 상황이었어요. 하지만 단 5개월 만에 트레이너들의 도움으로 체력 관리에 가장 좋은 운동을 알아 냈어요.

어휘 work out 운동하다   head to ~로 향하다   membership 회원 자격, 회원권   be aware of ~을 알다   situation 상황   figure out 알아내다   get in shape 체력을 기르다, 몸매를 가꾸다

7.
화자들은 주로 무엇을 논의하는가?
(A) 수술 후 재활
(B) 헬스 클럽 이용
(C) 체중 감량
(D) 단체 스포츠 경기

해설 체육관에서 운동을 처음 시작하려는 남자가 운동 경험이 있는 여자에게 궁금한 점을 물어보고 있다. 따라서 대화의 주제는 (B)이다.

8.
남자는 왜 할인을 받을 수 있는 자격을 갖고 있는가?
(A) 거주지 때문에
(B) 회원권 때문에
(C) 나이 때문에
(D) 직장 때문에

해설 여자가 한 말 중 'you'll get a discount on your membership since you work here'를 놓치지 않고 들었다면 정답을 쉽게 찾을 수 있다. 현재의 직장에 다니고 있다는 점 때문에 할인 혜택을 누릴 수 있는 것이므로 정답은 (D)가 된다.

9.
여자가 "I was in the same situation when I started"라고 말할 때 여자는 무엇을 의미하는가?
(A) 그녀는 운동에 대해 많이 알지 못했다.
(B) 그녀는 저렴한 비용으로 회원권을 얻었다.

(C) 그녀는 트레이너가 있을 때에만 운동을 한다.
(D) 그녀는 어디로 가야 할지 혼란스러워 했다.

해설 주어진 문장은 체육관에 가본 적이 없다는 남자의 말에 대한 반응으로 '자신도 같은 상황이었다'는 뜻을 전하고 있다. 즉 자신도 처음 운동을 시작했을 때 지식이나 경험이 없었다는 의미를 나타내고 있으므로 정답은 (A)이다.

[10-12]

M1 Teresa, has the projector in the conference room been fixed yet?

W   I don't think so, Terry. Allen told me that someone from the Maintenance Department will repair it tomorrow.

M1 Tomorrow? I've got to give a presentation there in a couple of hours, and I need to use that projector.

M2 Have you considered moving to another room? The one on the fifth floor has a working projector.

M1 I asked Ms. Tessmacher about using it, but there's a seminar being held there all day.

W   Let me contact Eric in Maintenance. I'll explain the situation and see if he can do something about it.

M1 Teresa, 회의실의 프로젝터는 수리가 되었나요?

W   아닐걸요, Terry. Allen 말에 따르면 관리부의 누군가가 내일 수리를 할 것이라고 했어요.

M1 내일이요? 저는 두 시간 후에 그곳에서 프레젠테이션을 해야 하고 그 프로젝터를 써야 해요.

M2 다른 곳으로 장소를 옮기는 건 생각해 보았나요? 5층 회의실 프로젝터는 작동을 하거든요.

M1 그곳을 써도 되는지 Tessmacher 씨에게 물었는데, 거기에서는 하루 종일 세미나가 진행될 거예요.

W   제가 관리부의 Eric에게 연락해 볼게요. 상황을 설명해서 그가 무언가 할 수 있는지 알아보죠.

어휘 projector 영사기, 프로젝터   fix 고치다, 수리하다   consider 고려하다   all day 하루 종일   contact 접촉하다; 연락하다   situation 상황

10.
Terry의 문제는 무엇인가?
(A) 자신의 콘퍼런스가 연기되었다.
(B) 장비가 고장이 났다.
(C) 발표 준비 노트를 잃어버렸다.
(D) 자신의 프로젝터를 찾을 수 없다.

해설 프로젝터가 현재 수리되어 있지 않다는 말을 듣고 Terry는 두 시간 후에 발표가 있어서 '프로젝터를 써야 한다(I need to use that projector)'고 말한다. 따라서 프로젝트가 고장이 나 있는 상황이 문제이므로 (B)가 정답이다.

어휘 postpone 미루다, 연기하다

11.
Terry는 5층 회의실에 대해 무엇을 말하는가?
(A) 현재 사용 중이다.
(B) 중요 장비가 없다.
(C) 내일 사용할 수 있다.
(D) 보수 공사 중이다.

해설 5층에 정상적으로 작동되는 프로젝터가 있다는 말을 듣고 Terry는 자신도 그에 대해 알아봤는데 '그곳에서는 하루 종일 세미나가 열릴 것이다(there's a seminar being held there all day)'라고 답한다. 따라서 보기 중 그가 언급한 것은 '현재 그곳은 사용 중이다'라는 의미를 지닌 (A)이다.

어휘 occupied 점령 중인, 사용 중인   lack 결여하다, 부족하다   renovate 보수하다

12.
여자는 이어서 무엇을 할 것 같은가?
(A) 수리 담당자와 이야기한다
(B) 다른 층으로 간다
(C) 예약을 한다
(D) 프레젠테이션을 한다

해설 대화의 마지막 부분에서 여자는 'Let me contact Eric in Maintenance.'라고 말하면서 자신이 관리부에 연락해서 문제를 해결할 수 있는지 알아보겠다고 했다. 따라서 여자가 하게 될 일은 관리부 직원인 Eric과 이야기하는 것이므로 정답은 (A)이다.

> **고득점 TIP**
> 대화 이후에 일어날 일을 묻는 문제의 경우, 정답의 단서는 거의 항상 대화의 마지막 부분에서 찾아볼 수 있다.

[13-15]

M Deanna, are you still looking for someone to fill Rick's position when he departs next week?

W Yes, I am. I've received plenty of résumés, but I haven't been impressed with any of the applicants.

M Well, one of my customers mentioned that there's an employee at his place who is looking to move to Memphis to be back in his hometown.

W Yeah? Do you think he's qualified?

M From what he told me, it sure sounded like it. Would you like me to request that he get in touch with you? This could work out in your favor.

W I'd appreciate that, Charles. Please pass my e-mail address to your customer.

M Deanna, Rick이 다음 주에 떠난 후 그의 자리를 대신할 사람을 아직도 찾고 있는 중인가요?

W 네, 그래요. 이력서는 많이 받았는데, 인상적인 지원자는 없었어요.

M 음, 제 고객 중 한 명이 말하기를, 고향으로 돌아오기 위해 멤피스로 이사를 오고 싶어하는 직원이 자기네 회사에 있다고 하더군요.

W 그래요? 그가 적임자라고 생각하나요?

M 제가 들은 바에 따르면 분명 그런 것 같았어요. 그가 당신에게 연락할 수 있도록 제가 요청을 해 둘까요? 당신에게 이로운 일이 될 거예요.

W 그렇게 해 주면 고맙겠어요, Charles. 제 이메일 주소를 당신의 고객에게 넘겨 주세요.

어휘 depart 떠나다, 출발하다   mention 언급하다, 말하다   hometown 고향   qualified 자격이 있는, 적임의   get in touch with ~와 연락하다   work out in one's favor ~에게 유리하게 작용하다

13.
여자의 문제는 무엇인가?
(A) 고객을 몇 명 잃었다.
(B) 공석을 채울 수 없다.
(C) 보고서를 완성해야 한다.
(D) 지원서에서 실수를 했다.

해설 대화 초반부의 내용을 통해 여자의 문제는 곧 생길 공석을 채울 수 있는 신입 직원을 아직 찾지 못하고 있는 점임을 알 수 있다. 따라서 정답은 (B)이다.

14.
화자들에 대해 암시되어 있는 것은 무엇인가?
(A) 그들은 섬유업계에서 일을 한다.
(B) 그들은 몇 년 동안 동료 사이였다.
(C) 그들은 멤피스에서 일한다.
(D) 그들은 종종 출장을 간다.

해설 남자는 여자에게 지원자를 추천하면서 지원 사유에 대해 'looking to move to Memphis to be back in his hometown'이라고 말한다. 즉 추천을 받은 사람은 고향인 멤피스로 돌아오고 싶어 해서 화자들이 일하는 회사에 지원하려는 것이므로 화자들이 일하는 곳은 멤피스일 것으로 추측할 수 있다. 따라서 (C)가 정답이다. 대화 내용으로 미루어 볼 때 그들이 동료 사이일 것으로 생각되지만 동료였던 기간은 알 수 없으므로 (B)는 정답이 될 수 없다.

15.
여자는 남자에게 무엇을 요청하는가?
(A) 자신의 연락처를 고객에게 알려 준다
(B) 그녀의 부서로 전근을 신청한다
(C) 바이어와 계약 조건을 협상한다
(D) 오늘 늦게 그녀의 사무실로 전화한다

해설 여자의 마지막 말 'Please pass my e-mail address to your customer.'가 단서이다. 여자는 남자의 고객에게 자신의 이메일 주소를 알려 주라고 했으므로 여자가 요청한 바는 (A)이다.

Part 4
[16-18]

M Before we take a commercial break, there's one last bit of local news we should cover. Tomorrow night, the Bradford Theater will open for the first time. Construction on the theater was completed two weeks ago, and the employees there have been preparing for tomorrow's opening night ever since then. The featured performance will be a concert by the Bradford Symphony Orchestra. Tickets have been going fast, but there are still a few left if you're interested in acquiring them. Tomorrow's concert is sure to be something people will be talking about for years, so don't miss it. We'll be back with some music in just a moment.

M 광고를 듣기 전에 마지막으로 다루어야 할 지역 뉴스가 있습니다. 내일 밤, Bradford 극장이 개관할 예정입니다. 2주 전 극장 공사가 완료되었고 그때부터 그곳의 직원들은 내일 밤 개관을 준비해 왔습니다. 특별 공연은 Bradford 심포니 오케스트라의 연주회가 될 것입니다. 티켓이 빨리 소진되고 있지만, 구입을 희망하신다면 아직 몇 개가 남아 있습니다. 내일 연주회는 사람들이 수년간 이야기해왔던 대단한 공연이 될 것이기 때문에 놓치지 마십시오. 잠시 후 음악과 함께 다시 돌아오겠습니다.

어휘 commercial break 광고 시간 for the first time 처음으로, 최초로 featured performance 특별 공연 acquire 얻다, 획득하다 something 어떤 것; 중요한 것, 대단한 것

16.
화자는 Bradford 극장에 대해 무엇을 말하는가?
(A) 최근에 보수를 했다.
(B) 지난 밤에 첫 공연을 했다.
(C) 얼마 전에 지어졌다.
(D) 화재로 손실되었다.

해설 화자는 Bradford 극장이 개관을 하게 되었다는 소식을 전한 후 'Construction on the theater was completed two weeks ago'라고 말한다. 즉 공사가 완료되어 개관을 하게 된 것이므로 극장에 관해 언급된 사실은 (C)이다. 첫 공연은 내일 밤에 진행될 예정이므로 (B)는 정답이 될 수 없다.

17.
내일 어떤 공연이 열릴 것인가?
(A) 뮤지컬
(B) 연극
(C) 연주회
(D) 오페라

해설 내일 공연은 a concert by the Bradford Symphony Orchestra(Bradford 심포니 오케스트라의 연주회)라고 직접적으로 소개되고 있으므로 정답은 (C)이다.

18.
청자들은 이어서 무엇을 들을 것인가?

(A) 날씨 예보
(B) 광고
(C) 음악
(D) 뉴스 보도

해설 자칫 마지막 문장만 듣고 정답을 (C)로 골라서는 안 된다. 이 문제를 풀기 위해서는 담화의 첫 문장인 'Before we take a commercial break, there's one last bit of local news we should cover.'를 기억해 내야 한다. 이 문장에 따르면 담화 직후에는 '광고 시간(commercial break)'이 이어질 것이기 때문에 정답은 (B)가 된다.

[19-21]

W Welcome to Gregory's, the city's most exclusive restaurant. My name is Tara, and I'll be your server this evening. Before you take a look at the menu, I'd like to tell you about our special offers this evening. There are two of them, and both are fish. The first is grilled red snapper served with sautéed vegetables and seafood chowder. The second is baked salmon. It's cooked in a lemon sauce and also comes with grilled vegetables. I've had both, and while each is excellent, the salmon is simply amazing. And if you order either special, you'll save twenty percent on the listed price.

W 시내 최고급 식당인 Gregory's에 오신 것을 환영합니다. 제 이름은 Tara이며 오늘 저녁 여러분들의 주문을 도와 드릴 것입니다. 메뉴를 보시기에 앞서, 오늘 저녁 특선 요리에 대해 알려 드리고자 합니다. 두 가지 요리가 있는데 모두 생선 요리입니다. 첫 번째는 살짝 튀긴 야채와 해산물 차우더를 곁들인 도미 구이입니다. 두 번째는 연어 구이입니다. 레몬 소스로 요리되며 구운 야채와 함께 나옵니다. 제가 두 가지 다 맛보았는데, 각각 맛이 좋지만, 연어가 정말로 맛이 뛰어납니다. 그리고 특선 요리 중 하나를 주문하시는 경우에는 표시된 가격에서 20%를 할인받게 될 것입니다.

어휘 exclusive 배타적인; 고급의   server 시중, 웨이터
grilled 구운   red snapper 도미   sautéed (기름에) 튀긴,
볶은   chowder 차우더 (해산물 수프의 일종)

19.
화자는 누구인 것 같은가?
(A) 주방장
(B) 그리터
(C) 웨이트리스
(D) 주인

어휘 greeter 그리터 (손님을 맞이하는 직원)

해설 화자는 청자들에게 환영 인사를 건넨 후 자신의 신원을 server(종업원, 웨이터)라고 밝히고 있다. 따라서 정답은 (C)이다. 보기 모두 식당에서 흔히 접할 수 있는 직책이므로 자칫 방심하면 정답을 놓치지 쉬운 문제이다.

20.
도표를 보아라. 어떤 요일인가?
(A) 목요일
(B) 금요일
(C) 토요일
(D) 일요일

해설 화자는 특선 요리를 안내하면서 특선 요리가 '모두 생선 요리(both are fish)'라는 점을 밝히고 있다. 도표에서 생선 요리가 할인되는 날은 금요일임을 알 수 있으므로 정답은 (B)이다.

21.
화자는 특선 요리에 대해 무엇을 말하는가?
(A) 둘 다 맛이 좋다.
(B) 수입산 재료를 사용한다.
(C) 절반 가격으로 주문할 수 있다.
(D) 더 이상 주문이 불가능하다.

해설 화자는 담화 후반부에서 'I've had both, and while each is excellent, the salmon is simply amazing.'이라고 말하면서 두 요리 모두 맛있지만 연어가 뛰어나다고 평가한다. 따라서 화자가 말한 내용은 (A)로 볼 수 있다. 특선 요리가 할인된다는 것은 사실이지만 할인율은 20%이므로 (C)는 정답이 될 수 없다.

Part 5

22.
그 시설들을 개선하는 데 자금을 사용하는 것은 신중한 투자로 간주되었다.
(A) 개선하는 것

(B) 개선한다
(C) 개선된
(D) 개선되는 것

어휘 facility 시설   consider 간주하다, ~라고 여기다   prudent 신중한   investment 투자

해설 동사 spend는 동명사를 목적어로 취하므로 정답은 (A)이다.

23.
몇몇 영업부 직원들이 보너스를 받았지만, 다른 직원들은 기준 이하의 실적으로 인해 보상받지 못했다.
(A) ~ 때문에
(B) ~ 하지만
(C) ~와 함께
(D) 그렇지만

어휘 sales staff 영업부 직원   reward 보상하다   on account of ~ 때문에   substandard 수준 이하의   performance 성과, 실적

해설 빈칸 뒤에 절이 이어지므로 접속사인 (B)와 (D)에서 정답을 고른다. while은 절 앞에 사용되어 '(절의 내용이) ~이지만'이라는 의미를 가진다. 반면에 yet이 접속사로 사용될 경우 절 앞에 사용되기는 하지만 '(절의 내용을 포함하지 않고) 그렇지만'이라는 뜻을 지닌다. 그러므로 정답은 (B)의 while이다.

24.
봄 축제에 지역 주민들의 활발한 참여가 주최측에 의해 장려되고 있다.
(A) 참여하다
(B) 참가자
(C) 참여
(D) 참가된

어휘 active 적극적인; 활동적인   local 지역의   resident 거주자, 주민   encourage 권장하다, 장려하다; 부추기다   organizer 조직자, 주최자   participate 참여하다   participant 참가자   participation 참가

해설 빈칸은 형용사인 active의 수식을 받는 자리이므로 명사인 (B)의 participants와 (C)의 participation에서 정답을 골라야 한다. 문장을 해석해 보면 '지역 주민의 활동적인 참가자(the active participants of local residents)'라는 표현은 의미가 어색해지므로 (B)는 정답이 될 수 없다. 정답은 (C)의 participation이다.

25.
회계 소프트웨어를 사용하는 것에 대해 말하자면 사실상 사무실의 어느 누구도 그러한 경험이 없었다.
(A) 사실상의
(B) 사실상
(C) 장점
(D) 장점들

어휘 experience 경험   when it comes to -ing ~에 대해 말하자면   accounting 회계   virtual 사실상의; 가상의   virtually 사실상   virtue 선행; 미덕; 장점

해설 빈칸은 이어지는 문장의 동사인 had를 수식하는 부사 자리이므로 정답은 (B)의 virtually이다. 형용사인 (A)의 virtual, 그리고 명사인 (C)의 virtue와 (D)의 virtues는 정답이 될 수 없다.

26.
시의 연례 봄 축제의 참석자 수가 지난 10년 동안 꾸준히 증가했다.
(A) 중대한
(B) 후원을 받는
(C) 활동적인
(D) 해마다의

어휘 attendance 참석; 참석자 수, 참석률   steadily 꾸준히   decade 10년   critical 비판적인; 중대한   sponsored 후원을 받는   active 활동적인   annual 해마다의

해설 spring festival을 수식하기에 적절한 의미의 형용사를 골라야 한다. 문장의 맨 뒤에 '10년 동안 꾸준히 증가했다(has steadily risen for the past decade)'라는 구가 있는 것으로 보아, '해마다의'라는 뜻의 'annual'이 빈칸에 오는 것이 가장 적절하다. 정답은 (D)이다.

27.
회사의 구조 조정은 직원 대부분의 생산량이 증가하는 결과를 가져왔다.
(A) ~와 함께
(B) ~에
(C) ~ 옆에
(D) ~ 안에

어휘 restructure 개편하다, 구조조정하다   production 생산량   majority 대다수

해설 '~ 결과를 가져오다'라는 의미의 표현은 'result in'이므로 정답은 (D)이다. 나머지 전치사들은 동사 result의 뒤에 사용되지 않는다.

Part 6

[28-31]

신규 게임 총회 공지

제 1차 연례 리치먼드 게이밍 총회가 7월 30일부터 8월 3일까지 개최될 예정입니다. 행사는, Carlyle 컴퓨터의 후원을 받고 있으며, 리치먼드 컨벤션 센터에서 열릴 것입니다. 총회는 게임 시연, 모의 게임 시간, 그리고 게임들에 대한 원탁회의 토론으로 구성될 것입니다. 저명한 게임 설계자인 Walter Bell이 기조 연설자로 선정됐습니다. **그는 자신의 최신 출시작인 Phantom Submarine에 관해 의견을 나눌 것입니다.** 또한 채용을 목적으로 재능 있는 분들을 찾는 여러 게임 제작사들이 있을 것입니다. 총회 입장권은 www.rcc.org에 방문하여 구할 수 있습니다. 1일권은 20달러이지만 5일권은 60달러에 구매할 수 있습니다.

어휘 convention 대회, 총회　feature 특별히 포함하다　demonstration (시범을 통한) 설명　mock 모의의; 가짜의　roundtable 원탁 회의　famed 저명한　keynote speech 기조연설　talent 재능 있는 사람

28.
(A) 구매된
(B) 후원을 받는
(C) 보인
(D) 판매된

해설 '행사가 Carlyle 컴퓨터로부터 _____'을 완성하기에 가장 적절한 의미의 보기는 '후원을 받는'이라는 뜻의 (B) sponsored이다.

29.
(A) 이 행사들은 총회 기간 동안 매일 열릴 것입니다.
(B) 그의 연설은 청중들로부터 호평을 받았습니다.
(C) Bell 씨는 작년 총회에서도 연설을 했습니다.
(D) 그는 자신의 최신 출시작인 Phantom Submarine에 관하여 의견을 나눌 것입니다.

해설 빈칸 앞의 문장에서 기조연설자가 누구인지 언급되어 있는데, 기조연설에서 어떤 내용이 다루어질 것인지를 언급한 (D)가 이어지는 것이 가장 자연스럽다. (A)는 총회의 행사들을 언급하고 있으므로 기조연설과는 무관한 내용이며, 연설은 아직 일어나지 않은 일이므로 (B)도 정답이 될 수 없다. 또한, 지문에서 언급되고 있는 총회는 처음으로 개최되는 행사이므로 Bell 씨가 작년 총회에서도 연설을 했다는 내용의 (C) 또한 정답이 될 수 없다.

30.
(A) 고용하다
(B) 다가가다
(C) 투자하다
(D) 승인하다

해설 빈칸이 포함된 문장의 talent는 '재능 있는 사람'이라는 뜻인데, 보기들 중 게임 개발자에서 이러한 사람들을 찾는 이유로 적절한 것은 '고용하다'라는 뜻의 (A) hire뿐이다.

31.
(A) 획득하다
(B) 획득했다
(C) 획득되다
(D) 획득되었다

해설 문장의 주어가 ticket이므로 수동형 동사가 와야 하기 때문에 (A)와 (B)는 정답이 될 수 없다. 완료형 수동태인 (D)는 과거의 일을 언급할 때 사용되므로 정답이 될 수 없다. 정답은 (C)이다.

Part 7

[32-33]

> **Eloise Bertrand**　　　　　오전 8시 45분
> Eric, 제가 갈아 탈 비행기를 놓쳤어요. 회의에 참석할 수 없게 되었어요.
>
> **Eric Bedrosian**　　　　　오전 8시 47분
> 걱정 말아요. 저도 예전에 그랬어요. 바이어들에게 뭐라고 말해야 할지 확실히 알겠어요.
>
> **Eloise Bertrand**　　　　　오전 8시 50분
> 정말 고마워요. 차트가 포함된 파일을 이메일로 보낼게요. 복사해야 할 거예요.
>
> **Eric Bedrosian**　　　　　오전 8시 52분
> 호텔에서 거리를 따라 내려가면 복사점이 있어요. 그곳에서 하면 되겠네요. 언제 파일을 보낼 건가요?
>
> **Eloise Bertrand**　　　　　오전 8시 53분
> 노트북을 켤게요.
>
> **Eric Bedrosian**　　　　　오전 8시 55분
> 고마워요. 회의가 끝나자마자 결과를 알려 드릴게요.

어휘 connecting flight 연결편 (갈아 탈 비행기)　conclude 끝나다

32.
Bedrosian 씨에 대해 무엇이 암시되고 있는가?
(A) 그가 Bertrand 씨를 태우러 갈 것이다.
(B) 그와 Bertrand 씨는 동료이다.
(C) 그는 호텔에서 바이어들과 회의를 하고 있다.
(D) 그는 현재 국외에 있다.

어휘 pick up 집어 들다   coworker 동료   currently 최근에   out of the country 국외에

해설 Bertrand 씨가 Bedrosian 씨에게 회의 자료 복사를 준비하고 회의에 참석하지 못한다고 말하고 있는 것으로 보아 두 사람은 같이 근무하고 있다는 것을 알 수 있다. 정답은 (B)이다.

33.
오전 8시 53분에 Bertrand 씨가 "노트북을 켤게요"라고 작성할 때 그녀가 암시하는 것은 무엇인가?
(A) 비행기에서 일을 하고 있다.
(B) 인터넷 연결이 잘 안 된다.
(C) 곧 파일을 보낼 것이다.
(D) 노트북이 막 꺼졌다.

어휘 access 접속   laptop 노트북 컴퓨터   turn off 끄다

해설 Bertrand 씨는 회의와 관련된 파일을 언제 보낼 것이냐는 Bedrosian 씨의 질문을 듣고 나서 인용된 문장을 작성했는데, 노트북을 켜겠다고 말하는 것으로 보아 바로 파일을 보내겠다는 의미일 것이다. 따라서 정답은 (C)이다.

[34-36]

www.burgersndogs.com			
홈	품목	소개	주문	메뉴

2006년, Greg Black은 스탠턴에서 사무직으로 일하는 것에 지쳐서 그의 진정한 관심사인 음식에 빠져들어 보기로 결심했다. 그는 직장에서 퇴사했고 샬럿 시내에 Burgers N Dogs의 프랜차이즈의 1호점을 개업했다. Greg는 성공적인 식당을 만들 것이라고 생각하는 요식업의 두 가지 측면을 결합하기를 원했다. 첫째로, 그는 패스트푸드점에서 흔히 볼 수 있는 공장식 운영 방법을 활용하고 싶어 했다. 둘째로, 그는 신선하고, 현지의 것이며, 품질이 좋은 재료만을 사용하여 저렴한 가격에 더 좋은 음식을 만들고자 했다.

Greg의 목표는 Burgers N Dogs가 최고의 식당에 해마다 시상되는 상인 Best Affordable Restaurant Awards를 5년 연속 수상한 해의 첫해인 2009년에 실현되었다. 2011년, Burgers N Dogs의 2호점이 사바나에서 영업을 시작했고 다음 해에는 3호점이 콜럼버스에서 개업했다. 오늘날, 더햄에 본사를 두고 있는 Burgers N Dogs는 남동부 지역 전체에서 가장 빠르게 성장하고 있는 프랜차이즈 식당이다.

어휘 resign 사임하다   downtown 시내에   combine 결합하다   aspect 측면   common 흔한   ingredient 재료   bargain 싸게 사는 물건   consecutive 연이은   main office 본사

34.
지문의 목적은 무엇인가?
(A) 한 식당의 연혁을 알려 주기 위해서
(B) 프랜차이즈를 개업하는 방법을 설명하기 위해서
(C) 식당에서 판매하는 음식을 설명하기 위해서
(D) Black 씨의 일대기를 알려 주기 위해서

해설 지문의 전체적인 내용은 Burgers N Dogs라는 프랜차이즈 식당의 창업, 발전 과정, 그리고 현황이므로 정답은 (A)이다. Black 씨 개인이 아니라 식당에 초점을 맞춰져 있다.

35.
Black 씨는 왜 첫 번째 식당을 개업했는가?
(A) 그는 직장에서 해고당했다.
(B) 그는 프랜차이즈 식당 운영을 제안 받았다.
(C) 그는 음식에 관심이 있었다.
(D) 그는 요식업계에서 매우 많은 경험이 있었다.

해설 지문의 초반부에 Black 씨는 회사를 그만 둔 이후 자신의 관심사였던 음식에 빠져들어 보기로 했다는 내용이 있으므로 정답은 (C)이다. 그는 해고당한 것이 아니라 스스로 퇴사했고, 식당 운영을 제안 받았다는 내용은 없으며, 예전에 요식업계에서 일했던 경력도 없으므로 (A), (B), (D)는 모두 오답이다.

36.
지문에 따르면, Burgers N Dogs에 대해 사실이 아는 것은 무엇인가?
(A) 상을 받은 식당이다.
(B) 지역에서 나는 식품을 사용한다.
(C) 패스트푸드 체인점이다.
(D) 콜럼버스에 세 개의 식당이 있다.

해설 콜럼버스에는 3호점이 있는(a third restaurant opened in Columbus) 것이지 세 개의 점포가 있는 것은 아니다. 따라서 정답은 (D)이다.

[37-41]

	Snyder Manufacturing 컴퓨터 교육 일정			
날짜	시간	장소	부서	강사
6월 2일 월요일	오전 9시 - 11시	123호	인사	Peter Welch
6월 3일 화요일	오후 1시 - 3시	123호	회계	Andrew Turner
6월 4일 수요일	오후 2시 - 4시	508호	영업	Andrew Turner
6월 5일 목요일	오후 1시 - 3시	508호	물류	Peter Welch

업무와 충돌이 생기는 직원은 부서 장과 논의하셔야 합니다. 교육에 참석하지 못하는 분들을 위한 보충 수업은 6월 마지막 주에 진행될 예정입니다.

어휘 conflict 충돌, 갈등 makeup 보충

수신 Tina Yang
발신 Chris Morris
제목 컴퓨터 교육
날짜 5월 27일

Yang 씨께,

조금 전에 게시판에 게시되어 있는 컴퓨터 교육 일정을 보았어요. 안타깝게도 저는 수요일 오후에 콜럼버스에서 고객을 만나기로 되어 있어서 수업에 참석하지 못할 거예요. 제가 다른 날짜에 교육을 받을 수 있을까요? 약속은 취소할 수 있지만 저는 Rayford Group의 Mercer 씨와 만날 약속을 잡기 위해 2달 동안 노력을 해서 마침내 그분께서 저를 만나기로 하셨거든요. 그분에게 약속을 변경하자는 요청을 하고 싶지는 않아요.

어떻게 생각하는지 알려 주세요.

Chris 드림

어휘 post 게시하다 bulletin board 게시판 get an appointment with ~와 만날 약속을 하다 reschedule 일정을 조정하다, 일정을 변경하다

수신 Chris Morris
발신 Tina Yang
제목 Re: 컴퓨터 교육
날짜 5월 29일

Chris,

이틀 동안 답신을 하지 못해서 미안해요. 개인적인 일을 처리하느라 내내 사무실 밖에 있었거든요. 교육을 담당하고 있는 강사 두 분 모두와 이야기를 나누어 보았는데, 그분들의 수업은 모두 마감되었어요. 따라서 당신이 들을 수 있는 수업은 없어요. 저는 우리가 계획 중인 보충 수업에 당신이 참여했으면 좋겠어요. 이는 당신이 계획해 둔 휴가 일정을 조정해야 한다는 것을 의미하지만, 이와 같은 사전 통보를 받게 되었으므로 당신에게 큰 문제는 없을 것으로 믿어요.

Tina로부터

어휘 apology 사과 get back to ~에게 다시 연락하다 advance notice 예고, 사전 통보

37.
교육을 받지 않는 부서는 어디인가?
(A) 마케팅부서
(B) 회계부서
(C) 발송부서
(D) 인사부서

해설 첫 번째 지문에서 교육을 받는 부서들은 인사, 회계, 영업, 발송부서이므로 정답은 (A)이다.

38.
Yang 씨에 대해 명시된 것은 무엇인가?
(A) 영업부서장이다.
(B) 교육들 중 하나를 진행할 것이다.
(C) 해외 출장을 자주 간다.
(D) 1주일 동안 자리에 없었다.

해설 첫 번째 지문의 하단에 교육과 업무가 충돌할 경우 부서장과 논의하라고(Individuals with work conflicts should discuss them with their department heads) 했다. Morris 씨는 수요일에 수업을 듣지 못하는데, 수요일은 영업부서의 교육이 있는 날이며, 그는 이 문제를 논의하기 위해 Yang 씨에게 이메일을 보냈다. 따라서 Yang 씨는 영업부서장일 것이므로 정답은 (A)이다.

39.
Mercer 씨는 누구인가?
(A) Rayford Group의 최고경영자
(B) Morris 씨의 고객
(C) 컴퓨터 강사
(D) 발송부서의 직원

해설 두 번째 지문에서 Morris 씨는 고객(a client)과 약속을 잡았다고 했는데, 지문의 중반부에서 Mercer 씨와 약속을 잡기 위해 2개월 동안 노력했다는 내용이

있다. 따라서 Mercer 씨는 Morris의 고객일 것이므로 정답은 (B)이다.

40.
Yang 씨는 왜 Morris 씨에게 사과했는가?
(A) 그에게 강사직을 맡길 수 없었다.
(B) 새로운 시간을 배정해주는 것을 잊었다.
(C) 그의 요청을 받아들일 수 없었다.
(D) 이메일에 답장하지 않았다.

해설 Yang 씨는 세 번째 지문에 첫 부분에서 이틀 동안 답장을 보내지 않은 것에 대해(My apologies for not getting back to you for two days) 사과하고 있다. 따라서 정답은 (D)이다.

41.
Morris 씨에 대해 암시되고 있는 것은 무엇인가?
(A) 6월 말에 휴가를 갈 계획이다.
(B) 교육을 받을 필요가 없다고 생각한다.
(C) 혼자서 컴퓨터 교육을 할 것이다.
(D) 그의 고객과 계약에 동의했다.

해설 세 번째 지문에 따르면 Yang 씨는 보충 교육에 참석하기 위해 휴가 일정을 조정해야 하는데 (you'll have to reschedule the vacation you had planned) 첫 번째 지문의 마지막 부분에 보충 교육은 6월 말에 예정되어 있다는 내용이 있으므로 정답은 (A)이다.

빈칸에 알맞은 어휘나 뜻을 쓰세요.

	어휘	뜻		어휘	뜻
1	try on		7		수준 이하의
2	outfit		8		구조조정하다
3	establishment		9	mock	
4	qualified		10		재료
5	acquire		11	consecutive	
6	prudent		12	advance notice	

정답: 1. ~을 입어 보다 2. 옷 3. 시설, 기관 4. 자격이 있는, 적임의 5. 얻다, 획득하다 6. 신중한 7. substandard 8. restructure 9. 모의의, 가짜의 10. ingredient 11. 연이은 12. 예고, 사전 통보

DAY 8

Listening Test

Time 09 minutes

Part 1

🎧 08-01

Directions: You will hear four statements about the picture below. Select the one statement that best describes what you see in the picture and mark the letter (A), (B), (C), or (D).

1.

(A)   (B)   (C)   (D)

Part 2

🎧 08-02

Directions: You will hear a question or statement and three responses spoken in English. Select the best response to the question or statement and mark the letter (A), (B), or (C).

2. Mark your answer on your answer sheet.   (A)   (B)   (C)

3. Mark your answer on your answer sheet.   (A)   (B)   (C)

4. Mark your answer on your answer sheet.   (A)   (B)   (C)

5. Mark your answer on your answer sheet.   (A)   (B)   (C)

6. Mark your answer on your answer sheet.   (A)   (B)   (C)

Part 3

08-03

Directions: You will hear some conversations between two or more people. You will be asked to answer three questions about what the speakers say in each conversation. Select the best response to each question and mark the letter (A), (B), (C), or (D).

7. Who most likely is the woman?
   (A) A teacher
   (B) An interior designer
   (C) A store clerk
   (D) An architect

8. What is the problem?
   (A) A room is too small.
   (B) A picture is not colorful.
   (C) Some equipment is broken.
   (D) An item is missing.

9. What does the man want by Friday?
   (A) A new design
   (B) A signed contract
   (C) A payment
   (D) A reserved room

Dandelion Furnishings
Order Number 974-382

Item	Quantity	Price
Dinner Plate	5	$35.00
Flower Vase	1	$22.00
Wineglass	2	$12.00
Serving Bowl	1	$18.00

10. What was wrong with the man's order?
    (A) An item was broken.
    (B) The wrong item was delivered.
    (C) An item was not included.
    (D) An item was unavailable.

11. Look at the graphic. How much money will the man be refunded?
    (A) $12.00
    (B) $18.00
    (C) $22.00
    (D) $35.00

12. What does the woman give the man?
    (A) A replacement item
    (B) A coupon for 10% off
    (C) A gift certificate
    (D) Store credit

GO ON TO THE NEXT PAGE

Part 4

🎧 08-04

Directions: You will hear some talks given by a single speaker. You will be asked to answer three questions about what the speaker says in each talk. Select the best response to each question and mark the letter (A), (B), (C), or (D).

13. Why is the clinic closed?
    - (A) There is a holiday.
    - (B) It is the weekend.
    - (C) The clinic has closed for the day.
    - (D) The doctors are on vacation.

14. What is mentioned about the clinic's reservation service?
    - (A) It is busy right now.
    - (B) It is staffed twenty-four hours a day.
    - (C) It is not working.
    - (D) It is automated.

15. How can the listener speak with a person immediately?
    - (A) By pressing 1
    - (B) By pressing 2
    - (C) By pressing 3
    - (D) By pressing 4

16. What are the listeners doing?
    - (A) Attending a seminar
    - (B) Getting some training
    - (C) Listening to a speech
    - (D) Taking part in a workshop

17. Why does the speaker say, "Many of the doors in this facility automatically lock upon closing"?
    - (A) To tell the listeners to be serious about security
    - (B) To mention that he does not have a key
    - (C) To stress the importance of the ID cards
    - (D) To advise the listeners to remember a code

18. What will the listeners most likely do next?
    - (A) Visit a lab
    - (B) Read the manual
    - (C) Fill out some forms
    - (D) Take a short break

This is the end of the Listening test.

Reading Test

Time 17 minutes

Part 5

Directions: A word or phrase is missing in each of the sentences below. Four answer choices are given below each sentence. Select the best answer to complete the sentence and mark the letter (A), (B), (C), or (D).

19. The concert had ------- begun when it was interrupted by heavy rainfall.

    (A) variously
    (B) quite
    (C) since
    (D) barely

20. The copier was breaking down -------, so the funding to purchase a new one was approved.

    (A) repeatable
    (B) repeating
    (C) repeater
    (D) repeatedly

21. The ------- for the staff meeting was posted on the company intranet two days before it was held.

    (A) results
    (B) time
    (C) deadline
    (D) agenda

22. A common request is that the food served in the cafeteria should be more -------.

    (A) nutrient
    (B) nutritious
    (C) nutrition
    (D) nutritiously

23. Ms. Ruiz answered the telephone ------- since her secretary was busy copying documents.

    (A) her
    (B) hers
    (C) she
    (D) herself

24. Ms. Marson is likely to be ------- to an executive position at headquarters sometime within the next year.

    (A) considered
    (B) promoted
    (C) transformed
    (D) interviewed

GO ON TO THE NEXT PAGE

Part 6

Directions: Read the text below. A word, phrase, or sentence is missing in parts of the text. Four answer choices for each question are given below the text. Select the best answer to complete the text and mark the letter (A), (B), (C), or (D).

Questions 25-28 refer to the following announcement.

Visit the Andersonville Summer Festival

This year's Andersonville Summer Festival ------- to be the best ever. This summer, more events than in previous years have been scheduled. There will be several races, including a 10K run and a marathon. A fishing contest and a waterskiing contest will take place on nearby Lake Hamilton. Prizes will be awarded to the winners of all these -------. Each day of the festival will feature concerts by local singers and bands. -------. A fireworks show will be held on that day, too. For more information, visit www.andersonvillefestival.org. The festival is taking place ------- August 15 to 19.

25. (A) results
    (B) considers
    (C) appears
    (D) promises

26. (A) events
    (B) festivities
    (C) races
    (D) plays

27. (A) Children in particular will enjoy many of the games.
    (B) Tickets to these concerts must be purchased separately.
    (C) Mayor Thompson is expected to give a speech there.
    (D) There will be a parade on the last day of the festival.

28. (A) on
    (B) during
    (C) from
    (D) among

Part 7

Directions: In this part you will read a selection of texts. The text or set of texts is followed by several questions. Select the best answer for each question and mark the letter (A), (B), (C), or (D).

Questions 29-31 refer to the following review.

A New Play by John August
by Cynthia Wang

The new John August play, *Finding Myself*, had its debut last night. The standing-room-only crowd was expecting the same wit and charm which featured in Mr. August's first play, *The Road Goes On*, that played in Crystal Theater eleven months ago. Sadly, last night's play failed to meet expectations.

The plot itself is fairly straightforward. A man attempts to find meaning with his life after experiencing several tragic incidents in a short period of time. Yet the story loses focus at times, and the main character, Russell Murphy, is not a very sympathetic individual. In addition, the acting left much to be desired. Miles Standing, who had the lead role, misspoke a few of his lines and didn't appear to be fully engaged in the play. The lighting at the theater was not as sharp as it normally is either.

The one bright spot from the play was Ted Watts, who had a supporting role as Russell's younger brother. He was funny and believable and commanded the stage whenever he appeared. He's someone audiences can expect to hear more from in the future.

29. What is indicated about *Finding Myself*?
 (A) It is better than *The Road Goes On*.
 (B) It took eleven months to write.
 (C) Its dialogue is clever and amusing.
 (D) Its first performance was sold out.

30. Who is Mr. Standing?
 (A) A playwright
 (B) A performer
 (C) A character in a play
 (D) A director

31. What is suggested about Mr. Watts?
 (A) He was making his first performance.
 (B) He was the best actor in the play.
 (C) He would have been better in the lead role.
 (D) He was not a convincing actor.

GO ON TO THE NEXT PAGE

Questions 32-35 refer to the following memo.

> **MEMO**
>
> To: All Staff
> From: Vicky Marshall, HR Supervisor
> Subject: This Summer
> Date: May 20
>
> Now that the summer season is rapidly approaching, I'm sure many of you will be applying for time off. As several problems arose around this time last year, we're instituting some changes in the company's policy regarding taking time off.
>
> First, all requests for paid vacation must be made in writing. You can either pick up an application form from HR or submit a form online. Verbal requests will no longer be honored. Requests should be made at least ten business days prior to the time you wish to take off. No more than five consecutive business days may be taken off between June 1 and August 31. In addition, only three people from each department are permitted to be away on the same day. Requests for time off will be accepted on a first-come, first-served basis. Regarding this matter, seniority is immaterial. Finally, if you file a request to take time off but then cancel your vacation plans, let your manager know at once to give someone else the opportunity to be absent.
>
> Contact me at extension 47 or Elizabeth Shell at extension 39 if you have any questions regarding this matter.

32. What is the purpose of the memo?
 (A) To ask for assistance
 (B) To apologize for a problem
 (C) To explain a new policy
 (D) To reject a request

33. How can employees request time off?
 (A) By downloading a form from the Internet
 (B) By calling extension 47 or 39
 (C) By making a verbal request
 (D) By filling out a paper form

34. How will employees be selected to receive time off?
 (A) According to how long they have worked there
 (B) According to their positions at the company
 (C) According to when they make their requests
 (D) According to how many days they want off

35. What is suggested about Ms. Shell?
 (A) She is a Human Resources employee.
 (B) She is a part-time employee.
 (C) She was recently hired.
 (D) She maintains the company's Web page.

GO ON TO THE NEXT PAGE

Questions 36-40 refer to the following text message chain and e-mail.

Darren Hooper — 4:32 P.M.
Hi, Christina. I've got some bad news. I canceled my return flight tonight.

Christina Barker — 4:32 P.M.
Really? Why did you do that?

Darren Hooper — 4:33 P.M.
The CEO of Orion International has agreed to meet me tomorrow. He wants to negotiate regarding the new software program we developed. This could be a big deal.

Christina Barker — 4:33 P.M.
That's great news, but who's going to lead tomorrow's orientation session for new employees if you're not here?

Darren Hooper — 4:34 P.M.
You could try asking David Cooper. He used to do them five years ago until I took over.

Christina Barker — 4:35 P.M.
I wasn't aware of that. Thanks for letting me know.

E-Mail Message

To:	Peter Hong
From:	Christina Barker
Date:	April 2
Subject:	Thank you
Attachment:	orientation_manual

Peter,

Thanks for agreeing to handle the orientation session on April 3. As you know, Darren is still out of the country, and the person he suggested do it has a convention to attend tomorrow. If you hadn't said yes, I don't know what I would have done.

Anyway, I've attached a copy of the orientation manual with this e-mail. Basically, you should go over it with the new employees. You'll have a total of three hours to do that. Focus especially on sections 1, 4, and 6. If you don't have enough time to finish the manual, tell them to read sections 9 and 10 by themselves. Once you do that, break for lunch. Then, an hour later, take them on a tour of the facility for an hour. When you return to the room, the head of each department will be there. They will introduce themselves and then escort their new employees to their departments. That will signify the end of your work for the day.

If you have any questions regarding the manual, let me know. I asked Darren to send me a copy of his notes from last year. As soon as I get them, I'll forward them to you.

Regards,
Christina

36. Why did Mr. Hooper write to Ms. Barker?
    (A) To request help with negotiations
    (B) To ask for an extension
    (C) To get her to book a flight for him
    (D) To describe a change in plans

37. What is Ms. Barker concerned about?
    (A) A new software program
    (B) An event for new employees
    (C) A meeting with Orion International
    (D) A manual that needs to be written

38. What is indicated about Mr. Cooper?
    (A) He works in the same department as Mr. Hooper.
    (B) Ms. Barker will conduct the session with him.
    (C) He is attending a convention on April 3.
    (D) Mr. Hong asked him for some advice.

39. In the e-mail, the words "go over" in paragraph 2, line 2, are closest in meaning to
    (A) review
    (B) consider
    (C) approve
    (D) print

40. What will Ms. Barker send to Mr. Hong later?
    (A) Some of Mr. Hooper's notes
    (B) An employee handbook
    (C) Some documents to sign
    (D) A list with the attendees' names

This is the end of the Reading test.

Day 8

Score (/40)

Listening Test

- 1. (C)
- 2. (B)
- 3. (A)
- 4. (A)
- 5. (B)
- 6. (A)
- 7. (D)
- 8. (A)
- 9. (A)
- 10. (A)
- 11. (C)
- 12. (D)
- 13. (C)
- 14. (D)
- 15. (B)
- 16. (B)
- 17. (C)
- 18. (A)

Reading Test

- 19. (D)
- 20. (D)
- 21. (D)
- 22. (B)
- 23. (D)
- 24. (B)
- 25. (D)
- 26. (A)
- 27. (D)
- 28. (C)
- 29. (D)
- 30. (B)
- 31. (B)
- 32. (C)
- 33. (D)
- 34. (C)
- 35. (A)
- 36. (D)
- 37. (B)
- 38. (C)
- 39. (A)
- 40. (A)

＊틀린 문제는 문항 번호 옆 빈칸에 표시한 다음, 한 번 더 학습하세요.

Part 1

1.

(A) He is knocking on the door.
(B) He is opening the door with a key.
(C) He is using a piece of equipment.
(D) He is installing a light in the house.

(A) 그는 문을 노크하고 있다.
(B) 그는 열쇠로 문을 열고 있다.
(C) 그는 장비를 사용하고 있다.
(D) 그는 집에 조명을 설치하고 있다.

어휘 knock 노크하다　equipment 장비, 설비　install 설치하다　light 빛, 조명

해설 사진에 문이 보이기는 하지만 남자가 '문을 노크하거나(knocking)' '열고 있는(opening)' 것은 아니기 때문에 (A)와 (B)는 정답이 될 수 없다. 또한 남자가 설치 중인 것은 '손잡이'이지 '조명(light)'은 아니므로 (D) 역시 오답이다. 따라서 남자가 사용하고 있는 드릴을 a piece of equipment(장비)라고 바꾸어 표현한 (C)가 적절한 설명이다.

Part 2

2.

Isn't it supposed to be sunny today?
(A) I brought my umbrella.
(B) That's what I heard.
(C) Rainy with high winds.

오늘은 날씨가 화창하지 않을까요?
(A) 저는 우산을 가지고 왔어요.
(B) 저도 그렇게 들었어요.
(C) 비가 오고 바람이 많이 부는 날씨요.

어휘 be supposed to ~할 것이다　high wind 강한 바람

해설 날씨가 화창할 것이라는 예측을 하고 있다. 따라서 상대방의 말에 맞장구를 친 (B)가 가장 적절한 답변이다.

3.

How long will it take to be delivered here?
(A) Within the next thirty minutes.
(B) A couple of shirts and some pants.
(C) It's $15 extra for delivery.

여기로 배달되기까지 얼마나 걸릴까요?
(A) 30분 이내요.
(B) 셔츠 두 벌하고 바지 몇 벌이요.
(C) 배송비로 15달러가 추가되어요.

어휘 deliver 배달하다　extra 추가의　delivery 배달, 배송

해설 how long은 기간을 묻는 표현이므로 정답은 '30분 이내'라고 답한 (A)가 된다. how long을 how much로 잘못 들으면 (C)를 정답으로 고르는 실수를 범할 수 있다.

4.
Does the firm have a dress code?
(A) Business casual is recommended.
(B) The pass code is 4-5-1-8.
(C) No, she's actually wearing a skirt.

그 회사에는 복장 규정이 있나요?
(A) 비즈니스 캐주얼을 권하고 있어요.
(B) 비밀번호는 4-5-1-8이에요.
(C) 아니요, 사실 그녀는 치마를 입고 있어요.

어휘 firm 회사　dress code 복장 규정, 드레스 코드　recommend 권하다, 추천하다　pass code 암호, 패스코드

해설 복장 규정의 유무를 묻고 있으므로 '비즈니스 캐주얼이 장려되고 있다'고 답한 (A)가 가장 적절한 답변이다. (B)는 code를 중복 사용한 오답이며 (C)는 dress(드레스)로부터 연상할 수 있는 skirt(치마)를 이용한 함정이다.

5.
How many workers are on your staff?
(A) We're expanding soon.
(B) Twenty-three at the moment.
(C) I'm totally stuffed after that big lunch.

당신 직원들은 몇 명이나 있나요?
(A) 우리는 곧 확장할 거예요.
(B) 지금으로서는 23명이에요.
(C) 점심을 많이 먹어서 너무 배가 불러요.

어휘 staff 직원　expand 확장하다, 확대하다　at the moment 지금　totally 완전히　stuffed 배가 부른

해설 수량을 물을 때 쓰이는 how many를 이용하여 인원수를 묻고 있다. 정답은 '23명'이라고 밝힌 (B)이다. (C)는 질문의 staff와 발음이 비슷한 stuffed(배가 부른)를 이용한 함정이다.

6.
Do you think we should deal with Turner Manufacturing or sign with the Lambda Corporation?
(A) Lambda has a better reputation.
(B) That company is more reliable.
(C) No, we shouldn't do that.

우리가 Turner 사와 거래를 해야 한다고 생각하나요, 아니면 Lambda 사와 계약을 체결해야 한다고 생각하나요?
(A) Lambda의 평판이 더 좋아요.
(B) 그 회사가 더 신뢰할 수 있어요.
(C) 아니요, 우리는 그렇게 하면 안 돼요.

어휘 deal with ~와 거래하다　reputation 명성, 평판　reliable 신뢰할 수 있는

해설 질문의 앞부분만 들으면 일반의문문 문제로 착각하여 정답을 (C)로 고르는 실수를 할 수 있다. 하지만 이 문제는 일종의 선택의문문으로, 상대방에게 Turner 사와 Lambda 사 중에서 하나를 택할 것을 요구하고 있다. 따라서 정답은 직접적으로 후자를 가리킨 (A)이다. (B)의 경우, that company를 질문에서 언급된 회사명으로 바꾼다면 이 역시 정답이 될 수 있다.

Part 3

[7-9]

W So what do you think of the floor plan for the office I designed? I included everything you requested.

M Overall, it looks pretty good, but I'm not sure about the conference room. We need enough space for thirty people, but the room you designed doesn't appear like it has a sufficient amount of room.

W I can easily increase the size of that room by up to forty percent. However, that would require making one or two of the adjoining rooms smaller.

M That's fine. I'm looking forward to seeing the adjustments you make. I'd appreciate your having them done by Friday.

W 그러면 제가 만든 사무실 평면도에 대해서는 어떻게 생각하시나요? 요구하신 모든 것들을 반영시켰어요.

- M 전반적으로 좋아 보이기는 하지만, 회의실에 대해서는 잘 모르겠어요. 30명이 들어갈 충분한 크기의 공간이 필요한데, 당신이 설계한 회의실에는 공간이 충분할 것 같지가 않군요.
- W 회의실 크기를 40%까지 넓히는 것은 어렵지 않아요. 하지만 그와 인접한 한두 개의 공간은 크기가 줄어들게 될 거예요.
- M 그건 괜찮아요. 당신이 만든 수정안이 기대되는군요. 금요일까지 작업해 주시면 고맙겠어요.

어휘 floor plan 평면도   design 설계하다, 디자인하다   include 포함시키다   sufficient 충분한   space 공간   up to ~까지   adjoining 인접한   adjustment 조정, 수정

7.
여자는 누구인 것 같은가?
(A) 교사
(B) 인테리어 디자이너
(C) 매장 점원
(D) 건축가

해설 여자는 floor plan(평면도)을 design(설계)한 사람으로 사무 공간을 넓히는(increase the size of that room) 작업을 할 수 있다. 보기 중 이러한 일은 하는 사람은 (D)의 '건축가'이다. 참고로 (B)의 '인테리어 디자이너'는 주로 실내 공간을 장식하거나 가구 및 장비들을 배치하는 일을 하는 사람이다.

8.
무엇이 문제인가?
(A) 회의실이 너무 작다.
(B) 그림이 다채롭지 않다.
(C) 일부 장비가 고장이 났다.
(D) 제품 하나가 분실되었다.

해설 대화 초반부에 남자는 conference room(회의실)에 대해 문제를 제기하면서 '공간이 충분해 보이지 않는다(doesn't appear like it has a sufficient amount of space)'고 말한다. 따라서 문제가 되는 점은 (A)이다.

9.
남자가 금요일까지 원하는 것은 무엇인가?
(A) 새로운 설계도
(B) 서명이 포함된 계약서
(C) 결제
(D) 예약된 방

해설 by Friday가 문제의 핵심어구이므로 Friday가 언급되어 있는 부분을 특히 집중해서 들어야 한다. 남자의 마지막 말에서 남자가 금요일까지 바라는 것은 '여자가 만든 수정안(adjustments you make)'임을 알 수 있으므로 정답은 (A)가 된다.

[10-12]

- M Hello. My name is Chad Powell. I ordered several items which were delivered today. My order number was 974-382.
- W I've got your order on the screen, Mr. Powell. Is there a problem?
- M Unfortunately, the flower vase I ordered arrived in several pieces. I don't believe it was packed properly. Can you send me a new one?
- W I'm very sorry, Mr. Powell, but we no longer have that vase in stock. How about if I refund your money?
- M That would be fine.
- W I'm also adding ten dollars to your store account as our way of apologizing. You can use it for anything at our online store.

- M 안녕하세요. 제 이름은 Chad Powell이에요. 몇 가지 제품을 주문했는데 오늘 배송이 되었어요. 제 주문 번호는 974-382였고요.
- W 화면에 주문 내역이 나오는군요, Powell 씨. 문제가 있으신가요?
- M 안타깝게도 제가 주문한 꽃병이 부서져서 도착했어요. 제대로 포장이 안 되었던 것 같아요. 새로 보내 주실 수 있나요?
- W Powell 씨, 대단히 죄송합니다만 그 꽃병은 더 이상 재고가 없습니다. 환불을 해 드리는 것이 어떨까요?
- M 그러면 될 것 같군요.
- W 사과하는 의미로 저희 매장에서 사용하실 수 있는 10달러 상당의 포인트도 드리겠습니다. 저희 온라인 매장에서 물건을 구매하실 때 사용하실 수 있습니다.

어휘 piece 조각   pack 포장하다, 꾸리다   no longer 더 이상 ~않다   in stock 재고가 있는   store credit (해당 매장에서 사용할 수 있는) 포인트   apologize 사과하다

10.
남자의 주문에 무엇이 잘못되었는가?
(A) 한 제품이 파손되었다.
(B) 다른 제품이 배송되었다.
(C) 한 제품이 포함되어 있지 않았다.
(D) 한 제품을 구할 수가 없다.

해설 주문 상에 문제가 있었는지를 묻는 여자의 질문에 남자는 '자신이 받은 꽃병이 부서져 있었다(the flower vase I ordered arrived in several pieces)' 라고 말한다. 따라서 문제가 된 부분은 (A)로 볼 수 있다. 참고로 '재고가 없다'는 점은 교환이 안 된다는 것이지 주문과 직접적으로 관련된 문제는 아니므로 (D)를 정답으로 골라서는 안 된다.

11.
도표를 보아라. 남자는 얼마를 환불받을 것인가?
(A) 12달러
(B) 18달러
(C) 22달러
(D) 35달러

해설 환불 대상은 '꽃병(flower vase)'이므로 주문 내역에서 꽃병 항목을 찾으면 그 가격은 22달러로 나와 있다. 따라서 남자가 환불을 받게 될 금액은 (C)의 '22달러'이다.

12.
여자는 남자에게 무엇을 주는가?
(A) 교환 제품
(B) 10% 할인 쿠폰
(C) 상품권
(D) 포인트

해설 대화의 마지막 부분에서 여자는 사과의 의미로 '10달러 상당의 포인트를 주겠다고(adding ten dollars to your store account)' 했으므로 정답은 (D)가 된다.

Part 4

[13-15]

W Thank you for calling the Peoria Medical Clinic. Our business hours have concluded for the day, so there's no one in the office to take your call. If you wait for the beep, you can leave a message. If you want to make a reservation to see a doctor, please press number 1. You'll be redirected to our automated reservation service. If you have a question about some medication you are taking, please press 2 to be instantly connected with one of our medical representatives. If you have a billing question, please press 3 and leave a message at the beep. You'll be called back the following day. Thank you.

W Peoria 병원에 전화 주셔서 감사합니다. 오늘 진료 시간은 끝났기 때문에 병원에 전화를 받을 수 있는 사람은 없습니다. 신호음을 기다리시면 메시지를 남기실 수 있습니다. 의사 선생님과의 진료 예약을 원하시면 1번을 눌러 주세요. 자동 예약 서비스로 전화가 돌려질 것입니다. 복용하고 계신 약물에 관한 질문이 있으신 경우 2번을 누르시면 즉시 의료진 중 한 분과 전화가 연결될 것입니다. 진료비 관련 질문이 있으신 경우에는 3번을 누르시고 신호음이 들리면 메시지를 남겨 주세요. 그 다음 날 답신 전화를 받게 되실 것입니다. 감사합니다.

어휘 business hours 영업 시간   conclude 결론을 내리다; 끝나다   beep 삐 하는 소리, 신호음   see a doctor 진찰하다   redirect 다시 보내다, 다시 전송하다   automated 자동의   medication 약, 의약품   instantly 즉시   medical representative 의료진

13.
병원은 왜 문을 닫았는가?
(A) 휴일이다.
(B) 주말이다.
(C) 당일 진료가 끝났다.
(D) 의사들이 휴가 중이다.

해설 대화 초반부에서 화자는 전화를 받을 수 없는 이유로 'our business hours have concluded for the day'라고 말하고 있다. 즉 진료 시간이 끝나서 전화 받을 사람이 없는 것이기 때문에 문을 닫은 것이므로 정답은 (C)이다.

14.
병원의 예약 서비스에 대해 무엇이 언급되어 있는가?
(A) 현재 이용자 수가 많다.
(B) 하루 24시간 직원이 대기한다.
(C) 운영되지 않는다.
(D) 자동으로 이루어진다.

해설 화자는 진료 예약을 하려면 1번을 누르라고 한 후 'You'll be redirected to our automated reservation service.'라고 말한다. 자동 예약 시스템에 의해 예약이 이루어질 것이라는 사실이 언급되어 있으므로 정답은 (D)이다.

어휘 busy 바쁜; 통화 중인   staff 직원; 직원을 제공하다

15.
청자는 어떻게 즉시 사람과 통화할 수 있는가?
(A) 1번을 누른다
(B) 2번을 누른다
(C) 3번을 누른다
(D) 4번을 누른다

해설 'If you have a question about some medication you are taking, please press 2 to be instantly connected with one of our medical representatives.'에 정답의 단서가 있다. 즉 2번을 누르면 의료진과 연결이 된다고 했으므로 정답은 (B)가 된다. 참고로 1번을 누르면 진료 예약을 할 수 있고, 3번을 누르면 메시지를 남길 수 있다.

[16-18]

M   Thank you all for attending this morning's training session. We've got a great deal to cover today, so we need to get started at once. Since you've already filled out the required forms, we're going to start by heading across the hall and going to the computer laboratory. We'll spend most of the morning there. Be sure to carry your ID cards with you at all times. Many of the doors in this facility automatically lock upon closing. Expect to spend the next two hours in the lab, and then we'll return here to look at some information in the manual.

M   오늘 오전 교육에 참석해 주신 모든 분들께 감사를 드립니다. 오늘 다룰 내용이 많기 때문에 바로 시작하도록 합시다. 여러분들께서 이미 필요한 양식을 작성해 주셨으므로 우리는 복도를 지나 컴퓨터실로 갈 것입니다. 오늘은 그곳에서 오전의 대부분을 보내게 될 것입니다. 잊지 마시고 항상 사원증을 가지고 다니십시오. 시설 내의 많은 문이 닫히자마자 자동으로 문이 잠깁니다. 다음 두 시간은 컴퓨터실에서 보내게 될 것이라고 생각하시고 그 이후에는 이곳으로 돌아와서 매뉴얼에 있는 내용을 살펴볼 것입니다.

어휘 training session 교육   a great deal 많은 양   computer laboratory 컴퓨터실   ID card 신분증   facility 시설   automatically 자동으로   upon -ing ~하자마자   manual 설명서, 매뉴얼

16.
청자들은 무엇을 하고 있는가?
(A) 세미나 참석하고 있다
(B) 교육을 받고 있다
(C) 강연을 듣고 있다
(D) 워크숍에 참석하고 있다

해설 담화의 첫 문장에서 화자는 청자들에게 '오전 교육에 참석해 줘서(for attending this morning's training session)' 고맙다는 말을 전하고 있다. 따라서 화자들은 교육을 받고 있는 상황임을 알 수 있으므로 정답은 (B)이다.

17.
화자는 왜 "Many of the doors in this facility automatically lock upon closing"이라고 말하는가?
(A) 청자들에게 보안을 중요하게 여기라고 말하기 위해
(B) 자신에게 열쇠가 없다는 점을 알리기 위해
(C) 사원증의 중요성을 강조하기 위해
(D) 청자들에게 암호를 기억하라고 조언하기 위해

해설 주어진 문장의 앞 문장인 'Be sure to carry your ID cards with you at all times.'에 정답의 단서가 있다. 문이 자동으로 닫힌다는 점은 (방에 갇히지 않기 위해) 사원증을 가지고 다녀야 하는 이유가 되므로 화자가 주어진 문장을 통해 나타내고자 한 바는 (C)로 볼 수 있다.

> **고득점 TIP**
>
> Part 3과 Part 4의 경우에는 Direction을 들려 주는 시간을 활용하여 문제를 먼저 읽어 두어야 한다. 특히 인용 문제의 경우 반드시 문제를 먼저 읽어야 하는데, 인용된 문장의 앞이나 뒤에 정답의 단서가 주어지기 때문이다.

18.
청자들은 이다음에 무엇을 할 것 같은가?
(A) 컴퓨터실로 간다
(B) 매뉴얼을 읽는다
(C) 서류를 작성한다
(D) 짧은 휴식을 취한다

해설 담화 중반부에서 화자는 복도를 지나 '컴퓨터실에 갈 것(going to the computer laboratory)'이라고 했으므로 담화 이후 화자들이 하게 될 일은 (A)이다. 참고로 (B)는 컴퓨터실에서 돌아온 후에 할 일이고 (C)는 화자들이 이미 한 일이다.

Part 5

19.
콘서트가 시작되자마자 폭우로 인해 중단되었다.
(A) 다양한
(B) 상당히
(C) 그 이후로
(D) 거의 ~하자마자

어휘 interrupt 중단시키다   heavy rainfall 폭우

해설 빈칸에는 '거의 ~하자마자;'라는 의미인 barely가 오는 것이 가장 자연스럽다. 'barely + 과거분사 + when + 과거형 동사'는 '~하자마자 ~했다'라는 의미의 구문인데, barely 대신 hardly, scarcely 등이 사용될 수도 있다.

20.
복사기가 반복적으로 고장 나서, 새것을 구매하기 위한 자금 지원이 승인을 받았다.
(A) 반복할 수 있는
(B) 반복하는
(C) 반복하는 것
(D) 반복적으로

어휘 copier 복사기   break down 고장 나다   funding 자금 제공, 재정 지원   purchase 구매하다   approve 승인하다   repeatable 반복할 수 있는   repeating 반복하는   repeater 반복하는 것; 연발총; 재수생; 상습범   repeatedly 반복적으로

해설 빈칸은 바로 앞의 동사인 was breaking down을 수식해야 하므로 빈칸에는 부사가 와야 한다. 따라서 정답은 (D)의 repeatedly이다. (A)의 repeatable은 형용사, (B)의 repeating은 분사 혹은 명사, 그리고 (C)의 repeater는 명사이므로 모두 정답이 될 수 없다.

21.
직원 회의의 안건은 회의가 시작되기 이틀 전에 사내 전산망에 게시되었다.
(A) 결과
(B) 시간
(C) 기한
(D) 안건

어휘 staff meeting 직원 회의   post 게시되다   intranet 인트라넷, 내부 전산망

해설 회의가 시작되기 전에 인트라넷에 게시될 수 있는 것은 (D)의 안건(agenda)뿐이다. 회의가 열리기 전이므로 (A)의 result는 정답이 될 수 없고, (B)는 'time of the staff meeting'과 같이 사용되어야 한다. (C)는 deadline의 경우 '직원 회의(staff meeting)'에 '기한'이 있을 수 없으므로 이는 정답이 아니다.

22.
공통적인 요구 사항은 구내식당에서 제공되는 음식의 영양가가 더 높아야 한다는 것이다.
(A) 영양소
(B) 영양분이 많은
(C) 영양
(D) 영양분이 풍부하게

어휘 common 공통의; 흔한   request 요청, 요구   cafeteria 구내식당   nutrient 영양소   nutritious 영양분이 많은   nutrition 영양   nutritiously 영양분이 풍부하게

해설 빈칸 앞에 비교를 의미하는 부사인 more가 있으므로 빈칸에는 형용사나 부사가 와야 한다. 그런데 빈칸은 be동사의 보어 역할을 해야 하는 자리이기 때문에 부사는 정답이 될 수 없다. 따라서 형용사인 (B)의 nutritious가 정답이 된다.

23.
Ruiz 씨는 그녀의 비서가 문서를 복사하느라 바빴기 때문에 직접 전화를 받았다.
(A) 그녀의
(B) 그녀의 것
(C) 그녀는
(D) 직접

어휘 answer the phone 전화를 받다   secretary 비서   document 문서

해설 문장을 분석해 보면 빈칸을 제외하더라도 완전한 구조를 갖추고 있다. 따라서 빈칸에는 문장을 강조하기 위해 재귀대명사인 herself가 와야 한다. 정답은 (D)이다.

24.
Marson 씨는 1년 내에 본사의 경영진으로 승진될 것 같다.
(A) 고려된
(B) 승진된
(C) 변형된
(D) 면접을 본

어휘 be likely to ~일 것 같다   executive 경영진   headquarters 본사   consider 고려하다   promote 승진시키다   transform 변형시키다   interview 면접을 보다

해설 동사 어휘 문제이다. 'Marson 씨가 1년 이내에 경영진으로 _____ 것이다'라는 문장에서 빈칸에 들어가기에 적절한 동사는 '승진된'이라는 뜻의 (B) promoted이다. (C)는 '변형된'이라는 의미이므로 정답이 될 수 없으며, 의미상 '기간'을 의미하는 부사구인 'sometime within the next year'가 있기 때문에 (A)의 considered 또한 의미상 정답이 될 수 없다. (D)의 interviewed는 전치사 for와 함께 사용된다.

Part 6

[25-28]

앤더스빌 여름 축제에 오세요.

올해 앤더스빌 여름 축제는 역대 최고가 될 것이라고 약속합니다. 이번 여름에, 예전보다 많은 행사가 예정되어 있습니다. 10K 달리기와 마라톤을 포함한 각종 달리기 시합이 있을 것입니다. 낚시와 수상스키 대회가 해밀턴 호수 근처에서 열릴 것입니다. 이 모든 행사의 우승자들에게 상이 수여될 것입니다. 특히 축제 기간 동안에는 매일 지역의 가수와 밴드의 콘서트가 진행될 것입니다. **축제의 마지막 날에는 행진이 있을 것입니다.** 이날 불꽃놀이도 열릴 것입니다. 더 많은 정보를 얻으시려면, www.andersonvillefestival.org에 방문해 주세요. 축제는 8월 15일부터 19일까지 열릴 것입니다.

어휘 waterskiing 수상스키   take place 열리다, 개최되다   award 수여하다   firework 불꽃놀이

25.
(A) 결과를 가져온다
(B) 고려한다
(C) ~인 것 같다
(D) 약속한다

해설 행사는 아직 개최되기 전이므로 이미 일어난 일을 설명하는 appears, results는 정답이 될 수 없다. considers는 to부정사를 목적어로 취할 수 없고, 의미를 고려하더라도 빈칸에 올 수 없다. 정답은 (D) promises이다.

26.
(A) 행사들
(B) 축제들
(C) 경주들
(D) 연극들

해설 '이러한 모든 _____의 승자들에게는 상이 수여된다'는 내용인데, 앞에서 언급된 경주, 낚시, 수상스키 등을 지칭하는 단어는 (A)의 events이다.

27.
(A) 특히 어린이들은 많은 게임을 즐길 것입니다.
(B) 이 콘서트의 티켓은 따로따로 구매되어야 합니다.
(C) 그곳에서 Thompson 시장이 연설을 할 예정입니다.
(D) 축제의 마지막 날에는 행진이 있을 것입니다.

해설 빈칸 뒤 문장에 'on that day'가 있으므로 빈칸에는 특정한 날을 포함하고 있는 문장이 위치해야 한다. 특정일이 언급되어 있는 보기는 '행사의 마지막 날(on the last day of the festival)'이 포함된 (D)뿐이다.

> **고득점 TIP**
> 빈칸에 적절한 문장을 고르는 문제의 경우 빈칸의 앞뒤에서 지시어가 단서로 주어지는 경우가 많다. 이 문제의 경우에도 빈칸 뒤의 'on that day'가 가리키는 날이 언급된 문장을 찾는다면 정답을 쉽게 찾을 수 있다.

28.
(A) ~에
(B) ~ 동안
(C) ~부터
(D) ~ 사이에

해설 행사 '~부터 ~까지'는 'from A to B'와 같이 표현한다. 정답은 (C)이다.

Part 7

[29-31]

John August의 신작 연극
Cynthia Wang

John August의 신작 연극 Finding Myself가 어젯밤에 첫 선을 보였다. 입석표로 입장한 관객들은 11개월 전에 Crystal 극장에서 상연되었던 August의 첫 번째 연극 The Road Goes On에서 보여줬던 것과 같은 재치와 매력을 기대하고 있었다. 안타깝게도, 어젯밤의 공연은 기대를 충족시키지 못했다.

줄거리 자체가 너무 단순하다. 한 남자가 짧은 기간 동안 몇몇 비극적인 사건을 경험한 후에 자신의 인생에서 의미를 찾으려 한다. 그렇지만 이야기가 때때로 초점을 잃고, 주인공인 Russell Murphy는 그렇게까지 연민이 가는 인물이 아니다. 게다가, 연기에 미흡한 점이 많았다. Miles Standing이 주연을 맡았는데, 자신의 대사들을 부정확하게 말했고 연극에 완전히 몰입하지 못하는 것처럼 보였다. 극장의 조명 또한 평소처럼 선명하지 않았다.

연극에서 괜찮았던 하나는 Ted Watts였는데, 그는 Russell의 남동생 역할의 조연이었다. 그는 등장할 때마다 재미있고 그럴듯했으며 무대를 장악했다. 그는 관객들이 앞으로 더 많은 소식을 듣고 싶어 하는 사람이었다.

어휘 debut 첫 무대 standing-room-only (좌석이 매진되어) 입석만 남아 있는 wit 재치 charm 매력 expectation 기대 plot 구성, 줄거리 straightforward 단순한 incident 사건, 일 sympathetic 동정적인 leave much to be desired 미흡한 점이 많다 misspeak 부정확하게 말하다 line 대사 bright spot 괜찮은 부분 supporting role 조연

29.
Finding Myself에 대해 명시된 것은 무엇인가?
(A) The Road Goes On보다 낫다.
(B) 11개월에 걸쳐 집필되었다.
(C) 대사가 기발하고 재미있다.
(D) 첫 번째 공연이 매진되었다.

해설 첫 번째 문단의 'the standing-room-only'는 '입석표로 입장한', '입석만 남아 있는'이라는 의미로서, 이는 좌석이 모두 매진되었다는 것을 의미한다. 따라서 공연이 매진되었다는 내용의 (D)가 정답이 된다.

30.
Standing 씨는 누구인가?
(A) 극작가
(B) 배우

(C) 연극의 등장인물
(D) 감독

해설 두 번째 문단에서 Miles Standing은 주인공이라고(Miles Standing, who had the lead role) 하였으므로 정답은 (B)이다.

31.
Watts 씨에 대해 무엇이 암시되고 있는가?
(A) 자신의 첫 번째 공연을 했다.
(B) 연극에서 최고의 배우였다.
(C) 주인공 역할을 더 잘했을 것이다.
(D) 설득력 있는 배우는 아니었다.

해설 마지막 문단에서 Ted Watts는 연극에서 가장 좋았던 요소라고(The one bright spot from the play was Ted Watts) 하였고, 관객들이 나중에 그에 대한 소식을 기대한다는(He's someone audiences can expect to hear more from in the future.) 내용이 있는 것으로 보아 그가 가장 연기를 잘했다는 것을 알 수 있다. 정답은 (B)이다.

[32-35]

수신 전 직원
발신 Vicky Marshall, 인사팀장
제목 올해 여름
날짜 5월 20일

여름이 빠르게 다가오고 있으므로, 여러분들 중 다수가 휴가를 신청할 것이라고 생각합니다. 작년 이맘때 여러 가지 문제가 발생했기 때문에, 휴가 신청과 관련된 회사의 방침에 몇 가지 변화를 도입하기로 했습니다.

첫째로, 모든 유급 휴가 신청은 서면으로 제출되어야 합니다. 인사팀에서 지원서를 가져가시거나 온라인으로 지원서를 제출할 수 있습니다. 원하는 휴가일로부터 최소한 10 영업일 이전에 신청해야 합니다. 6월 1일부터 8월 31일 사이에 5일을 초과하지 않는 연속적인 휴가를 낼 수 있습니다. 또한, 각 부서마다 세 명까지만 같은 날에 휴가를 쓸 수 있습니다. 휴가 신청은 선착순으로 받을 것입니다. 이 문제와 관련하여, 직급은 중요하지 않습니다. 마지막으로, 휴가를 신청한 이후에 휴가 계획이 취소될 경우, 상사에게 즉시 알려서 다른 사람에게 휴가를 갈 기회를 부여할 수 있도록 하세요.

이 문제와 관련된 문의 사항이 있을 경우 내선번호 47번으로 저에게 전화하거나 내선번호 39번으로 Elizabeth Shell에게 연락하세요.

어휘 now that ~이므로 time off 휴가 institute 도입하다 in writing 서면으로 consecutive 연속적인 first-come, first-served basis 선착순 seniority 연공서열 immaterial 중요하지 않은

32.
회람의 목적은 무엇인가?
(A) 도움을 요청하기 위해서
(B) 문제점에 대해 사과하기 위해서
(C) 새로운 규정을 설명하기 위해서
(D) 요청을 거절하기 위해서

해설 회람에는 여름 휴가 신청과 관련하여 변경된 규정이 설명되고 있다. 따라서 정답은 (C)이다.

33.
직원들은 어떻게 휴가를 신청할 수 있는가?
(A) 인터넷에서 서식을 다운받음으로써
(B) 내선번호 47번이나 39번으로 전화함으로써
(C) 구두로 신청함으로써
(D) 종이로 된 서식을 제출함으로써

해설 두 번째 문단의 첫 번째 문장에 모든 휴가 신청은 서면으로 이루어져야 한다는(all requests for paid vacation must be made in writing) 내용이 있으므로 정답은 (D)이다.

34.
직원들은 어떻게 휴가를 받도록 선정될 것인가?
(A) 그곳에서 얼마나 오래 근무했는지에 따라서
(B) 회사에서 근무하고 있는 직책에 따라서
(C) 그들의 요청한 때에 따라서
(D) 원하는 휴가 일수에 따라서

해설 휴가 신청은 선착순에 의해 승인될 것이며 (Requests for time off will be accepted on a first-come, first-served basis.) 직급은 중요하지 않다고 (Regarding this matter, seniority is immaterial.) 했으므로 정답은 (C)이다.

35.
Shell 씨에 대해 암시되고 있는 것은 무엇인가?
(A) 인사팀의 직원이다
(B) 계약직 사원이다.
(C) 최근에 채용되었다.
(D) 회사 웹페이지를 관리하고 있다.

해설 마지막 문장을 통해서 Shell 씨가 휴가와 관련된 문의를 받는 직원이라는 것을 알 수 있으므로 그녀는 인사팀 소속이라는 것을 유추할 수 있다. 정답은 (A)이다.

[36-40]

Darren Hooper	오후 4시 32분

안녕하세요, Christina. 나쁜 소식이 있어요. 저는 오늘 밤 왕복 항공편을 취소시켰어요.

Christina Barker 오후 4시 32분
정말이요? 왜 그랬나요?

Darren Hooper 오후 4시 33분
Orion International의 대표 이사님께서 내일 저를 만나겠다고 하셨어요. 우리가 개발한 새 소프트웨어 프로그램과 관련해서 협상을 하고 싶어하시죠. 이번 일은 중대한 거래가 될 거예요.

Christina Barker 오후 4시 33분
좋은 소식이기는 하지만 당신이 여기에 오지 않는다면 내일 신입 사원 오리엔테이션은 누가 진행할 건가요?

Darren Hooper 오후 4시 34분
David Cooper에게 물어보세요. 제가 담당하기 전까지 그가 5년 동안 그 일을 했으니까요.

Christina Barker 오후 4시 35분
그건 제가 몰랐네요. 알려 줘서 고마워요.

어휘 cancel 취소시키다 return flight 왕복 항공편 negotiate 협상하다 develop 개발하다 take over 인계받다

수신 Peter Hong
발신 Christina Barker
날짜 4월 2일
제목 고마워요
첨부 orientation_manual

Peter,

4월 3일 오리엔테이션을 맡기로 해 줘서 고마워요. 알다시피 Darren이 아직 해외에 있고 그가 추천한 사람은 내일 협회에 참석해야 해요. 당신이 수락하지 않았다면 제가 어떻게 해야 했을지 모르겠어요.

아무튼, 제가 이메일에 오리엔테이션 매뉴얼을 첨부했어요. 기본적으로, 당신은 신입 직원들과 함께 매뉴얼을 살펴보아야 해요. 그렇게 하는데 총 3시간을 쓰게 될 거예요. 특히 1장, 4장, 그리고 6장에 초점을 맞춰 주세요. 매뉴얼을 다 살펴볼 시간이 없을 경우 9장

과 10장은 스스로 읽어보라고 하시고요. 그 후에는 점심 시간을 가지세요. 그런 다음, 즉 한 시간 후에는, 그들이 한 시간 동안 시설을 견학할 수 있게 해 주세요. 룸으로 돌아오면 각 부서장들이 그곳에 있을 거예요. 그들은 자신을 소개한 후 신입 직원들을 자신의 부서로 데리고 갈 거예요. 그러면 당신의 그날 일과는 끝나는 거예요.

매뉴얼과 관련된 질문이 있는 경우에는 제게 알려 주세요. Darren이 작년에 썼던 노트의 사본을 보내 달라고 그에게 요청해 두었어요. 입수되는 대로 당신에게 전달해 줄게요.

Christina로부터

어휘 handle 다루다 convention 협회, 대회 manual 설명서, 매뉴얼 go over ~을 검토하다 by oneself 스스로 escort 호송하다, 호위하다 signify 의미하다 note 필기, 메모 as soon as ~하자마자 forward 전달하다

36.
Hooper 씨는 왜 Barker씨에게 문자를 보냈는가?
(A) 협상에 도움을 요청하기 위해서
(B) 내선 번호를 물어보기 위해서
(C) 자신의 항공편을 예약하도록 하기 위해서
(D) 계획의 변경 사항을 설명하기 위해서

해설 Hooper 씨는 항공편을 취소했다고(I canceled my return flight tonight,) 말한 다음, 이어서 내일의 변경된 일정에 대해 설명하고 있다. 즉, 계획 변경을 설명하려고 말을 걸었으므로 정답은 (D)이다.

37.
Barker씨가 걱정하는 것은 무엇인가?
(A) 새로운 소프트웨어 프로그램
(B) 신입 사원들을 위한 행사
(C) Orion International과의 회의
(D) 작성되어야 하는 매뉴얼

해설 Barker씨는 Hooper 씨가 없을 경우 신입사원 오리엔테이션을 누가 진행할 것인지를(who's going to lead tomorrow's orientation session for new employees if you're not here?) 걱정하고 있다. 따라서 정답은 (B)이다.

38.
Cooper 씨에 대해 명시된 것은 무엇인가?
(A) Hooper 씨와 같은 부서에 근무한다.
(B) Barker씨가 그와 함께 수업을 진행할 것이다.
(C) 4월 3일에 협상에 참여한다.
(D) Hong 씨가 그에게 조언을 부탁했다.

해설 이메일의 첫 번째 문단에 따르면 Darren이 추천한 사람은 아직 해외에 있고, 그는 내일 협회에 참석해야 한다는(Darren is still out of the country, and the person he suggested do it has a convention to attend tomorrow) 내용이 명시되어 있다. 첫 번째 지문에서 Darren이 추천한 사람은 David Cooper 씨이며 이메일이 작성된 날짜가 4월 2일이므로, Cooper 씨는 4월 3일에 협회에 참석한다는 것을 알 수 있다. 정답은 (C)이다.

💡 고득점 TIP
복수지문 문제에서는 두 지문, 혹은 세 지문의 정보를 연계해서 풀어야 하는 문제가 세트당 최소한 하나 이상 출제된다. 정보 연계 문제인지 먼저 판단해야 하는데, 이러한 유형의 문제는 주로 추론 문제나 세부적인 정보를 묻는 문제들인 경우가 많다. 연계 문제는 다른 문제들에 비해 시간이 많이 필요한 문제이므로, 실제 시험에서 시간이 부족할 경우 이러한 문제들은 단순한 문제들을 먼저 해결한 다음 푸는 것이 바람직하다.

39.
이메일에서, 두 번째 지문 두 번째 줄의 단어 "go over"와 그 의미가 가장 유사한 것은?
(A) 재검토하다
(B) 고려하다
(C) 승인하다
(D) 인쇄하다

해설 go over는 '~을 검토하다'라는 의미인데, 보기에서 이와 유사한 뜻의 동사는 '재검토하다'라는 뜻인 (A)의 review이다.

40.
Barker씨는 Hong 씨에게 무엇을 보낼 것인가?
(A) Hooper 씨의 노트 몇 권
(B) 직원 안내서
(C) 서명해야 할 문서들
(D) 참석자명 목록

해설 이메일의 마지막 부분을 보면, Barker씨는 Darren에게 그의 노트의 사본을 보내 줄 것을 (I asked Darren to send me a copy of his notes) 요청했고, 그것을 받자마자 전달해 주겠다고(As soon as I get them, I'll forward them to you.) Hong 씨에게 말하고 있다. 그러므로 정답은 (A)이다.

빈칸에 알맞은 어휘나 뜻을 쓰세요.

	어휘	뜻		어휘	뜻
1		배가 부른	13	interrupt	
2		명성, 평판	14		입석만 남아 있는
3	reliable		15	plot	
4		평면도	16		단순한
5	sufficient		17	incident	
6	adjoining		18		동정적인
7		조정, 수정	19		조연
8	in stock		20	consecutive	
9		환불하다	21	seniority	
10	redirect		22	immaterial	
11		약, 의약품	23	go over	
12	be likely to		24	signify	

정답 1. stuffed 2. reputation 3. 신뢰할 수 있는 4. floor plan 5. 충분한
6. 인접한 7. adjustment 8. 재고가 있는 9. refund 10. 다시 보내다
11. medication 12. ~할 것 같다 13. 방해하다; 중단시키다 14. standing-room-only 15. 구성, 줄거리 16. straightforward 17. 사건, 일 18. sympathetic
19. supporting role 20. 연속적인 21. 연공 서열 22. 중요하지 않은
23. ~을 검토하다 24. 의미하다

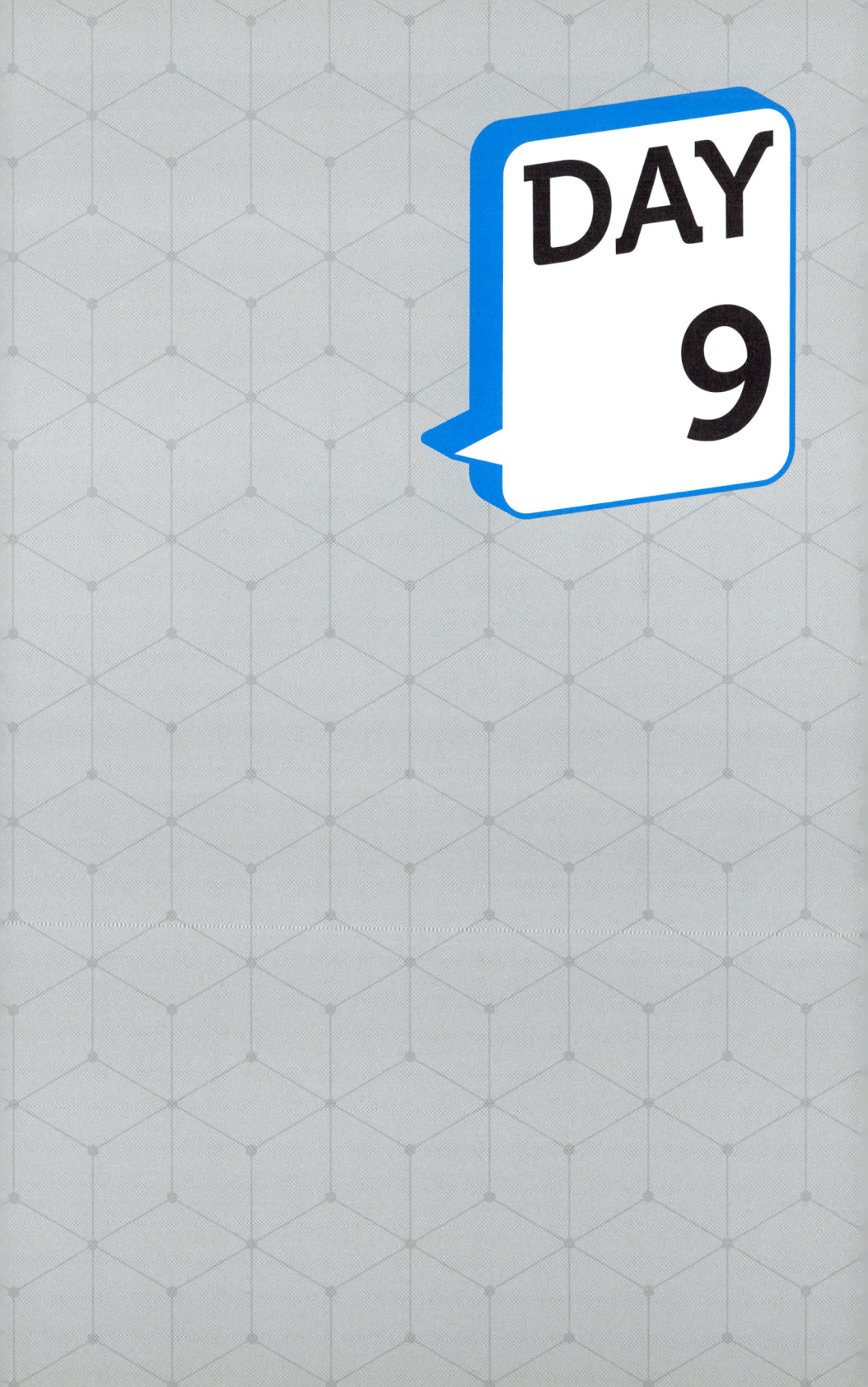

Listening Test

Time 10 minutes

Part 1

🎧 09-01

Directions: You will hear four statements about the picture below. Select the one statement that best describes what you see in the picture and mark the letter (A), (B), (C), or (D).

1.

    (A)   (B)   (C)   (D)

Part 2

🎧 09-02

Directions: You will hear a question or statement and three responses spoken in English. Select the best response to the question or statement and mark the letter (A), (B), or (C).

2. Mark your answer on your answer sheet.   (A)   (B)   (C)

3. Mark your answer on your answer sheet.   (A)   (B)   (C)

4. Mark your answer on your answer sheet.   (A)   (B)   (C)

5. Mark your answer on your answer sheet.   (A)   (B)   (C)

6. Mark your answer on your answer sheet.   (A)   (B)   (C)

Part 3

🎧 09-03

Directions: You will hear some conversations between two or more people. You will be asked to answer three questions about what the speakers say in each conversation. Select the best response to each question and mark the letter (A), (B), (C), or (D).

7. Where do the speakers most likely work?
   (A) At a department store
   (B) At a cosmetics company
   (C) At a logistics company
   (D) At an architectural firm

8. What does the woman say about sales in Europe?
   (A) They are up.
   (B) They have remained steady.
   (C) They are declining.
   (D) They will improve soon.

9. What is the man concerned about?
   (A) Not receiving extra money
   (B) Losing his job
   (C) Being transferred to another country
   (D) Getting the proper training

10. What does the woman ask the man about?
    (A) Some sales figures
    (B) A convention center
    (C) A report
    (D) A seminar

11. What does the man mean when he says, "Marla lives downtown"?
    (A) She lives near the office.
    (B) She will not drive to the seminar.
    (C) She can pick the woman up.
    (D) She has a short commute to work.

12. What will the woman probably do after lunch?
    (A) Work on the budget report
    (B) Speak with Chris
    (C) Meet the vice president
    (D) Submit some forms

13. Where most likely does the man work?
    (A) At a delivery company
    (B) At a factory
    (C) At a library
    (D) At an electronics store

14. What is the woman's problem?
    (A) She was charged too much.
    (B) An item is not working right.
    (C) A delivery person has not arrived yet.
    (D) The wrong item was delivered.

15. What information does the man request?
    (A) When the woman will return home
    (B) How much the woman paid
    (C) Where the woman lives
    (D) What model the woman bought

GO ON TO THE NEXT PAGE

Part 4

🎧 09-04

Directions: You will hear some talks given by a single speaker. You will be asked to answer three questions about what the speaker says in each talk. Select the best response to each question and mark the letter (A), (B), (C), or (D).

16. What is the speaker mainly discussing?

    (A) A recently released product
    (B) An advertising budget
    (C) Preparations for an event
    (D) The development of a product

17. Where does the speaker hope to put some posters?

    (A) At bus stops
    (B) In stores
    (C) In government offices
    (D) On bulletin boards

18. What does the speaker mean when she says, "We don't believe that will be necessary"?

    (A) There is no need to rent another venue.
    (B) She will not purchase ads on television.
    (C) An emcee does not need to be hired.
    (D) More volunteers are not required.

Interview Schedule

Day/Time	Interviewer
Monday, 9:00 A.M. – 1:00 P.M.	Monica Lakeland
Monday, 1:00 P.M. – 6:00 P.M.	Amy Jackson
Tuesday, 9:00 A.M. – 11:00 A.M.	Robert Chou
Tuesday, 11:00 A.M. – 4:00 P.M.	Daniel Fields

19. Look at the graphic. Who will the listener's interviewer be?

    (A) Monica Lakeland
    (B) Amy Jackson
    (C) Robert Chou
    (D) Daniel Fields

20. What does the speaker tell the listener to bring?

    (A) His portfolio
    (B) A copy of his résumé
    (C) Some letters of reference
    (D) His college transcript

21. What should the listener do by Thursday?

    (A) Request a new interview time
    (B) Submit his résumé
    (C) Mention his desired salary
    (D) Confirm he will attend the interview

This is the end of the Listening test.

Reading Test

Time 15 minutes

Part 5

Directions: A word or phrase is missing in each of the sentences below. Four answer choices are given below each sentence. Select the best answer to complete the sentence and mark the letter (A), (B), (C), or (D).

22. ------- the head of the department, Mr. Martin had to decide when the next meeting should be held.
    (A) Is
    (B) Being
    (C) Be
    (D) To be

23. All workers at McKenzie International are paid ------- their experience and abilities.
    (A) regarding
    (B) according to
    (C) instead of
    (D) as much as

24. ------- to the newspaper increased by 20% when it lowered the basic rate it was charging.
    (A) Advertisements
    (B) Subscriptions
    (C) Articles
    (D) Deliveries

25. Of the twelve applicants who submitted résumés for the engineering position, only three fulfilled every -------.
    (A) requirement
    (B) requiring
    (C) requirable
    (D) requisition

26. The repairman made ------- visits to the roof to try to prevent it from leaking.
    (A) repeatable
    (B) repeats
    (C) repeated
    (D) repetition

27. Following a ------- inspection of the facility, it was determined that most of the machinery was in prime condition.
    (A) familiar
    (B) careless
    (C) thorough
    (D) capital

GO ON TO THE NEXT PAGE

Part 6

Directions: Read the text below. A word, phrase, or sentence is missing in parts of the text. Four answer choices for each question are given below the text. Select the best answer to complete the text and mark the letter (A), (B), (C), or (D).

Questions 28-31 refer to the following advertisement.

Manager's Position Available

Randolph Groceries is currently ------- a new assistant manager. The ideal candidate
                                     28.
should have prior managerial experience, preferably at a supermarket. Previous work at a grocery store will be regarded positively. A college degree is not necessary, but a high school ------- is. At Randolph Groceries, we value honesty, a hardworking attitude, and
       29.
teamwork. We are looking specifically for those ------- in all candidates. Knowledge of
                                                30.
how to create schedules for employees and how to solve problems is greatly desired.
Please send your résumé to Frank Mason at frank@randolphgroceries.com. -------.
                                                                        31.
Interviews will begin next week.

28. (A) searching
    (B) looking
    (C) seeking
    (D) observing

29. (A) major
    (B) grade
    (C) credit
    (D) diploma

30. (A) qualified
    (B) qualification
    (C) qualities
    (D) qualifying

31. (A) Mr. Mason has already met with several promising candidates.
    (B) Only those individuals who meet our requirements will receive a response.
    (C) Randolph Groceries is open twenty-four hours a day every day of the week.
    (D) The schedule for the entire week has been posted in the lounge.

Part 7

Directions: In this part you will read a selection of texts. The text or set of texts is followed by several questions. Select the best answer for each question and mark the letter (A), (B), (C), or (D).

Questions 32-33 refer to the following article.

New Building Set to Open

(October 10) – The four-year wait for the opening of the Skyline Tower is nearly complete. The most recent addition to the city's skyline will finally open its doors to the public on October 12, thereby reshaping the image of the city. The 96-story skyscraper, which is more than 550 meters high, was designed by Shanghai-based Feng Architects. The Skyline Tower utilizes state-of-the-art technology and modern designs to maximize the natural airflow, so it will reduce the use of air conditioning in summer and heating in winter. The building's sleek shape will also minimize wind effects on the upper levels. Residents, workers, and visitor there will be able to enjoy the building's numerous hotels, cafés, and restaurants, some of which offer superb views of the city.

32. According to the article, what is NOT true about the Skyline Tower?

(A) It is the tallest building in the city.
(B) There are many stores in it.
(C) The wind will not affect it too much.
(D) It took several years to construct.

33. What is suggested about the Skyline Tower?

(A) It is owned by the city.
(B) It is energy efficient.
(C) It is located in Shanghai.
(D) It has stores on the ground floor.

Questions 34-36 refer to the following e-mail.

To:	Darryl Gibson
From:	Erika Devers
Subject:	The Clever Cutter
Date:	March 28

Dear Mr. Gibson,

Last weekend, I paid a visit to the East County Mall and observed a product demonstration which might be of use to our restaurant. The item is called the Clever Cutter, and it's a type of kitchen scissors modified so that the bottom blade is attached to a mini-cutting board. —[1]—. This allowed for the quick, easy, and safe cutting of several products, including both raw and cooked meat, large vegetables like potatoes and onions, basil, rosemary, and other herbs, and cheese. —[2]—.

This two-in-one device appeared to cut foods between twenty and fifty percent faster than using a standard knife and cutting board. In addition, as you know, standard kitchen scissors fail to cut onions and similar items well because they fall out of place. —[3]—.

I am confident that the reduced cutting and cleaning time could save us a large amount of time and money. —[4]—. I bought one and will bring it to work with me on the 29th to give it to you.

Regards,

Erika

34. What is mentioned about the Clever Cutter?

(A) It is only being sold at a mall.

(B) It is currently being discounted.

(C) It is made especially for restaurants.

(D) It can cut a variety of foods.

35. Why did Ms. Devers purchase the item?

(A) She believes it can improve efficiency.

(B) She was requested to buy it by Mr. Gibson.

(C) She wants to give it away as a birthday present.

(D) She saw it advertised on television.

36. In which of the positions marked [1], [2], [3], and [4] does the following sentence best belong?

"The cutting board, however, prevents this from happening."

(A) [1]

(B) [2]

(C) [3]

(D) [4]

Questions 37-41 refer to the following advertisement, invoice, and letter.

Spring Clearance Sale

For the next two weeks, visit Charleston Furniture to take advantage of our low prices. Winter is over, so it's time for our annual spring clearance sale. All office furniture, including desks, chairs, cabinets, and tables, is now 25% off. Furniture for the home is available for 30% off. Visit our showroom at 859 Liberty Road to choose from our wide selection. If you make a purchase of $2,000 or more, we'll even provide you with free shipping and assembly. Our competitors simply can't beat this sale. Shop now while supplies last.

Charleston Furniture
859 Liberty Road
Charleston, SC 29403
(854) 274-8502

Customer: Jasmine Harper
Deliver To: 362 Magnolia Blvd., Charleston, SC 29411
Telephone Number: (854) 903-1282

Purchase Date: May 11   **Delivery Date:** May 12

Item Number	Description	Quantity	Discount	Price
74903	Black Leather Chair	1	25%	$90.00
90492	Oak Dining Table	1	30%	$910.00
17338	Oak Dining Chair	4	30%	$420.00
37494	Office Cabinet	2	25%	$187.50
55739	Queen-Sized Bed	1	25%	$1,050.00
			Subtotal	$2,657.50
			Tax	$159.45
			Delivery	$0.00
			Total	$2,816.95

- Bill was paid by personal check.
- Driver will call 30 minutes prior to delivering the items.

May 13

To Whom It May Concern,

My name is Jasmine Harper. I purchased several items at your store on May 11. They were supposed to be delivered on May 12, but I did not receive them until this morning. On May 12, I went out to run some errands in the morning. When I returned, there was a note on my door indicating that the deliveryman had come but nobody was home. The same thing happened again yesterday. While I'm pleased with the furniture I received and extremely happy about the price I paid, I believe the delivery system your company uses needs to be improved.

I wonder if you could inform me about how you intend to rectify this situation. Otherwise, I am likely to make future furniture purchases at nearby Keefer Furniture.

Regards,
Jasmine Harper

37. How often is the clearance sale held?
    (A) Every month
    (B) Every season
    (C) Once every six months
    (D) Once a year

38. What is offered to some customers?
    (A) Membership in a shoppers' club
    (B) Free delivery
    (C) An extra discount for large orders
    (D) Free installation

39. According to the invoice, which item did NOT receive the proper discount?
    (A) 74903
    (B) 17338
    (C) 37494
    (D) 55739

40. Why did Ms. Harper write the letter?
    (A) To ask about a return policy
    (B) To make a complaint
    (C) To argue about a price
    (D) To request confirmation

41. What instructions did the deliveryman NOT follow?
    (A) Visiting the house before 6 P.M.
    (B) Removing the packaging
    (C) Taking items to the correct rooms
    (D) Telephoning prior to arriving

This is the end of the Reading test.

Day 9

Score (/41)

Listening Test
- 1. (B)
- 2. (A)
- 3. (C)
- 4. (A)
- 5. (C)
- 6. (B)
- 7. (B)
- 8. (C)
- 9. (A)
- 10. (D)
- 11. (B)
- 12. (B)
- 13. (D)
- 14. (B)
- 15. (A)
- 16. (C)
- 17. (A)
- 18. (B)
- 19. (A)
- 20. (C)
- 21. (A)

Reading Test
- 22. (B)
- 23. (B)
- 24. (B)
- 25. (A)
- 26. (C)
- 27. (C)
- 28. (C)
- 29. (D)
- 30. (C)
- 31. (B)
- 32. (A)
- 33. (B)
- 34. (D)
- 35. (A)
- 36. (C)
- 37. (D)
- 38. (B)
- 39. (D)
- 40. (B)
- 41. (D)

* 틀린 문제는 문항 번호 옆 빈칸에 표시한 다음, 한 번 더 학습하세요.

Part 1

1.

(A) The ladder goes up to the ceiling.
(B) Items have been stacked on shelves.
(C) They are taking items from the storeroom.
(D) The warehouse has goods for sale.

(A) 사다리가 천장까지 이어져 있다.
(B) 물건들이 선반에 쌓여 있다.
(C) 그들은 창고에서 제품을 꺼내고 있다.
(D) 창고에 판매용 제품들이 있다.

어휘 ladder 사다리 ceiling 천장 stack 쌓다 shelf 선반 storeroom 창고 warehouse 창고 for sale 판매 중인, 판매용의; 세일 중인

해설 사다리가 천장까지 이어져 있는 것은 아니므로 (A)는 정답이 될 수 없고, 제품들이 창고 밖으로 반출되고 있는 것도 아니므로 (C) 역시 적절한 설명이 아니다. 또한 사진 속 물건들이 실제 파는 물건인지는 알 수 없기 때문에 (D)도 정답이 될 수 없다. 따라서 '물건들이 선반에 놓여 있다'고 진술한 (B)가 정답이다.

Part 2

2.
Which product is popular with customers?
(A) The L2000 is our bestselling item.
(B) We'll be releasing it next week.
(C) We get hundreds of customers a day.

어떤 제품이 소비자들에게 인기가 높나요?
(A) L2000이 제일 잘 팔리는 제품이에요.
(B) 우리는 다음 주에 그것을 출시할 거예요.
(C) 하루에 수백 명의 고객들이 찾아와요.

어휘 be popular with ~에게 인기가 있다 bestselling 제일 잘 팔리는, 베스트셀러의 release 놓아 주다; 출시하다

해설 의문형용사 which를 이용하여 소비자들에게 인기가 높은 제품이 무엇인지 묻고 있다. 정답은 베스트셀러인 제품의 이름을 밝힌 (A)이다. (B)는 제품 출시일을 묻는 질문에, (C)는 고객의 수를 묻는 질문에 이어질 수 있는 답변이다.

3.
Is it supposed to rain this weekend?
(A) It has been bright and sunny all day.
(B) I'm going camping on Saturday.
(C) I haven't seen the weather forecast.

이번 주말에 비가 올까요?
(A) 하루 종일 맑고 화창했어요.
(B) 저는 토요일에 캠핑을 갈 거예요.
(C) 날씨 예보를 보지 못했어요.

어휘 be supposed to ~할 예정이다 all day 하루 종일 go camping 캠핑을 가다 weather forest 일기 예보

해설 주말에 비가 올 것인지 묻고 있으므로 일차적으로 '비가 올 것이다' 혹은 '비가 오지 않을 것이다'는 의미를 나타낸 보기가 정답이다. 하지만 이러한 보기가 없다면 '모르겠다'식의 답변이 정답인 경우가 많은데, 이 문제에서도 '예보를 보지 못해 모르겠다'는 의미를 나타내고 있는 (C)가 정답이다. 시제를 제대로 파악하지 못해서 (A)를 정답으로 고르는 실수를 범하지 않도록 하자.

4.
What office supplies are we running short on?
(A) Mostly pens and notepads.
(B) Stella can order new items.
(C) I looked in the storage closet.

어떤 사무용품이 다 떨어져 가나요?
(A) 주로 펜과 메모지요.
(B) Stella가 새 제품들을 주문할 수 있어요.
(C) 저는 벽장을 살펴보았어요.

어휘 office supply 사무용품 run short on ~을 다 쓰다 mostly 주로, 대게 notepad 메모지 storage closet 벽장, 찬장

해설 '어떤 사무용품(what office supplies)'이 소진되어 가는지 묻고 있으므로 직접적으로 부족한 사무용품의 이름을 언급한 (A)가 정답이다.

5.
Would you prefer a pay raise or stock options?
(A) The stock has been rising lately.
(B) My salary is $60,000 a year.
(C) The former would be better.

급여 인상을 원하시나요, 아니면 스톡 옵션을 원하시나요?
(A) 최근에 주가가 오르고 있어요.
(B) 제 연봉은 60,000달러예요.
(C) 전자가 나을 것 같군요.

어휘 prefer 선호하다 pay raise 임금 인상 stock option 스톡 옵션, 주식 매입 선택권 stock 주식 lately 최근에 salary 봉급 former 전자

해설 동사 prefer를 이용한 전형적인 선택의문문이다. 따라서 the former(전자)라는 표현을 이용해 두 가지 방안 중 급여 인상을 선택한 (C)가 정답이다. 참고로 후자는 the latter로 표현한다.

6.
I can't decide between Mr. Parker or Ms. Sims for the position.
(A) It's an engineering position.
(B) I was impressed by both of them.
(C) I'm sorry she feels that way.

Parker 씨와 Sims 씨 중에서 누구를 그 자리에 앉힐지 결정을 못하겠어요.
(A) 그것은 엔지니어를 위한 자리에요.
(B) 저는 두 사람 모두에게 깊은 인상을 받았어요.
(C) 그녀가 그렇게 생각하다니 유감이에요.

어휘 decide 결정하다 position 위치; 직위, 직책 be impressed by ~에 의해 깊은 인상을 받다, 감명을 받다

해설 누구를 채용할 것인지 고민하고 있다. 정답은 두 사람 모두 괜찮다는 뉘앙스를 전하고 있는 (B)이다.

> **고득점 TIP**
> 선택을 요구하는 질문에는 구체적인 선택으로 답할 수도 있지만, 이처럼 둘 다 좋다 혹은 둘 다 싫다는 식의 답변도 정답이 될 수 있다.

Part 3

[7-9]

> W Has Cecilia submitted her monthly sales report for the Asian sector? I wonder how our newest line of cosmetics is selling there.
>
> M I haven't received the raw data yet, but I spoke with her on the phone this morning. Apparently, several items, including the lipstick and fingernail polish, are selling well. They're especially popular in Japan and the Philippines.

W That's excellent news. Our sales in Europe are down for the year, so I'm glad to hear they're doing better in Asia. We might actually be able to turn a profit this year.

M I sure hope so. I've been afraid that I won't get a bonus this December.

W Cecilia가 아시아 지역의 월별 매출 보고서를 제출했나요? 새로 출시된 화장품이 그곳에서 어떻게 팔리고 있는지 궁금하군요.

M 아직 원 데이터는 받지 못했지만, 오늘 아침에 그녀와 전화로 이야기를 나누었어요. 듣자 하니 립스틱과 매니큐어를 포함해서 몇몇 제품들이 잘 팔리고 있는 것 같아요. 특히 일본과 필리핀에서 인기가 높고요.

W 좋은 소식이군요. 올해 유럽 내에서의 매출이 줄어들고 있기 때문에 아시아에서 잘 팔리고 있다는 이야기를 들으니 기쁘네요. 실제로 올해에는 흑자를 낼 수도 있을 것 같아요.

M 저도 그랬으면 좋겠어요. 이번 12월에 보너스를 받지 못할 것 같아 걱정을 했거든요.

어휘 sales report 판매 보고서, 매출 보고서 sector 부분, 분야 cosmetics 화장품 raw data 원 데이터, 미가공 데이터 apparently 보아 하니, 듣자 하니 fingernail polish 매니큐어 turn a profit 이익을 내다

7.
화자들은 어디에서 일하는 것 같은가?
(A) 백화점
(B) 화장품 회사
(C) 택배 회사
(D) 건축 사무소

해설 cosmetics(화장품)라는 말을 듣지 못했어도 lipstick(립스틱)이나 fingernail polish(매니큐어)라는 단어를 들었다면 화자들이 일하는 회사는 (B)의 '화장품 회사'임을 쉽게 알 수 있다.

8.
여자는 유럽 내 매출에 대해 무엇을 말하는가?
(A) 증가하고 있다.
(B) 변동이 없다.
(C) 감소하고 있다.
(D) 곧 늘어날 것이다.

어휘 remain 남아 있다   steady 꾸준한, 변함 없는   decline 감소하다, 쇠퇴하다

해설 여자는 아시아에서의 매출 증가 소식에 반색하며 '유럽에서의 매출은 줄고 있다(our sales in Europe are down for the year)'고 말한다. 따라서 (C)가 정답이다.

9.
남자는 무엇을 걱정하는가?
(A) 보너스를 받지 못하는 것
(B) 실직
(C) 다른 나라로의 발령
(D) 적절한 교육 이수

해설 남자의 마지막 말 'I've been afraid that I won't get a bonus this December.'에서 남자는 보너스를 받지 못할 것을 걱정하고 있음을 알 수 있다. 따라서 정답은 bonus를 extra money로 바꾸어 쓴 (A)이다.

[10-12]

W Have you submitted your registration form for this weekend's seminar?

M I can't go there since I've got to work on the budget report all weekend.

W Oh, I wasn't aware of that. I just wonder who else is going there.

M I heard Marla and Chris discussing it, so I'm sure they'll be attending.

W I'm glad to hear that. I haven't been to the convention center before, so maybe I can get a ride with one of them.

M Marla lives downtown. You'd better talk to Chris.

W Have you seen him? He's not at his desk.

M He's going over last month's sales figures with the vice president. He'll be back after lunch.

W 이번 주말 세미나의 참가 신청서를 제출했나요?

M 저는 주말 내내 예산 보고서 작업을 해야 해서 갈 수가 없어요.

W 오, 그 점은 제가 몰랐군요. 그밖에 누가 갈 수 있는지 궁금하네요.

M Marla와 Chris가 그에 대해 논의하는 것을 들었으니 분명 그들은 참석할 거예요.

W 그런 말을 들으니 기쁘군요. 저는 컨벤션 센터에 가 본 적이 없어서 그들 중 한 명과 함께 차를 타고 가면 될 것 같아요.

M Marla는 시내에 살아요. Chris와 이야기하는 것이 나을 거예요.

W 그를 보았나요? 자리에는 없더군요.

M 부사장님과 함께 지난 달에 있었던 매출액을 검토하고 있어요. 점심 시간 후에 돌아올 거예요.

어휘 registration form 신청서　get a ride with ~와 함께 차를 타다　go over ~을 검토하다　sales figure 매출액　vice president 부사장, 부회장

10.
여자는 남자에게 무엇에 대해 묻는가?
(A) 매출액
(B) 컨벤션 센터
(C) 보고서
(D) 세미나

해설 대화의 첫 부분에서 여자는 'Have you submitted your registration form for this weekend's seminar?'라고 말하면서 남자에게 세미나에 참석할 것인지 묻고 있다. 정답은 (D)이다.

11.
남자가 "Marla lives downtown"이라고 말할 때 그는 무엇을 의미하는가?
(A) 그녀는 사무실 근처에 산다.
(B) 그녀는 세미나에 차를 가지고 가지 않을 것이다.
(C) 그녀는 여자를 차에 태울 수 있다.
(D) 그녀는 통근 시간이 짧다.

해설 주어진 문장은 Marla나 Chris의 차를 얻어 타고 가겠다는 여자의 말을 듣고 남자가 한 말이다. 보통 시내에 살면 대중 교통의 혜택을 받을 가능성이 크므로 '시내에 산다'는 말은 곧 차가 없다는 의미를 포함한다. 따라서 (B)가 정답이다. 그 다음 문장인 'You'd better talk to Chris.'에서도 '(Marla에게는 차가 없으니) Chris와 이야기하라'는 의미를 포함하고 있다.

12.
여자는 점심 시간 이후에 무엇을 할 것 같은가?
(A) 예산 보고서를 작성한다
(B) Chris와 이야기한다
(C) 부사장을 만난다
(D) 양식을 제출한다

해설 남자는 여자에게 Chris와 이야기하라고 한 후 그가 어디에 있는지 묻는 여자의 질문에 지금 매출액을 검토 중이라고 답하면서 'He'll be back after lunch.'라고 말한다. 따라서 여자가 점심 시간 이후에 할 일은 자리에 돌아온 Chris와 이야기를 하는 것이 될 것이므로 정답은 (B)가 된다.

[13-15]

W Hello. I purchased a refrigerator from your store and had it delivered this morning. Unfortunately, it's not working properly.

M Could you please describe the problem in detail?

W It was installed at ten this morning, and the man said not to plug it in for an hour. I did that at eleven thirty. It has been three now, but it's still not cold.

M Hmm . . . It sounds like you have a defective unit. Why don't I send someone to your home to check it out?

W Can the person arrive here in the next thirty minutes? I've got to go out soon.

M I'm afraid not. When do you expect to be back home?

W 여보세요. 저는 당신네 매장에서 냉장고를 구입했고 오늘 아침에 배송이 되었어요. 안타깝게도 제대로 작동되지가 않네요.

M 문제를 자세히 말씀해 주실 수 있으신가요?

W 오늘 오전 10시에 설치를 했고 남자 분께서 한 시간 동안은 플러그를 꽂지 말라고 말씀하셨죠. 저는 11시 30분에 플러그를 꽂았어요. 지금이 3시인데 아직도 차갑지가 않아요.

M 흠… 결함이 있는 제품을 받으신 것 같군요. 귀하의 댁으로 사람을 보내서 확인해 봐도 될까요?

W 30분 이내에 여기로 도착하실 수 있을까요? 제가 곧 나가봐야 해서요.

M 그건 힘들 것 같군요. 언제 집으로 돌아오실 예정인가요?

어휘 refrigerator 냉장고　properly 적절히　in detail 자세하게　plug 플러그를 꽂다, 전원을 연결하다　defective 결함이 있는　unit 단위, 한 개

13.
남자는 어디에서 일하는 것 같은가?
(A) 택배 회사
(B) 공장
(C) 도서관
(D) 전자제품 매장

해설 대화의 시작 부분에서 여자는 남자의 매장에 구입한 냉장고가 작동하지 않는다는 점을 알리고 있다. 따라서 남자는 (D)의 '전자제품 매장'에서 일할 것이라고 추측할 수 있다.

14.
여자의 문제는 무엇인가?
(A) 요금이 과도하게 많이 나왔다.
(B) 제품이 제대로 작동하지 않는다.
(C) 배달 직원이 아직 도착하지 않았다.
(D) 잘못된 제품이 배송되었다.

해설 대화의 시작 부분에서 여자는 '냉장고가 제대로 작동하지 않는다(it's not working properly)'고 했고 이후 시간이 지났음에도 냉장이 되지 않는다고 구체적인 증상을 설명한다. 따라서 정답은 refrigerator를 item으로, working properly를 working right로 바꾸어 표현한 (B)이다.

15.
남자는 어떤 정보를 요구하는가?
(A) 여자가 집에 돌아올 시간
(B) 여자가 지불한 금액
(C) 여자가 살고 있는 장소
(D) 여자가 구입한 모델

해설 대화 마지막 부분의 남자의 말 'When do you expect to be back home?'에서 남자가 알고 싶어한 것은 (A)의 '여자가 집에 돌아올 시간'이다.

Part 4

[16-18]

W The preparations for the fundraiser are nearly complete, but we still need to take care of the advertisements. We should have enough money in the budget to advertise on a few popular local Web sites, in the newspaper, and on the radio. We'll also be printing posters to put up in high-traffic areas around the city. Ideally, some shopkeepers will permit us to hang them in their stores as well. We had considered advertising on TV, but we don't believe that will be necessary. I'm pretty sure that our efforts will be more than sufficient to raise the money we need.

W 기금 마련 행사 준비는 거의 끝났지만 광고는 계속해서 신경을 써야 합니다. 몇몇 인기 있는 웹 사이트, 뉴스, 그리고 라디오에 광고를 내보낼 예산은 충분히 있습니다. 또한 우리는 포스터를 인쇄하여 시내에 교통량이 많은 곳에 게시할 것입니다. 이상적인 경우, 몇몇 상점 주인들은 자신의 매장에 포스터를 게시하는 것도 허용할 것입니다. TV 광고도 고려 중이지만, 저는 그것이 반드시 필요하다고는 생각하지 않습니다. 저는 우리의 노력이 필요한 기금을 모금하는데 충분할 것이라고 확신합니다.

어휘 fundraiser 모금 행사 advertisement 광고 poster 포스터 high-traffic 교통량이 많은 ideally 이상적으로, 이상적으로 말하면 shopkeeper 상점 주인 permit 허락하다 hang 걸다 effort 노력 sufficient 충분한 raise 올리다; 기르다; 모으다

16.
화자는 주로 무엇을 논의하고 있는가?
(A) 최근 출시된 제품
(B) 광고 예산
(C) 행사 준비
(D) 제품 개발

해설 화자는 '모금 행사(fundraiser)'의 광고 계획에 대해 논의하고 있다. 따라서 담화의 주제는 기금 마련 행사를 event라고 바꾸어 쓴 (C)이다.

17.
화자는 포스터가 어디에 게시되기를 바라는가?
(A) 버스 정류장에
(B) 상점에
(C) 관공서에
(D) 게시판에

해설 'Ideally, some shopkeepers will permit us to hang them in their stores as well.'에서 단서를 찾을 수 있다. 이상적인 경우 매장 주인들이 자신의 매장에 포스터를 걸도록 해 줄 것이라고 했으므로 화자가 바라는 포스터 게시 장소는 (B)의 '상점'이다.

18.
화자가 "We don't believe that will be necessary"라고 말할 때 그녀는 무엇을 의미하는가?
(A) 다른 장소를 빌릴 필요가 없다.
(B) 그녀는 텔레비전 광고를 하지 않을 것이다.
(C) 사회자를 고용할 필요는 없다.
(D) 더 많은 수의 자원봉사자는 필요 없다.

어휘 venue 장소   emcee 사회자, 엠시

해설 주어진 문장의 대명사 that이 가리키는 것을 알아야 문제를 풀 수 있다. 문맥상 that은 TV광고를 지칭하므로 주어진 문장은 화자가 TV 광고를 필요로 하지 않다는 것을 의미한다. 따라서 정답은 (B)이다.

[19-21]

M   Hello. This is Simon Cortez calling from Desmond Heavy Industries. Mr. Robinson, we have determined that you're one of the top applicants for the position of junior engineer. We would therefore like you to visit to interview with us. Your interview will be on Monday, January 21, at 11:00 in the morning. Please be sure to bring two personal references in signed and sealed envelopes. Those were missing from your application package, so we absolutely must see them. In addition, if you need to change the time of your interview, call me back at 645-3282. Just be sure to do that no later than this Thursday. Thank you.

M   안녕하세요. 저는 Desmond 중공업의 Simon Cortez입니다. Robinson 씨, 저희는 귀하가 대리급 엔지니어 직의 지원자 중 가장 우수한 지원자 중 한 명이라는 결론을 내렸습니다. 따라서 귀하께서 방문하셔서 면접을 보셨으면 합니다. 귀하의 면접은 1월 21일 월요일 오전 11시에 이루어질 것입니다. 잊지 마시고 서명이 들어 있는 추천서 두 통을 봉투에 봉인해서 가지고 오십시오. 귀하의 지원서 서류에 누락되어 있었기 때문에 저희가 반드시 확인을 해야 합니다. 아울러 면접 시간을 변경하셔야 하는 경우에는 645-3282로 제게 전화를 주시기 바랍니다. 이번 주 목요일 전까지는 전화를 주셔야 합니다. 감사합니다.

어휘 determine 결정하다, 결심하다   therefore 그러므로, 따라서   personal reference 추천서   seal 봉인하다   envelope 봉투   no later than 늦어도 ~전까지

19.
도표를 보아라. 청자의 면접관은 누가 될 것인가?
(A) Monica Lakeland
(B) Amy Jackson
(C) Robert Chou
(D) Daniel Fields

해설 담화 중반부에서 화자는 청자의 면접 일시에 대해 'Your interview will be on Monday, January 21, at 11:00 in the morning.'이라고 안내한다. 즉 별다른 일이 없다면 월요일 오전 11시에 면접이 진행될 것이기 때문에 도표에서 이 시간대의 면접관을 찾으면 정답은 (A) Monica Lakeland임을 알 수 있다.

20.
화자는 청자에게 무엇을 가지고 오라고 말하는가?
(A) 포트폴리오
(B) 이력서 사본
(C) 추천서
(D) 대학교 성적표

어휘 portfolio (구직시 제출하는) 작품집, 포트폴리오   letter of reference 추천서   transcript 성적 증명서

해설 화자는 'Please be sure to bring two personal references in signed and sealed envelopes.'라고 말하면서 청자에게 두 통의 추천서를 가지고 오라고 요청한다. 따라서 (C)가 정답이다.

21.
청자는 목요일까지 무엇을 해야 하는가?
(A) 새로운 면접 시간을 요청한다
(B) 이력서를 제출한다
(C) 원하는 급여를 말한다
(D) 면접을 볼 것이라는 점을 약속한다

해설 담화 후반부에서 화자는 '면접 시간을 변경하고 싶으면 전화를 달라(if you need to change the time of your interview, call me back at 645-3282)'고 말한 후, 늦어도 목요일(no later than this Thursday)까지는 전화를 달라고 당부한다. 따라서 보기 중 청자가 목요일까지 해야 하는 일은 (A)이다.

Part 5

22.
부서장이어서, Martin 씨는 다음 회의가 열릴 시기를 결정해야 했다.
(A) ~이다
(B) ~이어서
(C) ~이다
(D) ~이기 위해서

어휘 department 부서

해설 빈칸이 포함된 부분은 구이므로 분사인 (B)와 부정사인 (D) 중에서 정답을 골라야 한다. (D)가 올 경우 '~이기 위해서', '~가 되기 위해서'라는 뜻이 되는데, 이는 의미상 부자연스럽다. 따라서 정답은 분사인 (B)이다.

23.
McKenzie International 의 전 직원은 그들의 경력과 능력에 따라 급여를 받는다.
(A) ~에 관하여
(B) ~에 따라
(C) ~ 대신에
(D) ~만큼

어휘 experience 경력, 경험   ability 능력   regarding ~에 관하여   according to ~에 따라

해설 직원들이 경력과 능력에 '따라서' 급여를 지급 받는다는 내용이 되어야 자연스러우므로, 정답은 (B)의 according to이다. 나머지 보기들은 의미상 적절하지 않은 전치사구들이다.

24.
부과하던 기본 요금을 내렸을 때 신문의 구독이 20% 상승했다.
(A) 광고
(B) 구독
(C) 기사
(D) 배달

어휘 basic rate 기본료   charge 부과하다

해설 신문의 기본 요금(basic rate)이 내렸다는 사실의 결과로 증가할 수 있는 것은 'subscription(구독)'일 것이므로 정답은 (B)이다.

25.
기술직에 이력서를 제출한 열두 명의 지원자들 중에서, 오직 세 명만 모든 요건을 충족했다.

(A) 요건
(B) 요구하는
(C) 필요로 하는
(D) 요청

어휘 applicant 지원자   submit 제출하다   fulfill 충족시키다   requirement 요건, 필요조건   require 요구하다   requirable 필요로 하는   requisition 요청

해설 빈칸은 동사인 fulfill의 목적어 자리이므로 명사인 (A)의 requirement와 (D)의 requisition 중에서 정답을 골라야 하는데, fulfill은 '충족시키다'라는 뜻이기 때문에 '요건'이라는 의미의 requirement가 오는 것이 의미상 자연스럽다.

26.
수리기사는 물이 새는 것을 멈추기 위해서 지붕에 반복해서 갔다.
(A) 반복할 수 있는
(B) 반복한다
(C) 반복되는
(D) 반복

어휘 repairman 수리 기사   make a visit 방문하다   prevent ~ from -ing ~하는 것을 막다

해설 빈칸에는 명사인 visits를 수식할 수 있는 형용사가 와야 하므로 repeatable과 repeated 중에서 정답을 고르면 된다. 그런데 repeatable은 '무례하지 않은', '반복할 수 있는'이라는 의미이므로 문맥에 어울리지 않는다. 정답은 '반복되는'이라는 뜻의 (C) repeated이다.

27.
철저한 시설 점검 후에, 기계장치는 최상의 상태라는 것이 밝혀졌다.
(A) 친숙한
(B) 부주의한
(C) 철저한
(D) 사형의

어휘 inspection 검사, 점검   facility 시설   determine 알아내다; 결정하다   machinery 기계장치   prime 최고의   familiar 익숙한   careless 부주의한   thorough 철저한

해설 inspection 앞에 오기에 의미상 적절한 것은 (B)의 careless와 (C)의 thorough이다. 주어진 문장은 '_____한 점검 이후에 기계장치가 최상의 상태라는 것이 밝혀졌다'는 내용인데, 기계장치의 상태를 알아낸 결과를 얻었으므로 '철저한'이라는 뜻의 thorough가 오는 것이 적절하다. 따라서 정답은 (C)이다.

Part 6

[28-31]

관리직 공석

Randolph 식료품점에서 현재 신임 부관리자를 찾고 있습니다. 최적의 후보자는 가급적이면 슈퍼마켓에서의 경력을 보유한 사람입니다. 식료품점에서의 경력은 긍정적으로 고려될 것입니다. 학사 학위는 필요하지 않지만, 고등학교 졸업장은 필요합니다. Randolph 식료품점에서, 우리는 정직함, 근면한 태도, 그리고 팀워크를 중요시합니다. 우리는 특히 모든 후보자들에게서 이러한 자질을 기대하고 있습니다. 직원들의 일정을 만드는 방법과 문제 해결 방법에 대한 지식이 상당히 요구됩니다. 여러분의 이력서를 frank@randolphgroceries.com으로 Frank Mason에게 보내 주세요. **우리의 요건에 충족되는 분들만 회신을 받게 될 것입니다.** 면접은 다음 주에 시작될 것입니다.

어휘 candidate 후보자 preferably 가급적 college degree 학사 학위 hardworking 근면한 attitude 태도 look for 기대하다

28.
(A) 검색하는
(B) 보는
(C) 찾고 있는
(D) 관찰하는

해설 적절한 의미의 동사구를 완성하는 문제이다. 해당 문장은 '신규 직원을 찾고 있는 중이다'라는 내용이 되어야 하므로 (C)의 seeking이 와야 한다. 만약 (B)가 looking for 또는 searching for라면 이 또한 정답이 될 수 있다.

29.
(A) 전공
(B) 성적
(C) 학점
(D) 졸업장

해설 해당 문장은 '고등학교 졸업장이 필요하다'는 내용이 되어야 하므로 정답은 '졸업장'이라는 뜻인 (D)의 diploma이다.

30.
(A) 자격을 갖춘
(B) 자격
(C) 자질

(D) 자격을 주는

해설 빈칸은 looking for의 목적어 자리이므로 명사인 (B)와 (C) 중에서 정답을 골라야 하는데, 앞에 언급된 honesty, hardworking attitude, teamwork을 의미할 수 있는 명사는 qualities이므로 정답은 (B)이다.

31.
(A) Mason 씨는 이미 몇몇 촉망되는 후보자들을 만났습니다.
(B) 우리의 요건에 충족되는 분들만 회신을 받게 될 것입니다.
(C) Randolph 식료품점은 1주일 내내 24시간 영업합니다.
(D) 이번 주 전체의 일정표는 휴게실에 게시되어 있습니다.

해설 빈칸 앞에는 이력서를 제출할 주소가 언급되어 있고, 빈칸 뒤의 문장은 면접 일정에 대한 내용이다. 따라서 면접과 관련된 내용의 문장인 (B)가 정답이 된다.

Part 7

[32-33]

새로운 건물의 개장 준비

(10월 10일) – 4년 동안 기다렸던 Skyline 타워의 개장이 거의 마무리되었다. 시의 스카이라인에 가장 최근에 추가된 이 건축물은 10월 12일에 대중에 개방되면서, 시의 이미지를 새롭게 한다. 550미터 이상의 높이인 이 96층의 고층 건물은 상하이에 본사를 두고 있는 Feng 건축에 의해 설계되었다. Skyline 타워는 최신의 기술과 현대적인 디자인을 활용하여 자연 환기를 최대화하고 있어서, 여름과 겨울에 냉난방의 사용을 줄일 것이다. 건물의 날렵한 외양은 상층부에 미치는 바람의 영향도 최소화할 것이다. 거주자, 근무자, 그리고 방문자들은 건물에 있는 다수의 호텔, 카페, 그리고 식당을 즐길 수 있는데, 이들 중 몇몇 곳은 도시의 멋진 전망을 제공한다.

어휘 complete 완전한, 갖춰진 skyline 스카이라인 (땅이나 건물이 하늘과 맞닿아 있는 윤곽선) skyscraper 고층 건물 state-of-the-art 최신의, 최신 기술의 airflow 공기의 흐름 sleek 날렵한 superb 최상의

32.
기사에 따르면, Skyline 타워에 대해 사실이 아닌 것은 무엇인가?
(A) 시에서 가장 높은 건물이다.

(B) 층 수가 많다.
(C) 바람이 건물에 그렇게 많은 영향을 주지 않을 것이다.
(D) 건설하는 데 수년이 걸렸다.

해설 Skyline 타워는 96층이고(The 96-story skyscraper), 건물의 외양이 날렵해서 상층부에 미치는 바람의 영향이 최소화될 것이며(The building's sleek shape will also minimize wind effects on the upper levels.), 건설이 완료되는 데 4년이 걸렸다는(The four-year wait for the opening of the Skyline Tower is nearly complete.) 내용들이 있으므로 (B), (C), (D)는 모두 언급된 정보이다. 하지만 이 건물이 시에서 가장 높다는 정보는 찾을 수 없으므로 정답은 (A)이다.

33.
Skyline 타워에 대해 암시된 것은 무엇인가?
(A) 시 소유의 건물이다.
(B) 에너지 효율적이다.
(C) 상하이에 위치하고 있다.
(D) 1층에 상점이 있다.

어휘 run 진행하다 take place 일어나다, 개최되다 hold 개최하다 permit 허가하다 attendee 참석자

해설 지문 중반부에 자연환기를 통해 냉난방 사용을 줄이게 될 것이라는(so it will reduce the use of air conditioning in summer and heating in winter) 정보가 있다. 따라서 에너지 효율적(energy efficient)이라는 (B)가 정답이 된다.

[34-36]

수신	Darryl Gibson
발신	Erika Devers
제목	Clever Cutter
날짜	3월 28일

Gibson 씨께,

지난 주말, 저는 East County 쇼핑몰에 가서 우리 식당에 유용할 것 같은 제품의 시연을 봤어요. 제품의 이름은 Clever Cutter이며, 아래쪽 날이 소형 도마에 부착될 수 있도록 개량된 주방용 가위예요. 이는 생고기와 조리된 고기, 감자나 양파와 같은 큰 야채, 바질, 로즈마리, 다른 종류의 허브, 그리고 치즈를 모두 포함하여 여러 가지 제품을 빠르고, 쉽고, 안전하게 자를 수 있도록 해 줘요.

두 가지가 하나에 포함된 이 기구는 일반적인 칼과 도마를 사용하는 것보다 20~50퍼센트 정도 더 빠르게 식품을 자를 수 있는 것 같아요. 게다가, 아시다시피, 일반적인 주방용 가위의 경우 양파나 이와 비슷한 재료들이 가위에서 빠져 나오기 때문에 이것들을 잘 자를 수 없어요. 하지만 이 도마는 그러한 일이 일어나지 않게 해줘요.

재료를 자르고 세척하는 시간을 줄임으로써 우리의 시간과 돈을 상당히 절약할 수 있을 것이라고 확신해요. 제가 하나를 구입했는데 29일에 회사에 가져가서 당신에게 줄게요.

Erika 드림

어휘 pay a visit 방문하다 be of use 쓸모 있다, 유용하다 demonstration 실연, 시연

34.
Clever Cutter에 대해 언급된 것은 무엇인가?
(A) 쇼핑몰에서만 판매된다.
(B) 현재 할인 판매되고 있다.
(C) 특별히 식당용으로 만들어졌다.
(D) 다양한 음식물을 자를 수 있다.

어휘 sign up for ~에 등록하다, ~을 신청하다 registration 등록 alternative 대체 가능한

해설 첫 번째 문단 마지막 문장의 'including both raw and cooked meat, large vegetables like potatoes and onions, basil, rosemary, and other herbs, and cheese'에 Clever Cutter로 자를 수 있는 식재료들이 언급되었다. 그러므로 다양한 음식물을 자를 수 있다는 내용의 (D)가 정답이다. 나머지는 지문에 언급되지 않은 내용들이다.

35.
Devers 씨는 왜 제품을 구매했는가?
(A) 효율성을 향상시킬 것이라고 생각한다.
(B) Gibson 씨에게 구입 요청을 받았다.
(C) 생일 선물로 주기를 원한다.
(D) 텔레비전에서 광고를 봤다.

어휘 broadcast 방송하다 include 포함하다

해설 두 번째 문단의 첫 문장을 보면, Devers 씨는 Clever Cutter가 작업 시간을 더 빠르게 할 것이라고 했으므로 정답은 (A)이다. 마지막 문장을 보면 Devers 씨가 해당 제품을 Gibson 씨에게 줄 것이기는 하지만, 이는 Gibson 씨가 구입해달라고 했거나 생일 선물로 주려는 것은 아니므로 (B)와 (C)는 정답이 아니다. 그리고 Devers 씨는 이 제품을 TV 광고에서 본 것이 아니므로 (D)도 정답이 될 수 없다.

36.
[1], [2], [3], 그리고 [4]로 표시된 위치 중에서 다음 문장이 들어가기에 가장 알맞은 곳은 어디인가?
"하지만 이 도마는 그러한 일이 일어나지 않게 해줘요."
(A) [1]
(B) [2]
(C) [3]
(D) [4]

해설 주어진 문장은 지문에 설명되고 있는 가위가 이러한 일이 발생하는 것을 방지한다는(prevents this from happening.) 내용이다. 연결어가 however이므로, '이러한 일'이란 일반적인 가위에서 발생하는 부정적인 일을 의미할 것이며, 이는 [3] 앞의 '양파와 같은 재료들이 빠져나가서 이들을 잘 자를 수 없다'는 내용일 것이다. 따라서 정답은 (C)이다.

[37-41]

봄맞이 창고 정리 판매

앞으로 2주 동안 Charleston 가구를 방문하시면 할인 혜택을 누리실 수 있습니다. 겨울이 끝나기 때문에 연례 봄맞이 창고 정리 판매의 시기가 다가왔습니다. 책상, 의자, 캐비닛, 그리고 탁자를 포함한 모든 사무용 가구가 25% 할인됩니다. 가정용 가구는 30% 할인된 가격으로 구입이 가능합니다. Liberty 로 859번지에 있는 저희 쇼룸을 방문하셔서 다양한 제품을 보시고 선택하십시오. 2,000달러 이상 구매하시면 배송 및 조립 서비스를 무료로 제공해 드립니다. 이러한 세일은 저희의 경쟁업체들이 할 수 없는 일입니다. 수량이 남아 있는 지금 쇼핑을 하십시오.

어휘 take advantage of ~을 이용하다　selection 선택, 선택된 것　showroom 상품 진열실, 쇼룸　provide A with B A에게 B를 공급하다　assembly 조립　competitor 경쟁자, 경쟁업체　beat 이기다, 능가하다　supply 공급

Charleston 가구
Liberty 로 859번지
찰스턴, 사우스캐롤라이나 29403
(854) 274-8502

고객명: Jasmine Harper
배송지 주소: 362 Magnolia 로 362번지, 찰스턴, 사우스캐롤라이나 29411
전화번호: (854) 903-1282
구입일자: 5월 11일　　**배송일자:** 5월 12일

제품 번호	내용	수량	할인율	가격
74903	검정색 가죽 의자	1	25%	90.00달러
90492	오크 식탁	1	30%	910.00달러
17338	오크 식탁 의자	4	30%	420.00달러
37494	사무용 캐비닛	2	25%	187.50달러
55739	퀸사이즈 침대	1	25%	1,050.00달러
	계			2,657.50달러
	세금			159.45달러
	봉사료			0.00달러
	합계			2,816.95달러

*개인 수표로 결제가 되었습니다.
*배송 기사가 배송 30분 전에 전화를 드릴 것입니다.

어휘 personal check 개인 수표　prior to ~에 앞서

5월 13일

담당자님께,

제 이름은 Jasmine Harper입니다. 저는 5월 11일 귀하의 매장에서 몇 개의 제품을 구입했습니다. 5월 12일에 배송될 예정이었지만 저는 오늘 아침이 되어서야 제품을 받았습니다. 5월 12일에는 제가 볼일이 있어서 오전에 외출을 했습니다. 돌아왔을 때, 배송 기사가 왔지만 집에 아무도 없었다는 메모가 문에 붙어 있었습니다. 같은 일이 어제 또 다시 발생했습니다. 저는 수령한 가구에 만족하며 지불한 금액에 대해서도 크게 만족하지만, 귀사의 배송 시스템은 개선이 필요할 것으로 보입니다.

이러한 상황을 어떻게 바로잡을 것인가에 대해 말씀해 주실 수 있는지 궁금합니다. 그렇지 않은 경우, 저는 앞으로 인근 Keefer 가구에서 가구를 구입할 것입니다.

Jasmine Harper 드림

어휘 run an errand 볼 일을 보다　indicate 나타내다　rectify (잘못을) 바로잡다　be likely to ~하기 쉽다, ~할 가능성이 있다

37.
창고 정리 판매는 얼마나 자주 열리는가?
(A) 매달
(B) 계절마다
(C) 6개월마다 한 번
(D) 1년에 한 번

해설 광고의 초반부에 연례 봄맞이 창고 정리 판매의 시기가 되었다는(it's time for our annual spring clearance sale) 내용이 언급되었다. annual은 '해 마다 한 번의'라는 의미이므로 정답은 (D)이다.

38.
몇몇 고객들에게 제공되는 것은 무엇인가?
(A) 고객 클럽 회원 자격
(B) 무료 배송
(C) 대량 주문에 대한 추가 할인
(D) 무료 설치

해설 광고의 마지막 부분에서 2,000달러 이상 구매하는 경우 배송과 조립 서비스가 무료로 제공된다는(If you make a purchase of $2,000 or more, we'll even provide you with free shipping and assembly.) 내용이 언급되어 있다. 따라서 정답은 (B)이다. (D)의 installation은 '설치'라는 의미이므로 '조립'이라는 뜻의 assembly와 혼동하지 않도록 주의해야 한다.

39.
영수증에 따르면, 적절하게 할인되지 않은 품목은 무엇인가?
(A) 74903
(B) 17338
(C) 37494
(D) 55739

해설 첫 번째 지문에 따르면 사무용 가구는 25%, 가정용 가구는 30% 할인된다고 했다. 영수증을 보면 퀸사이즈 침대에 25%의 할인이 적용되었는데, 이는 가정용 가구이므로 30%의 할인율이 적용되어야 한다. 퀸사이즈 침대의 품번은 55739이므로 정답은 (D)이다.

40.
Harper 씨는 왜 편지를 썼는가?
(A) 반품 규정에 대해 문의하려고
(B) 불만을 제기하려고
(C) 가격에 대해 논의하려고
(D) 확인을 요청하려고

해설 편지의 첫 번째 문단 마지막 문장에서 Harper 씨는 배송 시스템에 개선이 필요하다고 생각한다는(I believe the delivery system your company uses needs to be improved) 의견을 전달하고 있다. 따라서 정답은 (B)이다.

41.
배송 기사가 따르지 않은 지시 사항은 무엇인가?
(A) 오후 6시 이전에 집에 방문하는 것
(B) 포장재를 제거하는 것
(C) 적절한 방에 물품을 갖다 주는 것
(D) 도착하기 전에 전화하는 것

해설 영수증의 마지막 문장을 보면, 배송 기사가 배송 30분 전에 전화한다는(Driver will call 30 minutes prior to delivering the items.) 내용이 있다. 그런데 세 번째 지문에 따르면 배송 기사들은 도착하기 전에 연락하지 않았고, 집에 아무도 없다는 메모만 남겨 두었다. 따라서 기사들이 따르지 않은 지시 사항은 (D)이다.

빈칸에 알맞은 어휘나 뜻을 쓰세요.

	어휘	뜻		어휘	뜻
1	apparently		8	venue	
2		이익을 내다	9		검사, 점검
3		신청서	10		최신 기술의
4	get a ride with		11		날렵한
5		매출액	12	superb	
6	defective		13		~을 이용하다
7	fundraiser		14	rectify	

정답 1. 보이는 듯하다, 듣자 하니 2. turn a profit 3. registration form 4. ~와 함께 차를 타다 5. sales figure 6. 결함이 있는 7. 모금 행사 8. 장소 9. inspection 10. state-of-the-art 11. sleek 12. 최상의 13. take advantage of 14. (잘못을) 바로잡다

DAY 10

Listening Test

Time 09 minutes

Part 1

🎧 10-01

Directions: You will hear four statements about the picture below. Select the one statement that best describes what you see in the picture and mark the letter (A), (B), (C), or (D).

1.

(A)   (B)   (C)   (D)

Part 2

🎧 10-02

Directions: You will hear a question or statement and three responses spoken in English. Select the best response to the question or statement and mark the letter (A), (B), or (C).

2. Mark your answer on your answer sheet.   (A)   (B)   (C)

3. Mark your answer on your answer sheet.   (A)   (B)   (C)

4. Mark your answer on your answer sheet.   (A)   (B)   (C)

5. Mark your answer on your answer sheet.   (A)   (B)   (C)

6. Mark your answer on your answer sheet.   (A)   (B)   (C)

Part 3

🎧 10-03

Directions: You will hear some conversations between two or more people. You will be asked to answer three questions about what the speakers say in each conversation. Select the best response to each question and mark the letter (A), (B), (C), or (D).

7. Why did the man call the woman?
   (A) To make a special offer
   (B) To find out about her travel plans
   (C) To suggest going on a tour
   (D) To tell her an item was found

8. What is the woman doing today?
   (A) Spending time at the beach
   (B) Checking in to a new hotel
   (C) Going to a business event
   (D) Meeting with some clients

9. What does the man ask the woman to do?
   (A) Provide her hotel's address
   (B) Make a new hotel reservation
   (C) Speak with a person at the hotel
   (D) Give him the number of her hotel

10. Why are the speakers flying to Germany?
    (A) To meet some clients
    (B) To go on vacation
    (C) To open a new branch office
    (D) To sign a contract

11. Look at the graphic. Which information was changed?
    (A) The flight number
    (B) The gate
    (C) The departure time
    (D) The seat

12. What will the woman do next?
    (A) Speak with the gate attendant
    (B) Purchase some duty-free items
    (C) Buy some food
    (D) Exchange some money

GO ON TO THE NEXT PAGE

Part 4

🎧 10-04

Directions: You will hear some talks given by a single speaker. You will be asked to answer three questions about what the speaker says in each talk. Select the best response to each question and mark the letter (A), (B), (C), or (D).

13. Why is the method of recording hours being changed?
    (A) Some employees filed complaints.
    (B) It will reduce expenditures.
    (C) The new method will save time.
    (D) Management requested it.

14. What will employees use to sign in?
    (A) Their person identification numbers
    (B) Their ID cards
    (C) Their e-mail addresses
    (D) Their timecards

15. What does the speaker expect to happen in the future?
    (A) Money will be saved.
    (B) Mistakes will be eliminated.
    (C) Employees will be pleased.
    (D) Efficiency will improve.

16. Why is Dr. Marcus Boswell late?
    (A) He missed his bus.
    (B) Traffic was heavy.
    (C) A train was delayed.
    (D) His flight was late.

17. What does the speaker imply when he says, "So we can expect him any minute now"?
    (A) The city's public transportation is efficient.
    (B) Avery Boulevard is near their location.
    (C) A speech is running a few minutes late.
    (D) There is little traffic near the airport.

18. What will the listeners do next?
    (A) Ask some questions
    (B) Listen to a talk
    (C) Watch a short video
    (D) Fill out some forms

This is the end of the Listening test.

Reading Test

Time 17 minutes

Part 5

Directions: A word or phrase is missing in each of the sentences below. Four answer choices are given below each sentence. Select the best answer to complete the sentence.

19. Tables in the back are reserved ------- for members of the private club.
    (A) extraordinarily
    (B) accidentally
    (C) apparently
    (D) exclusively

20. Ms. Chang considers herself ------- since she has lived in five foreign countries in the past decade.
    (A) adaptation
    (B) adaptable
    (C) adapting
    (D) adapts

21. The only available employee for the project is Ms. Ngoc, ------- just transferred to the department three days ago.
    (A) which
    (B) that
    (C) who
    (D) why

22. There were few vehicles on the road ------- the storm since visibility was so poor.
    (A) during
    (B) at
    (C) on
    (D) with

23. The sales representatives ------- to receive their annual bonuses during the second week of January.
    (A) expect
    (B) approve
    (C) await
    (D) announce

24. Lab technicians at Xerxes International frequently work ------- when they have pending deadlines.
    (A) late
    (B) lately
    (C) lateness
    (D) latest

GO ON TO THE NEXT PAGE

Part 6

Directions: Read the text below. A word, phrase, or sentence is missing in parts of the text. Four answer choices for each question are given below the text. Select the best answer to complete the text and mark the letter (A), (B), (C), or (D).

Questions 25-28 refer to the following notice.

Construction to Take Place in Maple Park

A new fountain will be erected ------- the front entrance of Maple Park. The project is
                                    25.
expected to take four days -------. Workers will start on May 11. Work will take place
                          26.
from 9:00 A.M. to 5:00 P.M. on a daily basis. During the entire construction period, the
area by the front entrance will be closed. Park visitors are ------- to use the western
                                                            27.
and southern entrances instead. -------. It provided the total $1.2 million cost. The
                               28.
entire project will be completed by Hudson Construction. Please contact the Park and
Recreation Department at 859-3039 if you have any inquiries.

---

25. (A) at
    (B) on
    (C) among
    (D) with

26. (A) will finish
    (B) finishing
    (C) will have finished
    (D) to finish

27. (A) encourage
    (B) encouragement
    (C) encouraged
    (D) encourages

28. (A) The work is being paid for by a grant from the Oakley Foundation.
    (B) No accidents have occurred at the site of the work yet.
    (C) The park opens early in the morning and closes late at night.
    (D) Bidding for the work on the fountain is still open.

Part 7

Directions: In this part you will read a selection of texts. The text or set of texts is followed by several questions. Select the best answer for each question and mark the letter (A), (B), (C), or (D).

Questions 29-31 refer to the following letter.

October 21

Dear Mr. Campbell,

Welcome to the *Century* magazine community. We are pleased you have chosen to receive *Century* for the next two years. Thanks to people like you, we are the fastest-growing history magazine in the country.

As a reader of *Century*, you will gain insight into the world around you. You'll get the opportunity not only to learn about past events and their interpretations but also to read about how they are affecting present times and how they may influence the future.

As a subscriber, you'll no longer have to purchase *Century* in bookstores. Instead, we'll send you your monthly copy by the first day of each month, a full two days before it is available to the public. You'll get access to periodic special offers which we'll e-mail you about. Finally, as our way of saying thank you, we'd like to send you a complimentary *Century* mousepad. Please choose the design and color you'd like on the enclosed postcard and return it to us within 30 days.

Regards,
Fidelity Jackson
Customer Service Representative, *Century*

29. Why did Ms. Jackson send the letter?
    (A) To offer a lower rate
    (B) To greet a new subscriber
    (C) To apologize for a missing issue
    (D) To request feedback

30. What type of magazine most likely is *Century*?
    (A) A business magazine
    (B) A literary magazine
    (C) A history magazine
    (D) A computer magazine

31. What will Mr. Campbell receive for mailing the postcard?
    (A) A free gift
    (B) A book
    (C) A discount
    (D) A coupon

GO ON TO THE NEXT PAGE

Questions 32-35 refer to the following notice.

Cyber Registration System

On account of the recent flurry of questions regarding the new cyber registration system here at Biz Solutions, we will be holding two training sessions to instruct all employees on its proper use. The training programs will be run by technicians at CyberTech, which created and installed the system. The sessions have been designed to provide solutions to issues that include logging in and out, basic security, report submission, and document retrieval. The trainers are also fully capable of responding to any inquiries you may have regarding the system. In addition, they will focus on explaining several capabilities which were not available on the previous system by Dynamo, Inc. that we utilized.

The two sessions will be identical in nature. Please sign up for one of them. Session 1 will be held on Monday, June 16, from 1:00 to 3:00 P.M. Session 2 will be held on Tuesday, June 17, from 9:00 to 11:00 A.M. Both will be held in the large seminar room on the third floor and will feature a Q&A period. Be sure to register before June 12. Direct all of your inquiries to Judy Styles.

32. What is suggested about the cyber registration system?
    (A) It will be installed the following week.
    (B) It requires constant maintenance by technicians.
    (C) It is an upgraded version of an older system.
    (D) It has not been used anywhere else.

33. What is indicated about the training programs?
    (A) They will be run by workers at Biz Solutions.
    (B) They will take place on the same day.
    (C) They will be held in the morning.
    (D) They will permit attendees to ask questions.

34. Why would a person speak with Ms. Styles?
    (A) To sign up for the training session
    (B) To ask about the training program
    (C) To learn how to use the registration system
    (D) To schedule an alternative time to train

35. The word "feature" in paragraph 2, line 5, is closest in meaning to
    (A) appear
    (B) show
    (C) broadcast
    (D) include

GO ON TO THE NEXT PAGE

Questions 36-40 refer to the following instructions, memo, and e-mail.

Congratulations on being the owner of DayCount, the top accounting software in the business world. To install this software made by Data Vision onto your computer, please take the following steps:

Step 1 Visit www.daycount.com and click on the "DayCount Installation" icon.

Step 2 When a prompt appears on your screen, click on the "download" icon. Depending upon the speed of your Internet connection, it should take between 5 and 45 minutes to download the program.

Step 3 When the program is installed, you will be asked for the key code. Look for the card inside the box this program came with. On it should be 14 numbers. Type them into the correct boxes.

Step 4 Once your program is verified as being an authentic purchase, you should format the program to suit your personal needs. Simply follow the instructions as they appear on the screen. When you finish, your copy of DayCount will be ready to use.

To: All Staff, Accounting Department
From: Henrietta Bosworth
Subject: DayCount
Date: April 29

We recently purchased 30 copies of DayCount and gave them to everyone in the department. Several of you have mentioned that you have been unable to install the program successfully though. Everybody specifically mentioned the third step in the process as being problematic.

We are therefore suspending usage of the program until we can get someone from the company to visit us. Please reinstall the programs you used previously and work with them until further notice.

Dear Ms. Bosworth,

I was told this morning that Sinise, Inc. has a problem with some software purchased from my company. I'm sorry to hear that. I would like to visit your office whenever it is convenient for you. Please let me know when and where I should go. Your issue takes precedence over everything else.

I will also conduct a two-hour training session for anyone at your firm interesting in learning to use the software. This is normally something we charge for, but the fee will be waived for you. I can lead this session after setting up the programs or can do it another time.

Sincerely,
David Coulter

36. In the instructions, the word "verified" in paragraph 5, line 1, is closest in meaning to

   (A) enhanced
   (B) confirmed
   (C) provided
   (D) assisted

37. According to the memo, what is the problem with the software?

   (A) A program cannot be formatted.
   (B) It takes too long to download.
   (C) An icon does not appear.
   (D) The key code is not working.

38. What are Accounting Department employees instructed to do?

   (A) Attend a training program
   (B) Reinstall the new software
   (C) Stop using DayCount
   (D) Inform Ms. Bosworth of their problems

39. Who most likely is Mr. Coulter?

   (A) An employee at Data Vision
   (B) The creator of DayCount
   (C) The head of the Computer Department
   (D) Ms. Bosworth's colleague

40. What is suggested about Mr. Coulter?

   (A) He is applying for a position at Sinise, Inc.
   (B) He expects a response from Ms. Bosworth.
   (C) He will bill Ms. Bosworth after he meets her.
   (D) He has to fly to Ms. Bosworth's location.

This is the end of the Reading test.

Day 10

Score (/40)

Listening Test

- 1. (D)
- 2. (A)
- 3. (B)
- 4. (C)
- 5. (C)
- 6. (A)
- 7. (D)
- 8. (C)
- 9. (C)
- 10. (A)
- 11. (D)
- 12. (C)
- 13. (A)
- 14. (B)
- 15. (C)
- 16. (C)
- 17. (B)
- 18. (B)

Reading Test

- 19. (D)
- 20. (B)
- 21. (C)
- 22. (A)
- 23. (A)
- 24. (A)
- 25. (A)
- 26. (D)
- 27. (C)
- 28. (A)
- 29. (B)
- 30. (C)
- 31. (A)
- 32. (C)
- 33. (D)
- 34. (B)
- 35. (D)
- 36. (B)
- 37. (D)
- 38. (C)
- 39. (A)
- 40. (B)

* 틀린 문제는 문항 번호 옆 빈칸에 표시한 다음, 한 번 더 학습하세요.

Part 1

1.

(A) They are having a picnic in the park.
(B) The vehicle is being parked.
(C) Someone is taking the stairs.
(D) Leaves have fallen on the ground.

(A) 그들은 공원으로 소풍을 나왔다.
(B) 차량이 주차되고 있다.
(C) 어떤 사람이 계단을 이용하고 있다.
(D) 나뭇잎이 바닥에 떨어져 있다.

어휘 have a picnic 소풍을 떠나다   vehicle 차량, 탈 것
take the stairs 계단을 이용하다

해설 사진만으로는 사람들이 소풍을 나온 것인지 알 수 없으므로 (A)는 정답이 될 수 없고 (B)는 '공원(park)'과 발음이 같은 park(주차하다)를 이용한 함정이다. 사진에 계단이 있기는 하지만 계단을 오르내리는 사람은 없으므로 (C) 역시 오답이다. 정답은 땅에 떨어져 있는 낙엽들을 묘사한 (D)이다.

Part 2

2.
Did you e-mail Ms. Murphy or her supervisor?
(A) Each of them, actually.
(B) Yes, that's what I did.
(C) She's not my supervisor.

Murphy 씨에게 이메일을 보냈나요, 아니면 그녀의 상사에게 보냈나요?
(A) 실은 두 사람 모두에게 보냈어요.
(B) 네, 그것이 제가 한 일이에요.
(C) 그녀는 제 상사가 아니에요.

어휘 supervisor 관리자, 감독관

해설 선택의문문으로 질문할 경우 두 가지 사항 모두를 선택하거나 혹은 둘 중 어느 것도 선택하지 않는 답변도 정답이 될 수 있다. 이 문제에서도 '두 사람 모두에게 보냈다'고 답한 (A)가 가장 자연스러운 답변이 된다.

3.
Could you call Mr. Burns about the change in plans?
(A) I wasn't planning to go there.
(B) Give me a couple of minutes.
(C) Yes, the plans were altered.

Burns 씨에게 전화해서 계획이 변경되었다는 점을 알려 줄래요?
(A) 저는 그곳에 갈 계획이 없었어요.
(B) 잠시만 시간을 주세요.
(C) 네, 그 계획은 변경되었어요.

어휘 plan 계획; 계획하다   alter 바꾸다, 변경하다

해설 조동사 could를 이용해 상대방에게 부탁하고 있다. 따라서 '잠시 후에 그렇게 하겠다'는 수락의 의미를 내비친 (B)가 가장 자연스러운 답변이다. (A)와 (C)는 모두 질문의 plan이라는 단어를 중복 사용한 함정이다.

4.
When is Ms. Jolie giving her presentation?
(A) In the main auditorium.
(B) For about two hours.
(C) Right after lunch ends.

Jolie 씨는 언제 발표할 건가요?
(A) 대강당에서요.
(B) 약 두 시간 동안이요.
(C) 점심 시간 직후예요.

어휘 give a presentation 발표하다   auditorium 강당

해설 의문사 when에 착안하면 정답은 발표 시점을 이야기한 (C)임을 쉽게 알 수 있다. (A)는 where로 시작하는 의문문 다음에, (B)는 how long으로 시작하는 의문문 다음에 이어질 수 있는 대답이다.

5.
Is Susan arriving on Thursday or Friday night?
(A) We saw a movie on Friday night.
(B) Thursday is the eighteenth of the month.
(C) I need to check with her about that.

Susan이 목요일 밤에 도착하나요, 아니면 금요일 밤에 도착하나요?
(A) 우리는 금요일 밤에 영화를 보았어요.
(B) 목요일은 18일이에요.
(C) 그에 대해서는 그녀에게 확인해 봐야 해요.

어휘 arrive 도착하다   check 확인하다

해설 선택의문문을 이용해 Susan이라는 사람의 도착 시간을 묻고 있다. 정답은 '(모르기 때문에) 확인해 보아야 한다'는 뜻을 전하고 있는 (C)이다.

> **고득점 TIP**
> '잘 모르겠다'는 식의 답변은 어떠한 질문에도 답이 될 수 있기 때문에 일단 정답의 후보로 간주하는 것이 좋다.

6.
Why does my credit card keep getting rejected?
(A) Maybe you've exceeded your limit.
(B) I paid for my items with a check.
(C) Great. Get the receipt, and let's go.

왜 제 신용카드가 계속해서 승인이 안되고 있죠?
(A) 아마도 한도를 초과하신 것 같아요.
(B) 저는 수표로 제품들을 결제했어요.
(C) 잘되었군요. 영수증을 받고 가죠.

어휘 credit card 신용카드   keep -ing 계속 ~하다   reject 거절하다, 거부하다   exceed 초과하다   limit 제한, 한도   check 수표   receipt 영수증

해설 의문사 why로 묻고 있으므로 답변에서는 신용카드 승인이 이루어지지 않고 있는 이유가 언급되어야 한다. 보기 중 그러한 이유를 언급하고 있는 것은 (A)뿐이므로 (A)가 정답이다.

Part 3

[7-9]

M Hello. I'm calling from Western Airlines. Ms. Reynolds, we located your lost suitcase and have it at the airport. We'd like to deliver it to the Palm Beach Hotel.

W I'm not presently there. I'm attending a sales conference and will be here until around ten tonight. Can you leave it with someone at the hotel?

M Yes, I can have somebody drop it off at the hotel. However, according to our policy, you have to grant permission to the hotel to accept the bag on your behalf. Would you mind contacting the front desk?

W I'll call right now. Could you please telephone me back in five minutes to confirm everything?

M 안녕하세요. Western 항공에서 전화를 드렸습니다. Reynolds 씨, 귀하의 여행 가방을 찾아서 공항에 보관해 두고 있습니다. 저희가 Palm Beach 호텔로 보내드리려고 하는데요.

W 저는 지금 그곳에 있지 않아요. 세일즈 콘퍼런스에 참석 중인데 약 10시까지는 여기에 있을 거예요. 호텔의 누군가에게 맡겨 두시겠어요?

M 네, 호텔에 두고 오라고 할 수 있어요. 하지만 저희 방침에 따르면 본인을 대신해서 호텔측이 가방을 받을 수 있도록 귀하께서 호텔측에 허가해 주셔야 해요. 프런트 데스크에 연락을 해 주시겠어요?

W 지금 바로 전화할게요. 모든 것을 확인할 수 있도록 5분 후에 제게 다시 전화해 주실 수 있나요?

어휘 locate 위치시키다; 찾다   suitcase 여행 가방   presently 현재, 지금   grant 주다, 수여하다   permission 허락, 허가   on one's behalf ~을 대신하여   confirm 확인하다

7.
남자는 왜 여자에게 전화를 했는가?
(A) 특별 할인을 해 주기 위해
(B) 여행 계획에 대해 알아보기 위해
(C) 투어를 제안하기 위해
(D) 물건을 찾았다고 알리기 위해

해설 대화의 시작 부분에서 남자는 'Ms. Reynolds, we located your lost suitcase and have it at the airport.'라고 말하며 전화한 이유를 밝히고 있다. 즉 그가 전화한 이유는 '분실된 가방을 찾았다'는 점을 알리기 위해서이므로 정답은 (D)가 된다.

> **고득점 TIP**
> hello 등으로 시작되는 전화 통화의 목적이나 이유는 보통 대화의 첫 부분에 제시된다.

8.
여자는 오늘 무엇을 하고 있는가?
(A) 해변에서 시간을 보내고 있다
(B) 새 호텔에서 체크인을 하고 있다
(C) 비즈니스 행사에 참석하고 있다
(D) 고객들을 만나고 있다

해설 가방을 호텔로 보내 주겠다는 남자의 말을 듣고 여자는 자신이 호텔에 있는 것이 아니라 '컨퍼런스에 참석 중(I'm attending a sales conference)'이라고 밝힌다. 따라서 여자가 하고 있는 일은 (C)이다.

9.
남자는 여자에게 무엇을 할 것을 요구하는가?
(A) 호텔 주소를 알려 준다
(B) 새로운 호텔을 예약한다
(C) 호텔 직원과 이야기한다
(D) 호텔 전화 번호를 알려 준다

어휘 make a reservation 예약하다

해설 남자는 가방을 호텔에 맡겨 두기 위해서는 여자가 '호텔측에 따로 허가를 해야 한다(you have to grant permission to the hotel to accept the bag on your behalf)'는 점을 알려 준다. 여자는 이에 대해 본인이 직접 호텔측에 전화를 해서 그렇게 하겠다고 했으므로 결국 남자가 요청한 바는 (C)로 볼 수 있다.

[10-12]

M I'm looking forward to visiting Germany. I've never been there before.

W Well, we'll be working almost the entire time, so you won't get many opportunities to go sightseeing.

M I suppose you're right. Anyway, we'd better head to the gate soon since we'll be boarding in ten minutes.

W Let me see your boarding pass, please. Hmm . . . On our original tickets, we were together, but now you're in 22A while I'm in 23B. The check-in attendant must have altered that.

M That's no good. We should be next to each other so that we can discuss our strategy for dealing with our customers.

W Why don't you talk to the gate attendant while I drop by the food court? I'd like a sandwich for the flight.

M 독일 방문이 기대되는군요. 저는 전에 가 본 적이 없어요.

W 음, 거의 쉬지 않고 일을 할 것이기 때문에 관광을 할 수 있는 기회는 많지 않을 거예요.

M 당신 말이 맞는 것 같군요. 아무튼, 10분 후에는 탑승을 해야 하니 빨리 게이트로 가는 것이 좋겠어요.

W 탑승권을 볼 게요. 흠… 원래 탑승권에서, 우리는 같이 앉기로 되어 있었는데, 지금은 당신이 22A이고 저는 23B네요. 탑승수속대의 직원이 변경한 것이 틀림없어요.

M 좋지 않군요. 고객을 상대할 전략을 논의하기 위해서는 서로가 옆 자리에 앉아야 하는데요.

W 제가 푸드코트에 다녀올 동안 당신이 게이트 직원에게 이야기를 해 보는 것이 어떨까요? 저는 비행기 안에서 샌드위치를 먹고 싶거든요.

어휘 the entire time 계속해서, 내내   opportunity 기회   go sightseeing 관광하다   board 탑승하다   boarding pass 탑승권   attendant 종업원, 안내원   make a mistake 실수하다   so that ~ can ~하기 위하여   strategy 전략

10.
화자들은 왜 독일로 비행하는가?
(A) 고객들을 만나기 위해서
(B) 휴가를 가기 위해서
(C) 새로운 지점을 개업하기 위해서
(D) 계약서에 서명하기 위해서

어휘 client 고객   branch office 지점   sign a contract 계약서에 서명하다

해설 대화의 초반부에서 여자는 '쉬지 않고 일할 것 (we'll be working almost the entire time)'이라고 말했고, 후반부에서 남자는 '고객들을 상대할 전략을 논의하기 위해 서로 옆 자리에 앉아야 한다고 (We should be next to each other so that we can discuss our strategy for dealing with our customers.)' 말한 것으로 보아, 화자들은 고객을 만나러 독일에 간다는 것을 알 수 있다. 정답은 (A)이다.

11.
도표를 보아라. 어떤 정보가 변경되었는가?
(A) 항공편
(B) 게이트
(C) 출발 시간
(D) 좌석

해설 대화에서 화자들은 서로 인접해서 앉아야 하는데 직원 실수로 떨어져 앉게 되었다고 말한다. 따라서 탑승권에 적혀 있는 내용 중 잘못된 부분은 (D)의 '좌석'이다.

12.
여자는 이어서 무엇을 할 것인가?
(A) 탑승수속대의 직원과 이야기한다
(B) 면세품을 구입한다
(C) 음식을 산다
(D) 환전을 한다

어휘 gate attendant 탑승수속대 직원   exchange 환전하다

해설 여자의 마지막 말을 통해 여자는 푸드코트에 들러서 샌드위치를 사올 것임을 알 수 있다. 따라서 여자가 하게 될 일은 (C)이다.

Part 4

[13-15]

M Several employees have recently protested that their hours have not been recorded accurately by their supervisors. They claim they haven't been paid for the work they did as a result. It has therefore been decided that we should introduce an automated method of checking employees' hours. This weekend, we'll be installing a computerized system. Employees can use their ID cards to sign in and out. This process should reduce the number of mistakes being made, so we expect employee morale to improve. While there will be some problems, especially right after we introduce the machines, we anticipate the overall situation to improve rapidly.

M 최근 몇몇 직원들은 자신의 근무 시간이 관리자에 의해 정확하게 기록되지 못하고 있다는 이의를 제기했습니다. 그 결과 그들은 본인이 한 업무에 대해 보수를 받지 못했다고 주장합니다. 따라서 우리는 직원들의 근무 시간을 자동으로 체크하는 방식을 도입하기로 결정을 내렸습니다. 이번 주말, 우리는 컴퓨터 시스템을 설치할 것입니다. 직원들은 사원증을 이용함으로써 출입을 할 수 있습니다. 이러한 과정을 통해 실수가 발생되는 횟수가 줄어 들 것이기 때문에 우리는 직원들의 사기가 높아질 것으로 기대합니다. 특히 기기를 도입한 직후에 문제가 발생할 수도 있지만, 전체적인 상황은 빠르게 개선될 것으로 예상됩니다.

어휘 protest 항의하다   accurately 정확하게   install 설치하다   reduce 줄이다, 감소시키다   morale 사기   anticipate 예상하다   situation 상황

13.
근무 시간을 기록하는 방식은 왜 바뀔 것인가?
(A) 일부 직원들이 불만을 제기했다.
(B) 경비를 줄일 것이다.
(C) 새로운 방법으로 시간이 절약될 것이다.
(D) 경영진이 요구를 했다.

어휘 expenditure 지출, 경비   method 방법   management 경영, 경영진

해설 담화의 첫 문장에서 화자는 몇몇 직원들이 '근무 시간이 정확하게 기록되지 않고 있다(their hours have not been recorded accurately)'는 항의를 했다고 말한다. 이후 이러한 문제를 해결하기 위해 자동으로 출퇴근 시간을 기록하는 장비가 설치될 것이라고 했으므로 기록 방식이 바뀌는 이유는 (A)로 볼 수 있다.

14.
직원들은 무엇을 이용하여 출입을 하게 될 것인가?
(A) 비밀 번호
(B) 사원증
(C) 이메일 주소
(D) 근무 시간 기록 카드

해설 'Employees can use their ID cards to sign in and out.'에서 정답의 단서를 찾을 수 있다. 직원들이 출입할 때 사용할 물건은 (B)의 '사원증'이다.

15.
화자는 앞으로 어떤 일이 일어날 것으로 기대하는가?
(A) 돈이 절약될 것이다.
(B) 오류가 없어질 것이다.
(C) 직원들이 기뻐할 것이다.
(D) 효율성이 증가할 것이다.

어휘 eliminate 없애다, 제거하다   efficiency 효율성

해설 담화 후반부에 화자는 자동 체크 시스템이 도입되면 '직원들의 사기가 높아질 것으로 예상한다(we expect employee morale to improve)'고 말한다. 따라서 화자가 기대하는 바는 (C)로 볼 수 있다. 시스템 도입 직후 문제가 발생할 가능성을 화자가 인정하고 있기 때문에 (B)는 정답이 될 수 없다.

[16-18]

M May I have your attention, please? I know everyone's anxiously awaiting the keynote speech by Dr. Marcus Boswell. Unfortunately, it looks like he's running a bit late. His train from Watertown was delayed, but he's in a taxi and on his way as I speak. In fact, he just texted me and said he's on Avery Boulevard. So we can expect him any minute now. In the meantime, I'd like you to turn your attention to Wendy Turner. She's here representing Cedar University, where she teaches in the Physics Department. She'd like to talk for a moment about a discovery her team made in a research lab.

M 주목해 주시겠습니까? 모든 분들께서 Marcus Boswell 박사님의 기조 연설을 초조하게 기다리고 계시다는 점은 잘 알고 있습니다. 안타깝게도 박사님께서는 약간 늦게 오실 것으로 보입니다. 워터타운 발 기차가 연착이 되었지만, 제가 말씀드리고 있는 이 순간에도 그는 택시를 타고 오고 계십니다. 실제로 조금 전에 제게 문자를 보내셔서 지금 Avery 로에 있다고 말씀해 주셨습니다. 그러니 금방이라도 오실 것입니다. 그 동안, 저는 여러분들께서 Wendy Turner 씨께 관심을 돌리셨으면 합니다. 이분께서는 Cedar 대학을 대표해서 여기에 와 계신데, 대학에서는 물리학과에서 교편을 잡고 계십니다. 이분께서는 연구실에서 본인 팀이 발견한 것에 대해 잠시 말씀을 하시고자 합니다.

어휘 anxiously 근심스럽게   keynote speech 기조 연설   on one's way 도중에   any minute now 지금 당장에라도   in the meantime 도중에, 그 사이에   represent 대표하다   research lab 연구실

16.
Marcus Boswell 박사는 왜 늦는가?
(A) 버스를 놓쳤다.
(B) 교통이 막혔다.
(C) 기차가 연착되었다.
(D) 비행기가 연착되었다.

해설 화자는 Marcus Boswell 박사가 늦을 것이라는 소식을 전한 후 그 이유로 '기차가 연착되었다(his train from Watertown was delayed)'는 점을 알리고 있다. 따라서 박사가 늦는 이유는 (C)이다.

224

17.
화자가 "So we can expect him any minute now"라고 말할 때 그는 무엇을 암시하는가?
(A) 시내 대중 교통은 효율적이다.
(B) Avery 로는 그들과 가까운 곳에 있다.
(C) 연설이 몇 분 늦게 시작될 것이다.
(D) 공항 근처에는 차량들이 거의 없다.

해설 any minute now는 '곧', '금방이라도'라는 의미이므로 주어진 문장은 '그러므로 그가 금방 올 것이다'는 뜻을 나타낸다. 주어진 문장에 앞서 화자는 '박사가 Avery 로에 있다(he's on Avery Boulevard)'고 말했는데, 이 두 가지 사항을 종합해 보면 Avery 로는 강연이 진행될 장소와 가까운 곳에 있을 것이라는 점을 짐작할 수 있다. 따라서 주어진 문장이 암시하는 바는 (B)가 된다.

18.
청자들은 이다음에 무엇을 할 것인가?
(A) 몇 가지 질문을 한다
(B) 강연을 듣는다
(C) 짧은 동영상을 시청한다
(D) 양식을 작성한다

해설 담화 마지막 부분에서 화자는 Wendy Turner라는 사람을 소개한 후 'She'd like to talk for a moment about a discovery her team made in a research lab.'이라고 말하다. 따라서 담화 이후에는 그녀의 강연이 이어질 것이라는 점을 알 수 있으므로 정답은 (B)이다.

Part 5

19.
뒤쪽의 테이블들은 오로지 비공개 클럽의 회원들만을 위해 예약되어 있다.
(A) 엄청나게
(B) 우연히
(C) 듣자 하니
(D) 오로지

어휘 reserve 예약하다   private club 비공개 클럽   extraordinarily 비상하게, 엄청나게   accidentally 우연히   apparently 듣자 하니   exclusively 독점적으로, 오로지

해설 빈칸에는 '오직', '오로지'라는 의미인 exclusively가 오는 것이 문장의 흐름상 가장 자연스럽다. 정답은 (D)이다.

20.
Chang 씨는 지난 10년간 5개국에서 살았었기 때문에 스스로 적응할 수 있다고 생각한다.
(A) 적응
(B) 적응할 수 있는
(C) 적응시키는
(D) 적응시킨다

어휘 consider 고려하다   decade 10년

해설 consider는 5형식 동사로 'consider + 목적어 + 목적보어'의 형태를 취한다. 보기들 중에서 동사인 (D)는 보어로 사용될 수 없으므로 정답에서 제외된다. Chang 씨가 자신을 '적응(adaptation)'으로 간주한다는 것은 의미상 부자연스러우므로 (A) 또한 정답이 될 수 없으며, (C)의 adapting은 타동사에서 파생되었기 때문에 목적어를 필요로 하므로 역시 오답이다. 정답은 형용사인 (B)의 adaptable이다.

21.
프로젝트를 위한 시간이 되는 유일한 직원은 Ngoc 씨인데, 그녀는 겨우 3일 전에 그 부서로 이동했다.
(A) 그것은
(B) ~하는
(C) 그 사람은
(D) ~한 이유

어휘 available 시간이 있는; 이용할 수 있는   transfer 전근 가다   department 부서

해설 빈칸은 관계대명사 자리인데, 선행사가 사람인 Ms. Ngoc이므로 (A)와 (D)는 정답에서 제외된다. 그리고 관계사절 앞에 콤마가 있는 것으로 보아 이는 관계대명사의 계속적 용법의 문장이므로 빈칸에는 관계대명사 that은 사용될 수 없다. 따라서 정답은 (C)이다.

22.
폭풍우가 몰아치는 동안에 가시성이 매우 좋지 않아서 도로에 차량이 거의 없었다.
(A) ~ 동안
(B) ~에
(C) ~ 위에
(D) ~와 함께

어휘 vehicle 탈것   visibility 가시성, 눈에 보임

해설 '폭풍이 몰아치는 동안' 도로에 차량이 거의 없었다는 내용이 되는 것이 문맥상 자연스러우므로 정답은 (A)의 during이다. (B)의 at은 장소나 시간 앞에 사용되며, (C)의 on은 'on the wall'과 같이 장소를 나타

낼 때나 'on Friday'와 같이 요일 앞에서 사용된다. (D)의 with는 우리말로 생각해보면 정답이 될 것 같아 보이지만 이와 같이 사용되지 않는다.

23.
판매 대리인들은 1월 둘째 주에 그들의 연간 보너스를 받을 것으로 기대한다.

(A) 기대하다
(B) 승인하다
(C) 기다리다
(D) 발표하다

어휘 sales representative 판매 대리인   annual 연례의   approve 승인하다   await 기다리다   announce 발표하다

해설 '판매 대리인들이 연간 보너스를 받을 것으로 _____하다'라는 문장인데, 빈칸에 들어가기에 적절한 의미의 동사는 '기대하다'라는 뜻의 (A) expect이다. 보너스를 받는 사람들이 승인(approve)하거나 발표(announce)할 수는 없다. (C)의 await는 타동사이므로 전치사와 함께 사용될 수 없기 때문에 정답이 될 수 없다.

24.
Xerxes 인터내셔널의 실험실 기술자들은 마감일이 임박할 때 자주 늦게까지 근무한다.

(A) 늦게
(B) 최근에
(C) 늦음
(D) 최신의

어휘 technician 기술자   frequently 자주   pending 임박한   late 늦게   lately 최근에   lateness 늦음; 지각

해설 빈칸에는 동사인 work를 수식하는 부사가 와야 하므로 (A)의 late와 (B)의 lately 중에서 정답을 고르면 된다. late는 '늦게', lately는 '최근에'라는 의미인데 문맥상 '늦게'라는 뜻의 late가 와야 한다. 따라서 정답은 (A)이다.

Part 6

[25-28]

Maple 공원 내 공사 개시

새로운 분수대가 Maple 공원 정문에 세워질 것입니다. 이 프로젝트는 마무리하는 데 4일이 걸릴 예정입니다. 작업자들은 5월 11일에 시작할 것입니다. 작업은 매일 오전 9시부터 오후 5시까지 진행될 것입니다. 전체 공사 기간 동안, 정문 근처 구역은 폐쇄될 것입니다. 공원 방문객들은 서측과 남측 입구를 대신해서 이용해 주실 것을 권합니다. **작업의 비용은 Oakley 재단의 보조금으로 지불됩니다.** 이곳에서 총 120만 달러를 제공했습니다. 전체 프로젝트는 Hudson 건설에 의해 완료될 것입니다. 문의 사항이 있을 경우 859-3039를 통해 공원 및 위락 시설 관리국에 연락해 주십시오.

어휘 construction 공사   fountain 분수   erect 건립하다; 세우다   entrance 입구   on a daily basis 매일   inquiry 문의

25.
(A) ~에
(B) ~ 위에
(C) ~ 가운데에
(D) ~와 함께

해설 빈칸에는 장소 앞에 사용될 적절한 전치사가 들어가야 하는데, 분수대는 정문에 세워질 것이므로 전치사 at이 와야 한다. 정답은 (A)이다.

26.
(A) 마무리할 것이다
(B) 마무리하는 것
(C) 마무리하는 것이다
(D) 마무리하는 데

해설 해당 문장은 빈칸이 없더라도 문장 성분을 모두 갖추고 있으므로 빈칸에는 부사구인 (D)가 와야 한다. 동사인 (A)와 (C), 그리고 분사나 동명사로 볼 수 있는 (B)는 다른 문장 성분 없이 독립적으로 쓰일 수 없다.

27.
(A) 권장하다
(B) 권장
(C) 권장되다
(D) 권장한다

해설 방문객들이 주어이므로 해당 문장은 수동태가 되어야 한다. 따라서 정답은 (C)의 encouraged이다.

28.
(A) 작업의 비용은 Oakley 재단의 보조금으로 지불됩니다.
(B) 작업 현장에서 아직까지 사고는 없었습니다.
(C) 공원은 아침 일찍 개장하여 밤 늦게 문을 닫습니다.

(D) 분수대 작업에 대한 입찰은 여전히 가능합니다.

해설 빈칸 뒤에 '그곳에서 총액 120만 달러를 제공했다'는 내용이 있는 것으로 보아 공사 비용에 대해 언급하고 있는 (A)가 오는 것이 가장 적절하다.

Part 7

[29-31]

10월 21일

Campbell 씨께,

Century 잡지 커뮤니티에 오신 것을 환영합니다. 앞으로 2년 동안 Century를 구독하시기로 결정해 주셔서 기쁩니다. 귀하 같은 분들 덕분에, 저희는 국내에서 가장 빠르게 성장하고 있는 역사 잡지입니다.

Century의 독자로서, 귀하는 주변 세계에 대한 식견을 갖추게 될 것입니다. 귀하는 과거의 사건들에 대해 알게 되고 그것을 이해하게 될 기회를 갖게 될 뿐만 아니라 그 사건들이 어떻게 현재에 영향을 주고 있고 미래에는 어떻게 영향을 미치게 될 것인지에 대해서도 읽으실 수 있습니다.

구독자로서, 귀하는 더 이상 서점에서 Century를 구매하지 않으셔도 됩니다. 그 대신에, 매월 첫째 날에 월간본 1부를 보내 드리며, 이는 일반에 공개되는 것보다 이틀 빠릅니다. 귀하는 저희가 이메일로 발송해 드리는 정기적인 특가 판매도 이용할 수 있게 됩니다. 마지막으로, 귀하께 감사함을 표하기 위해서, 무료 Century 마우스패드를 보내 드리고자 합니다. 동봉된 엽서에서 원하시는 디자인과 색상을 선택하여 30일 이내에 저희에게 다시 보내 주시기 바랍니다.

Fidelity Jackson 드림
고객 서비스 남낭자
Century

어휘 be pleased to ~해서 기쁘다   gain insight into 식견을 갖추다   interpretation 이해, 해석   affect 영향을 주다   influence 영향   subscriber 구독자   periodic 주기적인   special offer 특가 판매   complimentary 무료의   enclosed 동봉된

29.
Jackson 씨는 왜 편지를 보냈는가?
(A) 더 낮은 가격을 제안하기 위해서
(B) 신규 독자를 환영하기 위해서
(C) 누락된 잡지에 대해 사과하기 위해서
(D) 피드백을 요청하기 위해서

해설 지문의 초반부에서 Jackson 씨는 Campbell 씨가 잡지 Century를 구독한 것에 대해 감사함을 표하고 있으며, 후반부에서 이에 대한 보답으로 증정할 무료 선물에 대해 안내하고 있다. 그러므로 정답은 (B)이다.

30.
Century는 어떤 종류의 잡지일 것 같은가?
(A) 경영 잡지
(B) 문학 잡지
(C) 역사 잡지
(D) 컴퓨터 잡지

해설 세부 사항을 찾는 문제이다. 첫 번째 문단의 마지막 부분을 보면, 잡지의 구독에 대해 감사하면서, Century가 독자들 덕분에 가장 빠르게 성장하는 역사 잡지라는(Thanks to people like you, we are the fastest-growing history magazine in the country.) 내용이 있다. 따라서 정답은 (C)이다.

31.
Campbell 씨는 엽서를 보내면 무엇을 받게 될 것인가?
(A) 무료 선물
(B) 책
(C) 할인
(D) 쿠폰

해설 동봉된 엽서를 보내달라는 문장 바로 앞에 무료 마우스패드를 보내고자 한다는(we'd like to send you a complimentary Century mousepad) 내용이 언급되어 있다. 따라서 정답은 (A)이다.

[32-35]

컴퓨터 상의 등록 시스템

최근 Biz Solutions의 새로운 컴퓨터 상의 등록 시스템과 관련된 엄청난 양의 질문 때문에, 우리는 모든 직원들에게 그것의 적절한 사용법을 가르치는 교육 과정을 두 번 개최할 것입니다. 교육 프로그램은 시스템을 개발하고 설치한 Cyber Tech의 기술자들에 의해 진행될 것입니다. 이 과정은 로그인과 로그아웃, 기초적인 보안, 보고서 제출, 그리고 서류 검색을 포함한 문제들의 해결 방안을 제시하기 위해 설계되었습니다. 강사들은 시스템과 관련하여 여러분들이 가질 수 있는 어떠한 의문사항에 대해서도 충분히 답변할 수 있는 능력을 보유하고 있습니다. 게다가, 그들은 우리가 활용했던 Dynamo 사의 예전 시스템에서

는 사용할 수 없었던 여러 가지 기능에 대해 설명하는 데 주력할 것입니다.

두 개의 과정은 사실상 동일할 것입니다. 둘 중 하나에 신청해 주세요. 강좌 1은 6월 16일 월요일 오후 1시부터 3시까지 열릴 것입니다. 강좌 2는 6월 17일 화요일 오전 9시부터 11시까지 열릴 것입니다. 두 강좌 모두 3층의 대회의실에서 열릴 것이며 질의-응답 시간이 있을 것입니다. 6월 12일 전까지 꼭 등록해 주세요. 모든 질문은 Judy Styles에게 직접 해 주세요.

어휘 cyber 사이버의, 인터넷의, 컴퓨터 상의   registration 등록   on account of ~ 때문에   flurry 광풍; 혼란   instruct 가르치다   proper 적절한   retrieval 검색; 회수

32.
컴퓨터 상의 등록 시스템에 대해 암시된 것은 무엇인가?
(A) 다음 주에 설치될 것이다.
(B) 기술자들에 의한 지속적인 관리가 필요하다.
(C) 구형 시스템의 업그레이드 버전이다.
(D) 어디에서도 사용된 적이 없다.

해설 첫 번째 문단의 마지막 문장에 '강사들은 예전에 활용했던 Dynamo의 시스템에서는 사용할 수 없었던 기능들을 설명 할 것(they will focus on explaining several capabilities which were not available on the previous system by Dynamo, Inc. that we utilized.)'이라는 내용이 언급되어 있다. 따라서 소개되고 있는 시스템은 구형 시스템을 개선한 것으로 볼 수 있으므로 정답은 (C)이다.

33.
교육 프로그램들에 대해 명시된 것은 무엇인가?
(A) Biz Solutions의 직원들에 의해 진행될 것이다.
(B) 같은 날에 진행될 것이다.
(C) 아침에 진행될 것이다.
(D) 참석자들이 질문하는 것이 허용될 것이다.

해설 강좌는 CyberTech의 기술자들이 진행할 것이므로(The training programs will be run by technicians at CyberTech) (A)는 잘못된 정보이다. 또한 강좌 1은 오후에 진행되는데 (Session 1 will be held on Monday, June 16, from 1:00 to 3:00 P.M), 이는 강좌 2와 날짜도 다르고 오후에 진행되므로 (B)와 (C)도 정답이 될 수 없다. 강사들이 질문에 대답할 수 있다고 (The trainers are also fully capable of responding to any inquiries) 하였으므로 정답은 (D)이다.

이다.

34.
왜 Styles 씨와 이야기해야 하는가?
(A) 교육 신청을 하기 위해서
(B) 교육 프로그램에 대해 문의하기 위해서
(C) 등록 시스템의 사용법을 배우기 위해서
(D) 대체 교육 시간의 일정을 정하기 위해서

해설 문의 사항이 있으면 Judy Styles에게 전화하라고 (Direct all of your inquiries to Judy Styles) 하였으므로 정답은 (B)이다.

35.
두 번째 문단 다섯 번째 줄의 단어 feature와 그 의미가 가장 유사한 것은?
(A) 나타나다
(B) 보여주다
(C) 방송하다
(D) 포함하다

해설 feature는 '특별히 포함하다'라는 뜻인데, 해당 문장도 '강좌에는 질의-응답 시간이 포함된다'는 의미이다. 따라서 '포함하다'라는 뜻의 (D) include가 정답이 된다.

[36-40]

비즈니스 분야의 최고 회계 소프트웨어인 DayCount의 주인이 되신 것을 축하드립니다. Data Vision에서 만든 이 소프트웨어를 귀하의 컴퓨터에 설치하기 위해서는 다음 단계를 따라 주십시오:

1단계: www.daycount.com을 방문하셔서 "DayCount 설치" 아이콘을 클릭하십시오.

2단계: 스크린에 프롬프트가 나타나면 "다운로드" 아이콘을 클릭하십시오. 인터넷 연결 속도에 따라 프로그램을 다운로드하기까지 5분에서 45분의 시간이 걸릴 수 있습니다.

3단계: 프로그램이 설치되면 키 코드를 입력하라는 요구를 받으시게 될 것입니다. 프로그램이 담겨 있던 상자 안에서 카드를 찾으십시오. 카드에는 14개의 숫자가 적혀 있을 것입니다. 올바른 칸에 숫자를 입력하십시오.

4단계: 정품 프로그램이라고 확인되면 개인 용도에 맞도록 설정을 하십시오. 화면에 나타나는 지시 사항을 따르시기만 하면 됩니다. 이 일이 끝나면 DayCount는 사용 준비가 다 된 것입니다.

어휘 install 설치하다 step 단계 depending upon ~에 따라 key code 키 코드, 암호 verify 입증하다 authentic 진짜의, 정품의 format 형식을 결정하다, 서식 설정을 하다

수신: 전 직원, 회계부
발신: Henrietta Bosworth
제목: DayCount
날짜: 4월 29일

우리는 최근 DayCount를 30개 구매해서 부서의 모든 사람들에게 나누어 주었습니다. 하지만 여러분 중 몇 분께서 프로그램을 성공적으로 설치할 수 없다고 말씀하셨습니다. 특히 모든 사람들이 절차상 세 번째 단계에서 문제가 발생한다고 언급을 했습니다.

따라서 해당 업체의 사람이 방문을 하기 전까지는 이 프로그램의 사용을 일시 중지할 것입니다. 예전에 사용했던 프로그램들을 다시 설치하셔서 차후 공지가 있을 때까지는 그것으로 작업을 해 주시기 바랍니다.

어휘 specifically 특히 problematic 문제가 있는 suspend 보류하다, 유보하다 reinstall 다시 설치하다 previously 이전에

수신: Henrietta Bosworth
발신: David Coulter
제목: 방문
날짜: 5월 1일

친애하는 Bosworth씨께,

저는 오늘 아침 Sinise 주식회사가 저희 회사로부터 구입한 소프트웨어에 문제가 있다는 이야기를 들었습니다. 그런 말을 듣게 되어 유감입니다. 저는 귀하께서 편하실 때 귀하의 사무실을 방문하고자 합니다. 제가 언제 어디로 가면 되는지 알려 주시기 바랍니다. 귀하의 문제는 그 어떤 일보다도 우선 순위에 있습니다.

저는 또한 귀사에서 프로그램 사용법에 관해 관심을 보이는 분들을 위해 2시간짜리 교육을 실시할 것입니다. 보통은 비용이 청구되는 일이지만, 여러분께는 예외를 적용시켜 드리도록 하겠습니다. 프로그램 설치가 끝난 후에 교육을 실시할 수도 있고, 혹은 다른 때에 할 수도 있습니다.

David Coulter 드림

어휘 convenient 편한, 편리한 take precedence over ~보다 우선이다 charge (요금을) 부과하다 waive 포기하다; 보류하다

36.
설명서에서, 다섯 번째 문단 첫 번째 줄의 단어 "verified"와 그 의미가 가장 유사한 것은?
(A) 강화한
(B) 확인된
(C) 제공된
(D) 지원된

해설 verified는 '확인된'이라는 의미인데, 보기들 중 이와 의미가 같은 것은 (B)의 confirmed이다.

37.
회람에 따르면, 소프트웨어의 문제점은 무엇인가?
(A) 프로그램을 포맷시킬 수 없다.
(B) 다운로드하는 데 너무 오래 걸린다.
(C) 아이콘이 나타나지 않는다.
(D) 키 코드가 작동하지 않는다.

해설 회람에 따르면 세 번째 단계에서 문제가 발생한다는(the third step in the process as being problematic) 사실이 언급되어 있는데, 설명서에서 세 번째 단계는 키 코드를 입력하는 것이다. 그러므로 정답은 (D)이다.

38.
회계 부서의 직원들이 지시 받은 것은 무엇인가?
(A) 교육에 참가할 것
(B) 새 소프트웨어를 재설치할 것
(C) DayCount의 사용을 중지할 것
(D) Bosworth 씨에게 그들의 문제를 알릴 것

해설 회람의 두 번째 문단의 첫 문장에서 프로그램 사용을 중지할 것을(We are therefore suspending usage of the program) 지시하고 있으므로 정답은 (C)이다.

39.
Coulter 씨는 누구일 것 같은가?
(A) Data Vision의 직원
(B) DayCount의 개발자
(C) 컴퓨터 부서장
(D) Bosworth 씨의 동료

해설 Coulter 씨는 소프트웨어의 문제 발생에 대해 사과하고 그에 대한 해결 방법을 제안하는 것으로 보아, 그는 DayCount 프로그램의 개발사인 Data Vision의 직원일 것이다. 정답은 (A)이다.

40.

Coulter 씨에 대해 암시되고 있는 것은 무엇인가?

(A) 그는 Sinise 주식회사에 지원한다.

(B) **Bosworth 씨로부터 답신을 기대한다.**

(C) Bosworth 씨를 만난 후에 그녀에게 청구서를 보낼 것이다.

(D) Bosworth 씨가 있는 곳까지 비행해서 가야 한다.

해설 Coulter 씨는 문제 해결을 위해 사무실에 방문하려고 하는데, 언제 어디로 가야 할지 알려 달라고 (Please let me know when and where I should go.) 부탁하고 있다. 따라서 정답은 (B)이다.

빈칸에 알맞은 어휘나 뜻을 쓰세요.

	어휘	뜻		어휘	뜻
1		초과하다	12	visibility	
2	on one's behalf		13		임박한
3	confirm		14		문의
4	morale		15	interpretation	
5		지출	16	complimentary	
6	anxiously		17	flurry	
7		기조 연설	18	retrieval	
8		도중에	19	verify	
9	any minute now		20	authentic	
10	extraordinarily		21	suspend	
11	exclusively		22	waive	

정답 1. exceed 2. ~을 대신하여 3. 확인하다 4. 사기, 의욕 5. 지출 expenditure 6. 근심스럽게 7. keynote speech 8. on one's way 9. 지금에라도 10. 비상하게, 엄청나게 11. 독점적으로, 오로지 12. 가시성, 눈에 보임 13. pending 14. inquiry 15. 이해, 해석 16. 무료의 17. 쇄도; 혼란 18. 검색; 회수 19. 입증하다 20. 진짜의; 정품의 21. 보류하다; 매달다 22. 포기하다; 보류하다

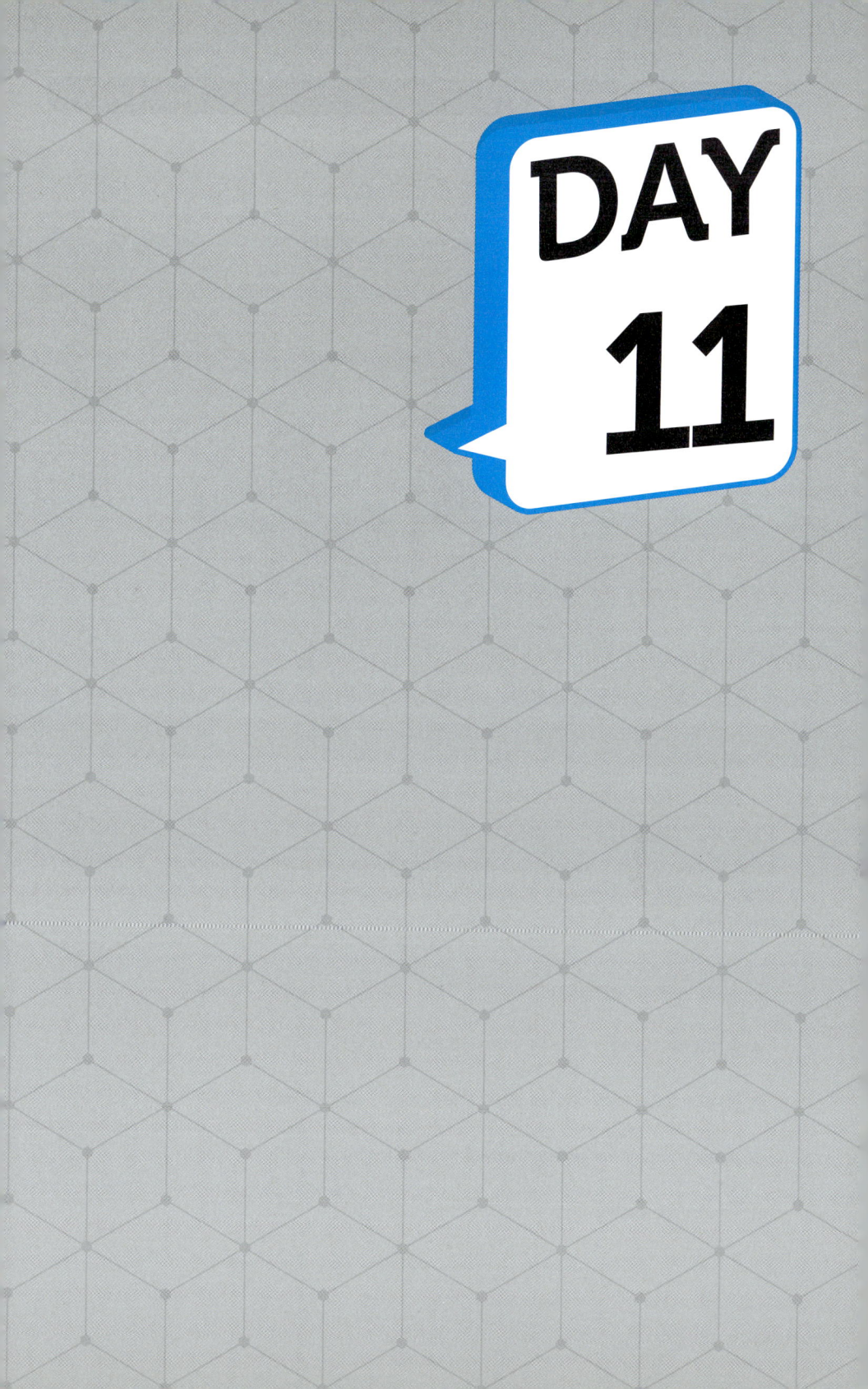

Listening Test

Time 10 minutes

Part 1

🎧 11-01

Directions: You will hear four statements about the picture below. Select the one statement that best describes what you see in the picture and mark the letter (A), (B), (C), or (D).

1.

    (A)   (B)   (C)   (D)

Part 2

🎧 11-02

Directions: You will hear a question or statement and three responses spoken in English. Select the best response to the question or statement and mark the letter (A), (B), or (C).

2. Mark your answer on your answer sheet.   (A) (B) (C)

3. Mark your answer on your answer sheet.   (A) (B) (C)

4. Mark your answer on your answer sheet.   (A) (B) (C)

5. Mark your answer on your answer sheet.   (A) (B) (C)

6. Mark your answer on your answer sheet.   (A) (B) (C)

Part 3

🎧 11-03

Directions: You will hear some conversations between two or more people. You will be asked to answer three questions about what the speakers say in each conversation. Select the best response to each question and mark the letter (A), (B), (C), or (D).

7. What does the woman want to do?
   (A) Buy some tickets
   (B) Find a parking spot
   (C) Learn the museum's hours
   (D) Get a tour in English

8. What does the woman imply when she says, "It's all they've been talking about for the past week"?
   (A) The students enjoy learning at school.
   (B) The students have never visited the museum before.
   (C) The students are excited about the museum.
   (D) The students are looking forward to seeing the art.

9. What will the woman probably do next?
   (A) Hand out some brochures
   (B) Wait for a guide to arrive
   (C) Schedule a guided tour
   (D) Request a discount

10. In which field does the woman most likely work?
    (A) Advertising
    (B) Research and development
    (C) Human resources
    (D) Accounting

11. What does the man want changed?
    (A) Some colors
    (B) A delivery date
    (C) A price
    (D) The font

12. What does the woman promise to do?
    (A) Complete the changes by tomorrow
    (B) Contact the man later in the day
    (C) Work on the man's second project
    (D) Discuss some more revisions with him

13. Why did the man call the woman?
    (A) To set up a time to view a place
    (B) To find out the price of an apartment
    (C) To purchase a home
    (D) To ask about becoming a landlord

14. What does the woman want to do?
    (A) Take some pictures
    (B) Negotiate a price
    (C) Interview some applicants
    (D) Attend a local college

15. What will the woman do in twenty minutes?
    (A) Check over a contract
    (B) Visit the man's home
    (C) Put an ad online
    (D) E-mail the man some pictures

GO ON TO THE NEXT PAGE

233

Part 4

🎧 11-04

Directions: You will hear some talks given by a single speaker. You will be asked to answer three questions about what the speaker says in each talk. Select the best response to each question and mark the letter (A), (B), (C), or (D).

16. What type of business is Denver Management Services?
    (A) A consulting company
    (B) An interior designer
    (C) An architectural firm
    (D) A logistics company

17. How are interested individuals encouraged to contact the company?
    (A) By e-mail
    (B) By mail
    (C) In person
    (D) By telephone

18. What can listeners receive for free?
    (A) A book of advice
    (B) A one-hour session
    (C) A brochure
    (D) An estimate

19. What does the speaker say about *Live with Jenny Smith*?
    (A) It will have a guest host next week.
    (B) It focuses on sports and entertainment.
    (C) It is going off the air in a month.
    (D) It is the station's most popular show.

20. What type of program does Brian Whistler host?
    (A) A call-in show
    (B) A music show
    (C) An interview show
    (D) A variety show

21. What will listeners hear next?
    (A) A weather report
    (B) A traffic update
    (C) A commercial
    (D) A local news update

This is the end of the Listening test.

Reading Test

Time 15 minutes

Part 5

Directions: A word or phrase is missing in each of the sentences below. Four answer choices are given below each sentence. Select the best answer to complete the sentence and mark the letter (A), (B), (C), or (D).

22. The government allocated funds to improve the ------- of the rural area, particularly the local roads.

    (A) farming
    (B) construction
    (C) infrastructure
    (D) independence

23. ------- vehicles may be used on business trips, but employees will not be reimbursed for any gas they purchase.

    (A) Personal
    (B) Medium
    (C) Similar
    (D) Internal

24. The findings of the committee on workplace safety ------- in a report scheduled for publication this Friday.

    (A) reveal
    (B) will reveal
    (C) have been revealed
    (D) will be revealed

25. All the signs in the park are ------- marked to help visitors avoid getting lost.

    (A) repeatedly
    (B) clearly
    (C) loudly
    (D) sincerely

26. The time of the keynote speech was delayed because Mr. Nelson had a problem ------- his flight.

    (A) at
    (B) with
    (C) to
    (D) in

27. The ------- of a new director of security is not expected to occur until the end of the month.

    (A) appoint
    (B) appointment
    (C) appointed
    (D) appointer

GO ON TO THE NEXT PAGE

Part 6

Directions: Read the text below. A word, phrase, or sentence is missing in parts of the text. Four answer choices for each question are given below the text. Select the best answer to complete the text and mark the letter (A), (B), (C), or (D).

Questions 28-31 refer to the following announcement.

Duncan Electronics Annual Awards Dinner

All employees and their spouses ------- to attend the annual awards dinner for Duncan
                                     28.
Electronics. The dinner is being held in the grand ballroom at the Greenbrier Hotel on
December 28. The festivities will start at 6:30 P.M. and will end around 10:00 P.M. Those
employees who want to go should ------- Jarvis Hampton at extension 54 no later than
                                  29.
December 15. Be sure to tell Mr. Hampton if you are bringing a guest. You should also
make a meal selection ------- you contact him. In addition to dinner, CEO Parker will give
                       30.
a short speech. -------. The band the Falcons will provide the entertainment portion of
                31.
the dinner.

28. (A) will invite
    (B) have invited
    (C) were inviting
    (D) are invited

29. (A) speak
    (B) write
    (C) approve
    (D) inform

30. (A) when
    (B) because
    (C) however
    (D) and

31. (A) We hope you all had a wonderful time.
    (B) Then, several awards will be handed out.
    (C) He spoke about the state of the company.
    (D) He is expected to stay for another year.

Part 7

Directions: In this part you will read a selection of texts. The text or set of texts is followed by several questions. Select the best answer for each question and mark the letter (A), (B), (C), or (D).

Questions 32-33 refer to the following receipt.

Barton's

33 Whistler Avenue
Chicago, IL

Item	Quantity	Price
Freemont Toaster	1	$32.99
Bellman Blender	1	$29.99
Ralston Mixer	1	$12.99
	Subtotal	$75.97
	10% Discount	-$7.60
	Tax	$4.10
	Total	$72.47

Paid in full.
Credit card number: XXXX-XXX-XXXX-4736

Cashier: Walter Sullivan
Employee Number: 585-394

32. What type of store most likely is Barton's?

(A) A stationery store
(B) A computer store
(C) An appliance store
(D) A party supply store

33. What is indicated on the receipt?

(A) Mr. Sullivan made the purchase.
(B) The order was delivered to the customer.
(C) Cash was paid for the items.
(D) The customer received a discount.

GO ON TO THE NEXT PAGE

Questions 34-36 refer to the following review.

Bistro 23
by Jason Lambert, Staff Reporter

I had heard about a place located on the outskirts of northeast Portland for several weeks, so I made the time to pay a visit to Bistro 23 two days ago. Upon walking into the establishment, I was immediately welcomed by a fragrance of fresh herbs. I was informed that Bistro 23 not only uses fresh herbs in all its dishes but also grows many on the premises.

After being seated, I checked out the menu. In bold lettering at the top was the restaurant's motto: Fresh ingredients at affordable prices. I was impressed with the menu, which featured a wide variety of choices, several of which were vegetarian and low-calorie dishes.

As for me, I ordered a pork belly sandwich with crushed garlic potatoes, roasted broccoli, and a garden salad. I washed it down with some homemade iced tea. The entire meal was extremely satisfying and cost less than $15, a relative bargain. The food was presented in a manner that was visually stimulating. Like most bistros, the portions were smaller than normal, but that helps explain the price. Overall, I'd give Bistro 23 four out of five stars and highly recommend checking it out. It's located at 98 Westbourne Drive and is open daily from 11 A.M. to 10 P.M.

34. How does Bistro 23 get some of the ingredients it uses?

(A) By purchasing them on a daily basis
(B) By having them imported
(C) By buying them from local producers
(D) By growing them at the restaurant

35. What is mentioned about the menu?

(A) It has many different options.
(B) It is printed on a single page.
(C) It has no prices listed.
(D) It explains where the food comes from.

36. How did Mr. Lambert feel about his meal?

(A) It was better than he had expected.
(B) It tasted good and was cheap.
(C) It was too much for him to eat.
(D) It took a long time to be prepared.

GO ON TO THE NEXT PAGE

Questions 37-41 refer to the following registration form and letter.

Dover Parks and Recreation Department
Adult Summer Soccer League Registration Form

Name: _Marvin Anderson_
Address: _398 Hampton Road, Dover, DE_
Phone Number: _866-2383_   **E-Mail Address:** _manderson@protocol.com_
Company: _Watson Design_

Preferred Team: _Falcons_
Second Preference: _Bears_

***We will make every effort to place you onto your first or second choice. If both teams are full, we will place you onto another team at random.

Years of Soccer Experience: _8_
Best Position: _Goalkeeper_
Second-Best Position: _Forward_

Do you have medical insurance?	☑ Yes	☐ No
Have you had any operations in the past?	☑ Yes	☐ No

   If yes, please describe them: _I had surgery on a broken arm ten years ago._

Do you have any existing medical conditions?	☐ Yes	☑ No

   If yes, please describe them: _____

A fee of $50 is required to play in the league.

Payment Method: ☐ Check   ☐ Credit Card   ☐ Bank Transfer   ☑ Cash

***Cash payments must be made in person. Please call 859-4932 for all other payment methods. All payments must be made by May 25.

Name: _Marvin Anderson_
Signature: _Marvin Anderson_
Date: _May 21_

Marvin Anderson
398 Hampton Road
Dover, DE

Dear Mr. Anderson,

It was a pleasure to meet you the other day. Your application has been processed, and you have been placed on the Bears. I realize you will not be playing on the same team as your colleagues at Watson Design, but the Bears are in need of an experienced goalkeeper. You also indicated that you have some coaching experience. Chet Marley has requested that you both play and assist him in coaching the team. You can contact him at 840-2840.

The first day of practice is June 2. Games will commence on June 20, and the season will last until August 17. The schedule will be given to you when you meet your team for the first time. You will be presented with team jerseys then. You are responsible for providing all your other equipment.

Good luck this coming season.

Sandra Smith
Dover Parks and Recreation Department

37. What information is NOT requested on the form?
    (A) The person's payment method
    (B) The person's medical history
    (C) The person's preferred practice time
    (D) The person's soccer experience

38. According to the form, what must Mr. Anderson do?
    (A) Visit the Dover Parks and Recreation Department
    (B) Prove that he has played soccer in the past
    (C) Complete his application by the end of May
    (D) Purchase medical insurance

39. What is indicated about the Falcons?
    (A) Several players recently quit the team.
    (B) They won the league championship last year.
    (C) Some of their players work at Watson Design.
    (D) They hold practice three times each week.

40. Who is Mr. Marley?
    (A) A Parks and Recreation Department employee
    (B) The head of the adult summer soccer league
    (C) A soccer coach
    (D) A player on the Bears

41. When will Mr. Anderson receive his team jersey?
    (A) On May 25
    (B) On June 2
    (C) On June 20
    (D) On August 17

This is the end of the Reading test.

Day 11

Score (　　/41)

Listening Test
- 1. (A)
- 2. (B)
- 3. (C)
- 4. (A)
- 5. (B)
- 6. (B)
- 7. (A)
- 8. (C)
- 9. (B)
- 10. (A)
- 11. (A)
- 12. (B)
- 13. (D)
- 14. (A)
- 15. (B)
- 16. (A)
- 17. (D)
- 18. (B)
- 19. (D)
- 20. (B)
- 21. (C)

Reading Test
- 22. (C)
- 23. (A)
- 24. (D)
- 25. (B)
- 26. (B)
- 27. (B)
- 28. (D)
- 29. (D)
- 30. (A)
- 31. (B)
- 32. (C)
- 33. (D)
- 34. (D)
- 35. (A)
- 36. (B)
- 37. (C)
- 38. (A)
- 39. (C)
- 40. (C)
- 41. (B)

＊ 틀린 문제는 문항 번호 옆 빈칸에 표시한 다음, 한 번 더 학습하세요.

Part 1

1.

(A) The man is cleaning the floor.
(B) The man is holding a rake.
(C) The man is dusting the shelves.
(D) The man is vacuuming the room.

(A) 남자가 바닥을 청소하고 있다.
(B) 남자가 갈퀴를 잡고 있다.
(C) 남자가 선반의 먼지를 털고 있다.
(D) 남자가 방을 진공청소기로 청소하고 있다.

어휘 rake 갈퀴　dust 먼지; 먼지를 털다　vacuum 진공청소기; 진공청소기로 청소하다

해설 보기마다 청소와 관련된 단어들이 등장하기 때문에 보기를 정확히 듣지 못하면 함정에 빠지기 쉬운 문제이다. '바닥을 청소하고 있다'고 사진 속 상황을 정확하게 묘사한 (A)를 정답으로 골라야 한다.

Part 2

2.
Have the applicants we're interested in been contacted?
(A) I've got their contact information here.
(B) Everyone except for Dean Stewart.
(C) I don't have an application form.

관심이 가는 지원자들에게 연락을 했나요?
(A) 여기에 그들의 연락처가 있어요.
(B) Dean Stewart만 빼고요.
(C) 저는 신청서를 가지고 있지 않아요.

어휘 applicant 지원자　be interested in ~에 흥미[관심]가 있다　contact 접촉하다, 연락하다; 접촉, 연락　application form 지원서, 신청서

해설 특정 지원자들에 대한 연락 여부를 묻고 있으므로 간접적으로 연락을 했다는 의미를 전한 (B)가 정답이다.

3.
How did you enjoy your business trip abroad?
(A) I was in Spain for one week.
(B) We visited firms in three countries.
(C) It was an experience I won't forget.

해외 출장은 어땠나요?
(A) 저는 일주일 동안 스페인에 있었어요.
(B) 우리는 3개국에서 회사를 방문했어요.
(C) 잊지 못할 경험이었어요.

어휘 business trip 출장   abroad 해외로

해설 how 다음에 enjoy나 like가 이어지면 방법이 아니라 어떤 것에 대한 평가를 구하는 의문문이 된다. 여기에서도 해외 출장에 대한 평가를 구하고 있으므로 정답은 긍정적인 평가를 내린 (C)이다.

4.
Why don't I hold your bags for you?
(A) I'd really appreciate that.
(B) Two bags to check in, please.
(C) Please hold the door open.

제가 가방을 들어 줄까요?
(A) 그렇게 해주면 정말 고맙겠어요.
(B) 가방 두 개 부칠게요.
(C) 문을 열어 주세요.

어휘 appreciate 고마워하다   check in 체크인하다, (공항에서) 짐을 부치다

해설 「Why don't I ~」 구문을 이용해 상대방에게 가방을 들어 주겠다는 호의를 베풀고 있다. 따라서 이에 대한 감사의 뜻을 표현한 (A)가 정답이다.

5.
I'd accept his offer if I were you.
(A) I gave him a good offer.
(B) Can you explain why?
(C) Where are you going?

제가 당신이라면 그의 제안을 수락할 거예요.
(A) 저는 그에게 좋은 제안을 했어요.
(B) 이유를 설명해 줄래요?
(C) 어디로 가고 있나요?

어휘 accept 받아들이다, 수락하다   offer 제안, 제의   explain 설명하다

해설 가정법 문장을 이용하여 상대방에게 제안을 수락하는 것이 좋겠다는 의견을 나타내고 있다. 보기 중에서는 그 이유를 되묻는 (B)가 가장 자연스러운 답변이다.

6.
Where are visitors supposed to park their vehicles?
(A) I drive a four-door sedan.
(B) There's a lot around the back.
(C) Visitors' hours end at eight o'clock.

방문객들은 어디에 주차를 하기로 되어 있나요?
(A) 저는 4도어 세단을 몰아요.
(B) 뒤쪽에 주차장이 있어요.
(C) 면회 시간은 8시 정각에 끝나요.

어휘 be supposed to ~할 예정이다, ~할 것이다   sedan 세단형 자동차   lot 부지, 장소   visitors' hours 면회 시간

해설 의문사 where를 이용하여 주차할 수 있는 공간이 어디인지 묻고 있다. 정답은 (B)로, 여기에서 lot(부지, 장소)이 parking lot(주차장)을 의미한다는 점을 알면 쉽게 풀 수 있는 문제이다.

Part 3

[7-9]

W   Good afternoon. I'd like to purchase tickets for two adults and for twenty-five children. Can I pay with a credit card?

M   Yes, we accept credit cards. Are you here with a school group? We don't have any group tours scheduled for today.

W   Yes, I'm with my kindergarten class. They're here to see the dinosaur exhibit. It's all they've been talking about for the past week. There's not a problem, is there?

M   Well, groups of twenty or more are supposed to call in advance so that we can arrange to have someone guide you through the museum. Fortunately, one of our guides is free now, but you need to hold on about five minutes.

W   안녕하세요. 성인 2명하고 어린이 25명 표를 구매하고 싶어요. 신용 카드로 결제해도 되나요?

M   네, 신용 카드도 받아요. 학교에서 단체로 오신 건가요? 오늘 예정되어 있는 단체 관람은 없어서요.

> W 네, 유치원 학생들과 왔어요. 공룡 전시회를 보러 왔죠. 모두들 지난 한 주 동안 그에 대한 이야기만 했거든요. 문제는 없겠죠, 그렇죠?
>
> M 음, 20명 이상 단체의 경우 미리 연락을 주시면 저희가 박물관 관람에 가이드를 붙여 드릴 수 있어요. 다행히도 지금 가이드 중 한 분이 시간이 있으신데, 5분 정도 기다리셔야 할 거예요.

어휘 group tour 단체 여행, 단체 관람　kindergarten 유치원　exhibit 전시, 전시회　in advance 앞서서, 미리　arrange 마련하다, 준비하다　hold on 기다리다

7.
여자는 무엇을 원하는가?
(A) 티켓을 구입한다
(B) 주차할 장소를 찾는다
(C) 박물관의 개장 시간을 알아본다
(D) 영어로 설명을 들으며 관람을 한다

해설 대화의 첫 부분에서 여자는 '표를 구입하고 싶다 (I'd like to purchase tickets)'고 말한다. 따라서 여자가 원하는 것은 (A)이다.

8.
여자가 "It's all they've been talking about for the past week"라고 말할 때 그녀는 무엇을 암시하는가?
(A) 학생들은 학교에서 공부하는 것을 좋아한다.
(B) 학생들은 전에 박물관을 방문한 적이 없다.
(C) 학생들은 박물관에 대해 큰 기대를 하고 있다.
(D) 학생들은 미술품 관람을 고대하고 있다.

해설 주어진 문장에서 it과 they가 가리키는 것을 이해하면 정답을 쉽게 찾을 수 있다. 문맥상 it은 공룡 전시회를 가리키며 they는 학생들을 가리키고 있기 때문에, 주어진 문장은 '지난 한 주 내내 학생들이 공룡 전시회에 대해서 이야기했다'는 뜻이다. 즉 주어진 문장은 학생들이 공룡 전시회에 큰 기대를 하고 있다는 의미를 나타내므로 여자가 의미한 바는 (C)로 볼 수 있다.

9.
여자는 이어서 무엇을 할 것 같은가?
(A) 브로셔를 나누어 준다
(B) 가이드가 올 때까지 기다린다
(C) 가이드가 동반하는 관람의 일정을 세운다
(D) 할인을 요청한다

어휘 hand out 나누어 주다, 배포하다

해설 대화의 마지막 부분에서 남자는 '5분 정도 기다리면(you need to hold on about five minutes)' 동행이 가능한 가이드가 올 것이라는 점을 알리고 있다. 따라서 대화 직후에 여자가 하게 될 일은 (B)이다.

[10-12]

> M We like the slogan you came up with for our new product, but the design on the ad isn't very appealing.
>
> W What would you like to be changed about it?
>
> M The colors are too dark. Everyone in the office felt the ad was too gloomy. We'd prefer that you use brighter colors.
>
> W That's easily arranged. Is there anything else you'd like us to do?
>
> M I think that covers everything. When can you send us the revised work?
>
> W I'll have to speak with my team to find out. They're busy working on another project now. Let me call you in around an hour.

> M 신제품에 관해 생각해 내신 슬로건은 마음에 드는데, 광고 디자인은 그다지 매력적이지 않네요.
>
> W 어떤 점이 바뀌면 좋으시겠어요?
>
> M 색깔이 너무 어두워요. 사무실 내 모든 사람들이 광고가 너무 칙칙하다고 느꼈어요. 보다 밝은 색을 사용하시면 좋을 것 같아요.
>
> W 쉽게 해결될 수 있는 일이에요. 그 밖에 원하시는 것이 또 있나요?
>
> M 그게 다인 것 같아요. 수정안은 언제 보내 주실 수 있으신가요?
>
> W 시간은 팀원들과 이야기를 해 봐야 알 것 같아요. 지금 다른 프로젝트를 하느라 바쁘거든요. 한 시간쯤 후에 전화를 드릴게요.

어휘 slogan 슬로건　come up with (아이디어 등을) 떠올리다　ad 광고　appealing 호소력이 있는, 매력적인　gloomy 어두운, 우울한　arrange 준비하다; 처리하다　revise 수정하다

10.
여자는 어떤 분야에서 일하는 것 같은가?
(A) 광고
(B) 연구개발
(C) 인사

(D) 회계

해설 여자는 신제품을 위한 slogan(슬로건)을 만들고 ad(광고)의 색상 등을 정하는 일을 하는 사람이다. 이러한 업무와 관련된 분야는 (A)의 '광고'이다.

11.
남자는 무엇을 바꾸기를 원하는가?
(A) 색상
(B) 배송일
(C) 가격
(D) 서체

해설 기존 광고의 색깔에 대해 남자는 too dark(너무 어두운), gloomy(칙칙한) 등의 단어를 이용하여 불만을 표시한 후 'We'd prefer that you use brighter colors.'라고 말한다. 즉 남자가 변경하기를 원하는 것은 (A)의 '색상'이다.

12.
여자는 무엇을 하겠다고 약속하는가?
(A) 내일까지 수정을 한다
(B) 오늘 중으로 다시 남자에게 연락한다
(C) 남자의 두 번째 프로젝트에 관련된 일을 한다
(D) 남자와 수정 사항에 대해 더 이야기한다

해설 여자의 마지막 말 'Let me call you in around an hour.'에서 여자는 한 시간 후 남자에게 다시 전화할 것임을 알 수 있다. 따라서 정답은 (B)이다.

[13-15]

W Hello. This is Sylvan Rental Agency. How may I be of assistance?

M Hello. I own a house here in Millwood, and I have two empty rooms. I wonder if it's possible to rent them out.

W Yes, single rooms are popular with the local college students. Have you ever done this before?

M No, I haven't. That's why I'm calling you.

W Okay, why don't I visit your place to speak with you in more detail? I can also photograph the rooms for the ad.

M All right. I live in at 983 Foster Drive. When can you drop by?

W I'm free now, so I should be there in twenty minutes.

W 안녕하세요. Sylvan 부동산입니다. 어떻게 도와드릴까요?

M 안녕하세요. 저는 이곳 밀우드에 주택을 소유하고 있는데 빈 방이 두 개 있어요. 세를 놓는 것이 가능한지 궁금하군요.

W 네, 싱글룸은 지역 대학생들에게 인기가 많죠. 전에 이러한 일을 해 보신 적이 있으신가요?

M 아니요, 없어요. 그래서 전화를 드린 거예요.

W 그러시군요. 제가 계신 곳으로 가서 보다 자세한 이야기를 나누는 것이 어떨까요? 광고에 쓸 방 사진도 찍을 수 있을 테고요.

M 좋습니다. 저는 Foster 로 983 번지에서 살고 있어요. 언제 들르실 수 있으신가요?

W 지금 시간이 있어서 20분 후에 그리로 갈 수 있을 거예요.

어휘 own 소유하다 empty 빈 rent out 세를 놓다 single room 1인실, 싱글룸 photograph 사진; 사진을 찍다 drop by 들르다

13.
남자는 왜 여자에게 전화를 했는가?
(A) 장소를 볼 시간을 정하기 위해
(B) 아파트 가격을 알아보기 위해
(C) 주택을 구입하기 위해
(D) 임대인이 되는 것에 대해 문의하기 위해

어휘 set up 설치하다; (시간 등을) 정하다 landlord 지주, 집주인

해설 대화 초반부의 남자의 말 'I wonder if it's possible to rent them out.'에서 전화한 이유를 알 수 있다. 남자는 세를 놓는 것이 가능한지 묻기 위해 전화를 한 것이므로 정답은 (D)이다.

14.
여자는 무엇을 원하는가?
(A) 사진을 찍는다
(B) 가격을 협상한다
(C) 지원자들을 면접한다
(D) 인근 대학에 다닌다

해설 여자가 원하는 것은 '남자와 만나서 자세한 이야기를 나누는 것(speak with you in more detail)'과 '광고용 사진을 찍는 것(photograph the rooms for the ad)' 두 가지이다. 따라서 둘 중 후자를 언급하고 있는 (A)가 정답이다.

15.
여자는 20분 후에 무엇을 할 것인가?
(A) 계약서를 검토한다
(B) 남자의 집을 방문한다
(C) 온라인 광고를 게시한다
(D) 남자에게 이메일로 사진을 보낸다

해설 언제 방문이 가능한지 묻는 남자의 질문에 여자는 'I'm free now, so I should be there in twenty minutes.'라고 답한다. 이를 통해 20분 후에는 여자가 남자의 집으로 갈 것이라는 점을 알 수 있기 때문에 정답은 (B)이다.

Part 4

[16-18]

M If you're a small business owner and need assistance taking your business to the next level, why don't you call Denver Management Services? At Denver Management Services, our consultants have experience in all facets of business. We can advise you on how to market your products and services, how to expand domestically and internationally, and how to turn good ideas into profitable ones. Give us a call at 493-3293 and tell us what you're interested in doing. We'll set up a complimentary one-hour consultation with one of our experts, who will listen to you and then make a few suggestions. If you're satisfied, we can provide more comprehensive services. Call 493-3293 today.

M 작은 사업체를 운영하시면서 본인의 사업을 다음 단계로 진전시키는데 도움이 필요하시다면 Denver Management Services에 연락해 보시는 것이 어떨까요? 저희 Management Services의 컨설턴트들은 사업의 모든 분야에 대한 경험이 있습니다. 저희는 귀하의 제품과 서비스를 마케팅하는 방법, 국내 및 해외로의 확장 방법, 그리고 훌륭한 아이디어를 수익성 있는 아이디어로 전환시키는 방법에 대해 조언을 드릴 수 있습니다. 493-3293으로 전화를 주셔서 어떤 것에 관심을 갖고 계신지 말씀해 주십시오. 저희 전문가 중 한 명과 한 시간 동안의 무료 상담을 마련해 드릴 것이며, 저희 전문가는 귀하의 말씀을 듣고 몇 가지 제안을 해 드릴 것입니다. 만족하시는 경우, 저희는 더욱 광범위한 서비스를 제공해 드릴 수 있습니다. 오늘 493-3293으로 전화를 주십시오.

어휘 consultant 컨설턴트, 상담사 facet 측면 domestically 국내에서 internationally 국제적으로 turn A into B A를 B로 바꾸다 profitable 수익성이 있는 complimentary 무료의 consultation 상담 expert 전문가 comprehensive 포괄적인

16.
Denver Management Services는 어떤 회사인가?
(A) 컨설팅 회사
(B) 인테리어 디자인 회사
(C) 건축 회사
(D) 택배 회사

해설 담화 중반부의 내용을 통해 Denver Management Services는 '마케팅(how to market your products and services)', '사업 확장(how to expand domestically and internationally)' 그리고 '사업 아이디어 실현(how to turn good ideas into profitable ones)'과 관련된 조언을 해 주는 곳임을 알 수 있다. 보기 중 이러한 업무를 수행하는 회사는 (A)의 '컨설팅 회사'이다.

17.
관심이 있는 사람은 어떻게 회사에 연락하라는 말을 듣는가?
(A) 이메일로
(B) 우편으로
(C) 직접
(D) 전화로

해설 담화 중반과 후반에 회사 전화번호를 알려 주면서 청자들에게 전화를 달라고 종용하고 있다. 정답은 (D)이다.

18.
청자들은 무엇을 무료로 받을 수 있는가?
(A) 조언이 담긴 책
(B) 한 시간 동안의 상담
(C) 브로셔
(D) 견적서

어휘 session 시간, 기간   estimate 추정하다; 추정치, 견적서

해설 담화 후반부에서 고객이 전화를 하는 경우 '전문가와 한 시간 동안 무료 상담(complimentary one-hour consultation with one of our experts)'을 받을 수 있다고 했으므로 청자들이 받게 될 것은 (B)가 된다. complimentary(무료의)라는 단어를 놓치지 않고 들었으면 쉽게 풀 수 있는 문제이다.

[19-21]

W And that's all the time we have for tonight's edition of *Live with Jenny Smith*. I'm Jenny Smith, and I'm the host of WTRP Radio's most popular news show. Please stay tuned because even though I'm done for the night, we've got plenty of great programming coming up. The following hour will fulfill your music needs as Brian Whistler counts down the top ten songs in the country. After that, you'll be treated to David Hurst's call-in show, where he discusses the latest news. But before we do any of that, it's time for a weather update with Mary Preston just as soon as you hear a couple of words from our sponsors.

W 오늘 준비된 *Live with Jenny Smith* 방송은 끝이 났습니다. 저는 Jenny Smith이고 WTRP 라디오에서 가장 인기가 높은 뉴스 쇼의 진행자입니다. 오늘 밤 제 일은 끝났지만 많은 굉장한 프로그램들이 이어질 것이므로 채널을 고정해 주십시오. 다음 시간에는 Brian Whistler가 전국에서 가장 인기 있는 노래 10곡을 선곡해 드릴 것이기 때문에 여러분들의 음악에 대한 욕구가 충족될 것입니다. 그 후 여러분들께서는 David Hurst의 시청자 참여 프로그램으로 안내될 것인데, 여기에서는 최신 뉴스와 관련된 논의가 이루어질 것입니다. 하지만 그에 앞서 두어 개의 광고를 들으신 후, Mary Preston이 전하는 날씨 뉴스 시간이 이어지겠습니다.

어휘 that's all the time we have 시간이 다 되다, 끝나다   host 주인; 진행자   stay tuned 채널을 고정하다   fulfill 채우다   need 욕구   treat 대접하다   call-in show 시청자가 전화로 참여하는 프로그램   weather update 최신 날씨 정보   as soon as ~하자마자   sponsor 후원자

19.
화자는 *Live with Jenny Smith*에 대해 무엇을 말하는가?
(A) 다음 주에 객원 진행자를 모실 것이다.
(B) 스포츠 및 연예를 집중적으로 다룬다.
(C) 한 달 후 방송이 중단될 것이다.
(D) 방송국에서 가장 인기가 높은 프로그램이다.

어휘 guest host 객원 진행자   entertainment 여흥, 오락; 연예   go off the air 방송을 중단하다

해설 화자는 *Live with Jenny Smith*가 끝났음을 밝힌 후 자신을 host of WTRP Radio's most popular news show(WTRP 라디오에서 가장 인기가 높은 뉴스 쇼의 진행자)라고 소개한다. 따라서 보기 중 자신이 진행하는 프로에 대해 화자가 한 말은 (D)이다.

20.
Brian Whistler는 어떤 프로그램을 진행하는가?
(A) 시청자 참여 프로
(B) 음악 프로
(C) 인터뷰 프로
(D) 버라이어티 쇼

해설 Brian Whistler라는 이름은 'The following hour will fulfill your music needs as Brian Whistler counts down the top ten songs in the country.'에서 들을 수 있다. 따라서 그가 진행하는 프로그램은 인기 가요의 순위를 알려 주는 (B)의 '음악 프로'임을 알 수 있다.

21.
청자들은 이다음에 무엇을 들을 것인가?
(A) 날씨 뉴스
(B) 교통 정보
(C) 광고
(D) 최신 지역 뉴스

해설 담화 마지막 문장 'But before we do any of that, it's time for a weather update with Mary Preston just as soon as you hear a couple of words from our sponsors.'에서 광고가 진행된 후 Mary Preston의 날씨 뉴스가 이어질 것임을 알 수 있다. 따라서 담화 직후에 듣게 될 것은 (C)의 광고이다. 참고로 담화 후 진행될 방송을 순서대로 나열해 보면 광고, 날씨 뉴스, 음악 프로, 그리고 시청자 참여 프로 순이다.

Part 5

22.
정부는 지방의 기반 시설, 특히 지방 도로를 개선하기 위해 재원을 할당했다.
(A) 농업
(B) 건설
(C) 기반 시설
(D) 독립

어휘 allocate 할당하다   improve 향상시키다   rural 지방의, 시골의

해설 보기들 모두 의미상으로 improve의 목적어가 될 수 있지만, 콤마 뒤에 언급된 '지방 도로(local road)'를 포함될 수 있는 명사는 (C)의 infrastructure이다.

23.
출장 때 개인 차량이 사용될 것이지만, 직원들은 그들이 구입한 연료비를 상환 받지 않게 될 것이다.
(A) 개인의
(B) 중간의
(C) 비슷한
(D) 내부의

어휘 vehicle 차량, 탈것   business trip 출장   reimburse 배상하다; 상환하다   internal 내부의

해설 콤마로 구분되어 있는 두 절이 접속사 but으로 연결되어 있으므로 두 절의 내용은 상반되어야 한다. but 뒤의 절은 '직원들이 연료비를 상환 받지 않게 될 것'이라는 내용이므로, 빈칸이 포함된 절이 '개인 차량이 사용될 것'이라는 내용이 되어야 서로 반대되는 의미가 된다. 따라서 정답은 (A)이다.

24.
작업장 안전 위원회의 조사 결과가 이번 주 금요일에 발표되기로 예정된 보고서에서 밝혀질 것이다.
(A) 밝히다
(B) 밝힐 것이다
(C) 밝혀졌다
(D) 밝혀질 것이다

어휘 finding 연구, 조사의 결과   committee 위원회   workplace 직장, 작업장

해설 문장의 맨 뒤에 this Friday가 있으므로 미래를 의미하는 (B)와 (D) 중에서 정답을 골라야 한다. 그런데 문장의 주어가 조사 결과(finding)이므로 수동형인 (D)가 정답이 된다.

25.
공원의 모든 표지판들은 방문자들이 길을 잃지 않는 데 도움을 주기 위해 알기 쉽게 표시되어 있다.
(A) 되풀이하여
(B) 알기 쉽게
(C) 큰 소리로
(D) 진심으로

어휘 sign 간판, 표지판   mark 표시하다   repeatedly 되풀이하여   clearly 알기 쉽게; 뚜렷하게   loudly 큰 소리로   sincerely 진심으로

해설 주어진 문장은 '방문자들이 길을 잃지 않도록 표지판들이 _____하게 표시되어 있다'라는 내용인데, 의미상 빈칸에 들어가기에 가장 자연스러운 것은 '알기 쉽게'라는 뜻의 clearly이다.

26.
Nelson 씨의 비행기에 문제가 있었기 때문에 기조연설 시간이 연기되었다.
(A) ~에
(B) ~에
(C) ~에게
(D) ~ 안에

어휘 keynote speech 기조연설   delay 연기하다   flight 항공기; 비행

해설 '~에 문제가 있다'고 표현할 때는 전치사 with를 사용하여 'have a problem with'와 같이 쓴다. 정답은 (B)이다.

27.
신임 보안 담당자의 임명은 월말까지 이루어지지 않을 것으로 예상된다.
(A) 임명하다
(B) 임명
(C) 임명된
(D) 임명자

어휘 security 보안   occur 발생하다   appoint 임명하다   appointment 임명   appointed 임명된   appointer 임명자

해설 빈칸 앞에 정관사 the가 있고 뒤에는 전치사 of가 있으므로 빈칸에는 명사가 와야 한다. '임명자'라는 뜻의 appointer가 동사인 occur의 주어가 되는 것은 의미상 어색하므로 (D)는 정답이 될 수 없다. 정답은 '임명'이라는 뜻의 (B) appointment이다.

Part 6

[28-31]

> **Duncan 전자 연례 시상식 만찬**
>
> 전 직원 내외분들은 Duncan 전자의 연례 시상식 만찬에 초대됩니다. 이 만찬 행사는 Greenbrier 호텔의 대형 연회장에서 12월 28일에 열립니다. 축제 행사는 저녁 6시 30분에 시작되어 10시 무렵에 끝날 것입니다. 참석을 원하는 직원들은 늦어도 12월 15일까지 내선번호 54번으로 Jarvis Hampton에게 알려야 합니다. 손님과 함께 올 경우 Hampton 씨에게 꼭 말해 주세요. 그에게 말할 때 식사 선택도 하셔야 합니다. 만찬 이외에도, Parker 회장님이 짧은 연설을 할 것입니다. **그러고 나서, 몇몇 상이 수여될 것입니다.** Falcons 밴드가 만찬의 여흥 부분을 제공하게 될 것입니다.

어휘 spouse 배우자   ballroom 연회장; 무도회장
festivities 축제 행사   extension 내선번호   no later than 늦어도 ~까지는

28.
(A) 초대할 것이다
(B) 초대했다
(C) 초대하고 있었다
(D) 초대된다

해설 '전 직원 내외'가 주어이며, 이들이 만찬에 초대되었다는 의미가 되어야 하므로 수동형인 (D)의 are invited가 정답이 된다.

29.
(A) 말하다
(B) 쓰다
(C) 승인하다
(D) 알리다

해설 '행사 참석을 원하는 직원은 내선번호 54번으로 Jarvis Hampton에게 _____ 하라'는 내용인데, 빈칸에 들어가기에 가장 적절한 동사는 '알리다'라는 뜻의 (D) inform이다. (A)가 정답이 되려면 speak 뒤에 전치사 to나 with가 있어야 한다.

30.
(A) ~할 때
(B) ~ 때문에
(C) 그러나
(D) 그리고

해설 빈칸 앞뒤의 절을 연결하기에 적절한 접속사를 고르는 문제이다. 두 절의 내용을 고려할 때 '~할 때'라는 의미의 when이 오는 것이 자연스러우므로 정답은 (A)이다.

31.
(A) 우리는 여러분들 모두가 즐거운 시간을 보내셨기를 바랍니다.
(B) 그러고 나서, 몇몇 상이 수여될 것입니다.
(C) 그는 회사의 상태에 대해 이야기했습니다.
(D) 그는 한 해 더 근무할 예정입니다.

해설 빈칸 앞과 뒤에는 내용이 만찬 때 있을 행사들이 언급되어 있으므로 빈칸에도 이러한 종류의 행사에 관한 내용이 들어가면 된다. 보기들 중에서는 '상이 수여된다'는 내용의 (B)가 행사를 언급하고 있으므로 정답은 (B)이다. (A)와 (C)는 과거 시제이므로 정답이 될 수 없고, (D)는 무관한 내용의 문장이다.

Part 7

[32-33]

> **Barton's**
> Whistler 가 33번지
> 시카고, 일리노이
>
> | 품목 | 수량 | 가격 |
> | --- | --- | --- |
> | Freemont 토스터 | 1 | 32.99달러 |
> | Bellman 블렌더 | 1 | 29.99달러 |
> | Ralston 믹서 | 1 | 12.99달러 |
> | 소계 | | 75.97달러 |
> | 10% 할인 | | -7.60달러 |
> | 세금 | | 4.10달러 |
> | 합계 | | 72.47달러 |
>
> 완불
> 신용카드 번호: XXXX-XXX-XXXX-4736
>
> 출납 담당자: Walter Sullivan
> 사원 번호: 585-394

어휘 cashier 출납원

32.
Barton's는 어떤 종류의 점포일 것 같은가?
(A) 문구점
(B) 컴퓨터 상점
(C) 가전제품 판매점
(D) 파티 물품 판매점

해설 영수증 품목란의 판매 물품이 토스터, 믹서기, 블렌더인 것으로 보아 Barton's는 가전제품 판매점이라는 것을 알 수 있다. 정답은 (C)이다.

33.
영수증에 명시된 것은 무엇인가?
(A) Sullivan 씨가 구매했다.
(B) 주문품이 고객에게 배송되었다.
(C) 물품이 현금으로 구매되었다.
(D) 소비자는 할인을 받았다.

해설 영수증에 따르면 10%의 할인이 되었으므로 정답은 (D)이다.

[34-36]

Bistro 23
Jason Lambert 기자

몇 주 전 포틀랜드 북동부 외곽 지역에 위치한 어떤 장소에 대한 소식을 들어서, 나는 이틀 전에 시간을 내어 Bistro 23이라는 곳에 방문했다. 그곳에 걸어 들어가자마자, 신선한 허브향이 즉시 나를 반겼다. Bistro 23은 모든 음식에 신선한 허브를 사용할 뿐만 아니라 이것들 중 많은 것들을 그들의 구역에서 재배한다는 정보를 들었다.

자리에 앉고 나서, 메뉴를 확인했다. 맨 위에 굵은 글씨로 식당의 좌우명인 '합리적인 가격에 신선한 재료를'이라는 문구가 있었다. 메뉴도 인상 깊었는데, 다양한 요리를 선택할 수 있었고, 몇 가지는 채식주의자들과 저칼로리 음식이었다.

나는 으깬 마늘과 감자를 곁들인 돼지 옆구리살 샌드위치, 구운 브로콜리, 그리고 싱싱한 채소로 만든 샐러드를 주문했다. 음식을 먹으며 홈메이드 아이스 티를 함께 마셨다. 모든 음식은 대단히 만족스러웠고 가격은 15달러가 되지 않았는데, 이는 비교적 저렴했다. 음식은 보기에 먹음직스럽게 제공되었다. 대부분의 식당과 마찬가지로, 1인분의 양이 일반적인 것보다는 적지만, 가격을 감안해야 한다. 전체적으로, Bistro 23에 별 5개 만점에 4개를 주고 싶고 방문했던 것을 강력히 추천한다. Westbourne 가 98번지에 위치한 이곳은 매일 오전 11시부터 밤 10시까지 영업한다.

어휘 outskirt 변두리, 교외   establishment 시설   immediately 즉시   fragrance 향기   premises 부지, 구내   motto 좌우명   ingredient 재료   affordable 합리적인   vegetarian 채식주의자   garden salad 싱싱한 채소로 만든 샐러드   wash down (음식을 먹으면서) ~을 마시다

34.
Bistro 23은 사용하는 일부 재료를 어떻게 얻는가?
(A) 매일 구매함으로써
(B) 수입함으로써
(C) 지역의 생산자로부터 구매함으로써
(D) 식당에서 재배함으로써

해설 첫 번째 문단 마지막 부분에 Bistro 23에서는 요리에 사용되는 허브의 일부를 직접 기른다는(grows many of them on the premises) 내용이 있다. 따라서 정답은 (D)이다.

35.
메뉴에 대해 언급된 것은 무엇인가?
(A) 여러 가지 다양하게 선택할 수 있다.
(B) 한 페이지에 인쇄되어 있다.
(C) 가격이 적혀 있지 않다.
(D) 식품의 원산지가 설명되어 있다.

해설 두 번째 문단에 메뉴에는 다양하게 선택할 수 있는 음식들이 있다는(which featured a wide variety of choices) 내용이 있으므로 정답은 (A)이다.

36.
Lambert 씨는 그의 음식에 대해 어떻게 느꼈는가?
(A) 기대했던 것보다 더 좋았다.
(B) 맛도 좋고 가격도 저렴했다.
(C) 먹기에 양이 너무 많았다.
(D) 준비되는 시간이 길었다.

해설 Lambert 씨는 음식이 만족스러웠고(The entire meal was extremely satisfying) 가격도 비교적 저렴했다고(and cost less than $15, a relative bargain) 평가하였다. 따라서 정답은 (B)이다.

[37-41]

Dover 공원 관리부
하계 성인 축구 리그 등록 양식

이름: Marvin Anderson
주소: Hampton 로 398번지, 도버, 델라웨어
전화 번호: 866-2383
이메일 주소: manderson@protocol.com
회사: Watson Design

1지망: *Falcons*
2지망: *Bears*
***1지망이나 2지망 팀에 소속될 수 있도록 최선을 다하겠습니다. 두 팀 모두 인원이 다 찬 경우에는 임의로 배정을 해 드립니다.

축구 경력: *8년*
가장 자신 있는 포지션: *골키퍼*
두 번째로 자신 있는 포지션: *포워드*

의료 보험에 가입되어 있으십니까? ■네 □아니오
과거에 수술을 받은 적이 있으십니까? ■네 □아니오
   '네'라고 하신 경우 설명해 주십시오:
   10년 전 팔이 골절되어 수술을 받았습니다.
질병을 겪고 계십니까? □네 ■아니오
   '네'라고 하신 경우 설명해 주십시오.

리그에 참여하기 위해서는 50달러의 참가비를 내셔야 합니다.
지불 방식: □수표 □신용 카드 □계좌 이체 ■현금

***현금으로 내실 경우 본인이 직접 내셔야 합니다. 다른 결제 수단에 대해서는 859-4932로 전화를 주십시오. 5월 25일까지 결제가 이루어져야 합니다.

이름: Marvin Anderson
서명: Marvin Anderson
날짜: *5월 21일*

어휘 effort 노력   place 두다, 놓다   at random 임의로, 무작위로   medical insurance 의료 보험   operation 수술   surgery (외과) 수술   medical condition 질병

Marvin Anderson
Hampton 로 398번지
도버, 델라웨어

친애하는 Anderson 씨께,

지난번 귀하를 만나서 기뻤습니다. 저는 귀하의 신청서가 처리되어 귀하가 Bears 팀에 배정되었습니다. Watson Design의 동료 직원분들과 같은 팀에서 뛰지 못할 것이라는 점은 알고 있지만, Bears 팀에는 경험 많은 골키퍼가 필요한 상황입니다. 귀하는 또한 코치 경험도 있다고 하셨습니다. Chet Marley는 귀하에게 경기에도 참여하고 본인을 도와 코치 업무도 수행해 달라고 요청했습니다. 840-2840으로 그와 통화하실 수 있습니다.

연습 첫째 날은 6월 2일입니다. 경기는 6월 20일에 시작될 예정이며 시즌은 8월 17일까지 진행될 것입니다. 일정은 첫 팀 미팅 때 알려 드릴 것입니다.

또한 그때 팀 유니폼도 받게 되실 것입니다. 기타 장비들은 가지고 오셔야 합니다.

이번 시즌에 행운이 깃들기를 바랍니다.

Sandra Smith
Dover 공원 관리부

어휘 the other day 며칠 전, 지난번   process 처리하다   realize 깨닫다, 알아채다   colleague 동료   desperate 절실한; 절망적인   experienced 노련한, 숙련된   indicate 가리키다   not only A but also B A뿐만 아니라 B도   commence 시작되다   team jersey 팀복, 유니폼   be responsible for ~에 대한 책임이 있다

37.
양식에서 요구되고 있지 않은 정보는 무엇인가?
(A) 지불 방법
(B) 병력
(C) 선호하는 연습 시간
(D) 축구 경력

해설 양식의 항목을 보면, 지불 방법(Payment Method), 병력(Have you had any operations in the past? / Do you have any existing medical conditions?), 그리고 축구 경력(Years of Soccer Experience)을 묻는 항목이 있다. 하지만 연습 시간을 선택할 수 있는 항목은 없으므로 정답은 (C)이다.

38.
양식에 따르면, Anderson 씨는 무엇을 해야 하는가?
(A) Dover 공원 유락 시설 관리국에 방문한다
(B) 예전에 축구를 했었다는 사실을 증명한다
(C) 5월 말까지 지원서를 완성한다
(D) 의료보험을 구매한다

해설 양식의 마지막 부분에서 현금을 지불할 경우 직접 내야 한다고(Cash payments must be made in person.) 했는데, 해당 양식은 Dover 공원 유락 시설 관리국(Dover Parks and Recreation Department)에서 주관하는 축구 리그에 지원하는 것이다. 그런데 Anderson 씨는 현금으로 지불하기로 했으므로, 해당 관리국에 직접 방문해야 한다. 정답은 (A)이다.

39.
Falcons에 대해 명시된 것은 무엇인가?
(A) 몇몇 선수들은 최근에 팀에서 나갔다.
(B) 작년 리그 챔피언십에서 우승했다.
(C) 팀의 몇몇 선수들은 Watson Design에 근무한다.
(D) 매주 세 시에 연습을 한다.

해설 양식에 따르면 Anderson 씨는 1지망으로 Falcons, 2지망은 Bears 팀에 지원했다. 편지의 초

반부에 보면 Anderson 씨는 Bears 팀에 배정되었고, 이로 인해 그는 Watson Design의 동료들과 함께 뛸 수 없다는(you will not be playing on the same team as your colleagues at Watson Design) 내용이 있다. 그러므로 Falcons의 몇몇 선수들은 Watson Design에 근무한다는 것을 알 수 있다. 정답은 (C)이다.

40.
Marley 씨는 누구인가?
(A) 공원 유락 시설 부서 직원
(B) 하계 성인 축구 리그 회장
(C) 축구 코치
(D) Bears의 선수

해설 편지의 첫 번째 문단 마지막 문장을 보면 Marley 씨는 Anderson 씨가 자기를 도와 코치 업무도 수행해 달라고 요청했다는(Chet Marley has requested that you both play and assist him in coaching the team) 내용이 있다. 따라서 Marley 씨는 코치일 것이므로 정답은 (C)이다.

41.
Anderson 씨는 팀 유니폼을 언제 받을 것인가?
(A) 5월 25일에
(B) 6월 2일에
(C) 6월 20일에
(D) 8월 17일에

해설 두 번째 지문에서 시즌 일정은 첫 미팅 때 알게 될 것이며, 유니폼도 같은 날 받게 될 것이라고(The schedule will be given to you when you meet your team for the first time. You will be presented with team jerseys then.) 했다. 그리고 두 번째 문단 첫 부분에서 연습 첫째 날이 6월 2일이라고 했으므로 정답은 (B)이다.

빈칸에 알맞은 어휘나 뜻을 쓰세요.

	어휘	뜻		어휘	뜻
1	rake		8	allocate	
2		지원자	9	rural	
3	in advance		10	outskirt	
4	appealing		11	premises	
5	facet		12		재료
6		포괄적인	13	desperate	
7	go off the air		14	commence	

정답 1. 갈퀴 2. applicant 3. 앞서서, 미리 4. 훑어 소개 있는, 매력적인 5. 측면 6. comprehensive 7. 방송을 중단하다 8. 할당하다 9. 지방의, 시골 의 10. 변두리, 교외 11. 부지, 구내 12. ingredient 13. 절실한, 절망적인 14. 시작되다

DAY 12

Listening Test

Time 09 minutes

Part 1

🎧 12-01

Directions: You will hear four statements about the picture below. Select the one statement that best describes what you see in the picture and mark the letter (A), (B), (C), or (D).

1.

(A)   (B)   (C)   (D)

Part 2

🎧 12-02

Directions: You will hear a question or statement and three responses spoken in English. Select the best response to the question or statement and mark the letter (A), (B), or (C).

2. Mark your answer on your answer sheet.   (A)   (B)   (C)

3. Mark your answer on your answer sheet.   (A)   (B)   (C)

4. Mark your answer on your answer sheet.   (A)   (B)   (C)

5. Mark your answer on your answer sheet.   (A)   (B)   (C)

6. Mark your answer on your answer sheet.   (A)   (B)   (C)

Part 3

🎧 12-03

Directions: You will hear some conversations between two or more people. You will be asked to answer three questions about what the speakers say in each conversation. Select the best response to each question and mark the letter (A), (B), (C), or (D).

7. Where does the conversation most likely take place?
   (A) At an airport
   (B) At a restaurant
   (C) At a hotel
   (D) At a café

8. What does the man say he will do?
   (A) Go swimming
   (B) Eat some food
   (C) Visit a health club
   (D) Call another establishment

9. What does the woman tell the man to do?
   (A) Sign a form
   (B) Go to his room
   (C) Leave some items with her
   (D) Pick up his ticket

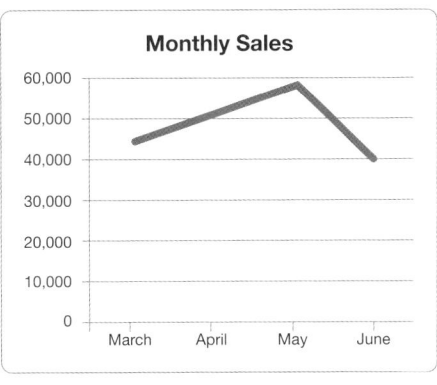

10. Look at the graphic. How many units were sold in the month the man comments on?
    (A) 40,000
    (B) 45,000
    (C) 50,000
    (D) 55,000

11. Why were sales higher than usual?
    (A) The product got good reviews.
    (B) The economy improved then.
    (C) The company ran some ads.
    (D) The item was offered at a discount.

12. What does the man say he will do?
    (A) Watch an advertisement
    (B) Authorize the hiring of more workers
    (C) Discuss an issue with a colleague
    (D) Contact the CEO

GO ON TO THE NEXT PAGE

Part 4

🎧 12-04

Directions: You will hear some talks given by a single speaker. You will be asked to answer three questions about what the speaker says in each talk. Select the best response to each question and mark the letter (A), (B), (C), or (D).

13. What does the speaker say about the traffic now?
    (A) It is lighter than usual.
    (B) It is heavier than usual.
    (C) It is beginning to get heavy.
    (D) It is unusual for that time of the day.

14. Why are there delays at the Biltmore Tunnel?
    (A) There is a problem at the tollbooths.
    (B) There is ongoing construction.
    (C) There was an accident.
    (D) There are two lanes closed in it.

15. When will the next traffic report be broadcast?
    (A) In ten minutes
    (B) In fifteen minutes
    (C) In thirty minutes
    (D) In one hour

16. Where does the talk take place?
    (A) At a construction site
    (B) In a factory
    (C) In a warehouse
    (D) In a shipyard

17. Why does the speaker say, "Failure to do so will result in your removal from the tour"?
    (A) To state the results of interfering with employees
    (B) To advise the listeners to remain with him
    (C) To warn some individuals who are not listening
    (D) To emphasize the importance of safety gear

18. What does the speaker say about the facility?
    (A) It is very big.
    (B) It recently opened.
    (C) It has hundreds of workers.
    (D) It is located by the harbor.

This is the end of the Listening test.

Reading Test

Time 17 minutes

Part 5

Directions: A word or phrase is missing in each of the sentences below. Four answer choices are given below each sentence. Select the best answer to complete the sentence and mark the letter (A), (B), (C), or (D).

19. Several neighborhoods throughout the city ------- power on account of the storm last night.

    (A) lose
    (B) lost
    (C) were lost
    (D) have been lost

20. This year's seminar ------- workshops and panels being led by some of the most notable people in the logistics industry.

    (A) structures
    (B) reports
    (C) assures
    (D) features

21. Sales are expected to rise considerably in the next quarter ------- the strong economy.

    (A) as well as
    (B) in spite of
    (C) on account of
    (D) with regard to

22. Everyone is advised to be ------- when working with heavy machinery at the worksite.

    (A) competent
    (B) functional
    (C) necessary
    (D) careful

23. The amount of money the company agreed to pay for the rights to Mr. Denton's invention was -------.

    (A) substantial
    (B) substance
    (C) substantive
    (D) substantially

24. Employees are expected to speak ------- with their supervisors even if reporting bad news.

    (A) candid
    (B) candidly
    (C) candidness
    (D) candids

GO ON TO THE NEXT PAGE

Part 6

Directions: Read the text below. A word, phrase, or sentence is missing in parts of the text. Four answer choices for each question are given below the text. Select the best answer to complete the text and mark the letter (A), (B), (C), or (D).

Questions 25-28 refer to the following letter.

January 11

Dear Ms. Richardson,

Thank you for offering me a position at Weston Consulting. ------25.------. Enclosed, please find the two contracts you mailed to me. I have signed ------26.------ copies. I have informed my supervisor I will be resigning my position. My last day there will be on January 25. I will start at Weston on February 3. I require a week to move my entire family to a new state. I need to find ------27.------ housing in Houston. I wonder if you or anyone at the company can ------28.------ a real estate agency to me. Any assistance you can provide would be highly welcome.

Sincerely,

Tim Powers

25. (A) I am pleased to accept your proposal.
    (B) I am looking forward to my interview.
    (C) I am afraid the salary is not high enough.
    (D) It was an honor to have worked with you.

26. (A) each
    (B) all
    (C) some
    (D) both

27. (A) permanent
    (B) permanence
    (C) permanently
    (D) permanency

28. (A) respond
    (B) suggest
    (C) inform
    (D) notify

Part 7

Directions: In this part you will read a selection of texts. The text or set of texts is followed by several questions. Select the best answer for each question and mark the letter (A), (B), (C), or (D).

Questions 29-31 refer to the following advertisement.

Introducing the SL3000 Coffeemaker

Symtech Logistics is pleased to present the SL3000 Coffeemaker, the newest and most advanced coffee machine in the world. Fitted with our slow-brew master software, the SL3000 can be programmed to make a pot of coffee precisely how you want it whenever you want it. Not home yet? Use the app to have the SL3000 start brewing your coffee so that it's ready for you the moment you walk through the door. The SL3000 also makes individual cups of your favorite blends. Just slip the coffee pod of your choice into the receptacle, load water, and hit the start button. A wide variety of Symtech coffee pods, including cappuccino, latte, espresso, and mocha, are currently available. The SL3000 is available for $189.99 at department stores and appliance stores everywhere.

29. For whom is the advertisement most likely intended?
    (A) Individuals
    (B) Café owners
    (C) Baristas
    (D) Restaurant owners

30. What is NOT true about the SL3000 Coffeemaker?
    (A) It is being sold at a set price.
    (B) It can be operated by computer.
    (C) It can make different amounts of coffee.
    (D) It is available in foreign countries.

31. What is indicated about Symtech?
    (A) It makes various kitchen appliances.
    (B) It sells different types of coffee.
    (C) It has products for sale on its Web site.
    (D) It is a leader in the coffee industry.

GO ON TO THE NEXT PAGE

Questions 32-35 refer to the following article.

Improvements in Central City

CENTRAL CITY (April 29) – It goes without saying that a strong infrastructure can help produce a strong economy. —[1]—. Central City has been engaged in a five-year program to improve the overall quality of the infrastructure in the metropolitan area.

During this time, Central City has made changes in its road, rail, and subways systems. A loop has been built around the city, allowing motorists from nearby cities quick and easy access to the downtown area thanks to the improved highway system. —[2]—. More buses and bus routes have been added, which has assisted commuters living in the suburbs. The subway system has also been expanded with three new lines being built and several new stops added on existing lines. —[3]—. The Metro Skylink, a monorail system designed to carry workers and shoppers from the suburbs to the city's center, recently opened as well.

Praise for these changes has been nearly universal. Most commuters comment that the speed of their trips, no matter which form of transportation they take, has improved. "I almost never encounter delays getting to work now," said Delvin Harris, who commutes from nearby Walton. Businesses are also pleased with these improvements as supplies and products are being shipped faster and more cheaply. —[4]—. This has resulted in lower costs for businesses. Combined with increased productivity, it is no surprise that the economy in Central City and the surrounding area is booming.

32. What is the main purpose of the article?
    (A) To propose some infrastructure improvements
    (B) To discuss the opening of the monorail system
    (C) To explain why a city's economy is doing well
    (D) To focus on which industries are improving

33. According to the article, which form of transportation does NOT benefit residents of the suburbs?
    (A) The bus system
    (B) The subway system
    (C) The highway system
    (D) The monorail system

34. What is suggested about Mr. Harris?
    (A) He takes the bus to his job.
    (B) He is the owner of a business.
    (C) He resides in a suburb of Central City.
    (D) He recently moved to the area.

35. In which of the positions marked [1], [2], [3], and [4] does the following sentence best belong?

    "Proof of this can be found in Central City."

    (A) [1]
    (B) [2]
    (C) [3]
    (D) [4]

GO ON TO THE NEXT PAGE

Questions 36-40 refer to the following e-mail and article.

E-Mail Message	
To:	Cole Burgess <cburgess@brightlightmedia.com>
From:	Wanda Chang <wanda@brightlightmedia.com>
Subject:	Tyler, Inc.
Date:	August 22

Dear Mr. Burgess,

The negotiations with Tyler, Inc. have concluded for the day, so it's time to give you another daily update. It appears as though the matters will be coming to an end soon as we appear to have made a breakthrough today.

Mr. Thornton from Tyler, Inc. stated that the advertisements for his firm that he'd like us to make no longer must be completed by September 30. Instead, he agreed with our contention that we needed more time, so he approved October 15 as the completion date. In return, Bruce and I agreed to reduce our bid for the project by 5%, just as you approved.

We may have to go as high as 7% though because Mr. Thornton requested that much. However, we responded that we needed to get the owner's approval to do that. Mr. Thornton expressed his willingness to sign a contract with us so long as we agree to this final request. Please let me know your response no later than 9:00 tomorrow morning as the negotiations are scheduled to be renewed at 9:30.

Best,

Wanda Chang

Tyler, Inc. Sees Big Gains
by Irene Tilden

Boston (November 10) – Local manufacturer Tyler, Inc. has seen the price of its stock increase more than 25% in the past week thanks in part to its latest advertising campaign. Its newest ads on television have gained praise from industry experts for their creativity while its online ads have gone viral, with two of them getting several million views.

"We decided to go with a relatively new company, Springfield-based Bright Lights Media, which has only been in business for a year," said Jim Thornton, the company's vice president. "I had a feeling that the team at Bright Lights Media led by Greg Andrews would do good work, and I must say I am incredibly pleased with the results."

As for Bright Lights Media, a spokesman for the company said it has received inquiries from numerous other companies, both domestic and foreign, in light of the stunning success of the ads it created. The spokesman, Julius Young, indicated that the company may need to bring on additional workers to deal with the sudden influx of new work.

36. What is suggested about Ms. Chang?
  (A) She has been negotiating for one week.
  (B) She is speaking with Tyler, Inc. by herself.
  (C) She e-mails Mr. Burgess every day.
  (D) She creates online ads for Tyler, Inc.

37. How much did Tyler, Inc. request that a bid be reduced by?
  (A) By 5%
  (B) By 7%
  (C) By 9%
  (D) By 15%

38. What is the purpose of the article?
  (A) To focus on an increase in a company's stock
  (B) To describe some ads that were created
  (C) To discuss a successful marketing campaign
  (D) To suggest a possible venture between two companies

39. What is indicated about Mr. Burgess?
  (A) He recently met Mr. Thornton in person.
  (B) He has worked for foreign and domestic firms.
  (C) He founded Bright Light Media one year ago.
  (D) He signed a contract with Tyler, Inc. on November 10.

40. In the article, the words "bring on" in paragraph 3, line 8, are closest in meaning to
  (A) employ
  (B) approach
  (C) motivate
  (D) request

This is the end of the Reading test.

Day 12

Score (/40)

Listening Test

- 1. (C)
- 2. (C)
- 3. (B)
- 4. (A)
- 5. (A)
- 6. (C)
- 7. (C)
- 8. (B)
- 9. (C)
- 10. (B)
- 11. (C)
- 12. (C)
- 13. (C)
- 14. (A)
- 15. (C)
- 16. (B)
- 17. (D)
- 18. (A)

Reading Test

- 19. (B)
- 20. (D)
- 21. (C)
- 22. (D)
- 23. (A)
- 24. (B)
- 25. (A)
- 26. (D)
- 27. (A)
- 28. (B)
- 29. (A)
- 30. (D)
- 31. (B)
- 32. (C)
- 33. (B)
- 34. (C)
- 35. (A)
- 36. (C)
- 37. (B)
- 38. (C)
- 39. (C)
- 40. (A)

＊틀린 문제는 문항 번호 옆 빈칸에 표시한 다음, 한 번 더 학습하세요.

Part 1

1.

(A) They are brewing some coffee.
(B) They are holding cups in their hands.
(C) They are looking at the same thing.
(D) They are writing on notepads.

(A) 그들은 커피를 끓이고 있다.
(B) 그들은 손으로 컵을 들고 있다.
(C) 그들은 같은 것을 보고 있다.
(D) 그들은 메모지에 글을 쓰고 있다.

어휘 brew (커피 등을) 끓이다　notepad 메모지

해설 2인 사진이 등장하는 경우에는 각 인물의 행동을 비교하면서 살펴보는 것이 중요하다. (C)의 커피잔을 손에 들고 있는 동작이나 (D)의 글을 쓰는 행동은 사진 속 인물 중 한 명만이 취하고 있는 것이다. 따라서 두 사람의 공통된 행동을 적절히 묘사한 (C)를 정답으로 골라야 한다.

Part 2

2.
How much is the discount on these shoes?
(A) Size eleven, I believe.
(B) We've got them in black, blue, and white.
(C) 25 percent if you pay with cash.

이 신발은 얼마나 할인이 되나요?
(A) 11사이즈로 알고 있어요.
(B) 검정색, 파란색, 그리고 하얀색이 있어요.
(C) 현금으로 계산하시면 25%요.

어휘 discount 할인　cash 현금

해설 how much를 이용해 할인의 정도를 묻고 있으므로 '25%'라고 할인율을 밝힌 (C)가 정답이다. (A)는 신발의 사이즈를 물었을 때, (B)는 신발의 색상과 관련 질문에 이어질 수 있는 답변이다.

3.
May I take a look at the dessert menu?
(A) Yes, we have chocolate cake.
(B) I'll be right back with one.
(C) Raspberry cheesecake, please.

디저트 메뉴를 볼 수 있을까요?
(A) 네, 초콜릿 케이크가 있어요.

264

(B) 메뉴를 가지고 돌아올게요.
(C) 라즈베리 치즈케이크로 주세요.

어휘 dessert 디저트

해설 조동사 may를 이용해 상대방에게 메뉴판을 가져다 달라는 부탁을 하고 있으므로 승낙의 의사를 내비친 (B)가 정답이다. (A)는 디저트가 있는지 묻는 질문에, (C)는 디저트 주문을 요청하는 경우에 이어질 수 있는 답변들이다.

4.
Where should we meet before the show begins?
(A) How about in the main lobby?
(B) It starts at a quarter to seven.
(C) Sure. That's a great idea.

쇼가 시작되기 전에 어디에서 만나야 할까요?
(A) 중앙 로비가 어떨까요?
(B) 그것은 6시 45분에 시작해요.
(C) 물론이죠. 멋진 생각이군요.

어휘 lobby 로비 quarter 분기; 15분

해설 의문사 where를 이용해 만날 장소를 묻고 있으므로 중앙 로비에서 만나는 것이 어떠냐고 되묻은 (A)가 정답이다.

> **고득점 TIP**
> 이 문제의 정답인 (A)와 같이 되묻는 질문이 보기로 제시될 경우, 이러한 대답이 정답일 가능성이 높다.

5.
How about trying the new restaurant down the street?
(A) I didn't like the food there.
(B) Lunch starts at noon.
(C) I always eat out for lunch.

거리에 새로 생긴 식당에 가보는 것이 어떨까요?
(A) 저는 그곳 음식이 마음에 들지 않았어요.
(B) 점심 시간은 12시에 시작돼요.
(C) 저는 항상 밖에서 점심을 먹어요.

어휘 try 시도하다 eat out 밖에서 먹다, 외식하다

해설 「How about ~」은 제안의 의미를 나타내는 대표적인 구문 중 하나이다. 따라서 '그곳 음식은 마음에 들지 않았다'며 간접적으로 상대방의 제안을 거절

한 (A)가 정답이다. (B)는 점심 시간의 시작 시점을 묻는 질문에, (C)는 점심 식사 장소를 묻는 질문에 이어질 법한 대답이다.

6.
You'd better repeat what you just said.
(A) Thanks for the compliment.
(B) Yes, this show is a repeat.
(C) I said that it's time to go.

방금 한 말을 한 번 더 말해 주면 좋겠어요.
(A) 칭찬해 줘서 고마워요.
(B) 네, 이 프로그램은 재방송이에요.
(C) 갈 시간이 되었다고 말했어요.

어휘 had better ~하는 편이 낫다 repeat 반복하다, 되풀이하다; 재방송 compliment 칭찬

해설 had better(~하는 편이 낫다)를 이용해 상대방에게 방금 한 말을 다시 한 번 해 달라는 부탁을 하고 있다. 따라서 부탁을 받아들여 직접적으로 자신이 한 말을 반복한 (C)가 정답이다.

Part 3

[7-9]

M: Good morning. I'd like to check in to my room. I've got a reservation under the name Gerald Butler.

W: It's nice to see you again, Mr. Butler. I've got your reservation here, but you're a bit early today, so the person occupying your room hasn't checked out yet. Your room should be ready in approximately an hour.

M: In that case, I think I'll drop by the restaurant to get some breakfast. I haven't had anything to eat yet today.

W: That's fine. As soon as you finish dining, please return to pick up your key. You can leave your bags here. I'll have them delivered to your room for you.

M: 안녕하세요. 체크인을 하고 싶어요. Gerald Butler라는 이름으로 예약을 했죠.

W: 다시 만나 뵙게 되어 반갑습니다, Butler 씨. 예약은 받았지만 오늘 약간 일찍 오셨기 때문에 객실을 사용 중인 분께서 아직 체크아웃을 하시지 않

으셨어요. 객실은 약 한 시간 후에 준비가 될 것입니다.
M 그런 경우라면 식당에 들러서 아침을 먹어야겠네요. 오늘 지금까지 아무것도 먹지 못했거든요.
W 잘 되었군요. 식사를 마치시는 대로 돌아오셔서 키를 받아가세요. 가방들은 이곳에 두셔도 좋습니다. 제가 객실로 옮겨놓으라고 할게요.

어휘 check in (호텔 등에서) 체크인하다 occupy 점하다, 사용하다 approximately 대략 in that case 그런 경우라면 drop by ~에 들르다 as soon as ~하자마자 dine 식사하다, 만찬을 들다

7.
대화는 어디에서 이루어지고 있는 것 같은가?
(A) 공항에서
(B) 식당에서
(C) 호텔에서
(D) 카페에서

해설 check in(체크인하다), room(객실), check out(체크아웃하다), reservation(예약) 등의 표현에 유의하면 대화가 이루어지고 있는 곳은 (C)의 '호텔'이라는 점을 쉽게 알 수 있다.

8.
남자는 자신이 무엇을 할 것이라고 말하는가?
(A) 수영하러 간다
(B) 음식을 먹는다
(C) 헬스클럽을 방문한다
(D) 다른 시설에 전화를 건다

해설 남자는 자신이 예약한 객실에 아직 체크아웃이 이루어지지 않아 한 시간 정도 기다려야 한다는 말을 듣고 'In that case, I think I'll drop by the restaurant to get some breakfast.'라고 말한다. 따라서 남자가 하게 될 일은 아침을 먹는 것이므로 정답은 (B)이다.

9.
여자는 남자에게 무엇을 하라고 말하는가?
(A) 양식에 서명한다
(B) 그의 객실로 간다
(C) 그녀에게 물품들을 맡긴다
(D) 표를 받는다

해설 여자의 마지막 말 'You can leave your bags here.'를 놓치지 않고 들었다면 정답은 (C)임을 쉽게

알 수 있다. 문제에서는 bags를 some items로 표현하였다.

[10-12]
W Are there any comments on our sales for the past few months?
M I'm pleasantly surprised by the fact that we sold so many units in March. Our sales are traditionally down then.
W We ran a highly successful online advertising campaign that month. We attribute the abnormally high sales to it.
M That's interesting. Are we still running those ads?
W No, the funding ran out in May, and despite our success, we weren't given any more money.
M That needs to change. I'll talk to Ms. Kennedy at once to find out what's going on.
W Thank you, sir. With additional funds, I believe our sales could increase by at least fifteen percent.

W 지난 몇 개월 동안의 매출에 대해 하시고 싶은 말씀이 있나요?
M 우리가 3월에 저렇게 많이 팔았다는 사실에 놀랍기도 하고 기쁘기도 하군요. 기존대로라면 저 시기에 하락세를 보였겠죠.
W 그 달에 온라인 광고가 매우 성공적이었어요. 그 점 때문에 평상시와 달리 매출이 늘었죠.
M 흥미롭군요. 광고를 계속 유지할 건가요?
W 아니요, 5월에는 자금이 바닥나서 성공적이긴 했지만 돈을 더 지원받지는 못했어요.
M 바뀌어야 할 부분이네요. 제가 즉시 Kennedy 씨와 이야기를 해서 상황이 어떤지 알아 볼게요.
W 고맙습니다. 추가 자금이 생기면 매출이 최고 15% 정도 증가할 수 있을 것이라고 생각해요.

어휘 comment 주석, 논평 traditionally 전통적으로 attribute A to B A를 B의 탓으로 돌리다 run out 다 쓰다, 소진하다 at once 즉시, 당장 additional 추가적인

10.
도표를 보아라. 남자가 언급한 달에 몇 개의 상품이 팔렸는가?
(A) 40,000

266

(B) 45,000
(C) 50,000
(D) 55,000

해설 남자가 언급한 달은 비정상적으로 매출이 증가한 3월이다. 도표에서 '3월(May)' 매출을 찾아보면 (B)의 45,000이 정답이다.

11.
왜 매출이 평상시보다 높았는가?
(A) 제품의 평가가 좋았다.
(B) 경기가 좋아졌다.
(C) 회사가 광고를 했다.
(D) 제품이 할인 판매되었다.

해설 평소와 달리 3월 매출이 증가했다는 말을 듣고 여자는 'We ran a highly successful online advertising campaign that month.'라고 말한다. 따라서 매출 증가의 원인은 온라인 광고에 있으므로 정답은 (C)이다.

12.
남자는 자신이 무엇을 하겠다고 말하는가?
(A) 광고를 시청한다
(B) 채용을 허락한다
(C) 동료와 문제를 논의한다
(D) 대표 이사에게 연락한다

해설 자금이 부족해서 온라인 광고를 더 이상 진행할 수 없다는 여자의 말을 듣고 남자는 'I'll talk to Ms. Kennedy at once to find out what's going on.'이라고 말한다. 따라서 남자가 하게 될 일은 (C)가 된다. Kennedy 씨의 직위에 대해서는 언급된 바가 없기 때문에, 그녀를 대표 이사라고 속단해서 (D)를 정답으로 골라서는 안 된다.

Part 4

[13-15]

M Now that it's half past seven, the morning rush hour traffic is starting to get heavy. Cars are slowing down in several places, but that's nothing unusual for this time of the day. However, you should be aware of some major delays in the western part of the city near the harbor. It appears there were two separate car accidents which the authorities have yet to clear. I recommend avoiding that area for at least an hour. In addition, the Biltmore Tunnel is experiencing delays due to a mechanical problem with the tollbooths on the road. That's it for now. I'll be back at the top of the hour with another update.

M 7시 30분이기 때문에 오전 혼잡 시간대의 차량들이 많아지고 있습니다. 몇몇 지역에서 차량들의 속도가 느려지고 있지만, 시간대를 고려하면 특별한 일은 아닙니다. 하지만 항구 근처 시 서쪽 지역에서는 심각한 정체 현상이 일어나고 있다는 점을 주의하셔야 할 것입니다. 교통 당국이 아직 처리하지 못한 자동차 사고가 두 건 있었던 것으로 보입니다. 최소 한 시간 동안은 이 지역을 피해 가실 것을 당부드립니다. 또한 Biltmore 터널도 도로 요금소의 기기 고장 문제로 정체 현상을 겪고 있습니다. 지금으로서는 이것이 전부입니다. 다음 시간에 최신 뉴스로 다시 돌아오겠습니다.

어휘 harbor 항구 separate 별개의 authorities 당국 recommend 추천하다 tollbooth 도로 요금소 at the top of the hour 정시에 update 최신 소식

13.
화자는 현재 교통량에 대해 무엇을 말하는가?
(A) 평소보다 적다.
(B) 평소보다 많다.
(C) 많아지기 시작했다.
(D) 시간대를 고려하면 특이하다.

해설 담화 초반부에서 화자는 '오전 혼잡 시간대가 시작되었다(the morning rush hour traffic is starting to get heavy)'고 한 후, 차량 속도가 느려지고는 있지만 '시간대를 고려하면 특별한 일은 아니다(that's nothing unusual for this time of the day)'라고 했다. 따라서 보기 중 화자가 언급한 사항은 (C)이다. (D)의 경우 unusual을 usual로 바꾸어 쓰면 이 역시 정답이 될 수 있을 것이다.

14.
왜 Biltmore 터널에서 정체 현상이 일어나는가?
(A) 요금소에 문제가 있다.
(B) 공사가 진행 중이다.
(C) 사고가 있었다.
(D) 두 차로가 폐쇄되었다.

해설 터널의 정체는 '요금소의 기기 고장 때문(due to a mechanical problem with the tollbooths on the road)'이라고 언급되어 있으므로 (A)가 정답이다.

15.
다음 교통 뉴스는 언제 방송될 것인가?
(A) 10분 후에
(B) 15분 후에
(C) 30분 후에
(D) 한 시간 후에

해설 at the top of the hour(정시에)의 뜻을 알고 있어야 정답을 찾을 수 있는 문제이다. 담화의 마지막 문장에서 'I'll be back at the top of the hour with another update.'라고 했으므로 다음 교통 뉴스는 다음 정시에 방송됨을 알 수 있다. 한편 담화의 첫 문장에서는 현재 시각이 7시 30분이라고 했으므로 결국 다음 뉴스는 8시 정각, 즉 30분 후에 방송될 것임을 알 수 있다. 따라서 (C)가 정답이다.

[16-18]

M Before we take a tour of the factory, I'd like to remind you of how crucial it is that you follow the safety rules. First, you must wear your hardhat and safety goggles at all times. Failure to do so will result in your removal from the tour. You also have to pay close attention to what's going on. Do not get in any worker's way or obstruct our employees as they attempt to do their jobs. And please stay with me during the tour. This is a large building, and it's easy to get lost in. All right, let's find out how the vehicles are made here at Helsing, Inc.

M 공장 견학에 앞서, 안전 규칙을 준수하는 것이 얼마나 중요한 일인지를 여러분들께 다시 한 번 알려 드리고자 합니다. 먼저, 항상 안전모와 보호 안경을 착용하셔야 합니다. 그렇게 하지 않으시면 더 이상 견학할 수 없습니다. 또한 주변 상황에 면밀한 주의를 기울이셔야 합니다. 작업을 하고 있는 직원들을 가로막거나 방해하지 마십시오. 그리고 견학하시는 동안에는 제 주위에 계셔야 합니다. 이 건물은 넓어서 길을 잃기가 쉽습니다. 좋습니다, 이곳 Helsing 주식회사에서 자동차가 어떻게 만들어지는지 알아봅시다.

어휘 take a tour of ~을 견학하다   remind 기억나게 하다, 상기시키다   crucial 중요한   safety rule 안전 규칙   hardhat 안전모   safety goggles 안전 보호 안경   removal 제거   get in one's way ~을 가로막다, 방해하다   obstruct 방해하다   attempt to ~하려고 시도하다   get lost 길을 잃다

16.
담화는 어디에서 이루어지는가?
(A) 건설 현장에서
(B) 공장에서
(C) 창고에서
(D) 조선소에서

해설 담화 첫 부분의 'we take a tour of the factory'라는 부분을 놓치지 않고 들었으면 이곳이 (B)의 '공장'이라는 점을 쉽게 알 수 있다. 참고로 대화 마지막 부분의 'how the vehicles are made here'라는 표현을 통해서는 이곳이 자동차를 생산하는 공장임을 확인할 수 있다.

17.
화자는 왜 "Failure to do so will result in your removal from the tour"라고 말하는가?
(A) 직원들을 방해하면 생기는 결과를 알려 주기 위해
(B) 청자들에게 자신과 함께 있으라고 충고하기 위해
(C) 이야기를 듣고 있지 않은 사람들에게 경고를 하기 위해
(D) 안전 장비의 중요성을 강조하기 위해

어휘 safety gear 안전 장치, 안전 장비

해설 주어진 문장은 '그렇게 하지 않으면 견학을 하지 못하게 될 것이다'는 의미로, failure to do so가 구체적으로 무엇을 의미하는지 파악해야 정답을 찾을 수 있는 문제이다. 바로 앞 문장에서 failure to do so가 '안전모와 보호 안경을 착용하지 않는 일'을 의미한다는 점을 파악하면 화자가 의도한 바는 (D)임을 확인할 수 있다.

18.
화자는 시설에 대해 무엇을 말하는가?
(A) 매우 크다.
(B) 최근에 문을 열었다.
(C) 수백 명의 직원들이 있다.
(D) 항구 근처에 위치해 있다.

해설 담화 후반부에서 화자는 'This is a large building, and it's easy to get lost in.'이라고 말한다. 길을 잃을 정도로 건물이 크다고 했으므로 보기 중 화자가 언급한 사항은 (A)이다.

Part 5

19.
시 전체의 많은 주민들이 어젯밤의 폭풍으로 인해 정전을 겪었다.
(A) 잃다
(B) 잃었다
(C) 잃게 되었다
(D) 잃게 되었다

어휘 neighborhood 주민　throughout 도처에, 전역에　on account of ~ 때문에

해설 문장 맨 뒤에 last night이 있으므로 과거 시제인 (B)와 (C) 중에서 정답을 고르면 된다. 그런데 주어가 neighborhoods이며 목적어가 power이므로 능동형인 (B)의 lost가 정답이 된다.

20.
올해 세미나는 물류산업에서 가장 유명한 사람들이 주도하는 패널과 워크숍을 특징으로 한다.
(A) 조직하다
(B) 발표하다
(C) 보장하다
(D) 특징으로 삼다

어휘 workshop 워크숍, 연수회　panel 패널　notable 주목할 만한; 유명한　logistics industry 물류산업　structure 조직하다　report 발표하다; 보도하다　assure 장담하다; 보장하다　feature 특징으로 삼다

해설 주어인 'This year's seminar'와 목적어인 'workshops and panels ~'를 연결하기에 의미상 자연스러운 동사는 '특징으로 삼다'라는 뜻의 (D) features뿐이다. '조직(structure)', '발표(report)', 혹은 '보장(assure)'한다는 것은 의미상 자연스럽지 않다.

21.
호황으로 인해 다음 분기에 판매량이 상당히 증가할 것으로 예상된다.
(A) ~에 더하여
(B) ~에도 불구하고
(C) ~ 때문에
(D) ~에 관해

어휘 considerably 상당히, 많이　quarter 분기　as well as ~에 더하여　in spite of ~에도 불구하고　on account of ~ 때문에　with regard to ~에 관해

해설 빈칸 앞의 내용은 '다음 분기 판매량이 많이 증가할 것으로 예상된다'는 것이다. 그런데 빈칸 뒤의 '튼튼한 경제(strong economy)'는 '판매량 증가가 예상되는 것'에 대한 이유가 될 것이므로 정답은 (C)이다.

22.
작업장에서 중장비로 작업할 때 모든 사람은 주의하라는 충고를 듣는다.
(A) 능숙한
(B) 실용적인
(C) 필요한
(D) 조심하는

어휘 heavy machinery 중장비　worksite 일터, 작업장　competent 능숙한; 만족할 만한　functional 실용적인　careful 조심하는, 주의 깊은

해설 빈칸 뒤의 절은 '중장비로 작업할 때'라는 내용이므로, 보기의 형용사들 중에서 모든 사람이 들을 충고의 성격으로 어울리는 것은 careful이다. 정답은 (D)이다.

23.
회사에서 Denton 씨의 발명품에 대한 지적 재산권에 비용을 지불하기로 한 액수가 상당히 많았다.
(A) 상당한
(B) 물질
(C) 실질적인
(D) 상당히

어휘 right 지적 재산권, 판권　invention 발명, 발명품　substantial 상당한, 많은　substance 물질　substantive 실질적인　substantially 상당히, 많이

해설 빈칸은 was의 보어 역할을 하는 자리이므로 형용사나 명사가 와야 한다. 문장을 해석해 보면 빈칸에는 주어인 the amount of money를 설명하기에 적절한 의미의 단어가 와야 하므로 정답은 '상당히', '많은'이라는 형용사인 (A)의 substantial이다.

> **고득점 TIP**
>
> on account of, in spite of 등과 같이 전치사 역할을 하는 구를 구전치사라고 한다. 이와 같은 구전치사들은 자주 출제되므로 암기해 두어야 시간을 절약할 수 있다.

24.
나쁜 소식을 보고할 것임에도 불구하고 직원들은 그들의 관리자들과 솔직하게 이야기를 나눌 것으로 예상된다.
(A) 솔직한

(B) 솔직하게
(C) 솔직함
(D) 스냅 사진들

어휘 supervisor 관리자   even if ~에도 불구하고   candid 솔직한; 스냅 사진   candidly 솔직하게   candidness 솔직함   candid

해설 빈칸은 to speak을 수식하는 부사가 와야 하는 자리이므로 정답은 부사인 (B)의 candidly이다. (A)의 candid는 형용사일 경우 '솔직한'이라는 의미이지만 명사일 경우 '스냅 사진'이라는 뜻이다. (C)의 candidness는 '솔직함'이라는 의미이다.

Part 6

[25-28]

1월 11일

친애하는 Richardson 씨,

Weston 컨설팅에서의 직책을 제안해 주셔서 감사합니다. **당신의 제안을 기쁘게 받아들입니다.** 동봉되어 있는, 보내 주셨던 계약서 두 부를 확인하여 주시기 바랍니다. 두 부에 모두 서명했습니다. 제 상사에게는 제가 사직할 것이라고 보고했습니다. 저의 마지막 근무일은 1월 25일입니다. Weston에서는 2월 3일부터 근무를 시작할 것입니다. 저희 가족 모두가 새로운 주로 이사하기 위해 1주일의 시간이 필요합니다. 저는 휴스턴에서 거주할 주택을 찾아야 합니다. 당신이나 회사의 누군가가 부동산중개업소를 추천해 주실 수 있을까요? 당신이 줄 수 있는 어떠한 도움이라도 매우 감사하겠습니다.

Tim Powers 드림

어휘 offer 제안하다   enclose 동봉하다   resign 사직하다   real estate agency 부동산중개업소

25.
(A) 당신의 제안을 기쁘게 받아들입니다.
(B) 저의 면접을 고대하고 있습니다.
(C) 급여가 충분히 높지 않은 것 같습니다.
(D) 당신과 함께 근무해서 영광이었습니다.

해설 편지의 목적은 입사 제안에 대한 답신이다. 빈칸 뒤에 이어지는 문장에서 Powers 씨가 계약서를 서명하여 동봉했고, 자신의 상사에게 퇴사할 것을 알렸고 말하는 것으로 보아, 빈칸에는 '제안을 받아들인다'는 내용의 (A)가 오는 것이 가장 적절하다.

26.
(A) 각각의
(B) 모든
(C) 몇몇이
(D) 둘 다의

해설 빈칸 앞 문장에 따르면 받았던 계약서가 두 부이다. 따라서 빈칸에는 '둘 다'를 의미하는 (D)의 both가 와야 한다.

27.
(A) 영구적인
(B) 영속성
(C) 영구적으로
(D) 영속적인 것

해설 빈칸 뒤에는 명사인 housing이 있으므로 형용사를 정답으로 골라야 한다. 정답은 '영구적인'이라는 뜻의 형용사인 (A)의 permanent이다. 참고로, permanent housing은 구매나 임대와는 무관하게 오랜 기간 동안 머무르는 거처를 의미한다.

28.
(A) 대답하다
(B) 추천하다
(C) 통지하다
(D) 알리다

해설 Powers 씨는 '부동산을 _____ 해달라'는 부탁을 하고 있는데, 보기들 중 빈칸에 들어가기에 적절한 것은 '추천하다'라는 뜻의 (B) suggest이다.

Part 7

[29-31]

SL3000 커피메이커를 소개합니다

Symtech Logistics는 세계에서 가장 발전된 커피 머신인 SL3000 커피메이커를 소개하게 되어 기쁩니다. 우리의 슬로-브루 마스터 소프트웨어가 설치되어 있어서, SL3000은 당신이 원할 때마다 정확히 필요한 양만큼의 커피 한 주전자를 만들 수 있도록 프로그램될 수 있습니다. 집에 도착하기 전이라고요? 문을 열고 집안으로 들어갈 때 준비되어 있도록 하기 위해 앱을 이용해서 SL3000이 커피를 만드는 것을 시작하도록 하세요. SL3000은 또한 여러분이 좋아하는 혼합 비율에 따라 각각 다른 커피를 만들 수도 있습니다. 선택하신 커피 파드를 용기에 넣고, 물을 채운 다음,

해설 시작 버튼을 누르기만 하세요. 카푸치노, 라떼, 에스프레소, 그리고 모카를 포함한 다양한 Symetech 커피 파드를 지금 구매하실 수 있습니다. SL3000은 백화점과 모든 가전제품 판매점에서 189.99달러에 구매하실 수 있습니다.

어휘 be fitted with ~가 설치되어 있다 brew (차를) 끓이다, 추출하다 slow-brew 슬로우 브루 (차나 커피를 천천히 추출하는 방법) blend 조합, 혼합 individual 개성 있는, 독특한 slip 넣다 coffee pod 커피 파드 (커피 가루가 들어 있는 팩) receptacle 용기, 그릇 appliance 가전제품

29.
광고는 누구를 대상으로 한 것 같은가?
(A) 개인
(B) 카페 소유주
(C) 바리스타
(D) 식당 소유주

해설 '앱을 이용하여 집에 도착하기 전에 커피가 준비되어 있도록 할 수 있다(Use the app to have the SL3000 start brewing your coffee so that it's ready for you the moment you walk through the door)'는 내용과, 원두가 아닌 커피 파드가 사용된다는 점을 고려할 때, 이 광고는 일반 소비자를 대상으로 한다는 것을 알 수 있다. 정답은 (A)이다.

30.
SL3000 커피메이커에 대해 사실이 아닌 것은 무엇인가?
(A) 정가에 판매되고 있다.
(B) 컴퓨터로 작동된다.
(C) 각각 다른 양의 커피를 만들 수 있다.
(D) 해외에서도 구매할 수 있다.

해설 기기의 가격이 언급되어 있고(The SL3000 is available for $189.99), 원하는 양의 커피를 만들도록 프로그램할 수 있다는(the SL3000 can be programmed to make a pot of coffee precisely how you want it) 내용이 있으므로 (A), (B), (C)는 모두 사실이다. 해외에서 구매할 수 있는지 여부는 알 수 없으므로 정답은 (D)이다.

31.
Symtech에 대해 명시된 것은 무엇인가?
(A) 다양한 주방 기기를 만든다.
(B) 다양한 종류의 커피를 판매한다.
(C) 웹사이트에서 제품을 판매한다.
(D) 커피 업계의 선두 업체이다.

해설 마지막 부분의 'A wide variety of Symtech coffee pods, including cappuccino, latte, espresso, and mocha, are currently available.'라는 문장을 통해 Symtech는 다양한 종류의 커피를 판매한다는 것을 알 수 있다. 정답은 (B)이다.

[32-35]

센트럴 시티 개선

센트럴 시티 (4월 29일) – 굳건한 사회 기반 시설이 튼튼한 경제를 만드는 데 도움이 된다는 것은 말할 필요도 없다. 이것의 증거는 센트럴 시티에서 찾을 수 있다. 센트럴 시티는 대도시권의 사회 기반 시설의 전체적인 수준을 향상시키기 위한 5년에 걸친 프로그램을 진행해 왔다.

이 시기 동안, 센트럴 시티는 도로, 철도, 그리고 지하철을 변화시켰다. 도시 주위에 접속 도로가 건설되어서, 개선된 고속도로 시스템 덕분에 도시 인근의 운전자들은 빠르고 쉽게 도심 지역에 진입할 수 있다. 더 많은 수의 버스와 노선이 추가되었는데, 이는 교외에 거주하는 통근자들에게 도움이 된다. 지하철 또한 세 개의 신규 노선이 건설되면서 확장되고 있으며 기존의 노선에는 새로운 역이 몇 개 추가되었다. 교외 지역에서 도심으로 직장인과 쇼핑객을 수송할 목적으로 설계된 모노레일인 Metro Skylink 또한 최근에 개통되었다.

거의 모두 이러한 변화에 대한 찬사를 보내고 있다. 통근자의 대부분은 어떤 교통 수단을 이용하든 이동하는 속도가 빨라졌다고 말한다. 월튼 인근에서 출퇴근하는 Delvin Harris는 "이제는 직장에 지각하는 일이 거의 없어요"라고 말했다. 기업들 또한 물자와 제품이 더 빠르고 저렴하게 수송될 수 있어서 이러한 개선에 대해 만족하고 있다. 이는 사업 비용을 낮추는 결과를 가져왔다. 생산성 증가와 함께, 센트럴 시티와 주변 지역의 경제가 호황이라는 것이 놀랍지 않다.

어휘 improvement 개선 it goes without saying that ~은 말할 필요도 없다 infrastructure 사회 기반 시설 be engaged in ~에 종사하다 metropolitan 대도시의 loop 환상선, 접속로 commuter 통근자 suburb 교외 encounter 맞닥뜨리다 be combined with ~와 결합되다

32.
기사의 주요 목적은 무엇인가?
(A) 몇몇 사회 기반 시설의 개선을 제안하기 위해서
(B) 모노레일의 개통을 논하기 위해서
(C) 시의 경제가 잘 되고 있는 이유를 설명하기 위해서
(D) 어떤 산업이 개선되고 있는지에 초점을 맞추기 위해서

해설 지문은 시의 기반 시설이 개선됨으로써 지역의 경제가 나아지고 있는 내용이다. 따라서 정답은 (C)이다.

33.
기사에 따르면, 교외 거주자들에게 혜택이 되지 않는 교통 수단은 어느 것인가?
(A) 버스
(B) 지하철
(C) 고속도로
(D) 모노레일

해설 버스, 고속도로, 모노레일은 모두 인근의 도시나 (nearby cities) 교외 지역(suburb)의 거주자들에게 도움이 된다고 언급되었다. 하지만 지하철의 경우 신규 노선과 역이 추가되기는 했지만, 이것이 교외 지역의 거주자들에게 도움이 되었는지는 알 수 없다. 따라서 정답은 (B)이다.

34.
Harris 씨에 대해 암시된 것은 무엇인가?
(A) 버스를 타고 출근한다.
(B) 경영주이다.
(C) 센트럴 시티의 교외 지역에 거주한다.
(D) 최근에 그 지역으로 이사했다.

해설 Harris 씨의 인터뷰 내용에 따르면, 그는 이제 직장에 지각하는 일이 거의 없다고 하며, 그는 인근의 월튼에 살고 있다. 지문의 내용에 따르면 출퇴근 시간이 빨라진 혜택을 보는 사람들은 교외 지역의 사람들이므로 정답은 (C)이다.

35.
[1], [2], [3], 그리고 [4]로 표시된 위치 중에서 다음 문장이 들어가기에 가장 알맞은 곳은 어디인가?
"이것의 증거는 센트럴 시티에서 찾을 수 있다."
(A) [1]
(B) [2]
(C) [3]
(D) [4]

해설 주어진 문장은 '이러한 사례를 센트럴 시티에서 찾을 수 있다'는 내용인데, 이는 구체적인 내용을 소개하고 있는 것이므로 지문의 초반부에 위치해야 한다. 또한, 주어인 'proof of this'에서 this는 [1] 앞의 내용인 'a strong infrastructure can help produce a strong economy'를 지칭한다. 정답은 (A)이다.

[36-40]

수신 Cole Burgess
〈cburgess@brightlightmedia.com〉
발신 Wanda Chang
〈wanda@brightlightmedia.com〉
제목 Tyler 주식회사
날짜 8월 22일

친애하는 Burgess 씨께,

Tyler 주식회사와의 금일 협상이 종료되어 다시 한 번 일일 보고를 드리도록 하겠습니다. 오늘은 커다란 진전이 있었기 때문에 사안들이 곧 정리될 것으로 보입니다.

Tyler 주식회사의 Thornton 씨께서는 우리가 제작했으면 하는 본인의 회사 광고가 9월 30일까지 완성될 필요는 없다고 말씀하셨습니다. 대신 시간이 더 필요하다는 우리의 주장을 받아들이셨으며 완료일을 10월 15일로 승인해 주셨습니다. 그에 대한 반대 급부로, Bruce와 저는, 당신께서 승인하신 바와 같이, 프로젝트 가격을 5% 인하하는 것에 동의했습니다.

Thornton 씨께서는 7%를 요구했기 때문에 그 정도까지 조정을 해야 할 수도 있습니다. 하지만 저희는 그렇게 하기 위해서는 사장님의 승인이 필요하다고 대응했습니다. Thornton 씨는 우리가 그의 마지막 요구를 들어 주기만 하면 기꺼이 계약을 체결하겠다는 의지를 보였습니다. 협상이 9시 30분에 재개될 예정이기 때문에 늦어도 내일 오전 9시까지는 답신해 주시기 바랍니다.

Wanda Chang 드림

어휘 conclude 결론짓다　as though 마치 ~처럼　come to an end 끝나다　breakthrough 획기적인 사건　firm 회사　no longer 더 이상 ~않다　contention 주장, 견해　completion date 완료일, 완성일　in return 보답으로, 보상으로　reduce 줄이다　bid 호가, 제시된 가격　willingness 기꺼이 함　so long as ~하는 한　renew 재개하다

Tyler 주식회사가 큰 이익을 보다
Irene Tilden

보스턴 (11월 10일) – 지역 제조업체인 Tyler 주식회사의 주가가, 부분적으로는 최근의 광고 덕분으로, 지난 주에 25% 이상 증가했다. 최신 텔레비전 광고는 창의성에 있어서 업계 전문가들로부터 찬사를 받았고, 온라인 광고는 입소문을 타서 그중 두 개는 수백만 개의 뷰를 기록했다.

"저희는 스프링필드에 기반을 두고 있는 비교적 신생

생 기업인 Bright Lights Media와 함께 일하기로 결정했는데, 이 회사는 영업을 시작한 지 1년 밖에 되지 않은 곳입니다."라고 회사의 부사장인 Jim Thornton이 말했다. "Greg Andrews가 이끌었던 Bright Lights Media 팀이 일을 잘했다고 생각하며 저는 그러한 결과에 정말로 만족한다고 말씀을 드려야 할 것 같습니다."

Bright Lights Media에 대해 말하자면, 이 회사의 대변인은 자신들이 제작한 광고가 놀라울 정도로 성공을 거두자 국내외의 수많은 다른 기업들로부터 문의를 받고 있다고 말했다. Julius Young 대변인은 갑작스럽게 유입되고 있는 새로운 업무를 처리하기 위해 추가적인 채용을 실시해야 할 수도 있다고 밝혔다.

어휘 manufacturer 제조업체, 제조업자   stock 주식   thanks to ~ 덕분에   in part 부분적으로   creativity 창의성   go viral 입소문을 타다   relatively 비교적, 상대적으로   incredibly 믿을 수 없을 정도로, 매우   spokesman 대변인   domestic 국내의   in light of ~에 비추어   influx 유입

36.
Chang 씨에 대해 암시되고 있는 것은 무엇인가?
(A) 1주일 동안 협상을 진행하고 있다.
(B) 혼자서 Tyler 주식회사와 이야기하고 있다.
(C) Burgess 씨에게 매일 이메일을 보낸다.
(D) Tyler 주식회사를 위한 온라인 광고를 제작한다.

해설 이메일의 첫 번째 문장 후반부에서 Chang 씨는 다시 한 번 일일 보고를 한다고(it's time to give you another daily update) 작성했다. 즉, Chang 씨는 매일 보고를 하고 있을 것이므로 정답은 (C)이다. 두 지문 모두에서 협상 기간에 대한 정보를 찾을 수 없으므로 (A)도 정답이 될 수 없고, 첫 번째 지문의 두 번째 문단 마지막 문장을 보면 Chang 씨는 Bruce 씨와 함께 협상에 임하고 있으므로 (B)를 정답으로 골라서는 안 된다. 두 번째 지문인 기사에 따르면 해당 광고는 텔레비전 광고와 온라인 광고 두 종류가 있으므로 (D)도 정답으로 볼 수 없다.

37.
Tyler 주식회사는 가격을 얼마나 내려 달라고 요청했는가?
(A) 5%
(B) 7%
(C) 9%
(D) 15%

해설 이메일의 마지막 문단 첫 번째 문장에 Thornton 씨가 7%를 요구했다는(We may have to go as high as 7% though because Mr. Thornton requested that much.) 내용이 언급되어 있으므로 정답은 (B)이다.

38.
기사의 목적은 무엇인가?
(A) 회사의 주가 상승에 초점을 맞추기 위해서
(B) 제작되었던 몇몇 광고들을 설명하기 위해서
(C) 성공적인 마케팅 캠페인을 논하기 위해서
(D) 두 회사간의 성공적인 사업상의 모험을 언급하기 위해서

해설 기사는 전체적으로 Tyler 주식회사의 주가가 상승한 부분적인 원인인 성공적인 광고에 대해 언급하고 있으므로 정답은 (C)이다. (A)와 (D)도 언급된 내용이기는 하지만 지엽적인 사항이다.

39.
Burgess 씨에 대해 명시된 것은 무엇인가?
(A) 최근에 Thornton 씨와 직접 만났다.
(B) 외국 기업과 국내 기업에서 근무했다.
(C) 1년 전에 Bright Light Media를 설립했다.
(D) 11월 10일에 Tyler 주식회사와의 계약에 서명했다.

해설 기사의 두 번째 문단에서 Bright Light Media가 설립된 지 1년밖에 되지 않았다는(which has only been in business for a year) 내용이 언급되었다. Burgess 씨에게 보낸 이메일에서 Chang 씨는 사장님의 승인이 필요하다고(we needed to get the owner's approval to do that) 말한 다음 '당신의 답신을 기다리겠다(Please let me know your response)'고 했다. 따라서 정답은 Burgess 씨가 1년 전에 Bright Light Media를 설립했다는 내용의 (C)이다.

40.
기사에서, 세 번째 문단 여덟 번째 줄의 단어 "bring on"과 그 의미가 가장 유사한 것은?
(A) 고용하다
(B) 접근하다
(C) 동기를 부여하다
(D) 요청하다

해설 본문에서 bring on이 쓰인 문장을 보면, 추가적인 직원들을 데려와야 할 것 같다(may need to bring on additional workers)는 의미인데, 보기에서 bring on 대신에 사용될 수 있는 동사는 (A)의 employ이다.

273

빈칸에 알맞은 어휘나 뜻을 쓰세요.

	어휘	뜻		어휘	뜻
1	brew		13	with regard to	
2		외식하다	14	competent	
3		칭찬	15	functional	
4	run out		16	substantial	
5	attribute A to B		17		사직하다
6	authorities		18	receptacle	
7	tollbooth		19	be engaged in	
8	crucial		20		통근자
9		안전모	21	breakthrough	
10	obstruct		22	contention	
11		물류산업	23	in light of	
12	assure		24		유입

정답 1. (커피 등을) 끓이다 2. eat out 3. compliment 4. 다 쓰다, 소진하다 5. A를 B의 탓으로 돌리다 6. 당국 7. 도로 요금소 8. 중요한 9. hardhat 10. 방해하다 11. logistics industry 12. 장담하다; 보장하다 13. ~에 관해 14. 능숙한; 만족할 만한 15. 실용적인 16. 상당한; 많은 17. resign 18. 용기, 그릇 19. ~에 종사하다 20. commuter 21. 획기적인 사건 22. 주장, 견해 23. ~에 비추어 24. influx

DAY 13

Listening Test

Time 10 minutes

Part 1

🎧 13-01

Directions: You will hear four statements about the picture below. Select the one statement that best describes what you see in the picture and mark the letter (A), (B), (C), or (D).

1.

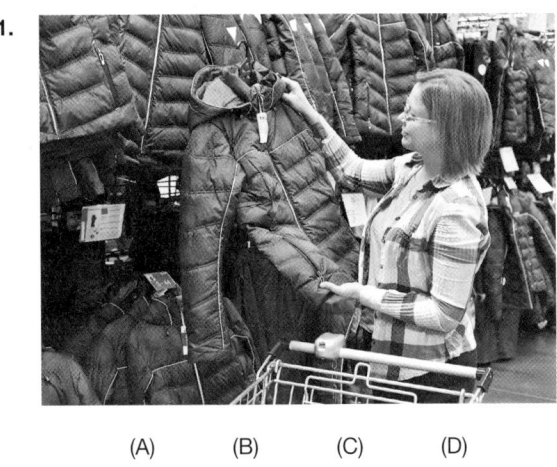

(A)   (B)   (C)   (D)

Part 2

🎧 13-02

Directions: You will hear a question or statement and three responses spoken in English. Select the best response to the question or statement and mark the letter (A), (B), or (C).

2. Mark your answer on your answer sheet.   (A)   (B)   (C)

3. Mark your answer on your answer sheet.   (A)   (B)   (C)

4. Mark your answer on your answer sheet.   (A)   (B)   (C)

5. Mark your answer on your answer sheet.   (A)   (B)   (C)

6. Mark your answer on your answer sheet.   (A)   (B)   (C)

Part 3

Directions: You will hear some conversations between two or more people. You will be asked to answer three questions about what the speakers say in each conversation. Select the best response to each question and mark the letter (A), (B), (C), or (D).

7. Why did the woman call the man?
   (A) To respond to his call
   (B) To get some feedback
   (C) To confirm a work time
   (D) To find out his address

8. What does the man say about the work crew?
   (A) They arrived at his home on time.
   (B) They performed their work well.
   (C) They got paint on his furniture.
   (D) They made some small mistakes.

9. What does the man request the woman do?
   (A) Set up an appointment with him
   (B) Have a work crew wallpaper his home
   (C) Lower the price she mentioned
   (D) Provide him with a free estimate

10. What does Lisa invite Clara to do?
    (A) Have lunch with her
    (B) Attend a meeting together
    (C) Go to the cafeteria
    (D) Watch a movie after work

11. What does the man suggest doing?
    (A) Picking up a package
    (B) Finishing some work
    (C) Downloading an app
    (D) Visiting a new store

12. What can be inferred about Clara when she says, "That sounds exactly like what I need"?
    (A) She will try out a free service.
    (B) She will order some food.
    (C) She will go out for a while.
    (D) She will take some time off.

13. Why is the man surprised?
    (A) The woman signed some large contracts.
    (B) He did not realize there was a meeting soon.
    (C) He was not expecting the woman in the office.
    (D) The woman is planning to resign her position.

14. What does the woman say about her trip?
    (A) She met some prospective clients.
    (B) It was a complete failure.
    (C) It lasted for three weeks.
    (D) She traveled to three countries.

15. What will most likely happen next week?
    (A) The woman will take a vacation.
    (B) The speakers will fly to London.
    (C) Some products will be delivered.
    (D) Clients will arrive from Dublin.

GO ON TO THE NEXT PAGE

Part 4

🎧 13-04

Directions: You will hear some talks given by a single speaker. You will be asked to answer three questions about what the speaker says in each talk. Select the best response to each question and mark the letter (A), (B), (C), or (D).

16. What does the speaker imply when he says, "I have to stay late to meet with the vice president"?

    (A) He enjoys meeting the vice president.
    (B) He cannot attend a meeting with the listener.
    (C) He wants the listener to go with him.
    (D) He plans to work overtime tomorrow.

17. How will the speaker send his comments?

    (A) He will send a fax.
    (B) He will mail a letter.
    (C) He will send a text message.
    (D) He will write an e-mail.

18. When should the listener get in touch with the speaker?

    (A) By two o'clock
    (B) By four o'clock
    (C) By six o'clock
    (D) By eight o'clock

Routes to Bradenton

Route	Time
Highway 34	110 Minutes
Interstate 12	60 Minutes
Coraline Road	90 Minutes
Greenbrier Expressway	75 Minutes

19. Look at the graphic. Which route will the listeners take?

    (A) Highway 34
    (B) Interstate 12
    (C) Coraline Road
    (D) Greenbrier Expressway

20. Where does the speaker tell the listeners to meet?

    (A) In Bradenton
    (B) At the convention center
    (C) Near her home
    (D) In the company parking lot

21. What will the listeners do after the trade show?

    (A) Interview some job applicants
    (B) Have dinner together
    (C) Conduct a product demonstration
    (D) Meet some clients

This is the end of the Listening test.

Reading Test

Time 15 minutes

Part 5

Directions: A word or phrase is missing in each of the sentences below. Four answer choices are given below each sentence. Select the best answer to complete the sentence and mark the letter (A), (B), (C), or (D).

22. A major ------- of using robots in factories is that they do not tire while working.

    (A) force
    (B) reason
    (C) advantage
    (D) motivation

23. Ms. Farnsworth was given a new office ------- a raise when she was promoted to an executive position.

    (A) with regard to
    (B) in addition
    (C) due to
    (D) as well as

24. Bank tellers should request ------- of a person's identity in the form of picture identification.

    (A) confirms
    (B) confirmed
    (C) confirmation
    (D) confirmable

25. Because the talks were going -------, Mr. Ramirez was confident a deal would be made.

    (A) otherwise
    (B) well
    (C) really
    (D) away

26. Most diners cited the pleasant ------- at the restaurant located on the fifth floor of the Tennyson Building.

    (A) atmosphere
    (B) atmospheres
    (C) atmospheric
    (D) atmosphered

27. All individuals interested in the pharmaceutical industry ------- encouraged to attend the upcoming expo in New Orleans.

    (A) is
    (B) are
    (C) have
    (D) has

GO ON TO THE NEXT PAGE

Part 6

Directions: Read the text below. A word, phrase, or sentence is missing in parts of the text. Four answer choices for each question are given below the text. Select the best answer to complete the text and mark the letter (A), (B), (C), or (D).

Questions 28-31 refer to the following e-mail.

To: George Kramer
From: Ilya Sobieski
Subject: Tickets
Date: April 18

George,

I've been informed that some buyers from Italy are coming next week. Since this will be their first time in the city, why don't we show them around? I suggest taking them to see a ------- by the city orchestra. They're going to be putting on a concert next Wednesday
      28.
night. I happen to have a membership ------- lets me purchase tickets at half price.
                                        29.
-------. Then, I can acquire them for you. I can ------- a receipt to Accounting after I buy
30.   **31.**
the tickets so that I can get reimbursed. Let me know what you think.

Regards,

Ilya

28. (A) performer
    (B) perform
    (C) performance
    (D) performing

29. (A) who
    (B) when
    (C) what
    (D) that

30. (A) I think it will play some works by Mozart.
    (B) Just tell me how many you'd like to get.
    (C) The theater is located at 22 Abelard Avenue.
    (D) I was able to attend last night's show.

31. (A) register
    (B) apply
    (C) submit
    (D) copy

Part 7

Directions: In this part you will read a selection of texts. The text or set of texts is followed by several questions. Select the best answer for each question and mark the letter (A), (B), (C), or (D).

Questions 32-33 refer to the following text message chain.

Harry March [2:08 P.M.]	Excuse me, Mr. Winkler. I have a package to deliver, but there's no address.
Roger Winkler [2:10 P.M.]	That happens sometimes, Harry. Is there an order number listed anywhere on the box?
Harry March [2:11 P.M.]	Yes, I can see it. It's ORP-8449.
Roger Winkler [2:14 P.M.]	That's being delivered to 584 Hobson Street. The name of the establishment is Winston Consulting. That firm is one of our biggest customers, so deliver it first. And there's no delivery fee.
Harry March [2:15 P.M.]	Did they already pay it?
Roger Winkler [2:16 P.M.]	No, we waive it for repeat customers.

32. What is indicated about Winston Consulting?
    (A) It is located near the writers' company.
    (B) It gets many packages delivered.
    (C) It has hundreds of different customers.
    (D) It is a delivery company.

33. At 2:10 P.M., what does Mr. Winkler mean when he writes, "That happens sometimes, Harry"?
    (A) The package has not arrived yet.
    (B) Mistakes are not uncommon.
    (C) He cannot remember an address.
    (D) A client did not pay for an order.

Questions 34-36 refer to the following manual.

Before you can use the software for the upgraded DataCore program, version 3.1, you must install it. Please follow these instructions.

*Visit the Web site www.datacore.com and click on the "Software" icon on the bar at the top of the page. Then, click on "DataCore 3.1" in the software menu list. When a window appears, click on "Download." It will take roughly one to five minutes to download depending on your connection speed.

*Once the task is complete, go to "Downloads" in your task folder and click on "DataCore." A new window will appear. As soon as you click on "Install," your DataCore software will begin to install automatically.

*Once completed, a DataCore icon will appear on your desktop. Whenever you want to open the program, simply click on the icon. If you want to customize the installation, please look at page 11 for instructions.

* Call the customer support center anytime at 902-494-9128 if you encounter any difficulties during the process.

34. Who most likely are the instructions for?

(A) Computer programmers
(B) DataCore employees
(C) Software users
(D) Customer service representatives

35. What is true about the download process?

(A) The download can be stopped at any time.
(B) The amount of time it takes can vary.
(C) It requires calling the customer support center.
(D) A special code must be input by the user.

36. Why should a person consult page 11?

(A) To make specialized changes in the installation
(B) To learn how to contact the customer support center
(C) To see a picture of the DataCore icon
(D) To read about how to solve common problems

Questions 37-41 refer to the following e-mails and invoice.

E-Mail Message

To: reservations@vanderbilthotel.com
From: kevinchandler@personalmail.com
Subject: Request
Date: August 11

To Whom It May Concern,

I attempted to reach your hotel's Web site the other day, but I was unable to do so for some reason. Fortunately, a friend who stayed there before was able to provide me with your hotel's contact information.

I will be visiting Copenhagen in two weeks and would like to reserve a room. Could you please let me know what types of rooms you have and what their rates are?

In addition, does a stay at your hotel come with a complimentary breakfast? As I will be there on business, I will require access to a business center to send faxes and to print documents. Will your hotel be able to accommodate me?

A swift response would be appreciated so that I can finalize my travel plans.

Regards,
Kevin Chandler

E-Mail Message

To: kevinchandler@personalmail.com
From: reservations@vanderbilthotel.com
Subject: Re: Request
Date: August 11

Dear Mr. Chandler,

Thank you for inquiring about our hotel. We can provide everything that you asked about in your e-mail. Our Web site was down for maintenance on August 9, which is why you could not access it. If you visit www.vanderbilthotel.com, you will be able to make an online reservation.

You can choose from the following rooms:

Single Room	€120
Double Room	€160
Triple Room	€210
Superior Room	€240
Suite	€320

If there is anything I can do to be of further assistance, please respond to this e-mail.

Sincerely,

Astrid Henriksen
Front Desk Clerk, Vanderbilt Hotel

**Vanderbilt Hotel
Copenhagen, Denmark**

Thank you for staying with us. We hope you return soon.

Day	Charge	Price
August 25	Room 1564	€160
August 26	Room Service (Dinner)	€30
August 26	Room 1564	€160
August 26	Laundry Service	€12
August 26	International Fax	€5
August 27	Room 1564	€160
August 27	Room Service (Lunch)	€25
	Total	€552

Customer: Kevin Chandler
Room Number: 1564

Your room has been paid in full by the credit card ending in 8392.
All prices include tax.
Guest Signature: *Kevin Chandler*
Checkout Date: August 28

---

37. What is the purpose of the first e-mail?

(A) To make a booking
(B) To change a reservation
(C) To inquire about services
(D) To confirm a price

38. What is indicated about the Vanderbilt Hotel?

(A) It has a business center.
(B) It was recently renovated.
(C) It is in downtown Copenhagen.
(D) It provides translation services.

39. In the second e-mail, the word "further" in paragraph 3, line 1, is closest in meaning to

(A) more
(B) distant
(C) valuable
(D) future

40. Which type of room did Mr. Chandler stay in?

(A) A single room
(B) A double room
(C) A triple room
(D) A superior room

41. According to the invoice, what did Mr. Chandler NOT pay for during his stay?

(A) Getting his clothes cleaned
(B) Sending a facsimile to another country
(C) Eating food in his room
(D) Having some documents printed

This is the end of the Reading test.

Day 13

Score (/41)

Listening Test

1. (D)	2. (B)	3. (B)
4. (A)	5. (C)	6. (C)
7. (B)	8. (B)	9. (A)
10. (A)	11. (C)	12. (B)
13. (C)	14. (A)	15. (B)
16. (B)	17. (D)	18. (C)
19. (C)	20. (D)	21. (D)

Reading Test

22. (C)	23. (D)	24. (C)
25. (B)	26. (A)	27. (B)
28. (C)	29. (D)	30. (B)
31. (C)	32. (B)	33. (B)
34. (C)	35. (B)	36. (A)
37. (C)	38. (A)	39. (A)
40. (B)	41. (D)	

* 틀린 문제는 문항 번호 옆 빈칸에 표시한 다음, 한 번 더 학습하세요.

Part 1

1.

(A) She is trying on a jacket.
(B) An item is being purchased.
(C) She is putting some clothes in the cart.
(D) Coats are hanging from racks.

(A) 그녀는 재킷을 입어보고 있다.
(B) 제품이 구매되고 있다.
(C) 그녀는 몇 벌의 옷을 카트에 넣고 있다.
(D) 코트들이 옷걸이에 걸려 있다.

어휘 try on ~을 입어보다   purchase 구매하다   cart 카트, 수레   hang 걸리다, 걸다   rack 선반, 받침대, 걸이

해설 사진 속 여자는 옷을 살펴보고만 있을 뿐, 재킷을 입거나 결제를 하거나 옷을 카트에 넣고 있는 것은 아니므로 (A), (B), 그리고 (C)는 정답이 될 수 없다. 따라서 정답은 '옷들이 옷걸이에 걸려 있다'고 진술한 (D)가 된다.

Part 2

2.
Let me get you a cup of coffee.
(A) He's got a couple of files.
(B) I'd appreciate that.
(C) Right. I need some copies.

커피 한 잔 가져다 드릴게요.
(A) 그는 두 개의 파일을 가지고 있어요.
(B) 그렇게 해 주시면 고맙겠어요.
(C) 맞아요. 복사본이 몇 부 필요해요.

어휘 copy 복사, 복사본

해설 「Let me ~」 구문을 이용하여 상대방에게 커피를 가져다 주겠다는 제안을 하고 있다. 따라서 그에 대한 고마움을 표시한 (B)가 가장 자연스러운 답변이다. (A)는 a cup of와 발음이 비슷한 a couple of로, (C)는 coffee(커피)와 발음이 비슷한 copies(복사본)로 혼동을 유발하고 있는 함정이다.

3.
How long did you prepare for the workshop?
(A) This Tuesday morning.
(B) More than three weeks.
(C) 195 dollars for members.

얼마 동안 워크숍을 준비했나요?
(A) 이번 주 화요일 오전이요.
(B) 3주 이상이요.
(C) 회원에게는 195달러예요.

어휘 prepare for ~을 준비하다　member 회원

해설 how long으로 묻고 있으므로 기간을 나타내는 표현이 정답이다. (A)는 시점으로 대답하고 있고 (C)는 가격을 언급하고 있으므로 이들은 정답이 될 수 없다. 정답은 '3주 이상'이라고 기간을 밝힌 (B)이다.

4.
Did anyone leave a message for me?
(A) A woman named Betsy called.
(B) Yes, I can deliver your message.
(C) No, take a right, not a left.

제게 메시지를 남긴 사람이 있었나요?
(A) Betsy라는 이름의 여성분이 전화했어요.
(B) 네, 제가 메시지를 전달해 드릴 수 있어요.
(C) 아니요, 왼쪽이 아니라 오른쪽이에요.

어휘 leave a message 메시지를 남기다　deliver one's message ~의 메시지를 전하다

해설 누군가 메시지를 남겼는지의 여부를 묻고 있으므로 'Betsy라는 사람이 남겼다'고 직접적으로 전화한 사람의 이름을 밝힌 (A)가 가장 적절한 답변이다.

5.
Which speech impressed you the most?
(A) Yes, I've seen most of them.
(B) It starts at 2:30 tomorrow.
(C) Mr. Keller's was fascinating.

어떤 연설이 가장 감명 깊었나요?
(A) 네, 저는 대부분을 보았어요.
(B) 그것은 내일 2시 30분에 시작해요.
(C) Keller 씨의 연설이 훌륭했어요.

어휘 impress 감명을 주다, 인상을 남기다　fascinating 환상적인, 훌륭한

해설 '어떤 연설(which speech)'이 가장 인상적이었는지 묻고 있으므로 연설자의 이름을 지목한 (C)가 가장 자연스러운 답변이다.

6.
We're still searching for new employees, aren't we?
(A) Sorry, but I haven't found it.
(B) No, I don't have your résumé.
(C) We could use three more staffers.

아직 신입 직원을 찾고 있는 중이죠, 그렇지 않나요?
(A) 유감이지만 저는 그것을 찾지 못했어요.
(B) 아니요, 저는 당신의 이력서를 가지고 있지 않아요.
(C) 직원을 세 명 더 쓸 수 있을 거예요.

어휘 search for ~을 찾다　résumé 이력서　staffer 직원

해설 부가의문문을 통해 현재 채용이 진행 중인지 묻고 있다. (A)는 사물을 가리키는 it을 사용함으로써 자연스러운 답변이 될 수 없고, (B)는 질문과 전혀 관련이 없는 엉뚱한 대답을 하고 있다. 정답은 가정법 could를 이용해 '세 명을 채용할 수 있을 것이다'라고 말함으로써 현재 채용이 진행 중이라는 점을 암시한 (C)이다.

Part 3
[7-9]

W　Hello. This is Melissa Chang from Eastern Interior. One of our work crews painted several rooms in your home last week. I'm calling to get your opinion on the work.

M　Ah, thanks for doing that. I was rather impressed by the professionalism of your team. They did an outstanding job and avoided getting paint on any of my furniture. In fact, I was planning to contact you to ask about another project.

W　Oh, really? What are you interested in having us do?

M　My wife would like to replace our kitchen counters. Do you think you could send someone here to discuss some options with us?

W　안녕하세요. Eastern Interior의 Melissa Chang입니다. 지난 주에 저희 작업팀 중 한 팀이 귀하의 주택의 방에 페인트칠을 했습니다. 작업에 대한 의견을 듣고자 전화를 드렸어요.

M　아, 그렇게 해 주셔서 감사해요. 저는 당신네 팀의 전문성에 큰 감명을 받았어요. 작업을 잘 했

고 가구에도 전혀 페인트를 묻히지 않았죠. 실제로, 저는 또 다른 작업과 관련해서 문의를 하려고 연락을 드릴 생각이었어요.
W 오, 정말인가요? 어떤 작업을 맡기시는데 관심이 있으신가요?
M 제 아내는 주방 조리대를 교체하고 싶어해요. 몇 가지 옵션에 대해 논의하기 위해 이곳으로 사람을 보내 주실 수 있나요?

어휘 crew 승무원, 무리, 팀   opinion 의견   rather 오히려, 다소   professionalism 전문성   outstanding 뛰어난   avoid 피하다   replace 교환하다, 교체하다

7.
여자는 왜 남자에게 전화를 했는가?
(A) 전화에 답신하기 위해
(B) 피드백을 얻기 위해
(C) 작업 시간을 확인하기 위해
(D) 주소를 알아내기 위해

해설 대화 초반부의 여자의 말 중 'I'm calling to get your opinion on the work.'에 전화한 목적이 들어 있다. 여자가 전화한 이유는 페인트 작업에 대한 남자의 평가를 듣기 위함이므로 정답은 (B)이다.

8.
남자는 작업팀에 대해 무엇을 말하는가?
(A) 정시에 집에 도착했다.
(B) 일을 잘했다.
(C) 가구에 페인트를 묻혔다.
(D) 사소한 실수를 했다.

해설 페인트 작업에 대한 의견을 묻는 여자의 질문에 남자는 만족감을 나타내면서 자신은 '전문성에 감동을 받았으며(was rather impressed by the professionalism)' 그들이 '일을 잘 했고 가구에 페인트도 묻히지 않았다(did an outstanding job and avoided getting paint on any of my furniture)'고 말한다. 이러한 평가에 부합되는 보기는 (B)이다.

9.
남자는 여자에게 무엇을 요청하는가?
(A) 자신과 약속을 정한다
(B) 작업팀으로 하여금 자신의 집을 도배시킨다
(C) 그녀가 언급한 가격을 낮춘다
(D) 자신에게 무료로 견적을 내준다

해설 남자의 마지막 말 'Do you think you could send someone here to discuss some options with us?'가 정답의 단서이다. 남자는 조리대 교체 작업과 관련된 상의를 하기 위해 사람을 보내 달라고 요청하고 있으므로 정답은 (A)이다. 사람을 보내 달라는 것이 직접적으로 견적을 내어 달라는 요구로 볼 수는 없으므로 (D)를 정답으로 골라서는 안 된다.

[10-12]

W1 Clara, some of us are having lunch at the new Indian restaurant down the street. How about going with us?
W2 It sounds great, Lisa, but I've got tons of work to do. I don't think I have time.
W1 Are you just planning to get something at the cafeteria then?
W2 The food there hasn't been particularly good lately. But I don't think I have too many options available.
M Why don't you download the app from www.wedelivertoyou.com, Clara? It's a local food service. You order food from a nearby restaurant, and then someone picks it up and delivers it to you.
W2 That sounds exactly like what I need. Thanks for the tip, Dan.

W1 Clara, 우리 몇 명은 아래쪽에 새로 생긴 인도 음식점에서 점심을 먹을 거예요. 우리와 같이 가는 것이 어때요?
W2 Lisa, 그러면 좋겠지만 해야 할 일이 너무 많아서요. 시간이 있을 것 같지가 않네요.
W1 그러면 구내 식당에서 뭔가를 먹을 생각인가요?
W2 최근에 거기 음식이 별로더군요. 하지만 선택권이 많은 것 같지는 않네요.
M www.wedelivertoyou.com에서 앱을 다운로드 하는 건 어때요? 인근 지역 음식 서비스 앱이죠. 근처 식당에서 음식을 주문하면 누군가가 음식을 받아서 배달해 줘요.
W2 제게 꼭 필요한 것처럼 들리네요. 알려 줘서 고마워요, Dan.

어휘 tons of 많은   cafeteria 구내 식당   particularly 특히   option 선택, 선택권   app 앱   nearby 인근의, 근처의

10.
Lisa는 Clara에게 무엇을 하자고 하는가?
(A) 같이 점심을 먹는다
(B) 함께 회의에 참석한다
(C) 구내 식당에 간다
(D) 퇴근 후 영화를 본다

해설 대화의 시작 부분에서 Lisa는 Clara에게 인도 식당에 같이 갈 것을 제안하고 있다. 따라서 정답은 (A)이다.

11.
남자는 무엇을 제안하는가?
(A) 소포를 찾는다
(B) 일을 마친다
(C) 앱을 다운로드한다
(D) 새로 생긴 매장을 방문한다

해설 대화 후반부의 'Why don't you download the app from www.wedelivertoyou.com, Clara?'에서 남자는 음식 서비스 어플을 다운로드하라는 제안을 하고 있다. 따라서 남자가 제안한 것은 (C)이다.

12.
Clara가 "That sounds exactly like what I need"라고 말할 때 그녀에 대해 추론할 수 있는 것은 무엇인가?
(A) 그녀는 무료 서비스를 이용할 것이다.
(B) 그녀는 음식을 주문할 것이다.
(C) 그녀는 잠시 외출을 할 것이다.
(D) 그녀는 잠시 쉴 것이다.

어휘 take time off 쉬다, 휴가를 내다

해설 'That sounds exactly like what I need.'는 '그 것이 바로 내게 필요한 것이다'라는 의미로 여기에서는 남자의 제안에 대한 수락의 의미를 나타내고 있다. 따라서 Clara는 남자의 말을 따라 앱을 이용해서 음식을 배달시킬 것으로 추측할 수 있으므로 정답은 (B)가 된다.

[13-15]

M Why are you back? I thought you weren't scheduled to return from Europe until next Tuesday.

W That was the original plan, but both companies I was supposed to meet in Dublin canceled on me.

M That's a shame. So the trip didn't go very well?

W On the contrary, I spoke with three companies that have the potential to bring us a lot of business. I need to fly back to London to negotiate with them to finalize the deals.

M Well done. When are you leaving?

W Next Wednesday. And Mr. Davis wants you to go with me to assist with the negotiations.

M 왜 돌아왔나요? 다음 주 화요일 이후에나 유럽에서 돌아올 것으로 생각하고 있었거든요.

W 그게 원래 계획이었지만 제가 더블린에서 찾아가려고 했던 두 회사 모두 저와의 약속을 취소했어요.

M 안타깝네요. 그러면 출장은 그다지 좋지 못했겠군요?

W 그 반대로, 저는 저희와 큰 거래를 할 가능성이 있는 세 곳의 회사와 이야기를 나누었어요. 거래를 마무리 짓기 위한 협상을 하러 다시 런던으로 가야 해요.

M 잘 되었군요. 언제 떠나나요?

W 다음 주 수요일이요. 그리고 Davis 씨께서는 협상에 도움이 될 수 있도록 저와 함께 당신도 가기를 바라고 있어요.

어휘 original 원래의, 본래의   cancel on ~와의 약속을 취소하다   shame 부끄러움; 아쉬운 일   on the contrary 반대로   potential 잠재력   finalize 끝내다, 마무리하다

13.
남자는 왜 놀라는가?
(A) 여자가 중대한 계약을 체결했다.
(B) 그는 곧 회의가 있다는 사실을 알지 못했다.
(C) 그는 사무실에서 여자를 만나리라고 예상하지 못했다.
(D) 여자는 사직할 계획이다.

어휘 resign 사임하다

해설 대화의 첫 부분에서 남자는 여자가 다음 주에 돌아올 줄 알았는데 예상과 달리 사무실에서 만나게 되어 놀라움을 표출하고 있다. 따라서 남자가 놀란 이유는 (C)이다.

14.
여자는 자신의 출장에 대해 무엇을 말하는가?
(A) 그녀는 잠재적인 고객들을 만났다.
(B) 완전히 실패작이었다.
(C) 3주 동안 계속되었다.
(D) 그녀는 3개국을 돌아다녔다.

어휘 prospective 잠재적인   failure 실패

해설 여자는 출장에서 '큰 거래를 하게 될 세 곳의 회사(three companies that have the potential to bring us a lot of business)'와 이야기를 나누었다고 말한다. 따라서 정답은 (A)이다.

15.
다음 주에 어떤 일이 일어날 것 같은가?
(A) 여자는 휴가를 떠날 것이다.
(B) 화자들은 런던에 갈 것이다.
(C) 몇몇 제품들이 배송될 것이다.
(D) 더블린에서 고객들이 올 것이다.

해설 언제 고객들을 만나러 런던에 가는지 묻는 남자의 질문에 여자는 다음 주 수요일이라고 답하면서 'And Mr. Davis wants you to go with me to assist with the negotiations.'라고 덧붙인다. 이를 통해 두 사람은 다음 주 수요일에 런던으로 가서 협상을 하게 될 것임을 알 수 있으므로 다음 주에 일어날 일은 (B)이다.

Part 4

[16-18]

M Hi, Tina. This is Martin. I know we made an appointment with Mr. Arlington to have dinner with him tonight, but I just found out I have to stay late to meet with the vice president. Fortunately, I read the talking points you intend to cover with Mr. Arlington. Everything looks mostly good. I'm going to send you a few comments on how you can improve them. Check your e-mail within the next half hour. You can feel free to contact me any time until six if you've got questions about them. I'm positive you'll do a great job tonight. Thanks.

M 안녕, Tina. Martin이에요. 우리가 오늘 밤 Arlington 씨와 저녁 식사 약속을 했다는 것은 알고 있지만, 부사장님을 만나기 위해 제가 늦게까지 남아 있어야 한다는 점을 조금 전에 알게 되었어요. 다행히 당신이 Arlington 씨와 함께 논의하고자 하는 사항들은 읽었어요. 대체로 모든 것이 좋아 보여요. 개선시킬 수 있는 점에 대해서는 몇 가지 코멘트를 남길 게요. 30분 내로 이메일을 확인해 주세요. 그에 관한 질문이 있으면 6시까지는 언제라도 개의치 말고 제게 연락을 주세요. 저는 당신이 오늘 밤 잘 해낼 것으로 확신해요. 고마워요.

어휘 make an appointment with ~와 만날 약속을 하다   talking point 논지, 이야기 주제   cover 덮다; 다루다   comment 논평, 주석   feel free to 마음껏 ~하다   positive 적극적인, 긍정적인; 확신하는

16.
화자가 "I have to stay late to meet with the vice president"라고 말할 때 그는 무엇을 암시하는가?
(A) 그는 부사장을 만나는 것을 반긴다.
(B) 그는 청자와 함께 모임에 갈 수 없다.
(C) 그는 청자가 자신과 함께 가기를 원한다.
(D) 그는 내일 초과 근무를 할 계획이다.

해설 접속사 but에 유의하여 문제를 풀도록 한다. 화자는 저녁 약속이 있는 것은 알지만, 부사장을 만나야 한다고 말한다. 즉 이 말은 약속된 모임에 참가할 수 없다는 점을 우회적으로 말한 것이므로 정답은 (B)가 된다.

고득점 TIP

화자가 한 말의 구체적인 의미를 묻는 경우, 말 자체의 의미 파악이 중요한 경우도 있고 이 문제처럼 문장의 앞뒤 문맥을 파악하는 것이 중요한 경우도 있다.

17.
화자는 자신의 코멘트를 어떻게 전달할 것인가?
(A) 팩스를 보낼 것이다.
(B) 편지를 부칠 것이다.
(C) 문자 메시지를 보낼 것이다.
(D) 이메일을 쓸 것이다.

해설 화자는 자신이 코멘트를 남기겠다고 한 후 "Check your e-mail within the next half hour."라고 말한다. 이를 통해 화자의 코멘트는 이메일로 전달될 것임을 알 수 있으므로 정답은 (D)가 된다.

18.
청자는 언제 화자와 연락을 취해야 하는가?
(A) 2시까지
(B) 4시까지
(C) 6시까지
(D) 8시까지

해설 담화 마지막 부분의 'You can feel free to contact me any time until six if you've got questions about them.'에서 정답의 단서를 찾을 수 있다. 6시 전까지는 언제라도 연락을 달라고 했으므로 연락을 취할 수 있는 시간은 (C)의 '6시까지'이다.

[19-21]

W All right, it appears as though the four of us will be attending the trade show in Bradenton this weekend. I did some research and figured out that there are four ways we can get there. I think we should go on the route that will take us ninety minutes by car. It's not the fastest, but it's the safest road since the quickest route is often covered with ice this time of the year. We're going to leave from the parking lot here on Saturday at 6:00 A.M. Be sure to be on time. And dress formally because we'll be meeting several clients following the conclusion of the show.

W 좋아요, 우리 네 명은 이번 주말에 브레이든턴의 무역 박람회에 참석할 것으로 보이는군요. 제가 조사해 보았는데 거기까지 갈 수 있는 루트는 네 가지가 있어요. 저는 우리가 차로 90분이 걸리는 루트를 이용해야 한다고 생각해요. 가장 빠른 길은 이맘때쯤 종종 얼음으로 덮이기 때문에, 가장 빠른 길은 아니지만 가장 안전한 길이에요. 우리는 이곳 주차장에서 토요일 오전 6시에 출발할 거예요. 반드시 정시에 오도록 하세요. 그리고 박람회가 끝난 후에는 몇몇 고객들을 만날 것이기 때문에 정장을 입고 오세요.

어휘 as though 마치 ~인 것처럼   trade show 무역 박람회   do research 조사를 하다   route 경로, 루트   be covered with ~으로 덮이다   on time 정시에, 제때에   dress formally 정장을 입다

19.
도표를 보아라. 청자들은 어떤 루트를 이용할 것인가?
(A) 34번 고속도로
(B) 12번 주간도로
(C) Coraline 도로
(D) Greenbrier 고속도로

어휘 route 경로, 길, 루트   interstate 주와 주 사이의; 주간 고속도로

해설 화자의 말 중 'I think we should go on the route that will take us ninety minutes by car.'에 정답의 단서가 있다. 도표에서 차로 90분이 걸리는 도로는 Coraline Road이므로 (C)가 정답이다.

20.
화자는 청자들에게 어디에서 만나자고 말하는가?
(A) 브레이든턴에서
(B) 컨벤션 센터에서
(C) 그녀의 집 근처에서
(D) 회사 주차장에서

어휘 parking lot 주차장

해설 'We're going to leave from the parking lot here on Saturday at 6:00 A.M.'에서 화자와 청자들이 만날 장소가 시간이 언급되어 있다. 그들이 만날 장소는 주차장이므로 (D)가 정답이다. 참고로 (A)는 무역 박람회가 열리는 곳으로 화자들이 가려는 목적지이다.

21.
청자들은 무역 박람회 이후에 무엇을 할 것인가?
(A) 입사지원자들을 면접한다
(B) 같이 저녁 식사를 한다
(C) 제품 시연회를 실시한다
(D) 고객을 만난다

어휘 job applicant 입사지원자   product demonstration 제품 시연   client 고객

해설 담화의 마지막 부분에서 청자는 '박람회가 끝난 후 몇몇 고객들을 만날 것'(we'll be meeting several clients following the conclusion of the show)'이기 때문에 화자들에게 정장을 입고 오라는 당부를 하고 있다. 따라서 박람회 이후 청자들이 할 일은 (D)이다.

Part 5

22.
공장에서 로봇을 사용하는 것의 주요한 이점은 그것들이 작업을 하는 동안 지치지 않는다는 것이다.
(A) 힘
(B) 이유
(C) 이점
(D) 동기

어휘 factory 공장　tire 피곤해지다

해설 로봇들이 작업을 하는 동안 지치지 않는다는 것은, 공장에서 로봇을 사용하는 것의 주요한 '이점(advantage)'일 것이다. (A)는 의미상 어색하며, (B)는 'reason for using'과 같이, (D)는 'motivation for using'과 같이 사용되어야 한다.

23.
Farnsworth 씨는 간부직으로 승진되었을 때 임금 인상뿐만 아니라 새 사무실도 받았다.
(A) ~에 관해서는
(B) 덧붙여
(C) ~ 때문에
(D) ~뿐만 아니라

어휘 promote 승진시키다　raise 급여 인상　executive position 간부직

해설 빈칸 앞의 'a new office'와 빈칸 뒤의 'a raise' 두 가지를 모두 받았다는 의미의 문장이다. 그러므로 '~뿐만 아니라'는 뜻의 (D) as well as가 정답이 된다.

24.
은행 직원들은 사진이 붙어 있는 신분증의 형태로 개인의 신원 확인을 요청해야 한다.
(A) 확인하다
(B) 확인된
(C) 확인
(D) 확인할 수 있는

어휘 bank teller 은행 직원　identity 신원, 신분　picture identification 사진이 붙어 있는 신분증　confirm 확인하다　confirmation 확인　confirmable 확인할 수 있는

해설 빈칸은 동사 request의 목적어 자리이므로 명사인 (C)의 confirmation이 정답이 된다. (A)의 confirms는 동사, (B)의 confirmed는 동사 혹은 과거분사, 그리고 (D)의 confirmable은 형용사이다.

25.
논의가 잘 진행되었기 때문에, 거래가 성사될 것이라고 확신했다.
(A) 다른 방법으로
(B) 잘
(C) 진짜로
(D) 다른 데로

어휘 confident 확신하는　deal 거래　otherwise 다른 방법으로

해설 '일이 잘 진행되고 있다'는 표현은 'go well'이므로 정답은 (B)이다. 'go away'는 '떠나다'라는 의미이며, 'go otherwise'와 같이 사용되지 않는다. 그리고 'go really'는 뒤에 적절한 의미의 부사를 수반하여야 한다.

26.
대부분의 손님들은 Tennyson 빌딩의 5층에 있는 음식점의 쾌적한 분위기를 언급했다.
(A) 분위기
(B) 대기
(C) 분위기 있는
(D) 분위기를 자아낸

어휘 diner 식당의 손님　cite 언급하다　atmosphere 대기; 분위기; 분위기를 자아내다

해설 빈칸은 형용사인 pleasant의 수식을 받으므로 명사 자리이다. atmosphere가 '분위기'라는 의미일 경우에는 셀 수 없는 명사이며 '대기'라는 의미일 경우에는 셀 수 있는 명사인데, 내용상 '분위기'라는 의미가 되어야 하므로 정답은 (A)이다. 참고로 atmosphere는 '분위기를 자아내다'라는 의미의 동사이기도 하다.

27.
제약산업에 관심 있는 모든 사람들은 다가오는 뉴올리언즈 박람회에 참석하는 것이 권장된다.
(A) is
(B) are
(C) have
(D) has

어휘 pharmaceutical 제약의, 약학의　industry 산업　encourage 권장하다　attend 참석하다　upcoming 다가오는　expo 박람회

해설 빈칸에 들어갈 동사를 고르는 문제인데, 주어가 복수형인 all individuals이므로 (B)와 (C) 중에서 정답을 고르면 된다. 빈칸 뒤의 encourage는 타동사이므로 목적어를 필요로 하지만 문장 내에 목적어가 없으

므로 (C) 또한 정답이 될 수 없다. 따라서 정답은 (B)이며, 이 문장은 수동태이다.

Part 6

[28-31]

수신: George Kramer
발신: Ilya Sobieski
제목: 티켓
날짜: 4월 18일

George,

다음 주에 이탈리아에서 몇몇 바이어들이 온다는 소식을 들었어요. 그들이 이 도시에 오는 것이 처음일 것이어서, 우리가 그들을 안내하는 것이 어떨까요? 그들을 데리고 시 관현악단의 공연을 관람하는 것을 제안할게요. 그들은 다음 주 수요일 밤에 콘서트를 열 예정이에요. 저는 티켓을 절반 가격에 살 수 있는 회원권을 갖고 있어요. **몇 장을 구매하기를 원하는지 알려만 주세요.** 그러고 나면, 제가 당신을 위해 구매할게요. 비용을 돌려받을 수 있도록 티켓을 구매한 다음 회계부서에서 영수증을 제출할 수 있어요. 당신의 생각을 알려 주세요.

Ilya

어휘 show around (둘러보도록) 안내하다, 구경시켜 주다 put on a concert 콘서트를 열다 happen to 어쩌다 ~하게 되다 acquire 취득하다 reimburse 변상하다; 상환하다

28.
(A) 연주자
(B) 공연하다
(C) 공연
(D) 공연하는

해설 빈칸은 동사인 see의 목적어 자리이며 빈칸 앞에 관사인 a가 있으므로 명사인 (A)와 (C) 중에서 정답을 골라야 한다. 방문하는 바이어들을 데리고 '공연 (performance)'을 볼 것을 제안할 것이므로 정답은 (C)이다.

29.
(A) ~한
(B) ~할 때
(C) ~한 것
(D) ~한

해설 빈칸은 관계대명사 자리인데, 선행사가 membership이므로 which나 that이 와야 한다. 따라서 정답은 (D)이다.

30.
(A) 관현악단은 모차르트의 작품들을 연주할 거라고 생각해요.
(B) 몇 장을 구매하기를 원하는지 알려만 주세요.
(C) 극장은 Abelard 가 22번지에 위치하고 있어요.
(D) 저는 어젯밤 공연에 참석할 수 있었어요.

해설 빈칸 뒤의 문장은 'Then'으로 시작하며, '티켓을 구매하겠다'는 내용이다. 따라서 '몇 장이 필요한지 알려 달라'는 내용의 (B)가 오는 것이 가장 적절하다.

31.
(A) 등록하다
(B) 지원하다
(C) 제출하다
(D) 복사하다

해설 의미상 적절한 동사를 고르는 문제이다. 티켓을 구매한 비용을 정산 받기 위해서는 영수증을 '제출'해야 할 것이므로 정답은 (C)의 submit이다.

Part 7

[32-33]

Harry March   오후 2시 8분
실례해요, Winkler 씨. 배달할 소포가 있는데, 주소가 적혀 있지 않아서요.

Roger Winkler   오후 2시 10분
가끔씩 그런 일이 일어나죠, Harry. 상자 어딘가에 주문 번호가 적혀 있나요?

Harry March   오후 2시 11분
네, 찾았어요. ORP-8449예요.

Roger Winkler   오후 2시 14분
Hobson 가 584번지로 배달되는 것이군요. 건물명은 Winston 컨설팅이에요. 그 회사는 우리의 가장 큰 고객들 중 하나여서, 그것을 먼저 배달하도록 하세요. 그리고 배송비는 무료예요.

Harry March   오후 2시 15분
이미 배송비를 지불했나요?

Roger Winkler   오후 2시 16분
아니요. 우리는 자주 이용하는 고객에게는 배송비를 받지 않아요.

어휘 waive 탕감해주다

32.
Winston 컨설팅에 대해 명시된 것은 무엇인가?
(A) 작성자들의 회사에서 가까운 곳에 있다.
(B) 많은 소포가 배달된다.
(C) 수백 명의 다양한 고객들이 있다.
(D) 배달 업체이다.

해설 Winkler 씨가 Winston Consulting은 가장 큰 고객들 중 하나라고(That firm is one of our biggest customers) 하였고, 자주 이용하는 고객에게 비용을 받지 않는다고(we waive it for repeat customers) 하였으므로, 많은 소포가 그 회사에 배달된다는 것을 알 수 있다. 따라서 정답은 (D)이다.

33.
오후 2시 10분에 Winkler 씨가 "가끔씩 그런 일이 일어나죠, Harry"라고 작성할 때 그가 의미하는 것은 무엇인가?
(A) 소포가 아직 도착하지 않았다.
(B) 착오가 드물지 않다.
(C) 그는 주소를 기억하지 못한다.
(D) 고객이 주문에 대해 비용을 지불하지 않았다.

해설 소포에 주소가 적혀 있지 않다는 March 씨의 말에 대해 '그런 일이 가끔씩 발생한다'고 답하였다. 보기들 중 인용된 문장의 의미를 적절하게 표현하고 있는 것은 (B)이다.

[34-36]

버전 3.1의 DataCore 프로그램을 업그레이드하기 위한 소프트웨어를 사용하기 전에, 이것을 꼭 설치해야 합니다. 아래의 설명서를 따르세요.

* 웹사이트 www.datacore.com에 방문하여 페이지 상단의 바에 있는 "Software" 아이콘을 누르세요. 그러고 나서, 소프트웨어 메뉴 목록에 있는 "DataCore 3.1"을 누르세요. 윈도우 창이 나타나면, "Download"를 누르세요. 인터넷 연결 속도에 따라 약 1분에서 5분 정도 걸릴 것입니다.

* 작업이 완료되면, 업무 폴더 내의 "Downloads" 폴더로 가서 "DataCore"를 누르세요. 새로운 윈도우 창이 나타날 것입니다. "Install"을 누르자마자, DataCore 소프트웨어가 자동으로 설치되기 시작할 것입니다.

* 완료되면, DataCore 아이콘이 바탕화면에 나타날 것입니다. 프로그램을 실행하고자 할 때, 이 아이콘을 누르기만 하면 됩니다. 원하는 대로 설치를 변경하려면, 설명서의 11페이지를 봐 주세요.

* 설치 과정에서 어려움을 겪으실 경우 고객 지원 센터 902-494-9128로 언제든지 전화해 주세요.

어휘 instructions 설명서   roughly 대략   install 설치하다   automatically 자동적으로   customize 원하는 대로 바꾸다

34.
설명서는 누구를 위한 것 같은가?
(A) 컴퓨터 프로그래머
(B) DataCore의 직원
(C) 소프트웨어 사용자
(D) 고객 서비스 담당 직원

어휘 service representative 고객 서비스 담당자

해설 프로그램의 설치 과정을 설명하고 있는 내용이므로 소프트웨어 사용자들을 위한 설명서임을 알 수 있다. 정답은 (C)이다.

35.
다운로드 과정에 대해 맞는 것은 무엇인가?
(A) 다운로드는 언제든지 멈출 수 있다.
(B) 걸리는 시간은 달라질 수 있다.
(C) 고객 서비스 센터에 전화해야 한다.
(D) 사용자가 특별 코드를 입력해야 한다.

어휘 at any time 언제든지   vary 다양한   input 입력하다

해설 연결 상태에 따라 시간은 1분에서 5분 정도 걸릴 수 있다는(It will take roughly one to five minutes to download depending on your connection speed.) 내용의 문장이 있으므로 정답은 (B)이다.

36.
왜 11페이지를 참고해야 하는가?
(A) 설치 과정을 특별히 변경하기 위해서
(B) 고객 지원 센터에 연락하는 법을 알아 내기 위해서
(C) DataCore 아이콘의 사진을 보기 위해서
(D) 흔한 문제의 해결 방법에 대해 읽어보기 위해서

어휘 installation 설치   common 흔한

해설 'If you want to customize the installation, please look at page 11 for instructions.'라는 문장을 통해서 11페이지를 참고하는 목적은 설치 과정을 원하는 대로 변경하기 위해서임을 알 수 있다. 따라서 정답은 (A)이다.

[37-41]

수신 reservations@vanderbilthotel.com
발신 kevinchandler@personalmail.com
제목 요청
날짜 8월 11일

담당자 분께,

저는 며칠 전 귀하의 호텔 웹사이트에 접속을 시도했지만, 어떤 이유에선지 접속할 수 없었습니다. 다행스럽게도 그곳에 투숙해 보았던 친구가 제게 귀하의 호텔 연락처를 알려 주었습니다.

저는 2주 후에 코펜하겐에 방문할 예정이어서 객실을 예약하고 싶습니다. 어떤 종류의 객실이 있는지, 그리고 요금은 어떻게 되는지 제게 알려 주실 수 있나요?

또한 호텔에서 숙박을 하면 조식은 무료인가요? 저는 업무 때문에 그곳에 가는 것이라서 팩스 전송 및 문서 출력이 가능한 비즈니스 센터를 이용할 수 있도록 요청을 드릴 것입니다. 귀하의 호텔에 제가 묵을 수 있을까요?

여행 계획을 확정시킬 수 있도록 빠른 답변을 주시면 감사하겠습니다.

Kevin Chandler 드림

어휘 rate 요금 in addition 게다가, 또한 complimentary 무료의 on business 업무로 access 접근; 이용 accommodate 수용하다 swift 재빠른 finalize 확정짓다, 완결하다

수신 kevinchandler@personalmail.com
발신 reservations@vanderbilthotel.com
제목 Re: 요청
날짜 8월 11일

친애하는 Chandler 씨께,

호텔에 대해 문의해 주셔서 감사합니다. 저희는 귀하께서 이메일로 요청하신 모든 것들을 제공해 드릴 수 있습니다. 저희 웹사이트는 8월 9일 점검으로 인해 폐쇄되었는데, 이로 인해 접속이 불가능하셨을 것입니다. www.vanderbilthotel.com을 방문하시면 온라인으로 예약을 하실 수 있습니다.

선택하실 수 있는 객실은 다음과 같습니다.

1인실	120유로
1인실	160유로
1인실	210유로
슈페리어룸	240유로
스위트룸	320유로

제가 더 도와드릴 일이 있으면 답신 이메일을 보내 주시기 바랍니다.

Astrid Henriksen 드림
프론트 데스크 담당
Vanderbilt Hotel

어휘 inquire 묻다, 문의하다 maintenance 관리, 유지 access 접근하다 respond 대답하다, 응답하다

Vanderbilt 호텔
코펜하겐, 덴마크

숙박해 주셔서 감사합니다. 곧 다시 뵙기를 바랍니다.

날짜	내역	가격
8월 25일	1564호실	160유로
8월 26일	룸서비스 (저녁 식사)	30유로
8월 26일	1564호실	160유로
8월 26일	세탁 서비스	12유로
8월 26일	해외로 팩스 전송	5유로
8월 27일	1564호실	160유로
8월 27일	룸서비스 (점심 식사)	25유로
총계		552유로

고객명: Kevin Chandler
객실 번호: 1564

요금은 8392로 끝나는 신용카드로 모두 결제되었습니다. 모든 가격에는 세금이 포함되어 있습니다.

고객 서명: Kevin Chandler
체크아웃 날짜: 8월 28일

어휘 laundry 세탁 in full 전부, 전액 include 포함하다

37.
이메일의 목적은 무엇인가?
(A) 예약을 하기 위해서
(B) 예약을 변경하기 위해서
(C) 서비스에 대해 문의하기 위해서
(D) 가격을 확인하기 위해서

해설 첫 번째 이메일의 전반적인 내용을 보면 예약 가능한 객실, 요금, 조식 제공 여부, 팩스 및 문서 출력 가능 여부 등을 문의하는 것이다. 따라서 정답은 (C)이다.

38.
Vanderbilt 호텔에 대해 명시된 것은 무엇인가?
(A) 비즈니스 센터를 보유하고 있다.
(B) 최근에 개조 되었다.
(C) 코펜하겐 시내에 있다.

(D) 통역 서비스를 제공한다.

해설 첫 번째 이메일에서 Chandler 씨는 비즈니스 센터 이용이 가능한지(I will require access to a business center) 묻고 있는데, 이에 대한 답신 메일에서는 그가 문의한 모든 것이 제공된다고(We can provide everything that you asked about in your e-mail) 했다. 따라서 Vanderbilt 호텔에는 비즈니스 센터가 있다는 것을 알 수 있다. 정답은 (A)이다.

39.
두 번째 이메일에서, 세 번째 문단 첫 번째 줄의 단어 "further"와 그 의미가 가장 유사한 것은?
(A) 더 많은
(B) 멀리 떨어져 있는
(C) 가치 있는
(D) 미래의

해설 further는 문장에서 '더 이상의', '추가의'라는 의미로 사용되었으므로 정답은 (A)의 more이다.

40.
Chandler 씨가 투숙했던 객실은 어떤 유형인가?
(A) 싱글룸
(B) 더블룸
(C) 트리플룸
(D) 슈페리어룸

해설 세 번째 지문에 따르면 Chandler 씨의 숙박비는 160유로이다. 그런데 두 번째 지문에서 요금이 160유로인 객실은 더블룸이므로 정답은 (B)이다.

41.
영수증에 따르면, Chandler 씨가 투숙하는 동안 지불하지 않은 것은 무엇인가?
(A) 세탁비
(B) 다른 나라에 보낸 팩스
(C) 객실에서 취식한 식비
(D) 문서 출력 비용

해설 영수증에 따르면 Chandler 씨는 숙박비, 룸서비스(식사), 세탁 서비스, 팩스 전송 등을 지불했다. 보기 중에서 이에 해당되지 않는 것은 (D)이다.

빈칸에 알맞은 어휘나 뜻을 쓰세요.

	어휘	뜻		어휘	뜻
1	fascinating		8	cite	
2	outstanding		9	atmosphere	
3		휴가를 내다	10	pharmaceutical	
4		반대로	11	customize	
5		잠재적인	12		수용하다
6	talking point		13		재빠른
7		신원, 신분	14		유지, 보수

정답 1. 환상적인, 훌륭한 2. 뛰어난 3. take time off 4. on the contrary 5. prospective 6. 논지, 이야기 주제 7. identity 8. 언급하다 9. 분위기 10. 제약의, 약학의 11. 원하는 대로 바꾸다 12. accommodate 13. swift 14. maintenance

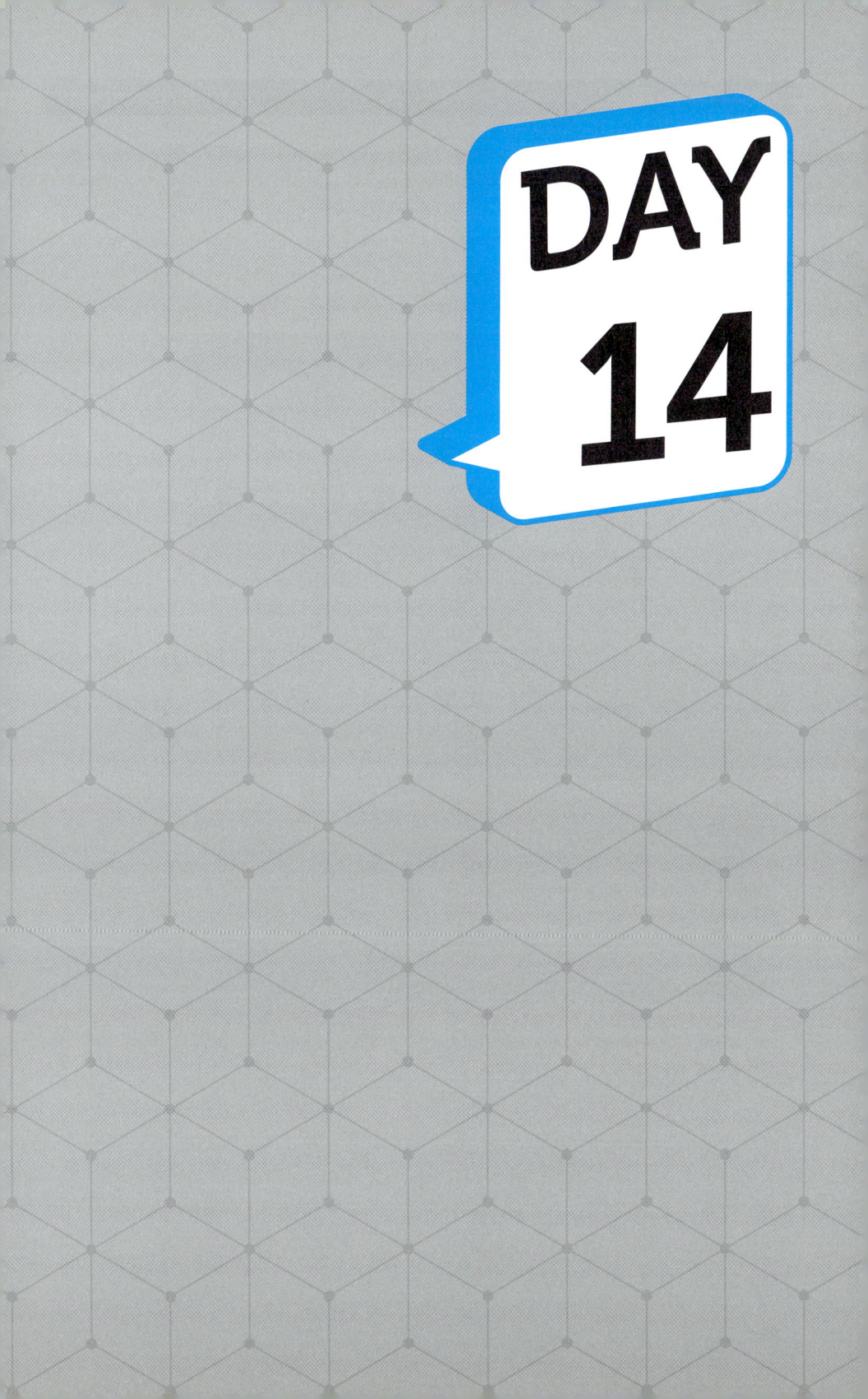

Listening Test

Time 09 minutes

Part 1

🎧 14-01

Directions: You will hear four statements about the picture below. Select the one statement that best describes what you see in the picture and mark the letter (A), (B), (C), or (D).

1.

(A)　　(B)　　(C)　　(D)

Part 2

🎧 14-02

Directions: You will hear a question or statement and three responses spoken in English. Select the best response to the question or statement and mark the letter (A), (B), or (C).

2. Mark your answer on your answer sheet.　　(A)　　(B)　　(C)

3. Mark your answer on your answer sheet.　　(A)　　(B)　　(C)

4. Mark your answer on your answer sheet.　　(A)　　(B)　　(C)

5. Mark your answer on your answer sheet.　　(A)　　(B)　　(C)

6. Mark your answer on your answer sheet.　　(A)　　(B)　　(C)

Part 3

🎧 14-03

Directions: You will hear some conversations between two or more people. You will be asked to answer three questions about what the speakers say in each conversation. Select the best response to each question and mark the letter (A), (B), (C), or (D).

7. What industry do the speakers most likely work in?
   (A) The textile industry
   (B) The food industry
   (C) The travel industry
   (D) The consulting industry

8. What does the woman say about the box?
   (A) It comes in three sizes.
   (B) Its design was approved.
   (C) It uses few colors.
   (D) It has large print.

9. What does the man suggest doing?
   (A) Putting the price on the front
   (B) Improving the quality of a picture
   (C) Moving some words on a design
   (D) Telling the designers to redo everything

Last Week's Weather Forecast

Monday	Tuesday	Wednesday	Thursday
28℃	25℃	26℃	24℃
☀	☁	🌧	☀

10. Look at the graphic. When was the parade?
    (A) Monday
    (B) Tuesday
    (C) Wednesday
    (D) Thursday

11. What does the woman say about the concert?
    (A) It might be delayed by the weather.
    (B) It is scheduled for next month.
    (C) Not enough bands have been booked.
    (D) It is under budget so far.

12. How will the man try to solve the problem?
    (A) By contacting a radio station
    (B) By hiring more workers
    (C) By volunteering on the weekend
    (D) By making an announcement

GO ON TO THE NEXT PAGE

Part 4

🎧 14-04

Directions: You will hear some talks given by a single speaker. You will be asked to answer three questions about what the speaker says in each talk. Select the best response to each question and mark the letter (A), (B), (C), or (D).

13. Where do the listeners most likely work?
    (A) At a communications company
    (B) At an architectural firm
    (C) At an electronics manufacturer
    (D) At a software company

14. What did the speaker's company recently do?
    (A) Developed a computer program
    (B) Designed a building
    (C) Interviewed some job applicants
    (D) Purchased some software

15. What will happen on Wednesday?
    (A) A training session will be held.
    (B) A new employee will be introduced.
    (C) A department will be expanded.
    (D) A building will be opened.

16. Why did the woman call the meeting?
    (A) To announce a change
    (B) To ask for suggestions
    (C) To discuss a problem
    (D) To describe a product

17. What does the woman tell the listeners to do?
    (A) Spend less money
    (B) Turn in receipts
    (C) Submit a report
    (D) Complete a form

18. By when must the task be completed?
    (A) Before lunch ends
    (B) Before the workday finishes
    (C) By tomorrow morning
    (D) By the end of the week

This is the end of the Listening test.

Reading Test

Time 17 minutes

Part 5

Directions: A word or phrase is missing in each of the sentences below. Four answer choices are given below each sentence. Select the best answer to complete the sentence and mark the letter (A), (B), (C), or (D).

19. ------- travelers are given various inducements, including lower rates on their tickets.

    (A) Apparent
    (B) Regular
    (C) Reserved
    (D) Advanced

20. Several proposals were ------- when it became clear that the people sending them were unqualified for the work.

    (A) rejected
    (B) inspected
    (C) considered
    (D) approved

21. Selling goods people want for low prices is an important ------- to the success of a company.

    (A) factor
    (B) appointment
    (C) recipe
    (D) decision

22. It is considered rude to ask too many questions of a ------- nature during an interview.

    (A) person
    (B) personable
    (C) personal
    (D) personality

23. The new facility is set to go on line ------- on the first day of the next month.

    (A) start
    (B) starts
    (C) starting
    (D) will start

24. Responses to customers complaining about products must be made ------- delay.

    (A) without
    (B) through
    (C) among
    (D) beneath

GO ON TO THE NEXT PAGE

301

Part 6

Directions: Read the text below. A word, phrase, or sentence is missing in parts of the text. Four answer choices for each question are given below the text. Select the best answer to complete the text and mark the letter (A), (B), (C), or (D).

Questions 25-28 refer to the following e-mail.

To: jameswalker@nanotech.com
From: susanwolcott@prr.com
Subject: November 11 Meeting
Date: November 8

Dear Mr. Walker,

This e-mail is in regard to our meeting scheduled for November 11 at nine in the morning. I regret ------- you that I will be unable to visit your office at that time. As you
 25.
are -------, I am currently in Europe on a fact-finding trip to several countries. I was just
 26.
informed by my supervisor that I must visit Poland and Hungary ------- returning to
 27.
Vancouver. I am now scheduled to be back in the country on November 15 rather than on November 10. -------. I can meet you anytime starting on the 16th. Please let me know
 28.
your thoughts on this matter.

Best,

Susan Wolcott

25. (A) inform
    (B) will inform
    (C) have informed
    (D) to inform

26. (A) known
    (B) aware
    (C) considered
    (D) remembered

27. (A) in addition
    (B) prior to
    (C) since
    (D) on account of

28. (A) I wonder if it be possible to reschedule our meeting.
    (B) Meeting a big later in the day would be great.
    (C) I can bring you some souvenirs back if you want.
    (D) It would be great if you visited my office instead.

Part 7

Directions: In this part you will read a selection of texts. The text or set of texts is followed by several questions. Select the best answer for each question and mark the letter (A), (B), (C), or (D).

Questions 29-31 refer to the following letter.

April 2

Dear Mr. Rich,

After spending a considerable amount of time discussing the matter with my family, I have decided to become a member of the team at Jackson Consulting. I am looking forward to working with you and everyone else there on a daily basis.

As you are well aware, I currently reside in another state. We have a buyer who will purchase our house, but the sale will not go through until next week. We also need to pack our belongings and move to Minneapolis.

I wonder if Jackson Consulting provides any financial assistance for people who have to move long distances. Doing so would be greatly appreciated by my family and me. We will be staying at an apartment complex until we can find more permanent housing in the city. I will update you on my living situation when I report on April 27.

Regards,

Collin Peterson

29. What is the purpose of the letter?
    (A) To negotiate the terms of an agreement
    (B) To discuss the benefits of a job
    (C) To accept an offer of employment
    (D) To inquire about a position

30. What will happen next week?
    (A) A house will be sold.
    (B) A contract will be signed.
    (C) A move will be made.
    (D) An interview will be held.

31. What does Mr. Peterson ask about?
    (A) Changing his working hours
    (B) Finding a real estate agency
    (C) Getting money for moving
    (D) Becoming acquainted with Minneapolis

GO ON TO THE NEXT PAGE

Questions 32-35 refer to the following online chat discussion.

Bruce Campbell	2:24 P.M.

Is everyone ready for the big trip to Switzerland tomorrow? You have your passports? Kevin, this is your first sales event abroad. Any questions?

Kevin Sikes	2:25 P.M.

I don't know much about the companies we're visiting. How should I learn about them?

Wanda Rudolph	2:27 P.M.

Didn't you receive one of the data packets I sent out?

Kevin Sikes	2:29 P.M.

Data packet?

Wanda Rudolph	2:30 P.M.

Visit my office in two hours. I should be back from Nantes Manufacturing by then.

Devin McMasters	2:32 P.M.

We're still planning to meet at the airport in the morning, right? Does everyone have a way to get there?

Bruce Campbell	2:33 P.M.

I'm driving if anyone needs a lift.

Wanda Rudolph	2:35 P.M.

You live near Dayton Street, right? I was planning on taking the subway, but if you wouldn't mind...

Bruce Campbell	2:36 P.M.

Be ready by 6:30 A.M.

32. What are the writers doing tomorrow?
    (A) Traveling by train
    (B) Giving a presentation
    (C) Traveling to a foreign country
    (D) Entertaining a Swiss visitor

33. What is indicated about Mr. Sikes?
    (A) He has never been to another country.
    (B) He is the youngest employee on the team.
    (C) He used to work at Nantes Manufacturing.
    (D) He did not receive a data packet.

34. What is suggested about Ms. Rudolph?
    (A) She usually drives to the office.
    (B) She will not accompany the others.
    (C) She is not at the company.
    (D) She works in the Marketing Department.

35. At 2:36 P.M., why does Mr. Campbell write, "Be ready by 6:30 A.M."?
    (A) To state the time when they are departing
    (B) To indicate he will pick up Ms. Rudolph
    (C) To tell everyone when to be at the airport
    (D) To say when their meeting will begin

Questions 36-40 refer to the following advertisement and e-mail.

Laguna Apartments

Is now open and has units available.

Laguna Apartments is located across the street from Shell Beach.
That's right in the heart of the city's entertainment district.

We have units for sale and rent.
There are both furnished and unfurnished apartments.

- **We have:**

  2-bedroom, 1-bathroom units ($1,200/month rent)
  3-bedroom, 2-bathroom units ($1,500/month rent)
  4-bedroom, 2-bathroom units ($2,300/month rent)
  5-bedroom, 3-bathroom units ($3,000/month rent)

Units can be purchased for $350,000 or more.

Visit www.lagunaapartments.com for pictures and pricing.

Call our exclusive realtor, Maloney Rental, at 890-1938 to make
a reservation to view the property.

To:	Sally Lindros <sally-lindros@mymail.com>
From:	Del Murray <delmurray@lagunaapartments.com>
Subject:	Unit 209
Date:	July 23
Attachment:	laguna_apartments

Dear Ms. Lindros,

I was just informed by Betsy Darling that you signed a contract with her to rent Unit 209 and will be moving in on August 2. Let me be the first to welcome you to Laguna Apartments. I'm sure you will thoroughly enjoy living here in the smallest apartment we have.

I work in the management office at Laguna Apartments, so it's my job to make sure the tenants have no problems. I also solve problems when they arise. So you should always inform me if you experience any difficulties here, no matter how major or minor they may be.

Please find attached a brochure for Laguna Apartments tenants. It has all the information you need to know not only about the unit you are renting but also about the entire complex. Inside, you can find the locations of the laundry facilities, the rules for the swimming pool, instructions on how to become a member of the gym, and much, much more.

Again, welcome, and I look forward to meeting you soon.

Sincerely

Del Murray
Supervisor, Management Office
Laguna Apartments

36. What is indicated about Laguna Apartments?
 (A) It only has units with furniture.
 (B) It has no more units for sale.
 (C) It is located near the water.
 (D) It has just been renovated.

37. How much will Ms. Lindros pay for rent?
 (A) $1,200 per month
 (B) $1,500 per month
 (C) $2,300 per month
 (D) $3,000 per month

38. Why did Mr. Murray write the letter?
 (A) To confirm a contract has been signed
 (B) To greet a new tenant
 (C) To discuss a lease
 (D) To make an offer of employment

39. Who most likely is Ms. Darling?
 (A) A tenant at Laguna Apartments
 (B) An employee at Maloney Rental
 (C) A coworker of Ms. Lindros's
 (D) An apartment manager

40. According to the e-mail, what does Laguna Apartments NOT have?
 (A) A swimming pool
 (B) A place for cleaning clothes
 (C) A fitness center
 (D) A convenience store

This is the end of the Reading test.

Day 14

Score (/40)

Listening Test
- 1. (A)
- 2. (C)
- 3. (C)
- 4. (A)
- 5. (A)
- 6. (B)
- 7. (B)
- 8. (D)
- 9. (C)
- 10. (B)
- 11. (D)
- 12. (D)
- 13. (B)
- 14. (D)
- 15. (A)
- 16. (C)
- 17. (C)
- 18. (B)

Reading Test
- 19. (B)
- 20. (A)
- 21. (A)
- 22. (C)
- 23. (C)
- 24. (A)
- 25. (D)
- 26. (B)
- 27. (B)
- 28. (A)
- 29. (C)
- 30. (A)
- 31. (C)
- 32. (C)
- 33. (D)
- 34. (C)
- 35. (B)
- 36. (C)
- 37. (A)
- 38. (B)
- 39. (B)
- 40. (D)

* 틀린 문제는 문항 번호 옆 빈칸에 표시한 다음, 한 번 더 학습하세요.

Part 1

1.

(A) Foodstuffs have been placed in bins.
(B) Price tags are in front of the produce.
(C) The workers are very productive.
(D) Items are being bagged for sale.

(A) 식자재들이 상자에 들어 있다.
(B) 농산품 앞에 가격표가 있다.
(C) 직원들이 매우 생산적이다.
(D) 제품들이 판매되기 위해 봉투에 담기고 있다.

어휘 foodstuff 식료품   place 놓다, 두다   bin 통, 상자   price tag 가격표   in front of ~의 앞에   produce 생산하다; 농산품   productive 생산적인   bag 가방; 봉투; 봉투에 담다

해설 비슷한 종류의 사물들이 놓여 있는 사진이 등장하면 사물들이 배치된 방식에 특히 유의해야 한다. 정답은 식자재가 상자 안에 놓여 있는 모습을 설명한 (A)이다. 사진에서 볼 수 없는 price tag(가격표)을 언급한 (B)는 오답이며, (C)와 (D)는 사진에 인물이 등장하는 경우 정답이 될 수 있는 보기들이다.

고득점 TIP

(D)의 'Items are being bagged for sale.'과 같이 사물이 주어인 진행형 수동태 문장의 경우 사진에 사람에 등장하지 않으면 이는 정답이 될 수 없다. 반대로, 이와 같은 형태의 문장이 사람이 등장하는 문제에서 정답으로 제시될 수 있다는 사실에 주의해야 한다.

Part 2

2.
Why did you show up late this morning?
(A) At a meeting right now.
(B) Around 9:30 or so.
(C) I missed my usual bus.

오늘 아침에는 왜 늦었나요?
(A) 지금 회의에서요.
(B) 약 9시 반 정도요.
(C) 평소 타던 버스를 놓쳤어요.

어휘 show up 나타나다, 모습을 보이다   miss 놓치다   usual 평상시의

해설 의문사 why를 이용하여 늦은 이유를 묻고 있다. 보기 중 지각 사유가 될 수 있는 답변은 (C)뿐이다.

3.
Was your request for extra funds approved?
(A) Ten thousand dollars for two months.
(B) I approve of the work you're doing.
(C) Mr. Duncan hasn't informed me yet.

추가 자금 지원 요청이 승인을 받았나요?
(A) 2개월 동안 1만 달러요.
(B) 저는 당신이 하고 있는 일에 찬성이에요.
(C) Duncan 씨께서 아직 알려 주지 않으셨어요.

어휘 request 요청, 요구 extra 추가의 fund 자금 approve of ~을 승인하다, ~에 찬성하다 inform 알리다

해설 자금 신청에 관한 승인 여부를 묻고 있으므로 yes 혹은 no의 의미를 가진 답변이나 '잘 모르겠다'는 식의 답변이 이어질 수 있다. 보기 중 정답은 '아직 듣지 못했다'는 의미를 전하고 있는 (C)이다.

4.
The application form isn't overdue, is it?
(A) Not until tomorrow evening.
(B) You should apply more paint.
(C) Yes, the book was returned late.

신청서 제출 기간이 끝나지 않았죠, 그런가요?
(A) 내일 저녁까지는 끝나지 않아요.
(B) 페인트를 더 칠해야 해요.
(C) 네, 그 책은 기한을 넘겨 반납되었어요.

어휘 application form 신청서, 지원서 overdue 기한이 지난 apply 신청하다; (페인트 등을) 바르다

해설 신청 기간이 끝났는지 묻고 있으므로 '내일 저녁까지는 신청이 가능하다'는 사실을 밝힌 (A)가 가장 자연스러운 답변이다. (B)는 질문의 application의 동사형인 apply를 이용한 함정인데, 여기서 apply는 '바르다' 혹은 '칠하다'라는 뜻으로 사용되었다.

5.
What is your store's policy on refunds?
(A) Only with the original receipt.
(B) Yes, you can get a refund.
(C) That item's currently on sale.

당신 매장의 환불 정책은 어떻게 되나요?
(A) 영수증 원본이 있을 때만요.
(B) 네, 환불하실 수 있어요.
(C) 그 제품은 현재 할인 판매 중이에요.

어휘 policy 정책, 방침 refund 환불 original 진짜의, 원래의 currently 현재 on sale 판매 중인; 할인 중인

해설 환불 정책이 어떠한지 묻고 있으므로 정답은 영수증이 있을 때만 환불이 가능하다는 방침을 전하고 있는 (A)가 된다.

6.
You're in daily communication with the home office, aren't you?
(A) It's located in Manchester.
(B) In the morning and afternoon.
(C) I'm transferring to headquarters soon.

본사와 매일 커뮤니케이션을 하고 있죠, 그렇지 않나요?
(A) 그곳은 맨체스터에 위치해 있어요.
(B) 오전과 오후에요.
(C) 저는 곧 본사로 전근할 거예요.

어휘 in communication with ~와 커뮤니케이션을 하는 daily 매일의 home office 본사, 본점 transfer 옮기다, 이동하다 headquarters 본사, 본부

해설 부가의문문을 사용하여 상대방이 본사와 커뮤니케이션을 하는지 묻고 있다. 따라서 긍정의 의미로 '오전과 오후에 하고 있다'고 대답한 (B)가 가장 적절한 답변이다.

Part 3

[7-9]

W Peter, take a look at this box. It's the new design for our frozen pizzas. What do you think of it?

M Well, it's much more colorful than the previous design. I think customers responded negatively to that box, so I'm glad the designers took their opinions into consideration.

W That's precisely what they did. They also increased the font size of the words on the box to make it easier to read.

M Yeah, but it's a bit too big here. Notice how the name of the company obstructs the picture of the pizza. We'd better put that somewhere else.

> W Peter, 이 박스 좀 봐 주세요. 우리 냉동 피자 새 디자인이에요. 어떻게 생각하나요?
> M 음, 기존 디자인보다 훨씬 더 화려하군요. 고객들이 박스에 부정적인 반응을 보였다고 생각하는데, 디자이너들이 고객들의 의견을 고려한 것 같아 기쁘네요.
> W 정확히 그렇게 했죠. 또한 읽기 쉽도록 상자의 글자 크기도 늘렸고요.
> M 그건 그렇지만 여기에 있는 것은 너무 크네요. 회사명이 피자 사진을 가리고 있는 것을 보세요. 다른 곳에 배치하는 것이 나을 것 같아요.

어휘 frozen pizza 냉동 피자 colorful 다채로운, 화려한 previous 이전의 negatively 부정적으로 take ~ into consideration ~을 고려하다 font 서체, 폰트 obstruct 방해하다

7.
화자들은 어떤 업계에서 일하는 것 같은가?
(A) 섬유업계
(B) 식품업계
(C) 여행업계
(D) 컨설팅 분야

해설 대화 전반에 걸쳐 화자들은 냉동 피자의 포장지에 관한 의견을 나누고 있다. 따라서 화자들이 일하고 있는 곳은 식료품 회사일 것으로 추측할 수 있으므로 정답은 (B)이다.

8.
여자는 박스에 대해 무엇을 말하는가?
(A) 세 가지 사이즈로 나온다.
(B) 디자인이 승인되었다.
(C) 색을 거의 쓰지 않는다.
(D) 커다란 프린트가 있다.

해설 여자의 말 'They also increased the font size of the words on the box to make it easier to read.'를 통해 박스의 글자 크기가 커진 것을 알 수 있다. 따라서 (D)가 정답이다.

9.
남자는 무엇을 할 것을 제안하는가?
(A) 전면에 가격을 표시한다
(B) 사진의 해상도를 높인다
(C) 디자인에 들어 있는 글자를 이동시킨다
(D) 디자이너들에게 전체를 다시 작업하라고 한다

해설 대화의 마지막 부분에서 남자는 일부 글자가 너무 크다고 지적하면서 'We'd better put that somewhere else.'라고 제안한다. 따라서 남자가 제안한 바는 글자 위치를 조정하자는 것이므로 정답은 (C)이다.

[10-12]

> M I can't believe how poor attendance at the parade was last week.
> W We can blame that on the weather. It was simply too cloudy and windy for most people to go out.
> M Anyway, we need to start thinking about the next event we're working on. How are preparations for the city's annual summer concert going?
> W Not bad. We've booked several local bands, and we're still under budget. We could use more volunteers though.
> M I'll have someone put an announcement on our Web site.
> W Okay. I'll talk to the manager at the local radio station now to see if he can make a few announcements as well.

> M 지난 주 퍼레이드의 참석률이 그렇게 낮았다니 믿을 수가 없군요.
> W 그건 날씨 탓으로 돌릴 수 있을 거예요. 대부분의 사람들에게 외출하기에는 날씨가 너무 흐리고 바람이 많이 불었어요.
> M 그건 그렇고 우리가 계획 중인 다음 행사에 대해서도 생각을 해야 해요. 시에서 주관하는 올해 여름 콘서트의 준비는 어떻게 되고 있죠?
> W 나쁘지 않아요. 몇몇 지역 밴드를 섭외해 두었고, 아직 예산도 남아 있어요. 하지만 자원봉사자들을 더 많이 모집해야 할 거예요.
> M 우리 웹사이트에 공지를 띄우도록 할게요.
> W 좋아요. 지금 지역 라디오 방송의 담당자에게 이야기해서 공지해 줄 수 있는지 알아 볼게요.

어휘 attendance 출석, 참석 parade 행진, 퍼레이드 blame A on B A를 B의 탓이라고 비난하다 preparation 준비 under budget 예산 내에 있는 volunteer 자원봉사자 announcement 안내, 공지 radio station 방송국 as well 또한

310

10.
도표를 보아라. 퍼레이드는 언제 이루어졌는가?
(A) 월요일
(B) 화요일
(C) 수요일
(D) 목요일

해설 퍼레이드 행사의 참석율이 낮았다는 말을 듣고 여자는 'It was simply too cloudy and windy for most people to go out.'라며 그 원인을 날씨탓으로 돌리고 있다. 즉 구름이 많고 바람이 많았던 화요일이 퍼레이드가 진행된 날이므로 정답은 (B)이다.

11.
여자는 콘서트에 대해 무엇을 말하는가?
(A) 날씨로 인해 연기될 수도 있다.
(B) 다음 달로 예정되어 있다.
(C) 충분한 수의 밴드를 섭외하지 못했다.
(D) 아직 예산이 남아 있다.

해설 콘서트에 대해 여자가 이야기한 것은 '밴드들이 섭외되었다(we've booked several local bands)'는 점, '예산이 아직 남아 있다(we're still under budget)'는 점, 그리고 '자원봉사자들이 더 필요하다(we could use more volunteers)'는 점이다. 이중 두 번째 사항을 언급하고 있는 (D)가 정답이다.

12.
남자는 어떻게 문제를 해결하려고 하는가?
(A) 라디오 방송국에 연락한다
(B) 더 많은 직원을 채용을 한다
(C) 주말에 자원봉사를 한다
(D) 공지한다

해설 대화 후반부의 남자의 말 'I'll have someone put an announcement on our Web site.'에서 남자가 할 일은 인터넷 공지임을 알 수 있다. 따라서 정답은 (D)이다. 참고로 (A)의 지역 방송국에 연락을 하는 일은 여자가 하겠다고 한 일이다.

Part 4

[13-15]

W I've got some great news that every architect here at the company will definitely love. Our firm, Hamilton Designs, has purchased the newest software from Data Link. As you probably know, that company makes some of the most advanced software in the world. This means that the 3D images we make when we design buildings are going to look better than ever. The software is a bit tricky to use, so we'll be training on it starting on Wednesday. Two experts from Data Link are coming here to show us the best way to make efficient use of the program.

W 사내 모든 건축가분들께서 분명 좋아하실 만한 소식이 있습니다. 우리 회사, Hamilton Designs가 Data Link의 최신 소프트웨어를 구매했습니다. 아실 테지만 그 회사는 세계에서 가장 뛰어난 소프트웨어를 만드는 회사입니다. 이는 우리가 건물을 설계할 때 만드는 3D 이미지가 예전보다 더 선명해질 것임을 의미합니다. 이 소프트웨어는 사용하기가 약간 까다롭기 때문에, 수요일을 시작으로 그에 관한 교육이 실시될 예정입니다. Data Link의 전문가 두 명이 이곳으로 와서 프로그램을 가장 효율적으로 사용할 수 있는 방법을 알려 드릴 것입니다.

어휘 architect 건축가   advanced 발전된; 고급의
tricky 까다로운   efficient 효율적인, 효과적인

13.
청자들은 어디에서 일하는 것 같은가?
(A) 통신 회사
(B) 건축 회사
(C) 전자제품 제조업체
(D) 소프트웨어 회사

해설 담화의 시작 부분에서 담화의 대상이 architect(건축가)임을 알 수 있다. 이를 놓쳤어도 담화 중반부의 'when we design buildings(건물을 설계할 때)'라는 표현 등을 놓치지 않고 들었으면 담화가 이루어지고 있는 곳은 (B)의 '건축 회사'라는 점을 알 수 있다.

14.
화자의 회사는 최근에 무엇을 했는가?
(A) 컴퓨터 프로그램을 개발했다
(B) 건물을 설계했다
(C) 입사지원자들을 면접했다
(D) 소프트웨어를 구입했다

해설 화자는 건축가들에게 희소식이 있다고 전한 후 그 희소식이 Data Link라는 회사의 소프트웨어를 구입한 점(has purchased the newest software from Data Link)이라고 말한다. 따라서 보기 중 화자의 회사가 최근에 한 일은 (D)이다.

15.
수요일에 어떤 일이 일어날 것인가?
(A) 교육이 실시될 것이다.
(B) 신입 직원이 소개될 것이다.
(C) 부서가 확장될 것이다.
(D) 건물이 공개될 것이다.

해설 Wednesday(수요일)가 언급된 문장은 'The software is a bit tricky to use, so we'll be training on it starting on Wednesday.'이다. 이를 통해 수요일에는 소프트웨어 사용법에 관한 교육이 이루어질 것임을 알 수 있으므로 (A)가 정답이다.

[16-18]

W Thank you for coming on such short notice. I called this meeting since Carmen in Accounting sent me the list of last month's expenditures. Apparently, we exceeded our monthly budget by more than twenty percent in July. While management doesn't mind if we spend a bit too much, our actions have attracted their attention in a negative way. Anybody who spent departmental funds last month needs to write a report explaining how much you spent and what you spent it on. Those reports need to be on my desk by the end of the day. This is the most important task you have, so cancel anything else that interferes with your ability to accomplish it.

W 갑작스러운 공지에도 와 주신 여러분들께 감사를 드립니다. 회계부의 Carmen이 제게 지난 달 지출 내역을 보내 주어서 이번 회의를 소집하게 되었습니다. 보아 하니 우리는 7월에 월 예산의 20% 이상을 초과 사용했습니다. 지출이 약간 많은 것은 경영진이 크게 개의치 않지만, 우리의 행동은 부정적인 방식으로 그들의 이목을 끌었습니다. 지난 달에 부서 자금을 쓴 모든 사람들은 얼마를 썼는지, 그리고 어디에 썼는지를 밝히는 보고서를 작성해야 합니다. 보고서는 오늘 일과 시간 중으로 제 자리에 제출해 주십시오. 이 일이 가장 중요한 일이니, 이 일을 하는데 방해가 되는 다른 일들은 모두 취소해 주십시오.

어휘 notice 공지 expenditure 경비, 지출 exceed 초과하다 negative 부정적인 departmental 부서의 interfere 간섭하다, 방해하다 accomplish 달성하다, 성취하다

16.
여자는 왜 회의를 소집했는가?
(A) 변경 사항을 공지하기 위해
(B) 제안을 요청하기 위해
(C) 문제를 논의하기 위해
(D) 제품을 설명하기 위해

해설 화자는 '7월에 월 예산의 20%가 넘는 금액을 지출했다(we exceeded our monthly budget by more than twenty percent in July)'는 점을 지적한 후 '이러한 점이 '부정적인 방식으로 경영진들의 주목을 끌었다(our actions have attracted their attention in a negative way)'고 설명한다. 따라서 회의를 소집한 이유는 이러한 문제를 공지하기 위한 것이므로 정답은 (C)이다.

17.
여자는 청자들에게 무엇을 하라고 말하는가?
(A) 지출을 줄인다
(B) 영수증을 제출한다
(C) 보고서를 제출한다
(D) 양식을 작성한다

해설 화자는 청자들에게 지난 달에 자금을 쓴 사람은 '그 금액과 대상에 관한 보고서를 써야 한다(needs to write a report explaining how much you spent and what you spent it on)'고 말한다. 따라서 (C)가 정답이다.

18.
업무는 몇 시까지 완료되어야 하는가?
(A) 점심 시간이 끝나기 전까지
(B) 일과가 끝나기 전까지
(C) 내일 오전까지
(D) 주말까지

해설 'Those reports need to be on my desk by the end of the day.'라는 문장에서 보고서는 당일 일과 시간 내에 문서 형태로 제출되어야 함을 알 수 있다. 따라서 정답은 (B)이다.

Part 5

19.
정기적인 여행자들에게는 다양한 유인책이 제공되는데, 여기에는 보다 저렴한 티켓 가격이 포함된다.
(A) 명백한
(B) 정기적인
(C) 예약한
(D) 고급의

어휘 traveler 여행자　inducement 유인책, 장려책　rate 요금　apparent 명백한　regular 정기적인; 평범한, 보통의　reserved 예약한　advanced 고급의

해설 '_____한 여행자들에게 유인책이 제공된다'라는 의미이다. 보기들 중에서 유인책을 제공할 만한 여행자는 '정기적인(regular)' 여행자, 즉 여행을 자주 하는 사람일 것이므로 정답은 (B)이다.

20.
몇몇 제안서는 그것을 보낸 사람들이 업무에 적격이 아니라는 사실이 확실해졌을 때 거절되었다.
(A) 거절된
(B) 조사된
(C) 고려된
(D) 승인된

어휘 proposal 제안　clear 확실한　unqualified 자격이 없는　reject 거절하다　inspect 조사하다　consider 고려하다　approve 승인하다

해설 빈칸 뒤의 내용이 '제안서를 보낸 사람들이 업무에 적격이 아니라는 사실이 확실해졌을 때'이므로, 주어인 '제안서'가 '거절되었다(rejected)'는 의미가 되어야 자연스럽다. 따라서 정답은 (A)이다.

21.
사람들이 원하는 상품을 낮은 가격에 판매하는 것은 회사의 중요한 성공 요인이다.
(A) 요인
(B) 약속
(C) 비결
(D) 결정

어휘 goods 상품　success 성공

해설 '사람들이 원하는 상품을 낮은 가격에 판매하는 것'은 회사의 성공 요인(factor)일 것이므로 정답은 (A)이다. (C)는 'recipe for the success'와 같이 사용되어야 한다.

22.
인터뷰 동안 개인적인 종류의 질문을 너무 많이 하는 것은 무례하다고 여겨진다.
(A) 사람
(B) 매력적인
(C) 개인적인
(D) 개성

어휘 rude 무례한　nature 유형, 종류　interview 인터뷰; 면접　personable 매력적인　personality 개성

해설 빈칸은 명사인 nature를 수식하는 형용사 자리이다. '매력적인(personable)'이 아닌, '개인적인(personal)' 종류의 질문을 많이 하는 것이 무례하다는 내용이 되어야 자연스러우므로 정답은 (C)이다.

23.
새로운 시설은 다음 달 1일부터 가동될 예정이다.
(A) 시작하다
(B) 시작한다
(C) 시작하여
(D) 시작할 것이다

어휘 be set to ~할 예정이다　go on line 가동되다

해설 빈칸 앞에 문장의 성분이 모두 갖춰진 절이 있으므로, 빈칸에는 동사인 (A), (B), (D)가 올 수 없다. 따라서 분사인 (C)의 starting이 정답이 된다.

24.
제품에 대해 항의하는 고객에게 응답하는 것이 지연되어서는 안 된다.
(A) ~ 없이
(B) ~을 통해
(C) ~의 가운데에
(D) 아래에

어휘 response 응답, 회신　customer 고객　complain 항의하다, 불평하다

해설 항의하는 고객에게 '지연(delay)되는 것 없이(without)' 응답해야 한다는 내용이 되어야 자연스러우므로 정답은 (A)이다. through는 '~을 통해', among은 '~의 가운데에', 그리고 beneath는 '아래에'라는 의미이므로 모두 빈칸에 사용되기에는 적절하지 않다.

Part 6

[25-28]

수신: jameswalker@nanotech.com
발신: susanwolcott@prr.com
제목: 11월 1일 회의
날짜: 11월 8일

친애하는 Walker 씨께,

이 이메일은 11월 11일 오전 9시로 예정되어 있는 우리의 회의에 관한 것입니다. 제가 그때 귀하의 사무실에 갈 수 없을 것이라는 사실을 알리게 되어 유감스럽게 생각합니다. 귀하께서 알고 계시는 것처럼, 저는 현재 몇몇 국가에서 실태 조사를 하기 위한 출장으로 유럽에 있습니다. 제가 밴쿠버로 돌아오기 전에 폴란드와 헝가리에 방문해야 한다는 소식을 상사로부터 방금 들었습니다. 이제 저는 11월 10일이 아닌 11월 15일에 귀국할 예정입니다. **우리의 회의 일정을 변경하는 것이 가능한지 궁금합니다.** 16일부터 언제든지 귀하를 만날 수 있습니다. 이 문제에 대해 귀하의 생각을 알려 주시기 바랍니다.

Susan Wolcott 드림

어휘 in regard to ~와 관련하여   regret 유감스럽게 생각하다   currently 현재, 지금   fact-finding 진상 조사의, 실태 조사의

25.
(A) 알려 주다
(B) 알려 줄 것이다
(C) 알려 주었다
(D) 알려 주는 것

해설 regret이 '유감스럽게 생각하다'라는 의미일 때에는 to부정사를 목적어로 취하므로 정답은 (D)이다. 참고로, regret이 동명사를 목적어로 취할 경우에는 '~을 후회하다'라는 의미이다.

💡 고득점 TIP

regret과 같이 동명사를 목적어로 취할 때와 to부정사를 목적어로 취할 때 의미가 달라지는 동사들이 있다. 이러한 동사의 예는 아래와 같다.

- try + to부정사: ~을 시도하다 /
  try + 동명사: 시험 삼아 해 보다
- stop + to부정사: ~을 하기 위해 멈추다 /
  stop + 동명사: ~하는 것을 멈추다

26.
(A) 알려진
(B) 알고 있는
(C) 고려된
(D) 기억된

해설 문맥상 빈칸이 포함된 부분은 '귀하도 알고 계시는 것처럼'이라는 의미가 되는 것이 자연스럽다. 그러므로 '~을 알고 있는'이라는 뜻의 (B) aware가 정답이 된다. 나머지 보기들은 의미상 부자연스럽다.

27.
(A) 게다가
(B) ~에 앞서
(C) ~부터
(D) ~ 때문에

해설 지문은 Wolcott 씨의 귀국이 예정보다 늦춰지게 되었다는 내용이다. 그러므로 '폴란드와 헝가리에 방문하는 것 (visit Poland and Hungary)'은 '밴쿠버로 돌아오는 것 (returning to Vancouver)' 이전에 일어날 사건일 것이다. 따라서 정답은 (B)의 prior to이다.

28.
(A) 우리의 회의 일정을 변경하는 것이 가능한지 궁금합니다.
(B) 오늘 늦게 회의를 하는 것이 좋을 것 같습니다.
(C) 원하신다면 몇 개의 기념품을 돌려 드릴 수 있습니다.
(D) 대신에 귀하께서 제 사무실로 와 주시면 좋을 것 같습니다.

해설 빈칸 뒤에서 Wolcott 씨는 회의를 할 수 있는 날짜를 언급한 다음 이에 대한 Walker 씨의 의견을 묻고 있다. 이는 회의 일정 변경에 대한 논의이므로 '일정 변경이 가능한지'를 묻는 내용의 (A)가 빈칸에 오는 것이 가장 자연스럽다.

Part 7

[29-31]

4월 2일

Rich 씨께,

가족들과 이 문제에 대해 많은 시간 동안 논의한 후, Jackson 컨설팅의 일원이 되기로 결정했습니다. 그곳에서 매일 귀하 및 모든 분들과 함께 근무하기를 고

대하고 있습니다.

잘 아시겠지만, 저는 현재 다른 주에 거주하고 있습니다. 저희 집을 매입할 구매자가 있기는 하지만, 다음 주에 거래가 성사될 것 같습니다. 우리는 또한 짐을 싸서 미네아폴리스로 이사해야 합니다.

Jackson 컨설팅에서 장거리 이사하는 사람들에 대해 재정적인 지원을 하는지 알고 싶습니다. 그렇게 해 주신다면 저와 제 가족이 매우 감사하겠습니다. 도시에서 지속적으로 거주할 집을 찾을 수 있을 때까지 저희는 아파트 단지에 있을 것입니다. 4월 27일에 출근할 때 거주 상황에 대해 알려 드리겠습니다.

Collin Peterson 드림

어휘 considerable 많은, 상당한 look forward to ~을 고대하다 reside 거주하다 go through (절차를) 거치다 belongings 재산, 소유물 complex 단지 permanent 영속적인 report 출근하다

29.
편지의 목적은 무엇인가?
(A) 협약의 조건을 협상하기 위해서
(B) 직장의 복지 혜택을 논의하기 위해서
(C) 고용 제안을 받아들이기 위해서
(D) 직책에 대해 문의하기 위해서

해설 첫 번째 문장에 'I have decided to become a member of the team at Jackson Consulting'라는 내용이 있다. 이는 Jackson 컨설팅에서 근무하기로 결정했다는 내용이므로 정답은 (C)이다.

30.
다음 주에 일어날 일은 무엇인가?
(A) 집이 팔릴 것이다.
(B) 계약에 서명이 될 것이다.
(C) 이사가 있을 것이다.
(D) 면접이 있을 것이다.

해설 두 번째 문단에서 Peterson 씨는 자신의 집을 구매할 사람이 있기는 하지만, 이는 다음 주에 진행될 것이라고(but the sale will not go through until next week) 했다. 따라서 정답은 (A)이다.

31.
Peterson 씨는 무엇에 대해 문의하고 있는가?
(A) 근무 시간을 변경하는 것
(B) 부동산 중개업소를 찾는 것
(C) 이사 비용을 받는 것

(D) 미네아폴리스를 잘 알게 되는 것

해설 마지막 문단의 내용을 보면 이사하는 데 재정적인 지원이 가능한지(I wonder if Jackson Consulting provides any financial assistance for people who have to move long distances.) 묻고 있다. 따라서 정답은 (C)이다.

[32-35]

Bruce Campbell   오후 2시 24분
모두 내일 스위스로 가는 중요한 출장 준비를 끝냈나요? 여권은 갖고 있죠? Kevin, 이번이 당신의 첫 번째 해외 영업 업무군요. 질문 있나요?

Kevin Sikes   오후 2시 25분
우리가 방문할 회사들에 대해 많이 알지 못해요. 그 회사들에 대해 어떻게 알 수 있을까요?

Wanda Rudolph   오후 2시 27분
제가 보낸 자료집을 받지 않았나요?

Kevin Sikes   오후 2시 29분
자료집이요?

Wanda Rudolph   오후 2시 30분
두 시간 뒤에 제 사무실로 오세요. 저는 그때쯤 Nantes 제조사에서 돌아 올 거예요.

Devin McMasters   오후 2시 32분
우리는 아침에 공항에서 만나기로 계획되어 있어요, 그렇죠? 모두 거기까지 갈 방법을 정했나요?

Bruce Campbell   오후 2시 33분
태워다 주는 것이 필요하다면 제가 운전해서 갈 거예요.

Wanda Rudolph   오후 2시 35분
당신은 Dayton 가 근처에 살고 있어요, 그렇죠? 지하철을 타고 갈 계획이었지만, 괜찮으시다면…

Bruce Campbell   오후 2시 36분
오전 6시 30분까지 준비하세요.

어휘 abroad 해외에서 packet 꾸러미; 뭉치 lift (차에) 태워 주는 것 mind 꺼려하다

32.
작성자들은 내일 무엇을 하는가?
(A) 기차로 이동한다.
(B) 발표한다.
(C) 외국으로 이동한다
(D) 스위스인 방문자를 접대한다

315

해설 지문의 첫 부분에서 내일 스위스로 중요한 출장을 갈 준비가 되었는지(Is everyone ready for the big trip to Switzerland tomorrow?) 묻고 있다. 따라서 정답은 (C)이다.

33.
Sikes 씨에 대해 명시된 것은 무엇인가?
(A) 다른 나라에 가 본 경험이 없다.
(B) 팀에서 가장 젊은 직원이다.
(C) Nantes 제조사에서 근무했었다.
(D) 자료집을 받지 못했다.

해설 Sikes 씨는 자료집(data packet)을 받았는지를 묻는 Rudolph 씨의 질문에 자료집이 무엇인지 되묻고 있다. 따라서 그는 자료집을 받지 못했으므로 정답은 (D)이다.

34.
Rudolph 씨에 대해 무엇이 암시되고 있는가?
(A) 대개 사무실까지 차를 가지고 다닌다.
(B) 다른 사람들과 같이 가지 않을 것이다.
(C) 지금 회사에 없다.
(D) 마케팅부서에서 근무한다.

해설 Rudolph 씨는 두 시간 뒤에 자기의 사무실로 오라고 한 다음, 그때쯤에 돌아올 것이라고(I should be back from Nantes Manufacturing by then) 말한다. 즉, 그녀는 지금 회사에 없을 것이므로 정답은 (C)이다.

35.
오후 2시 36분에 Campbell 씨는 왜 "오전 6시 30분까지 준비하세요"라고 작성하는가?
(A) 그들이 출발할 시간을 말하려고
(B) 그가 Rudolph 씨를 태우고 가겠다고 말하려고
(C) 공항에 도착해야 하는 시간을 모두에게 말하려고
(D) 회의가 시작되는 시간을 말하려고

해설 Campbell 씨는 마지막 대화를 작성하기 전에 자신의 차에 타고 싶은 사람이 있는지를(I'm driving if anyone needs a lift.) 물었고, 이어서 Rudolph 씨가 자신을 태워줄 수 있는지 넌지시 부탁하고 있다. 따라서 인용된 문장은 Campbell 씨가 Rudolph 씨를 태우고 가겠다는 의미이므로 정답은 (B)이다.

[36-40]

Laguna 아파트

현재 오픈했으며 집을 구하실 수 있습니다.

Laguna 아파트는 Shell 해안가의 맞은편에 위치해 있습니다.
시내 번화가의 중심부입니다.

매매 및 임대가 가능한 집들이 있습니다.
가구가 비치된 집, 비치되지 않은 집 모두 있습니다.

타입은 다음과 같습니다:
침실 2개, 욕실 1개 (월세 1,200달러)
침실 3개, 욕실 2개 (월세 1,500달러)
침실 4개, 욕실 2개 (월세 2,300달러)
침실 5개, 욕실 3개 (월세 3,000달러)

매매는 350,000달러 이상의 가격으로 가능합니다.

사진 및 가격대를 원하시면
www.lagunaapartments.com을 방문해 주십시오.

890-1938로 저희 아파트를 전문으로 하는 부동산 업체인 Maloney Rental에 전화를 주셔서 방문 예약을 하십시오.

어휘 unit 단위; (아파트 등의) 주택   entertainment district 유흥가, 번화가   furnished 가구가 비치된   exclusive 독점적인; 고급의   realtor 부동산업자, 부동산업체   property 재산, 부동산

수신 Sally Lindros 〈sally-lindros@mymail.com〉
발신 Del Murray
　　　〈delmurray@lagunaapartments.com〉
제목 209호
날짜 7월 23일
첨부 laguna_apartments

친애하는 Lindros 씨께,

저는 Betsy Darling으로부터 귀하께서 209호의 임대 계약서에 서명을 하셨다는 점과 8월 2일에 이사를 오실 것이라는 이야기를 들었습니다. Laguna 아파트에 오신 것을 제일 먼저 축하드리고 싶습니다. 우리가 보유하고 있는 최소형 아파트에서의 생활이 무척 마음에 드실 것으로 저는 확신합니다.

저는 Laguna 아파트의 관리 사무소에서 일을 하기 때문에 입주자분들께서 어떤 문제도 겪지 않도록 하는 것이 저의 일입니다. 또한 문제가 생기는 경우에는 제가 해결을 해 드립니다. 그러니 이곳에서 불편함을 겪게 되시면, 크든 작든 간에, 항상 저에게 알려 주십시오.

첨부된 Laguna 아파트 입주민을 위한 브로셔를 살펴봐 주십시오. 임대하신 집에 관해 아셔야 할 모든 내용뿐만 아니라 아파트 단지에 대한 정보도 포함되어 있습니다. 그 안에는 세탁소의 위치, 수영장 이용 수칙, 체육관 회원 등록 안내, 그리고 기타 많은 정보들이 들어 있습니다.

다시 한 번 환영 인사를 드리며 곧 만나 뵙기를 고대하겠습니다.

Del Murray 드림
Laguna 아파트 관리소장

어휘 rent 빌리다, 임대하다 thoroughly 철저히 management office 관리 사무소 tenant 세입자, 입주자 solve 해결하다, 풀다 complex 복집한; 복합 시설, (아파트 등의) 단지 laundry facilities 세탁 시설 instruction 지시 사항

36.
Laguna 아파트에 대해 명시된 것은 무엇인가?
(A) 가구가 비치된 주택들만 있다.
(B) 매매 중인 주택이 더 이상 없다.
(C) 해변에 위치하고 있다.
(D) 얼마 전에 개조되었다.

어휘 for sale 판매 중인, 거래 중인 renovate 개조하다, 보수하다

해설 광고의 첫 부분에서 Laguna 아파트는 해변에 위치하고 있다고(Laguna Apartments is located across the street from Shell Beach.) 설명되어 있으므로 정답은 (C)이다.

37.
Lindros 씨는 임대료로 얼마를 지불할 것인가?
(A) 월 1,200달러
(B) 월 1,500달러
(C) 월 2,300달러
(D) 월 3,000달러

해설 편지에서 Murray 씨는 그들이 보유하고 있는 최소형 아파트에서의 생활에 만족할 것이라고(I'm sure you will thoroughly enjoy living here in the smallest apartment we have.) 말했는데, 광고에서 방과 욕실의 수가 가장 작은 아파트의 월 임대료는 1,200달러이므로 정답은 (A)이다.

38.
Murray 씨는 왜 편지를 작성했는가?
(A) 계약 서명을 확인하기 위해서
(B) 세입자를 환영하기 위해서
(C) 임대차 계약을 논의하기 위해서
(D) 일자리를 제안하기 위해서

어휘 confirm 확인해 주다 lease 리스, 임대차 계약

해설 글의 목적은 초반부에 단서가 제시되는 경우가 많은데, 이 편지의 경우에도 첫 번째 문단의 내용이 새로운 세입자를 환영한다는 것이므로 정답은 (B)이다.

39.
Darling 씨는 누구일 것 같은가?
(A) Laguna 아파트의 세입자
(B) Maloney Rental의 직원
(C) Lindros 씨의 동료
(D) 아파트 관리인

어휘 coworker 동료

해설 이메일의 첫 부분을 보면, Murray 씨는 Lindros 씨가 임대 계약서에 서명했다는 사실과 8월 2일에 이사할 것이라는 소식을 Darling 씨로부터 들었다고 말하고 있다. 그런데 첫 번째 지문에서 해당 아파트를 광고하고 있는 곳이 Maloney Rental이므로 정답은 (B)이다.

40.
이메일에 따르면, Laguna 아파트에 없는 것은 무엇인가?
(A) 수영장
(B) 세탁소
(C) 체육관
(D) 편의점

어휘 convenience store 편의점

해설 이메일의 마지막 문장에 세탁소(laundry facilities), 수영장(swimming pool), 그리고 체육관(gym)은 언급되어 있지만, 편의점은 언급되어 있지 않으므로 정답은 (D)이다.

빈칸에 알맞은 어휘나 뜻을 쓰세요.

	어휘	뜻		어휘	뜻
1		식료품	13	accomplish	
2	productive		14	inducement	
3		가격표	15		자격이 없는
4		기한이 지난	16	in regard to	
5	policy		17	look forward to	
6	home office		18	reside	
7	blame A on B		19	go through	
8		예산 내에 있는	20	belongings	
9		자원봉사자	21	realtor	
10	tricky		22	property	
11		전문가	23		철저히
12	interfere		24	tenant	

정답 1. foodstuff 2. 생산적인 3. price tag 4. overdue 5. 정책, 방침 6. 본사 7. A를 B의 탓이라고 비난하다 8. under budget 9. 달성하다, 성취하다 10. 까다로운 11. expert 12. 간섭하다, 방해하다 13. 유인책, 장려책 14. 유인책, 장려책 15. unqualified 16. ~에 관련하여 17. ~을 고대하다 18. 거주하다 19. (절차를) 거치다 20. 재산, 소유물 21. 부동산업자 22. 재산, 부동산 23. thoroughly 24. 세입자, 입주자

DAY 15

Listening Test

Time 10 minutes

Part 1

🎧 15-01

Directions: You will hear four statements about the picture below. Select the one statement that best describes what you see in the picture and mark the letter (A), (B), (C), or (D).

1.

(A)　　(B)　　(C)　　(D)

Part 2

🎧 15-02

Directions: You will hear a question or statement and three responses spoken in English. Select the best response to the question or statement and mark the letter (A), (B), or (C).

2. Mark your answer on your answer sheet.　　(A)　　(B)　　(C)

3. Mark your answer on your answer sheet.　　(A)　　(B)　　(C)

4. Mark your answer on your answer sheet.　　(A)　　(B)　　(C)

5. Mark your answer on your answer sheet.　　(A)　　(B)　　(C)

6. Mark your answer on your answer sheet.　　(A)　　(B)　　(C)

Part 3

🎧 15-03

Directions: You will hear some conversations between two or more people. You will be asked to answer three questions about what the speakers say in each conversation. Select the best response to each question and mark the letter (A), (B), (C), or (D).

7. What are the speakers mainly discussing?
   (A) The customer service center
   (B) An upcoming seminar
   (C) Changes in some prices
   (D) The results of a survey

8. Why does the woman say, "We've cut down on training for our salespeople recently"?
   (A) To praise a recent decision
   (B) To state the cause of a problem
   (C) To recommend a new method
   (D) To complain about a lack of funding

9. What does the man want the woman to do?
   (A) Give a brief talk
   (B) Print some files
   (C) Compile some data
   (D) Schedule a meeting

10. Who is the woman?
    (A) A job applicant
    (B) An intern
    (C) A doctor
    (D) A new employee

11. What is suggested about the woman?
    (A) She lives in Wellborn.
    (B) She is the company's CEO.
    (C) She is transferring to Seneca.
    (D) She has met the man before.

12. What does the woman tell the man to do?
    (A) Send her a contract to sign
    (B) Talk to another employee
    (C) Show her around the facility
    (D) Introduce her to his colleagues

13. What are the speakers mainly discussing?
    (A) The progress of some new employees
    (B) An orientation session that will be held
    (C) Some software they have been using
    (D) The work that they have completed

14. What is suggested about Dynamic Consulting?
    (A) It works closely with the speakers.
    (B) It has expanded its workforce.
    (C) It charges high rates.
    (D) Its programs were effective.

15. What does the woman want to do?
    (A) Organize some training sessions
    (B) Hire some new employees
    (C) Advertise for some positions
    (D) Take some workers on a tour

GO ON TO THE NEXT PAGE

Part 4

🎧 15-04

Directions: You will hear some talks given by a single speaker. You will be asked to answer three questions about what the speaker says in each talk. Select the best response to each question and mark the letter (A), (B), (C), or (D).

16. Who is Barbara Jenkins?
    (A) A job applicant
    (B) The manager of another branch
    (C) A trainer
    (D) A transfer employee

17. What does the speaker tell the listeners to do?
    (A) Say hello to a colleague
    (B) Visit a nearby branch
    (C) Submit some forms
    (D) Complete their budget reports

18. What will the listeners probably do next?
    (A) Watch a video
    (B) Provide some feedback
    (C) Review some sales information
    (D) Listen to a short speech

Departmental Heads

Sales Department	John Alderson
R&D Department	Rudolph Colbert
Accounting Department	Wanda Almont
Marketing Department	Oriana Foster

19. What type of meeting is taking place?
    (A) A staff meeting
    (B) A sales meeting
    (C) A budget meeting
    (D) An emergency meeting

20. Look at the graphic. Who will Bruce Morris work directly for?
    (A) John Alderson
    (B) Rudolph Colbert
    (C) Wanda Almont
    (D) Oriana Foster

21. What does the speaker say about Bruce Morris?
    (A) He signed a one-year contract.
    (B) He wants to work in various departments.
    (C) He is getting paid for his work.
    (D) He has experience in sales.

This is the end of the Listening test.

Reading Test

Time 15 minutes

Part 5

Directions: A word or phrase is missing in each of the sentences below. Four answer choices are given below each sentence. Select the best answer to complete the sentence and mark the letter (A), (B), (C), or (D).

22. Most of the furniture ------- is sold to customers is made in the store's own workshop.

    (A) what
    (B) how
    (C) when
    (D) that

23. The company's president will meet the board of directors ------- future plans within the next three days.

    (A) will discuss
    (B) discussing
    (C) will be discussed
    (D) to discuss

24. ------- spring, clothing manufacturers begin marketing their products for the summer season.

    (A) Each
    (B) Many
    (C) Some
    (D) Early

25. Customer service is recognized as crucial by ------- person involved in the hotel industry.

    (A) all
    (B) most
    (C) every
    (D) some

26. ------- facilities for the Kensington area are in the process of being designed by an experienced architectural firm.

    (A) Respected
    (B) Flawed
    (C) Advanced
    (D) Previous

27. The audience member is ------- her question since the speaker was unable to hear what she said.

    (A) telling
    (B) repeating
    (C) talking
    (D) whispering

GO ON TO THE NEXT PAGE

Part 6

Directions: Read the text below. A word, phrase, or sentence is missing in parts of the text. Four answer choices for each question are given below the text. Select the best answer to complete the text and mark the letter (A), (B), (C), or (D).

Questions 28-31 refer to the following e-mail.

To: Angela Burgess
From: Ted Crosby
Date: October 11
Subject: ID Badge

Angela,

I know you just started here yesterday, so you've probably got a lot ------- your mind. But you should know that you have to get an ID badge as soon as possible. The temporary one you ------- yesterday is only valid until this evening.

-------. Come to my office on the third floor at any time in the afternoon. I'll be here all day. You need to fill out a couple of forms, and then I'll take your picture. It requires around half an hour to create an individual badge and to activate -------, so I'll deliver the card to you at your desk once it's ready.

See you this afternoon.

Ted Crosby
Security Office

---

28. (A) on
    (B) in
    (C) for
    (D) at

29. (A) gave
    (B) have given
    (C) were given
    (D) will give

30. (A) I've gone ahead and already made it for you.
    (B) I can collect your temporary ID tomorrow.
    (C) The process for getting a badge is simple.
    (D) You need to talk to Janet in Human Resources.

31. (A) it
    (B) its
    (C) them
    (D) they

Part 7

Directions: In this part you will read a selection of texts. The text or set of texts is followed by several questions. Select the best answer for each question and mark the letter (A), (B), (C), or (D).

Questions 32-33 refer to the following e-mail.

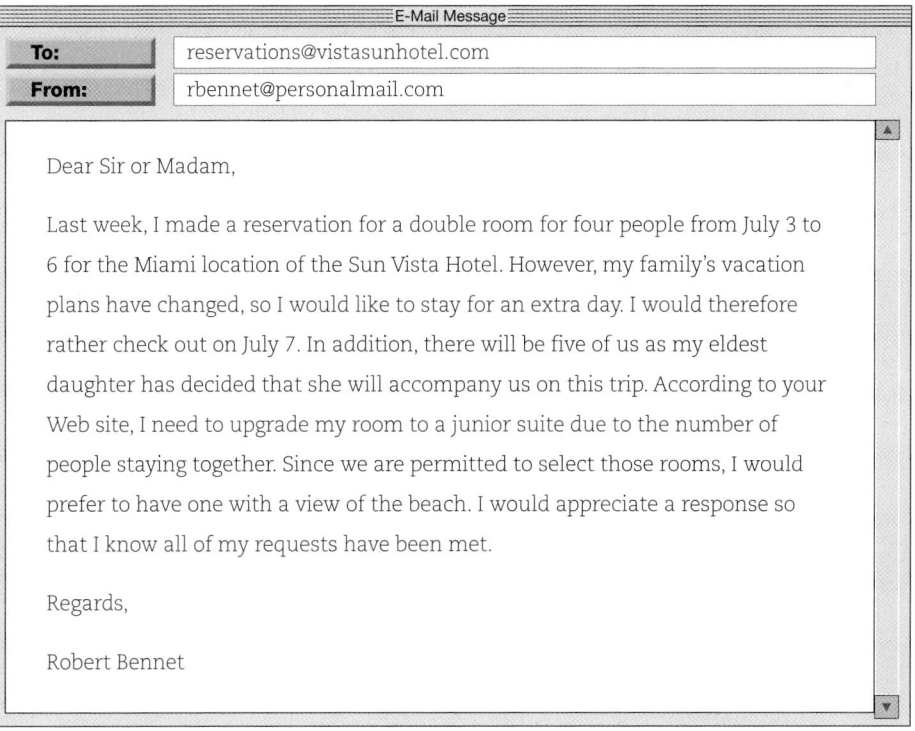

```
E-Mail Message
To:    reservations@vistasunhotel.com
From:  rbennet@personalmail.com
```

Dear Sir or Madam,

Last week, I made a reservation for a double room for four people from July 3 to 6 for the Miami location of the Sun Vista Hotel. However, my family's vacation plans have changed, so I would like to stay for an extra day. I would therefore rather check out on July 7. In addition, there will be five of us as my eldest daughter has decided that she will accompany us on this trip. According to your Web site, I need to upgrade my room to a junior suite due to the number of people staying together. Since we are permitted to select those rooms, I would prefer to have one with a view of the beach. I would appreciate a response so that I know all of my requests have been met.

Regards,

Robert Bennet

32. Why did Mr. Bennet write the e-mail?
 (A) To inquire about a price
 (B) To change a booking
 (C) To request some information
 (D) To get a double room

33. What is indicated about Mr. Bennet?
 (A) He has stayed at the Sun Vista Hotel before.
 (B) He will travel to Miami with his family.
 (C) He has a limited budget on his trip.
 (D) He expects to swim at the beach.

Questions 34-36 refer to the following Web page.

The LJ Ergonomic Office Chair is the most comfortable chair you'll ever sit in. Made of leather, the chair looks good in both formal and casual environments. The high back has been designed to provide support for your body. The chair has armrests and can be adjusted in height. There are wheels on the bottom to allow for easy movement, and the chair can swivel 360 degrees. Executives, salespeople, attorneys, and receptionists all use this chair.

The LJ Ergonomic Office Chair is available in black and gray. It comes fully assembled and is guaranteed for mechanical problems for two years. Delivery is provided for free within twenty-four hours of ordering it (except on Sundays and national holidays) if you live within the Piedmont city limits. Deliveries outside the city limits are done by a courier service and will require a minimal shipping charge of $10. Buy this chair, and you'll never want to sit in another one again. Click here to order. $295.99

34. What is true about the LJ Ergonomic Office Chair?

(A) It is a stationary chair.

(B) It can turn around completely.

(C) It is appropriate only for formal occasions.

(D) It comes in three colors.

35. What is mentioned about the guarantee?

(A) It must be purchased for $10.

(B) It is valid for two years.

(C) It does not cover mechanical issues.

(D) It is fully explained online.

36. How quickly can a person living in Piedmont receive the LJ Ergonomic Office Chair?

(A) One day

(B) Two days

(C) One week

(D) Two weeks

GO ON TO THE NEXT PAGE

Questions 37-41 refer to the following letter, itinerary, and e-mail.

September 8

Dear Mr. Cortez,

Thank you for flying to Zurich for your interview last week. The interviewers were impressed with your experience and the answers you gave to the questions asked. As such, I would like to offer you the position at the Delmont Bank for which you applied.

Your starting salary will be $80,000 per year, and you will receive an increase of at least 5% each year afterward. You are entitled to 2 weeks of paid vacation and 8 sick days and personal days annually. I have enclosed a contract detailing this information as well as the other generous benefits the Delmont Bank offers.

As you will be relocating abroad, Rudolph Lerner has been assigned to assist you with the process. We will pay to have your possessions moved to Switzerland and will provide you and your family with a 3-bedroom home at no cost to you. Please find enclosed economy-class flight tickets for you and your family. We expect to see you on September 18.

Regards,
Walter Schmidt
Delmont Bank

Alps Air
Itinerary

Passenger: Felix Cortez
Ticket Type: One Way
Price: $3,900

Flight Number	Departing From	Arriving At	Departure Time	Departure Date
AM43	Atlanta	London	9:55 P.M.	September 17
AM584	London	Zurich	3:30 P.M.	September 18

You are seated in business class. You can receive your seat assignment when you check in for your flight. You are allowed two checked bags weighing up to 40kg and one carry-on weighing no more than 10kg on your flights.

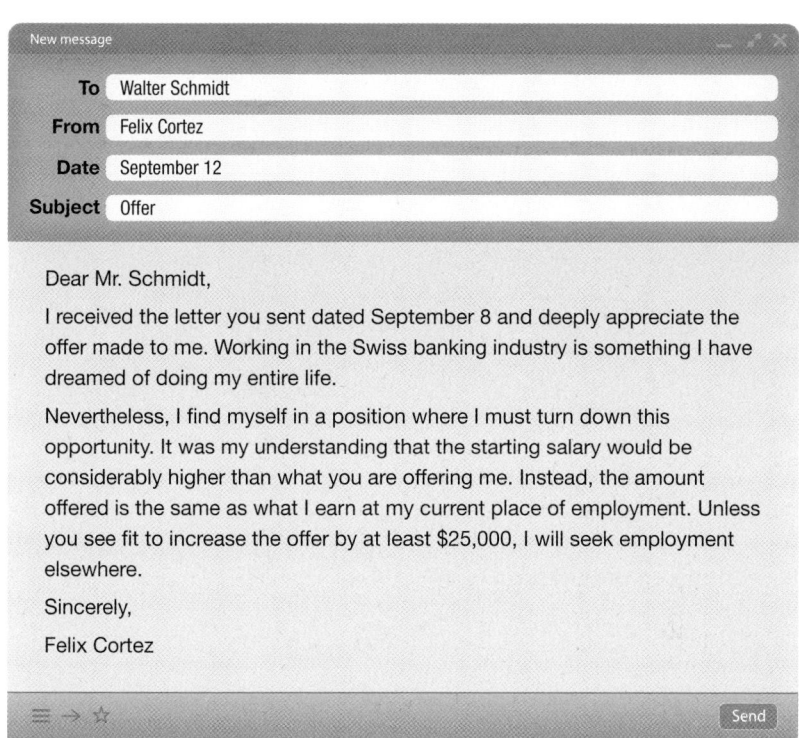

37. What is indicated about the Delmont Bank?
    (A) It is located in Switzerland.
    (B) Its CEO is Mr. Schmidt.
    (C) It is the largest bank in the city.
    (D) It has branches in several cities.

38. Which of the following is NOT offered to Mr. Cortez?
    (A) An annual pay raise
    (B) A free home
    (C) A retirement plan
    (D) Paid days off

39. What mistake did Mr. Schmidt make regarding the plane ticket?
    (A) The departure date
    (B) The arrival date
    (C) The seating class
    (D) The price

40. Why did Mr. Cortez write the letter?
    (A) To request an interview
    (B) To ask for more time
    (C) To reject an offer
    (D) To apologize for a misunderstanding

41. What does Mr. Cortez mention about his present position?
    (A) He earns $80,000 a year at it.
    (B) He is working in Switzerland now.
    (C) He has been there for eight years.
    (D) He is the senior banker there.

This is the end of the Reading test.

Day 15

Score (/41)

Listening Test

1. (D)	2. (B)	3. (A)
4. (A)	5. (A)	6. (A)
7. (D)	8. (B)	9. (A)
10. (A)	11. (A)	12. (B)
13. (A)	14. (D)	15. (A)
16. (D)	17. (A)	18. (C)
19. (A)	20. (D)	21. (B)

Reading Test

22. (D)	23. (D)	24. (A)
25. (C)	26. (C)	27. (B)
28. (A)	29. (C)	30. (C)
31. (A)	32. (B)	33. (B)
34. (B)	35. (B)	36. (A)
37. (A)	38. (C)	39. (C)
40. (C)	41. (A)	

＊틀린 문제는 문항 번호 옆 빈칸에 표시한 다음, 한 번 더 학습하세요.

Part 1

1.

(A) Traffic is flowing in both directions.
(B) The women are packing their luggage.
(C) Passengers are boarding the bus.
(D) Pedestrians are walking by the street.

(A) 차량들이 양 방향으로 지나가고 있다.
(B) 여자들은 짐을 꾸리고 있다.
(C) 승객들이 버스에 탑승하고 있다.
(D) 보행자들이 거리를 걸어가고 있다.

어휘 traffic 교통, 교통량　direction 방향　pack (짐을) 싸다　luggage 짐, 수화물　passenger 승객　board 타다　pedestrian 보행자

해설 버스와 승용차가 같은 방향을 바라보고 있으므로 (A)는 정답이 될 수 없고, (B)와 (C)는 사진 속에서 볼 수 있는 luggage(수화물)과 bus(버스)를 이용한 함정이다. 따라서 정답은 '보행자가 거리를 걷고 있다'고 상황을 묘사한 (D)이다.

Part 2

2.
Will the caterer provide the dishes we requested?
(A) A sandwich platter and some drinks.
(B) Everything has been taken care of.
(C) This Friday afternoon at four.

우리가 요청한 요리들을 음식제공업체가 제공해 줄 건가요?
(A) 샌드위치 플래터와 음료요.
(B) 모든 것이 해결되었죠.
(C) 이번 주 금요일 오후 4시요.

어휘 caterer 음식제공업체, 음식제공업자　platter 큰 접시; 플래터 (여러 음식이 들어 있는 요리)　take care of ~을 돌보다; ~을 처리하다

해설 음식제공업체에 요청한 요리들이 준비될 것인지 묻고 있다. 정답은 '모든 것이 해결되었다'며 우회적인 방식으로 질문에 대한 긍정적인 답변을 한 (B)이다. (A)는 메뉴로 나올 음식이 무엇인지 묻는 질문에, (C)는 행사 시간을 묻는 질문에 이어질 수 있는 답변이다.

3.
What's the starting salary supposed to be?
(A) You'll have to check with HR.
(B) He started here in April.
(C) I didn't realize that at all.

초봉이 얼마인가요?
(A) 인사부에서 확인해야 할 거예요.
(B) 그는 4월에 이곳에서 일을 시작했어요.
(C) 저는 전혀 모르고 있었어요.

어휘 starting salary 초봉   HR 인사과   realize 깨닫다, 인지하다

해설 starting salary(초봉)이 얼마가 될지 묻고 있으므로 직접적으로 금액을 말하거나 '모르겠다'는 의미를 나타내고 있는 보기를 선택해야 한다. 정답은 '(나는 모르니) 인사부에서 확인해 봐라'는 뜻을 전하고 있는 (A)이다.

4.
Our budget request wasn't rejected, was it?
(A) No decision has been made yet.
(B) Twenty percent more than last year.
(C) This is the budget data you wanted.

우리의 예산 신청이 거부되지 않았죠, 그런가요?
(A) 아직 어떤 결정도 내려지지 않았어요.
(B) 작년보다 20% 늘었어요.
(C) 이것이 당신이 원했던 예산 데이터예요.

어휘 budget 예산   reject 거절하다, 거부하다   decision 결정

해설 부가의문문을 이용하여 상대방에게 예산 신청이 통과되었는지 묻고 있다. 따라서 '아직 결정된 바 없다'고 말한 (A)가 가장 자연스러운 답변이다.

5.
Why did Mr. Thompson cancel his trip here?
(A) Something came up at headquarters.
(B) Tomorrow morning around ten.
(C) To both Paris and London.

Thompson 씨가 왜 이곳으로 오는 출장을 취소했나요?
(A) 본사에 문제가 생겼어요.
(B) 내일 오전 10시쯤이요.
(C) 파리와 런던 모두요.

어휘 cancel 취소하다   something comes up 문제가 생기다   headquarters 본부, 본사

해설 출장이 취소된 이유가 될 수 있는 답변이 정답이다. 따라서 본사에 문제가 생겼다는 점을 언급하고 있는 (A)가 정답이다. (B)는 시각을 묻는 질문에, (C)는 방향이나 목적지를 묻는 질문에 이어질법한 답변이다.

6.
The copier will run out of paper soon, won't it?
(A) Actually, I just put some in.
(B) No, there's plenty of toner.
(C) Yes, it makes great copies.

복사기 용지가 곧 떨어질 거예요, 그렇지 않나요?
(A) 실은 제가 좀 넣었어요.
(B) 아니요, 토너는 많이 있어요.
(C) 네, 복사가 잘 돼요.

어휘 copier 복사기   run out of ~을 다 써버리다, 소진하다   toner 토너

해설 '복사 용지가 다 떨어질 것이다'라는 예상을 나타내고 있다. 따라서 그에 대한 부정의 의미로 '내가 채워놨으니 떨어지지 않을 것이다'는 의미를 전하고 있는 (A)가 정답이다. (B)는 토너의 양을 묻는 질문에, (C)는 복사기의 성능을 묻는 질문에 적절한 답변이다.

Part 3

[7-9]

W Fred, have you reviewed the data from the customer survey we conducted in June? Mr. Dunn e-mailed everything to me this morning.

M I was just in a meeting to discuss the results. We got high marks on our prices and the quality of the items we sell. There were several complaints about the quality of the service we provide though.

W We've cut down on training for our salespeople recently. We need to educate them better if we want them to interact well with our customers.

M It sounds like you've thought about this a lot. Why don't you prepare a short presentation with some solutions? We're meeting again at two thirty, and I want you to speak then.

W Fred, 6월에 실시했던 고객 설문 조사의 데이터를 검토해 보았나요? Dunn 씨께서 오늘 아침 저에게 모든 자료를 이메일로 보내셨더군요.

M 조금 전 회의에서 그 결과에 대해 논의하고 있었어요. 가격과 판매 제품의 품질에 대해서는 높은

점수를 받았죠. 하지만 우리가 제공하는 서비스의 품질에 대해 불만 사항이 여러 개 있었어요.
W 최근에 우리가 판매 직원에 대한 교육을 줄였잖아요. 그들이 고객과 상호작용을 잘 하기를 바란다면 교육을 더 시켜야 해요.
M 그에 대해 많은 생각을 한 것 같군요. 해결 방안에 대해 간략한 프레젠테이션을 준비해 보는 것이 어떨까요? 2시 30분에 다시 회의를 할 텐데, 그때 당신이 이야기를 했으면 좋겠어요.

어휘 review 검토하다 customer survey 고객 설문 조사 conduct 실행하다 cut down 줄이다, 삭감하다 educate 교육시키다 interact 상호작용하다, 교류하다 solution 해결책, 해결 방안

7.
화자들은 주로 무엇을 논의하는가?
(A) 고객 서비스 센터
(B) 곧 있을 세미나
(C) 가격 변동
(D) 설문 조사의 결과

해설 대화의 시작 부분에서 여자는 남자에게 '고객 설문 조사의 자료(data from the customer survey)'를 보았는지 묻는다. 이후 대화에서도 그에 관한 논의가 이어지고 있으므로 대화의 주제는 (D)이다.

8.
여자는 왜 "We've cut down on training for our salespeople recently"라고 말하는가?
(A) 최근의 결정을 높이 평가하기 위해
(B) 문제의 원인을 지목하기 위해
(C) 새로운 방법을 추천하기 위해
(D) 자금 부족에 대해 불평하기 위해

어휘 praise 칭찬하다, 높이 평가하다 cause 원인 method 방법

해설 주어진 문장은 '최근 판매 직원에 대한 교육이 줄었다'는 뜻으로 서비스 품질이 저하되었다는 지적에 대한 여자의 반응이다. 즉 여자는 문제의 원인을 밝히기 위해 그와 같은 말을 한 것이므로 정답은 (B)가 된다.

9.
남자는 여자가 무엇을 하기를 원하는가?
(A) 짧게 이야기한다
(B) 파일을 출력한다
(C) 자료를 편집한다

(D) 회의 일정을 정한다

어휘 brief 짧은, 간단한 compile 편집하다

해설 대화의 마지막 부분에서 남자는 여자에게 회의에서 프레젠테이션을 할 것을 제안한 후 I want you to speak then이라고 말한다. 따라서 남자가 여자에게 바라는 바는 (A)로 볼 수 있다.

[10-12]

M How do you think you could benefit us if we hired you?
W For starters, I've been a manager for several years, so I have plenty of experience leading people. I've also worked in the pharmaceutical industry for the past two years.
M Your salary demands are a bit higher than we're willing to pay. You know the cost of living here in Seneca is lower than in Wellborn.
W That's true, but I can't accept a reduction in pay. I need to make at least ten percent more than my current salary to consider moving.
M I'm not authorized to make that decision.
W I understand. Why don't you speak with someone who can in that case?

M 만약 당신을 고용한다면 저희에게 어떤 식으로 이익이 될 것이라고 생각하시나요?
W 우선 저는 수년간 매니저로 일했기 때문에 사람들을 이끌어 본 경험이 풍부합니다. 또한 지난 2년 동안은 제약업계에서 근무했습니다.
M 당신이 요구한 연봉은 저희가 지불하려는 금액보다 약간 더 높습니다. 이곳 세네카에서의 생계비는 웰본에서보다 더 낮다는 점을 알고 계시죠.
W 그건 사실이지만 급여가 줄어드는 것은 받아들일 수 없습니다. 이사를 고려한다면 현재 연봉의 최소 10%는 더 받아야 합니다.
M 그러한 결정을 내릴 권한은 제게 없습니다.
W 이해합니다. 그러면 권한이 있는 분과 이야기를 나눠 보시는 것이 어떨까요?

어휘 benefit 혜택; 혜택을 주다, 이익이 되다 pharmaceutical 제약의 cost of living 생계비 reduction 감소 authorize 권한을 부여하다

10.
여자는 누구인가?
(A) 입사지원자
(B) 인턴 사원
(C) 의사
(D) 신입 직원

어휘 job applicant 입사지원자

해설 자신의 강점 및 급여 조건 등을 주제로 한, 전형적인 취업 면접에서 들을 수 있는 대화이다. 남자가 채용담당자, 여자가 입사지원자임을 쉽게 알 수 있으므로 정답은 (A)이다.

11.
여자에 대해 암시되어 있는 것은 무엇인가?
(A) 그녀는 웰본에 산다.
(B) 그녀는 회사의 대표 이사이다.
(C) 그녀는 세네카로 전근 갈 것이다.
(D) 그녀는 전에 남자를 만나본 적이 있다.

어휘 transfer 전근시키다

해설 남자는 여자가 제시한 연봉과 회사에서 지급하려는 연봉에 차이가 있을 수 있다는 점을 생계비의 차이로 설명하려고 하면서 'You know the cost of living here in Seneca is lower than in Wellborn.'이라고 말한다. 이를 통해 회사가 위치한 곳은 '세네카'이며 여자가 현재 거주하고 있는 곳은 '웰본'이라는 곳임을 알 수 있으므로 여자에 대해 추측할 수 있는 점은 (A)이다. 채용이 확정된 것은 아니므로 (C)를 정답으로 골라서는 안 된다.

12.
여자는 남자에게 무엇을 하라고 말하는가?
(A) 그녀에게 사인할 계약서를 보낸다
(B) 다른 직원과 이야기한다
(C) 그녀에게 시설을 보여 준다
(D) 그녀를 동료에게 소개시킨다

어휘 contract 계약서   facility 시설   colleague 동료

해설 남자가 연봉 조정을 할 권한은 자신에게 없다고 말하자 여자는 'Why don't you speak with someone who can in that case?'라고 대답한다. 즉 여자는 남자에게 연봉을 조정할 수 있는 권한이 있는 사람과 이야기해 보라는 제안을 하고 있으므로 정답은 (B)가 된다.

[13-15]

> W Some of our new employees are having problems understanding their duties.
> M1 Didn't they attend the orientation session? They should have learned everything they needed to know there.
> W They were all in attendance. But several of them complained about the instructors.
> M1 We hired a new firm to do the training this year, didn't we? Maybe we should consider rehiring the old one. What do you think, Daryll?
> M2 You're probably right. In previous years, new employees learned their jobs quickly with few problems.
> W We can use Dynamic Consulting again next year then. In the meantime, we need to organize some training programs. We don't want everyone falling even further behind.

> W 새로 온 직원 중 일부가 업무 파악과 관련된 문제를 겪고 있어요.
> M1 오리엔테이션에 참석하지 않았나요? 그곳에서 자신들이 알아야 할 모든 것을 배웠어야 하는데요.
> W 모두 참석했죠. 하지만 그들 중 몇 명은 강사에 대해 불평을 했어요.
> M1 사원 교육을 위한 업체를 올해 새로 고용했죠, 그렇지 않나요? 아마도 기존 업체를 다시 고용하는 것을 생각해 봐야겠군요. 어떻게 생각해요, Daryll?
> M2 당신 말이 맞는 것 같아요. 예전에는 신입 직원들이 별문제 없이 업무를 빨리 익혔으니까요.
> W 그렇다면 내년에는 Dynamic 컨설팅을 다시 이용할 수 있을 거예요. 그 동안에는, 우리가 교육 프로그램을 기획해야 해요. 모든 사람들을 더 뒤쳐지게 만들고 싶지는 않으니까요.

어휘 duty 임무   orientation session 오리엔테이션   in attendance 출석한   complain 불평하다   instructor 강사   rehire 다시 고용하다   organize 조직하다, 기획하다   fall behind 뒤쳐지다, 낙오하다

13.
화자들은 주로 무엇을 논의하고 있는가?
(A) 새로 온 직원들의 상황
(B) 실시될 예정인 오리엔테이션
(C) 그들이 사용하고 있는 소프트웨어
(D) 그들이 완료한 업무

어휘 progress 진보, 진척 상황

해설 화자들은 대화 전반에 걸쳐 신입 사원들의 업무 파악 문제에 대해 논의하고 있다. 따라서 정답은 (A)이다.

14.
Dynamic 컨설팅에 대해 암시된 점은 무엇인가?
(A) 화자들과 긴밀하게 협력한다.
(B) 인력을 확충했다.
(C) 높은 비용을 청구한다.
(D) 프로그램이 효과적이었다.

해설 Dynamic 컨설팅은 '기존 오리엔테이션을 담당했던 업체(the old one)'로 소개되어 있는데, 남자2는 'In previous years, new employees learned their jobs quickly with few problems.'라고 말하면서 그 때는 큰 문제가 없었다는 점을 지적한다. 이러한 점으로 미루어볼 때 Dynamic 컨설팅에 대해 추론할 수 있는 점은 '그곳 오리엔테이션이 보다 효과적이었다'는 의미의 (D)가 된다. Dynamic 컨설팅이 올해 재계약이 안 된 이유는 직접적으로 거론된 바 없으므로 (C)를 정답으로 골라서는 안 된다.

15.
여자는 무엇을 하기를 원하는가?
(A) 교육 프로그램을 기획한다
(B) 신입 사원을 고용한다
(C) 구인 광고를 낸다
(D) 일부 직원들에게 견학을 시켜 준다

어휘 advertise 광고하다   take ~ on a tour ~을 견학시키다

해설 대화 마지막 부분에서 여자는 교육 업체를 바꿔야겠다는 점을 암시한 후 'In the meantime, we need to organize some training programs.'라고 말한다. 즉 여자는 임시방편으로 자체적인 교육 프로그램을 기획해야 한다고 했으므로 정답은 (A)가 된다.

> **고득점 TIP**
> 3인 대화의 경우 2인 대화와 유사하게 생각하도록 한다. 이 경우에도 두 명의 남자가 등장하지만 두 남자를 구분하는 데 지나치게 신경 쓸 필요는 없고, 남자와 여자간의 대화라고 생각하며 들으면 대화의 내용을 더 쉽게 이해할 수 있다.

Part 4

[16-18]

W Before we get started on today's meeting, I need to make a brief announcement. I'd like to welcome Barbara Jenkins as the newest member of the staff. Barbara has transferred from our Brisbane branch, where she worked for three years. She's going to help us market the services we provide here in this office. I hope every one of you will make Barbara feel welcome as she starts her employment here. Her desk is right beside Janet's, so be sure to stop by and greet her when this meeting's over. Now, we need to look at the sales data from last week. Please turn your attention to the screen.

W 오늘 회의를 시작하기에 앞서 짧은 공지를 하나 하겠습니다. 저는 가장 최근에 들어온 직원인 Barbara Jenkins를 환영하고자 합니다. Barbara는 브리즈번 지사에서 전근을 왔는데, 그녀는 그곳에서 3년간 근무를 했습니다. 그녀는 이곳 사무실에서 우리가 제공하는 서비스에 관한 마케팅 업무를 도울 것입니다. Barbara가 이곳 일을 시작함에 따라 여러분 모두가 그녀를 환대해 주기를 바랍니다. 그녀의 자리는 Janet 자리 옆이기 때문에 회의가 끝나면 그녀를 찾아가 인사를 해 주세요. 자, 지난 주 매출 자료를 살펴보도록 합시다. 스크린에 주목해 주세요.

어휘 brief 짧은, 간단한   market 마케팅하다, 광고하다   provide 제공하다   stop by 들르다

16.
Barbara Jenkins는 누구인가?
(A) 입사지원자
(B) 다른 지사의 매니저
(C) 트레이너

(D) 전근한 직원

해설 담화 초반부에서 화자는 Barbara Jenkins를 '가장 최근에 직원이 된 사람(the newest member of the staff)'이라고 소개하고 그녀가 '브리즈번 지사에서 왔다(has transferred from our Brisbane branch)' 고 설명한다. 따라서 Barbara Jenkins는 최근 다른 지사에서 전근을 온 직원임을 알 수 있으므로 정답은 (D)이다.

17.
화자는 청자들에게 무엇을 하라고 말하는가?
(A) 동료에게 인사한다
(B) 인근 지사를 방문한다
(C) 양식을 제출한다
(D) 예산 보고서를 작성한다

해설 담화의 후반부에서 화자는 청자들에게 'Barbara 씨를 찾아가 인사를 나눌 것(so be sure to stop by and greet her)'을 당부하고 있다. 따라서 (A)가 정답이다.

18.
청자들은 이어서 무엇을 할 것 같은가?
(A) 비디오를 시청한다
(B) 피드백을 준다
(C) 매출 관련 정보를 검토한다
(D) 짧은 강연을 듣는다

해설 담화의 마지막 부분의 'Now, we need to look at the sales data from last week.'라는 문장에서 청자들은 곧 지난 주 매출 자료를 보게 될 것임을 알 수 있다. 정답은 (C)이다.

고득점 TIP
'청자가 이어서 할 일'을 묻는 문제의 경우, 정답의 단서가 담화의 마지막 부분에 주어지는 경우가 많으므로 해당 부분을 집중해서 들어야 한다.

[19-21]

M Good morning, everybody. It's time for our weekly staff meeting. Before we begin on the agenda, I'd like to introduce the person sitting here on my right. His name is Bruce Morris, and he's working as an intern here for the summer. Mr. Morris attends the local college, where he's majoring in economics. He'll be working directly for the head of our Marketing Department here, but he has expressed a willingness to assist people on projects in other departments. Mr. Morris is particularly interested in accounting and sales work. So if you want to give him any projects, just get in touch with him. You know where you can find him.

M 모두들 좋은 아침입니다. 주간 직원 회의를 할 시간입니다. 안건을 논의하기에 앞서 제 오른쪽에 앉아 계신 분을 소개해 드리고자 합니다. 성함은 Bruce Morris으로, 여름 동안 이곳에서 인턴 사원으로 근무할 것입니다. Morris 씨는 인근 대학에 다니고 있는데, 그곳에서 경제학을 전공하고 있습니다. 직접적으로는 이곳 마케팅부 부장님을 위해 일을 할 것이지만, 다른 부서의 프로젝트에도 기꺼이 도움을 주겠다는 의향을 밝히시고 있습니다. Morris 씨는 특히 회계와 영업 분야에 관심이 있습니다. 그러니 프로젝트를 맡기고자 하신다면 그에게 연락하십시오. 어디에 있는지는 알고 계실 것입니다.

어휘 staff meeting 직원 회의 agenda 의제, 안건 economics 경제학 directly 직접 willingness 의지, 의사 particularly 특히 get in touch with ~와 연락하다

19.
어떤 종류의 회의가 열리고 있는가?
(A) 직원 회의
(B) 영업 회의
(C) 예산 회의
(D) 긴급 회의

해설 담화 초반부의 'It's time for our weekly staff meeting.'을 놓치지 않고 들었어야 정답을 찾을 수 있다. 정답은 (A)의 '직원 회의'이다.

20.
도표를 보아라. Bruce Morris는 직접적으로 누구를 위해 일할 것인가?
(A) John Alderson
(B) Rudolph Colbert
(C) Wanda Almont
(D) Oriana Foster

해설 화자는 인턴 사원인 Bruce Morris가 '마케팅

부 부장을 위해 일할 것(he'll be working directly for the head of our Marketing Department here)'이라고 했으므로 도표에서 마케팅 부서를 찾으면 그 부서장은 Oriana Foster임을 알 수 있다. 따라서 정답은 (D)이다.

21.
화자는 Bruce Morris에 대해 무엇을 말하는가?
(A) 그는 1년 계약을 체결했다.
(B) 그는 다양한 부서의 일을 하고 싶어 한다.
(C) 그는 업무에 따른 급여를 받게 될 것이다.
(D) 그는 영업 경험이 있다.

해설 화자는 Morris 씨가 직접적으로는 마케팅 부서의 업무를 담당할 것이지만 '타 부서의 프로젝트에도 기꺼이 도움을 주고 싶어한다(he has expressed a willingness to assist people on projects in other departments)'는 점을 언급한다. 이를 통해 그는 다양한 분야의 업무도 마다하지 않는다는 점을 알 수 있으므로 정답은 (B)가 된다.

Part 5
22.
고객들에게 판매되는 대부분의 가구는 판매점 소유의 작업장에서 제작된다.
(A) ~하는 것
(B) 어떻게 ~할지
(C) ~할 때
(D) ~하는

어휘 customer 고객 workshop 작업장

해설 빈칸부터 customer까지는 furniture를 수식하는 관계대명사절이다. 선행사인 furniture를 수식할 수 있는 관계대명사는 that뿐이므로 정답은 (D)이다.

23.
회사의 회장은 앞으로의 계획을 논의하기 위해서 3일 이내에 이사회를 만날 것이다.
(A) 논의할 것이다
(B) 논의하는 것
(C) 논의될 것이다
(D) 논의하기 위해서

어휘 board of directors 이사회

해설 빈칸 뒤의 내용은 회장이 이사회를 만나는 목적이므로 정답은 부정사인 (D)의 to discuss이다.

24.
매년 봄, 의류 제조업체들은 그들의 여름 시즌 제품을 판매하기 시작한다.
(A) 각각의
(B) 많은
(C) 약간의
(D) 이른

어휘 clothing manufacturer 의류 제조업자 market 상품을 시장에 내놓다; 팔다

해설 명사 spring을 수식하기에 적절한 형용사를 고르는 문제이다. spring은 불가산명사로 보아야 하므로 many는 정답이 될 수 없고, '빈칸 + spring'이 부사구의 역할을 하고 있는데, 'each + 명사'만이 다른 전치사가 없어도 부사구의 역할을 할 수 있으므로 정답은 (A)이다.

25.
고객 서비스는 호텔 산업에 관련된 모든 사람에게 중요하다고 인식되어 있다.
(A) 모든
(B) 대부분의
(C) 모든
(D) 몇몇의

어휘 customer 고객 recognize 인식하다 crucial 중대한, 결정적인 involve 연관된, 관련된

해설 all, most, some은 모두 복수명사 앞에, every는 단수명사 앞에 사용된다. 빈칸 뒤에 단수명사인 person이 있으므로 정답은 (C)이다.

26.
Kensington 지역을 위한 첨단 시설들이 설계가 경험이 많은 건축 회사에 의해 진행되고 있다.
(A) 훌륭한
(B) 결함이 있는
(C) 첨단의
(D) 이전의

어휘 in the process of ~의 진행 중에 architectural 건축의 flawed 결함이 있는

해설 (A)의 respected는 건설되지 않은 상태의 시설을 수식하기에는 의미상 적절하지 않으며, (B)와 (D) 역시 현재 설계 중인 시설에 대한 설명으로 적절하지 않다. 정답은 '첨단의'라는 뜻의 (C) Advanced이다.

27.
발표자는 관객이 말한 것을 듣지 못했기 때문에 그녀

는 다시 질문하고 있다.
(A) 말하는
(B) 다시 말하는
(C) 말하는
(D) 속삭이는

어휘 audience 관객, 청중　speaker 발표자　repeat 반복하다; 다시 말하다　whisper 속삭이다

해설 보기들이 모두 기본적으로 '말하다'라는 의미를 갖고 있기는 하지만, 빈칸 뒤에 '발표자가 그녀가 말하는 것을 듣지 못해서'라는 내용이 있으므로 빈칸에는 '다시 말하다'라는 뜻의 (B) repeating가 와야한다.

Part 6

[28-31]

수신	Angela Burgess
발신	Ted Crosby
날짜	10월 11일
제목	신분증 명찰

Angela,

어제 근무를 막 시작했다고 알고 있는데, 아마도 심란할 것 같군요. 그렇지만 최대한 빨리 신분증 명찰을 수령해야 한다는 것을 아셔야 합니다. 어제 받으신 임시 신분증은 오늘 저녁까지만 유효합니다.

명찰을 받는 절차는 간단합니다. 오후에 언제든지 3층에 있는 제 사무실로 오세요. 제가 하루 종일 있을 것입니다. 두 가지 서식을 작성해야 하고, 제가 당신의 사진을 찍을 것입니다. 개인 명찰을 만들고 그것을 활성화하는 데에는 30분 정도 필요하므로, 명찰이 준비되면 당신의 책상으로 갖다 드리겠습니다.

오늘 오후에 뵙겠습니다.

Ted Crosby
경비실

어휘 badge 신분 증명서, 명찰　have got a lot on one's mind 심란하다, 고민이 많다　temporary 임시의, 일시적인　valid 유효한　fill out a form 서식을 작성하다

28.
(A) ~에
(B) ~ 안에
(C) ~을 위해
(D) ~에

해설 'have (got) a lot on one's mind'는 '심란하다', '고민이 많다'라는 뜻의 표현이다. 정답은 (A)이다.

29.
(A) 줬다
(B) 줬다
(C) 받았다
(D) 줄 것이다

해설 빈칸 앞의 one은 'ID badge'를 의미하므로, 빈칸에는 '받았다'는 뜻의 수동태인 were given이 들어가야 한다. 나머지는 모두 능동형이므로 정답이 될 수 없다.

30.
(A) 제가 진행하여 이미 당신을 위해 그것을 만들었습니다.
(B) 내일 당신의 임시 신분증을 받으러 갈 수 있습니다.
(C) 명찰을 받는 절차는 간단합니다.
(D) 인사부서의 Janet과 이야기하셔야 합니다.

해설 세 번째 문단에는 명찰을 만드는 장소, 과정, 소요시간 등이 설명되어 있다. 보기들 중에서 이러한 내용을 이끌 수 있는 것은 '명찰을 받는 절차는 간단하다'는 내용의 (C)이다.

31.
(A) 그것을
(B) 그것의
(C) 그것들을
(D) 그것들은

해설 빈칸에는 'individual badge'를 가리키며 activate의 목적어 역할을 할 수 있는 대명사가 와야 하므로 (A)의 it이 정답이다.

Part 7

[32-33]

수신	reservations@vistasunhotel.com
발신	rbennet@personalmail.com

관계자 분께,

지난 주에, 저는 마이애미 지역의 Sun Vista 호텔에 7월 3일부터 6일까지 4인용 더블룸을 예약했습니다. 하지만, 제 가족의 휴가 계획이 변경되어서, 하루 더 머무르고 싶습니다. 그래서 저는 7월 7일에 체크아웃할 것입니다. 또한, 제 맏딸이 여행을 함께 하기로 결정해서 저희는 5명이 될 것 같습니다. 귀사의 웹사이트에 따르면, 모두 함께 머무르는 사람들의 수 때문에

337

에 주니어 스위트룸으로 객실 등급을 높여야 할 것 같습니다. 우리가 그 객실을 선택할 수 있으므로, 바다 전망의 객실이 좋을 것 같습니다. 저의 모든 요청 사항이 처리되었는지 알 수 있도록 답신을 주시면 감사하겠습니다.

Robert Bennet 드림

어휘 make a reservation 예약하다　accompany 동행하다　permit 허락하다

32.
Bennet 씨는 왜 이메일을 썼는가?
(A) 가격에 대해 문의하려고
(B) 예약을 변경하려고
(C) 몇 가지 정보를 요청하려고
(D) 더블룸을 예약하려고

해설 Bennet 씨는 지난 주에 호텔 객실을 예약했는데(I made a reservation for a double room), 하루 더 투숙하고자(I would like to stay for an extra day) 하며 객실의 등급도 올리려고(I need to upgrade my room) 한다. 따라서 정답은 (B)이다.

33.
Bennet 씨에 대해 명시된 것은 무엇인가?
(A) 예전에 Sun Vista 호텔에 투숙한 적이 있다.
(B) 가족들과 함께 마이애미를 여행할 것이다.
(C) 여행 예산이 한정되어 있다.
(D) 해변에서 수영을 할 것이다.

해설 Bennet 씨가 예약한 호텔이 마이애미에 위치해 있고, 그는 가족들과 여행하려고 호텔을 예약한 것이므로 정답은 (B)이다. 나머지 보기들과 관련된 정보는 지문에서 찾을 수 없다.

[34-36]

www.harrisonofficesupplies.com				
홈	매장	쇼핑	연락처	지도

LJ 인체 공학 사무용 의자는 여러분이 앉아 본 것들 중에서 가장 편안한 의자입니다. 가죽으로 만들어진 이 의자는 공식적이거나 비공식적인 환경에 모두 잘 어울립니다. 높은 등받이는 여러분의 몸을 지탱해주도록 설계되었습니다. 의자에는 팔걸이가 있으며 높이 조정이 가능합니다. 쉽게 움직일 수 있도록 아래에 바퀴가 달려 있으며, 360도 회전됩니다. 경영자, 판매원, 변호사, 그리고 접수 담당자 모두 이 의자를 사용합니다.

LJ 인체 공학 사무용 의자는 검정색과 회색이 있습니다. 완전히 조립된 형태이며 2년 동안 기술적인 문제에 대해 품질 보증됩니다. 피드몬트 시내에 거주하는 분들께는 주문한 때로부터 24시간 이내에 무료로 배송해 드립니다. (일요일과 공휴일은 제외됩니다.) 시외의 경우 택배 회사에 의해 배송되며 아주 적은 배송비인 10달러가 청구될 것입니다. 이 의자를 구매하시면, 여러분은 다른 의자에 다시는 앉고 싶지 않을 것입니다. 주문하시려면 여기를 누르세요. 295.99달러입니다.

어휘 ergonomic 인체 공학의　formal 공식적인　casual 격식을 차리지 않는　armrest 팔걸이　adjust 조정하다　swivel 회전하다　executive 이사, 중역, 경영자　attorney 변호사　receptionist 접수 담당자　guarantee 품질을 보증하다　courier service 택배 회사

34.
LJ 인체 공학 사무용 의자에 대해 맞는 것은 무엇인가?
(A) 고정형 의자이다.
(B) 완전히 회전할 수 있다.
(C) 공식적인 행사를 위해서만 적합하다.
(D) 세 가지 색상이다.

해설 의자에 바퀴가 달려 있어서 쉽게 움직일 수 있다고(There are wheels on the bottom to allow for easy movement) 했으므로 (A)는 맞지 않은 내용이고 공식적이거나 비공식적인 환경에 모두 잘 어울린다고 (the chair looks good in both formal and casual environments) 했으므로 (C)도 정답이 아니다. 색상은 검정색과 회색뿐이므로 (D)도 일치하지 않는 정보이다. 360도 회전이 가능하므로 정답은 (B)이다.

35.
품질 보증에 대해 언급된 것은 무엇인가?
(A) 10달러가 지불되어야 한다.
(B) 2년 동안 유효하다.
(C) 기술적인 문제들을 보장하지 않는다.
(D) 온라인 상에 모두 설명되어 있다.

해설 2년 동안 기술적인 문제에 대해 품질 보증이 된다는(is guaranteed for mechanical problems for two years) 내용이 있으므로 (B)가 정답이며 (C)는 오답이 된다. 지문에 10달러는 시외 지역으로의 배송비이고, 보증과 관련된 내용이 온라인에 설명되어 있다는 정보는 찾을 수 없으므로 (A)와 (D)도 정답이 될 수 없다.

36.
피드먼트에 사는 사람은 LJ 인체 공학 사무용 의자를 얼마나 빨리 받을 수 있는가?

(A) 하루
(B) 이틀
(C) 일주일
(D) 이주일

해설 두 번째 문단의 초반부에서 피드먼트 시내에 거주하는 사람들은 주문한 지 24시간 이내에 물품을 수령할 수 있다고(Delivery is provided for free within twenty-four hours of ordering it if you live within the Piedmont city limits.) 하였으므로 정답은 (A)이다.

[37-41]

9월 8일

친애하는 Cortez 씨께,

지난 주 면접 때문에 취리히까지 와 주셔서 감사했습니다. 면접관들은 귀하의 경력과 주어진 질문에 대한 귀하의 답변에 큰 감명을 받았습니다. 따라서 저는 귀하에게 귀하께서 지원하셨던 Delmont 은행의 일자리를 제안하고자 합니다.

귀하의 첫해 연봉은 80,000달러가 될 것이며, 그 후에는 매년 최소 5%가 인상될 것입니다. 1년마다 2주간의 유급 휴가를 쓰실 수 있고 8일간의 병가 및 연차를 사용하실 수 있습니다. 이러한 내용과 함께 Delmont 은행에서 제공되는 다양한 혜택이 상세히 설명된 계약서를 동봉해 두었습니다.

귀하께서 해외에서 오실 것이기 때문에, 절차에 관한 도움을 드리기 위하여 Rudolph Lerner가 배정되어 있습니다. 스위스로 이사 비용은 저희가 지불해 드릴 것이며 귀하와 귀하의 가족에게, 별도의 비용 청구 없이, 침실 3개짜리의 주택을 제공할 것입니다. 귀하와 귀하의 가족을 위한 이코노미 클래스의 항공권을 동봉해 두었으니 살펴봐 주십시오. 9월 18일에 뵙기를 기대하겠습니다.

Walter Schmidt 드림
Delmont 은행

어휘 be entitled to ~에 대한 자격이 있다 annually 매년, 해마다 enclose 동봉하다 detail 상세한; 상세히 설명하다 A as well as B B뿐만 아니라 A도 generous 너그러운 relocate 이동하다, 이전하다 assign 맡기다, 배정하다 possession 소유(물) at no cost 무료로

Alps Air
여행 일정표

탑승객: Felix Cortez
항공권 유형: 편도
가격: 3,900달러

항공편	출발지	도착지	출발 시간	도착일
AM43	애틀랜타	런던	오후 9시 55분	9월 17일
AM584	런던	취리히	오후 3시 30분	9월 18일

비즈니스 클래스 좌석에 앉으십시오. 좌석 배정은 체크인하실 때 이루어질 수 있습니다. 무게가 40kg 이하의 가방 두 개를 부치실 수 있으며 10kg 이하의 휴대용 가방 한 개는 가지고 타실 수 있습니다.

어휘 seat assignment 좌석 배정 up to ~까지 carry-on 휴대용 가방

수신 Walter Schmidt
발신 Felix Cortez
날짜 9월 12일
제목 제의

친애하는 Schmidt 씨께,

저는 9월 8일자로 날짜가 적혀 있는 귀하께서 보내신 편지를 받았으며 제안해 주신 바에 큰 감사를 드립니다. 스위스 은행에서의 근무는 제가 평생 동안 꿈꿔왔던 일입니다.

그럼에도 불구하고 저는 이러한 기회를 포기해야만 하는 상황에 놓여 있다는 점을 알게 되었습니다. 저는 첫 해 연봉이 귀하께서 제시하셨던 것보다 훨씬 높을 것이라고 생각하고 있었습니다. 그 대신, 귀하께서 제시하신 금액은 제가 현재의 직장에서 받는 것과 동일한 금액입니다. 제시 금액을 최소 25,000달러 더 올려 주실 생각이 없으시다면 저는 다른 곳을 알아보도록 하겠습니다.

Felix Cortez 드림

어휘 turn down ~을 거절하다, 거부하다 opportunity 기회 considerably 상당히, 매우 current 현재의 see fit to ~하는 것이 좋다고 생각하다 employment 고용, 채용

37.
Delmont 은행에 대해 명시된 것은 무엇인가?

(A) 스위스에 위치하고 있다.
(B) 최고경영자는 Schmidt 씨이다.
(C) 시에서 가장 큰 은행이다.
(D) 여러 도시에 지점이 있다.

해설 첫 번째 지문의 첫 부분에서 면접을 보기 위해 취리히에 와 주어 고맙다는(Thank you for flying to Zurich for your interview) 인사를 하고 있다. 취리히는 스위스의 도시이므로 정답은 (A)이다. 취리히가 스위스의 도시라는 것을 모른다 하더라도, 마지막 문단에 스위스로의 이사 비용을 지불해 준다는(We will pay to have your possessions moved to Switzerland) 내용을 통해 문제를 풀 수 있다.

38.
Cortez 씨에게 제공되지 않는 것은 무엇인가?
(A) 매년 연봉 상승
(B) 무료 주택
(C) 퇴직자 연금 제도
(D) 유급 휴가

해설 첫 번째 지문에서 Cortez 씨에게 제공되는 것은 매년 최소 5%의 임금 상승(you will receive an increase of at least 5% each year), 2주간의 유급 휴가(2 weeks of paid vacation), 그리고 침실이 세 개인 무료 주택과(3-bedroom home at no cost to you) 그 밖의 다양한 혜택이다. 하지만 퇴직자 연금 제도에 대한 설명은 없으므로 정답은 (C)이다.

39.
Schmidt 씨가 항공권과 관련하여 실수한 것은 무엇인가?
(A) 출발일
(B) 도착일
(C) 좌석 등급
(D) 가격

해설 Schmidt 씨는 첫 번째 지문의 마지막 부분에서 이코노미 클래스 항공권을 동봉했다고(Please find enclosed economy-class flight tickets for you and your family.) 했다. 하지만 두 번째 지문인 일정표에는 비즈니스 클래스 좌석에 앉으라는(You are seated in business class.) 내용이 있는 것으로 보아 실수한 것은 좌석 등급임을 알 수 있다. 정답은 (C)이다.

40.
Cortez 씨는 왜 편지를 썼는가?
(A) 면접을 요청하려고
(B) 시간을 더 요청하려고
(C) 제안을 거절하려고
(D) 오해에 대해 사과하려고

해설 세 번째 지문의 두 번째 문단은 제안을 거절하는(I find myself in a position where I must turn down this opportunity) 내용으로 시작하고 있다. 따라서 정답은 (C)이다.

41.
Cortez 씨가 현재의 직책에 대해 언급한 것은 무엇인가?
(A) 그곳에서 연봉 80,000달러를 받고 있다.
(B) 현재 스위스에서 근무하고 있다.
(C) 8년 동안 그곳에서 근무했다.
(D) 그곳에서 고위직 은행원이다.

해설 마지막 지문에서 Cortez 씨는 제안을 거절하면서 제시 받은 금액이 현재의 직장에서 받는 것과 동일하다고(the amount offered is the same as what I earn at my current place of employment) 언급했다. 첫 번째 지문에서 Schmidt 씨가 제안한 연봉은 80,000달러이므로 정답은 (A)이다.

빈칸에 알맞은 어휘나 뜻을 쓰세요.

	어휘	뜻		어휘	뜻
1		보행자	7		~와 연락하다
2		문제가 생기다	8		서식을 작성하다
3	run out of		9		동행하다
4	compile		10	ergonomic	
5		생계비	11	swivel	
6	fall behind		12	turn down	

정답 1. pedestrian 2. something comes up 3. ~을 다 써버리다, 소진하다 4. 편집하다 5. cost of living 6. 뒤처지다, 낙오되다 7. get in touch with 8. fill out a from 9. accompany 10. 인체공학의 11. 회전하다 12. ~을 거절하다, 거부하다